大抉择

开启新一轮改革开放

徐洪才 / 著

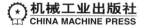

机械工业出版社
CHINA MACHINE PRESS

党的十九大以来，世界格局日新月异，中国经济取得了骄人的成绩，也经历了转型的阵痛。本书立足于对中国经济形势和政策前沿的动态观察，从"抗击新冠肺炎疫情背景下的中国经济""未来30年：中国改革开放再出发""最近三年中国经济形势分析""中国金融改革、开放与风险应对""世界经济形势与全球经济治理""美国经济与中美贸易摩擦"等角度，系统分析了中国经济转型和融入全球化发展过程中面临的挑战及对策，促使人们对中国经济发展进行更加深入地思考。本书可供社会各界人士及对中国经济热点感兴趣的广大读者阅读和参考。

图书在版编目（CIP）数据

大抉择：开启新一轮改革开放 / 徐洪才著. —北京：机械工业出版社，2020.7

ISBN 978 - 7 - 111 - 66871 - 8

Ⅰ.①大… Ⅱ.①徐… Ⅲ.①中国经济-经济发展-研究 Ⅳ.①F124

中国版本图书馆 CIP 数据核字（2020）第 213407 号

机械工业出版社（北京市百万庄大街22号 邮政编码100037）

策划编辑：朱鹤楼　　责任编辑：朱鹤楼　解文涛

责任校对：李　伟　　责任印制：邰　敏

盛通（廊坊）出版物印刷有限公司印刷

2021年1月第1版第1次印刷

169mm×239mm・26.5 印张・3 插页・470 千字

标准书号：ISBN 978 - 7 - 111 - 66871 - 8

定价：99.00 元

电话服务　　　　　　　　网络服务

客服电话：010-88361066　　机 工 官 网：www.cmpbook.com

　　　　　010-88379833　　机 工 官 博：weibo.com/cmp1952

　　　　　010-68326294　　金　书　网：www.golden-book.com

封底无防伪标均为盗版　机工教育服务网：www.cmpedu.com

代序　新一轮中国改革开放呼之欲出

一、共克时艰，凤凰涅槃

2020年新年伊始，一场新型冠状病毒肺炎疫情不期而至。一时间，舆情沸腾，风声鹤唳，全球一片哗然！

这场疫情来势汹汹，让人们措手不及。1月23日凌晨2点，武汉市疫情防控指挥部发布公告，自当日10时起，武汉市城市公交、地铁、轮渡、长途客运暂停运营；无特殊原因，市民不要离开武汉，机场、火车站离汉通道暂时关闭。1月30日晚，世界卫生组织总干事谭德赛宣布，正在发生的新型冠状病毒肺炎疫情已经构成"PHEIC"，即"国际关注的突发公共卫生事件"。

此时恰逢春节，叠加数亿人的春运，加剧了疫情传播。党中央、国务院果断决策，由李克强总理亲自出任"中央应对新型冠状病毒感染肺炎疫情工作领导小组组长"，进行全国总动员，共同应对这场突如其来的新冠病毒肺炎疫情。新冠病毒肺炎疫情这只"黑天鹅"何时结束？对中国经济又会产生怎样的影响？短时间内还难以做出科学的估计。

1月31日，我接受中宏网专访时表示：要把防控疫情进一步扩散作为重中之重，经济上蒙受短期损失是不可避免的，要以理性、科学的方式应对当前危机。同时我强调：在非常时期，必须采取非常政策；要充分发挥"举国体制"优势，调动全国资源，加强"补短板、补漏洞"工作的力度，众志成城，共同应对疫情危机。

我还指出，燃眉之急，我有两个担忧：一是春节假期结束，返城返工人员大量积聚，导致新一轮疫情传播扩散；二是股市2月3日开盘，股指很可能会急剧下跌，使中小投资者蒙受巨大损失，导致金融恐慌，将叠加和扩大对疫情恐慌情绪的蔓延，对消费、投资和外贸进出口十分不利。

我强调，这两件事情必须马上解决。针对第一个担忧，我建议推迟上班时间，全国统一正月十五以后再恢复上班，而且采取灵活弹性上班时间，能在家办公就在家，能不到办公室、食堂、会议室就不去这些公共场合。原因是疫情高峰期、拐点还没看到，也就是新增确诊病例、疑似病例、医学观察人数等还没有出现掉头向下的情况。

针对第二个担忧，我建议等到拐点到来时再恢复股市，不必匆忙。我强调，当务之急是要把这两件事解决好。与此同时，强烈呼吁政府部门尽快出台应急政策。

首先，在财政政策方面，要调动紧急资金对重点地区实施财政支持，对医生、护士等一线工作人员给予补贴，对交通运输、文化旅游、住宿餐饮等相关行业予以税收减免，政府要拿出姿态减轻税负，包括个人所得税。鼓励社会各方面，包括政府、企业、个人、金融机构都要行动起来，联防联控，防治疫情蔓延传播，定向支持武汉等重点疫情地区。同时，鼓励社会慈善援助，政府和社区要重点帮扶困难家庭。

其次，金融主管部门也要拿出应急政策。央行对于维护金融稳定责无旁贷，货币政策要适当宽松，降准降息，立刻行动，稳定市场预期，提振投资者信心。银行、保险等金融机构出台应急政策，对家庭、企业予以定向扶持。中国证监会对资本市场稳定负责，建议不要匆忙开市。

我特别强调，目前主要矛盾是控制疫情进一步扩散，群策群力，共同迎接拐点的早日来临。恢复经济要从长计议，等到疫情逐渐过去之后，再逐步有序恢复生产经营活动。对一些处于停工半停工状态、生产经营困难的小微企业，要及时给予援助，帮助它们渡过难关，这样才能实现经济的整体复苏。

面对来势汹汹的疫情，多数人选择待在家，进行"自我隔离"，我也是如此。我和大家一样，时刻都在关注疫情的最新情况。与此同时，集中精力，把近年来的文章整理出来，准备结集出版。当然，每天也接到不少媒体朋友的电话，问题无非是"疫情影响几何""如何有效应对""经济何时恢复"，等等。

我一再强调，疫情还未过去，当下的主要矛盾是控制疫情，力争拐点尽早到来。同时我指出，疫情短期影响很大，3月份之后疫情可能会慢慢消退。我呼吁股市暂缓开市，未能得到有关部门响应，黑色星期一毫无悬念地到来，近3000只股票跌停。但在经历"一天冲击"之后，股市很快止跌企稳。应该说，金融主管部门及时出台一系列应急政策，对恐慌情绪起到了"缓冲垫"的作用。

在党中央、国务院的统一部署下，各地各部门根据实际情况，纷纷出台针对性的应急政策，减免困难企业税费，尽可能减小疫情冲击。这些政策的效果还有待观察，但在特殊时刻，确实起到了"及时雨"的作用，值得点赞。

2月1日，中国人民银行等五部门联合发布《关于进一步强化金融支持防控新型冠状病毒感染肺炎疫情的通知》，重点保持流动性合理充裕，加大货币信贷支持力度，强化对重点医用物品和生活物资生产企业的金融支持；要求对受疫情影响较大的行业，特别是小微企业，金融机构不得盲目抽贷、断贷、压贷。中国人民银行在2月3日单日开展公开市场操作投放1.2万亿元之后，2月4日再度投放资金5000亿元。

2月2日，苏州出台《关于应对新型冠状病毒感染的肺炎疫情支持中小企业共渡难关的十条政策意见》。"北京19条"提出，设立进口防控物资快速通关专用窗口和绿色通道，阶段性免征用于防控的进口物资的进口关税、进口环节增值税、消费税。2月4日，上海嘉定出台"12条新政"，实施对落实公益捐赠企业所得税和个人所得税税前扣除政策。

国家税务总局也及时发出通知，明确各地纳税申报期限延长时间，对按月申报的纳税人、扣缴义务人，在全国范围内将2020年2月份法定申报纳税期限延长至2月24日，特别针对湖北省再延长至3月6日。按照"尽可能网上办"的原则，引导通过电子税务局、手机App、自助办税终端等渠道办理税费业务，力争实现95%以上企业纳税人、缴费人网上申报。

人心齐，泰山移！我坚信，新型冠状病毒肺炎疫情这个瘟神最终将会被降服。我也始终相信，中国经济短期遭受冲击和损失虽然不可避免，但长期发展趋势不会改变，包括创新驱动、城镇化、国企混改、民营经济发展、深化改革、扩大开放以及人才红利等，发展潜力巨大，值得期待。

历史经验表明，重大改革通常都是危机驱动的。这次疫情充分暴露了我国体制机制上的某些短板，比如应急管理、医疗卫生、社会服务体系等。展望未来，我们要全面提高全民素质，加强国家应急管理能力建设，加快推进国家治理机制和治理能力的现代化。

殷忧启圣，多难兴邦。经历这场生与死的考验，我相信中国新一轮改革开放将会开启，中华民族一定会凤凰涅槃，浴火重生，并以崭新的姿态傲然屹立于世界民族之林。

二、中国经济长期向好趋势不会改变

疫情对经济的短期冲击不可避免，但中国经济长期向好的趋势不会改变。中国经济有很大的韧性，不会因此出现有些人所担心的衰退。这次疫情应对，充分暴露了中国经济和社会治理中的一些短板，将推动新一轮改革开放，促进经济结构调整和发展模式转换。要坚持深化改革、扩大开放方针不动摇。当前最要紧的是在防控疫情的同时做好有序复工复产。新型冠状病毒肺炎疫情突如其来，致使一些企业处于休眠或半休眠状态，正常的供应链和分工体系遭受一定程度的破坏，如果不能及时修复，将会对经济发展造成更大的负面影响。

近日，各地疫情出现分化。湖北以外地区新增确诊人员连续下降，有些地区出现了零增长，但总体疫情防控任务仍然繁重。因此，在防控疫情的前提下，各行各业都要从实际出发，做到防控和复工复产两手抓，两手都要硬。但如何才能做到不搞复工复产"一刀切"，又不要防控疫情过度？知易行难！我认为，西部地区疫情影响较小，就没有必要风声鹤唳、草木皆兵。恰恰是长三角、珠三角等经济发达地区受疫情影响大一些，批发零售、住宿餐饮、物流运输、文化旅游等行业遭受到了前所未有的打击。而这些地区企业的及时复工，又尤为迫切。如何把控好复工的节奏和力度，是当下的一大挑战。

同时，也要避免陷入一个误区，寄希望于一复工，就能把以前的损失找补回来。有些"沉没成本"，既然已经发生，就必须理性去面对。一定要遵循客观规律，修复产业链、供应链是当务之急。疫情冲击之下，尤其突显小微企业困境。供应链一断裂，可能会导致一批处于低端的中小微企业陷入生存危机。值得庆幸的是，过去一个多月，正逢春节，大家手中都还有点存货；关系老百姓日常生活的"菜篮子"，还有水电气等公共服务保持了基本稳定。

未来要继续重点保障服务于医疗卫生系统的生产企业能够满负荷地开工运行，为疫情防控提供有力保障。近期党中央和各地根据疫情影响，因地制宜快速出台了一系列纾困政策，比较及时地扶持了小微企业，起到了缓冲负面影响的作用。当前物价总体稳定，来之不易。供应链修复需要在供给和需求两侧同时发力，但整体经济修复仍需假以时日，不能操之过急。

经济修复将是"V形"反转，但各地情况不一样。一季度经济肯定要受到较大冲击，二季度以后逐步恢复。各地千万不要刻意为了完成增长任务而硬拉经济，而是要顺势而为。目前的主要任务是提高复工率，修复供应链；下半年，对于一些基建项目，特别是补短板的项目要加大政策支持力度。

全球伸出温暖之手，我们心存感激之情。病毒不分国界，疫情是人类的共同挑战。应该看到，这次疫情也能凝聚人心，促进各国之间的协作，共同应对挑战。从积极的角度理解，这也不失为改善国际关系的契机。疫情对全球贸易投资都会有负面影响。去年中国货物贸易进出口总值近32万亿元，其中，出口17.23万亿元，外贸依存度在30%以上。疫情之下，不难预料，肯定会有一些企业丢掉出口订单，必然带来一定的影响。但我相信，疫情也会促使企业调整思路，转变外贸发展方式。经过一段时间的修复，中国外贸发展将会逐渐恢复正常。

目前来看,长三角、珠三角已经出现"用工难"的问题,部分工人返工受阻,企业生产经营无法正常运转。从整个产业链来看,环环相扣的供应链一旦出现断裂,必然会对整个行业产生影响。当务之急,就是要修复供应链、产业链,先保运转,哪怕是低负荷运转。同时,也不要急于求成,一哄而起都开工。期望经济在短期内出现大幅反弹,是不现实的,同时要谨防疫情出现反弹。

借此契机,要大力扶持民营企业,推进国企的混合所有制改革,释放民营经济的发展活力。要实施更大规模的减税降费政策,让企业轻装上阵,这方面仍有很大空间。同时,关注城乡融合发展,推动土地制度改革。目前,城市和乡村之间生产要素的双向自由流动还不够,还存在体制机制的障碍。统一的土地市场并没有形成,户籍制度改革与社会保障制度建设方面仍需积极推进,教育、医疗、卫生等公共服务仍要加大投入。基本公共服务均等化的目标还没有实现,城乡差距依然存在。未来要加大力度推动城镇化,弥合城乡之间的鸿沟,这是中国经济发展潜力之所在。推进应急管理、公共卫生、后勤保障、国家治理机制等,都要进一步解放思想,拿出实际行动。

疫情对于全面建成小康社会的目标会有一定影响,但我们仍要尽力而为,坚决打好防范化解重大风险、精准脱贫、污染防治三大攻坚战。同时,对于2020年"实现国内生产总值和城乡居民人均收入比2010年翻一番"的目标,也要争取完成。如果今年经济增长速度达到5.7%,两个"翻一番"目标是可以完成的。目前的防疫形势还未到足够乐观的时候,如果疫情能在上半年结束,努力一把,是可以完成两个"翻一番"的目标的。总之,还是要遵循客观规律,顺势而为。

近期,央行货币政策是边际宽松,但总的基调是不搞大水漫灌,继续保持稳健。同时,实施更加积极的财政政策,扩大财政赤字规模和减税降费双管齐下。要加强补短板重大项目储备,加快项目审核进度,积极发挥政府投资引导带动作用,为市场主体创造良好的营商环境。强化社会政策兜底的保障功能,无论是对于困难家庭还是困难企业,都要采取定向帮扶。尤其是对一些困难家庭,不仅在经济上帮扶,在心理上还要加以疏导。

总而言之,财政政策要更加积极,货币政策要灵活适度,社会政策要发挥民生兜底作用,改革政策要加大力度。与此同时,加快落实对外开放政策,特别是金融开放,坚持市场化、法治化、国际化的发展方向不动摇。企业也要因势而变,及时调整思路,尽量减少损失,同时谋求新的出路。

从经济发展全局看,此次疫情也给我们留下诸多思考和启示。第一,要把风险防控放在突出位置,警钟长鸣。黑天鹅事件让人猝不及防,未来还会有新的不确定性,要未雨绸缪,在全社会范围内形成风险防控意识。第二,改变生活方式,不胡吃海喝,不吃野生动物。摒弃陈规陋习,促进人与自然的和谐发展。第三,加大生态环境保护治理力度,坚持生态保护、污染防治并举。生态修复关系着人们的生存安全和健康,加强环境保护是全面建设小康社会的内在要求。第四,大力推进国家治理体系和治理能力现代化。官僚主义、互相扯皮推诿责任等情况,在这次疫情防控中得以暴露,包括一些社会组织,都要痛定思痛,加大改革力度。第五,多难兴邦,及时总结经验和教训。坚持改革开放方向不动摇,启动新一轮改革开放。第六,振奋精神,中华民族有着不屈不挠、团结协作的优良传统,这些精神都要继续发扬光大。

(徐洪才,2020年2月24日)

目 录

代序　新一轮中国改革开放呼之欲出 / Ⅲ

第一章　抗击新冠肺炎疫情背景下的中国经济 / 001
一、全球共同抗疫，迫切需要加强合作 / 001
二、抓住时间窗口，推动中美合作 / 002
三、推动"新基建"投资需要新的思路 / 005
四、1~2月中国经济形势分析 / 008
五、全球金融动荡升级，中国如何有效应对 / 010
六、加快实施新《证券法》，有力保障投资者利益 / 011
七、美联储突然大幅降息，全球金融形势趋于复杂 / 013
八、抗疫背景下中国经济的走势 / 015

第二章　未来30年：中国改革开放再出发 / 023
一、未来全球发展五大趋势和中国经济发展五大机遇 / 023
二、人均GDP突破1万美元意味着什么 / 029
三、70年成就是中国人民自己干出来的 / 031
四、将中国改革开放进行到底 / 038
五、管控政府投资风险，助推公共服务高质量发展 / 041
六、新一轮扩大开放相关政策解读 / 042
七、2019年《政府工作报告》解读 / 046
八、为什么说中国扩大开放是自主选择 / 050
九、提升改革的整体性、系统性和协同性 / 055
十、积极防控潜在风险，促进经济稳定发展 / 056
十一、世行报告大幅提升中国营商环境位次 / 058
十二、促进粤港澳大湾区的协同发展 / 059
十三、长三角一体化：引领区域协同发展 / 061
十四、重庆机遇：打造内陆性对外开放新高地 / 063
十五、广西经济发展五大机遇 / 067

十六、提升产业基础能力和产业链水平 / 068

　　十七、民营经济过去不可或缺，未来大有可为 / 070

　　十八、加快海南自由贸易港的建设 / 071

　　十九、"一亿中流"引领投资越过山海关 / 074

第三章　2019 年中国经济形势与 2020 展望 / 077

　　一、展望 2020：中国经济面临新的机遇 / 077

　　二、全球央行降息潮涌，中国货币政策何去何从 / 079

　　三、推进落实 2020 年银行保险九大任务 / 082

　　四、2020 年加大减税降费的力度与空间有限 / 084

　　五、解读中央经济工作会议：把稳增长放在突出位置 / 087

　　六、增强逆周期调节有效性，确保经济运行总体平稳 / 089

　　七、2019 年前三季度经济数据解读 / 091

　　八、解读央行下调存款准备金率 / 094

　　九、2019 年下半年宏观经济政策需因时而变 / 098

　　十、2019 年上半年中国经济点评 / 099

　　十一、"高质量"成为经济发展主基调 / 101

第四章　2018 年中国经济形势与 2019 展望 / 104

　　一、2018 年中国经济形势及 2019 展望 / 104

　　二、2018 年中国金融风险形势及其应对 / 110

　　三、进城农民工如何成为"本地人" / 128

　　四、有效应对当前六大金融风险 / 129

　　五、2018 年 1～8 月宏观经济数据点评 / 135

　　六、释放 5000 亿"麻辣粉"，要警惕其流入房地产 / 137

　　七、中央用 18 个字为 2018 年下半年经济工作定调 / 139

　　八、经济运行缓中趋稳，韧性强潜力大后劲足 / 141

　　九、当前中国经济形势与政策 / 144

　　十、一季度中国经济形势分析 / 148

第五章　2017 年中国经济形势与 2018 展望 / 153

　　一、2018 年中国经济形势前瞻 / 153

　　二、解读 2017 年中国经济数据 / 158

　　三、2017 年中国金融风险形势及其应对 / 163

四、2017年前三季度经济形势与2018年经济形势展望 / 175

五、新旧动能转换和防控风险可圈可点 / 182

六、中国宏观经济仍存下行压力 / 185

七、发展"熊猫债"市场，支持"一带一路"建设中的融资 / 189

八、2017年一季度中国经济形势分析 / 190

九、未来十年中国经济将发生十大变化 / 197

十、新消费培育新经济 / 202

十一、推进供给侧结构性改革，让经济"L形"走势更平缓 / 204

第六章　中国金融改革、开放与风险应对 / 208

一、深化金融体制改革，增强服务实体经济能力 / 208

二、加强货币政策与财政政策的协调 / 210

三、全球金融市场走势点评 / 211

四、科创板是增量改革，注册制未来有望普及 / 217

五、"稳"字当头，打赢金融开放"硬仗"凭什么？ / 219

六、我国金融业对外开放：回顾及展望 / 221

七、完善全球治理体系，防控系统性金融风险 / 228

八、推进人民币国际化的路径选择 / 232

九、巴菲特再发股东信，如何解读投资宝典 / 233

十、现金贷监管落地，行业如何洗牌 / 235

十一、加快建设现代金融体系 / 238

十二、稳中求进，金融稳定是首位 / 242

十三、建设服务"一带一路"的区域性金融中心 / 245

十四、我国银行体系三大潜在风险及其应对 / 248

十五、当前我国突出的金融风险点及其防范 / 252

第七章　世界经济形势与全球经济治理 / 255

一、推动国际货币体系与全球治理改革 / 255

二、RCEP取得重大突破正当时 / 258

三、提升新兴经济体话语权，是改善全球治理的必由之路 / 260

四、将中印、中尼睦邻合作提升到新水平 / 262

五、南美"欧元梦"看上去很美？ / 265

六、解码"处在十字路口"上的中国解决方案 / 267

七、亚投行"四两拨千斤"，助力亚洲互联互通 / 272

八、欢迎西非单一货币 ECO 的诞生 / 273

九、抓住"一带一路"机遇，促进中韩经贸合作 / 274

十、中国是促进亚太和世界经济稳定发展的积极力量 / 278

十一、贡献中国智慧，推动全球治理变革 / 279

十二、中国是世界和平稳定、合作发展之锚 / 282

十三、为推动构建人类命运共同体做出应有贡献 / 286

十四、金砖合作机制可考虑适当扩容 / 289

十五、促进中法共同开发第三方市场的合作 / 293

十六、"一带一路"为全球提供中国方案 / 299

第八章　美国经济与中美贸易摩擦 / 306

一、中美签署历史性的第一阶段经贸协议 / 306

二、点评美联储 2019 年三次降息 / 309

三、说中国操纵汇率，美实在蛮不讲理 / 312

四、不能简单理解美国国债收益率倒挂现象 / 313

五、从历史的视角看中美贸易战及其影响 / 315

六、中国反制美国挑起贸易摩擦的五大对策 / 318

七、中美贸易不平衡的原因及解决之道 / 320

八、中国的开放措施并非对中美贸易摩擦的回应 / 325

九、中美之间会发生贸易战吗 / 326

十、中美关系巨轮仍将保持正确航向 / 328

十一、重视美国税改变化，加快自身体制改革 / 331

第九章　人物专访及其他 / 333

一、进一步推动期货市场服务实体经济发展 / 333

二、中国学者何时能获诺贝尔经济学奖 / 334

三、身处一个变化的时代，我们都是受益者 / 336

四、蓝光进化论——企业家精神的珍贵样本 / 343

五、中国管理理论创新的大胆探索 / 346

六、积极应对经济下行和潜在金融风险 / 349

七、见证中国金融业不平凡的这五年 / 351

八、在求索的路上，其实并不孤独 / 353

九、企业文化是企业生命力之魂 / 355

十、适应金融混业经营大趋势 / 356

十一、加快智库体制机制的创新 / 358
十二、当前全球经济形势与中美经贸关系 / 359

附录 英文演讲和文章 / 368

1. Chinese Economy 2020: a Stable Ship / 368
2. Relaunching Rational Dialogue to Tackle China-US Trade Conflict / 371
3. China-US Relations and China's Role in the Sustainable Development of World Economy / 375
4. At a Crossroads: Global Leaders Need to Work Together to Meet Challenges / 381
5. Seizing the Opportunity to Promote Economic and Trade Cooperation between China and South Korea / 385
6. RMB, a Key Stabilizer of Global Economy Amid Dollar Hegemony / 392
7. China May Fine-tune Policies on Liquidity Risk / 394
8. China Reaffirmed its Commitment to Opening Up / 396
9. How Will the U.S. Interest Rate Hike Play Out? / 398
10. Shouldering Responsibility / 400
11. A Guide for Supply-Side Reform / 403

后记 / 407

第一章
抗击新冠肺炎疫情背景下的中国经济

一、全球共同抗疫，迫切需要加强合作

近日，新冠肺炎疫情在全球范围内多点暴发，呈现指数级上升态势，全球抗疫到了十分关键的阶段。各国政府纷纷推出应急举措，形势十分严峻。人类社会面临共同挑战。不仅抗疫需要加强合作，应对疫情对经济的冲击，同样需要加强合作。

疫情不仅对金融市场的稳定造成巨大冲击，而且还会对全球分工体系、供应链、产业链产生巨大负面影响，引发世界经济衰退和金融危机。国际社会共同应对、加强合作，不仅是因为疫情防控还处于胶着状态，更重要的是实体经济将受影响，贸易投资受到冲击。如果疫情防控所需医疗物资，特别是百姓基本生活消费品得不到保障，则经济所受冲击又会反过来影响疫情的防控。因此，在防控疫情全球蔓延的同时，维护正常贸易投资和经济秩序至关重要，迫切需要稳定市场预期。

G20（二十国集团）应该发挥独特作用。当下疫情全球大流行是一个非传统安全问题，是人类社会面临的共同挑战。1999年诞生的G20机制，起初是财长和央行行长会议，是应对亚洲金融危机的产物。2008年国际金融危机爆发，G20提升到国家领导人层面。在过去应对金融危机和世界经济恢复的过程中，G20发挥了不可替代的作用。在联合国框架下，G20成为全球经济治理、推动国际合作的主要平台。现在面临新的挑战，G20要继续发挥独特作用，各国应加强沟通、协调和团结，这是大家的共同责任。

在携手共同抗击疫情的过程中，各国要加强政策协调，包括货币政策、财政政策和贸易政策等。目前全球金融体系受到冲击，各国要自觉维护金融稳定、正常生产经营秩序和贸易投资活动，防止供应链、产业链受到冲击。应对疫情开展联防联控，卫生治理是短板，医疗卫生物资供应严重不足，迫切需要加强能力建设，特别是帮助发展中国家提高公共卫生服务能力。当然，眼下一些发达国家的情况也十分严峻，要努力增加口罩、防护服、酒精、呼吸机等紧急物

资供给，加强沟通与合作，分享抗疫经验。

过去两个月，中国抗击疫情卓有成效，中国有可能成为第一个摆脱疫情的国家。我们有责任和全球分享这方面的经验，共同探讨如何阻止疫情在全球范围内的进一步蔓延和升级。推动国际合作也是 G20 成员国义不容辞的责任。中国发挥制度优势，集中全国资源应对突如其来的疫情袭击，采取封城隔离等措施，效果显著。这些方法在西方一些国家可能难以效仿，相关经验可供大家分享借鉴。

在物资保障等薄弱环节，全球要相互支持。特别是医疗卫生物资供应，要加班加点组织生产，提高供给，扩大出口，并加大对薄弱环节和疫情重灾国的援助力度。在危机面前，如果各自为政，人人自危，将会导致全球分工体系、价值链、供应链中断，就非常有可能酿成全球经济危机。

在政策方面，财政政策要更加积极有效，帮助弱势群体，帮扶困难企业摆脱困境。同时加大力度稳消费、扩大投资和组织复工复产。加快恢复正常经济秩序，有必要采取适度宽松的货币政策。同时银行体系、资本市场相互支持，相关监管部门协同起来，共同保障金融体系稳定。另外，各国之间要相互支持、帮助，央行之间要扩大货币互换规模，防止金融动荡导致流动性不足，进而引发金融危机，并对实体经济造成冲击。银行体系稳健经营、维护金融稳定和宏观经济稳定都要统筹兼顾。各国政府，特别是国际组织，包括世界银行、国际货币基金组织等都要积极行动，加强政策协调，果断采取有效措施，共同应对疫情危机。

未来世界经济发展充满着不确定性，当务之急是要把疫情管控住，不能放任疫情蔓延，特别是像非洲、"一带一路"沿线国家、南美洲等。目前，欧洲和美国的形势令人担忧。各国在防控疫情和稳定经济方面都要加强合作，两手抓两手都要硬。否则，未来全球风险可能还会上升。

（根据徐洪才 2020 年 3 月 25 日与中央人民广播电台
《经济之声》节目连线文字整理）

二、抓住时间窗口，推动中美合作

非常感谢主持人的介绍。我想讲一个题目，就是"抓住时间窗口，推动中美合作"。在这个题目下讲两个问题，一个是疫情影响，一个是合作建议。

从影响来看，最近两天美国华尔街出现了前所未有的震荡，10 天之内 4 次熔断，持续11年的大牛市终结了。从原因来看，即"三情"叠加。第一，是"疫情"。目前，新冠肺炎疫情传遍全世界，美国、欧洲难以做到像中国这样果断采取行之有效的隔离措施，因此，大家对未来信心不足，悲观情绪蔓延开来。第二，是"油情"。石油行情发生变化，大国博弈趋于激烈，沙特和俄罗斯在石油问题上发生剧烈冲突。第三，就是"选情"。今年是美国的总统大选之年。"三情"叠加，导致三个结果：第一是昨天晚上美国三大股指急剧下跌，道指破了两万点，从三万点跌到两万点，十几万亿美元的市值灰飞烟灭了。第二是纽约的石油价格跌破了24美元/桶。第三是美元指数最近几天大幅上涨，向上突破100整数关口。

金融市场动荡具有传染性，全球金融体系包括中国将难以独善其身。今天上午，上海、深圳A股指数也急剧下跌。中国疫情防控是卓有成效的，已经接近尾声，但现在面临第二波冲击。这不仅体现在"输入性"疫情上，一些国际化程度比较高的城市和地区，像北京、上海，还有香港、台湾地区，近日输入性病例数量上升，更重要的是海外供应链和境内金融体系都将不可避免地受到冲击，必然会影响投资者的信心。原来大家期望，2020年二季度中国经济将出现强劲反弹，但现在遇到新的挑战，全球金融市场剧烈震荡，世界经济正在滑向衰退甚至萧条的边缘。在这种情况下，国际社会如何共同应对挑战？特别是中美两国如何做到搁置分歧，求同存异，加强合作？这是至关重要的。

我想就加强中美合作提几点建议。第一，尽快恢复高层对话沟通机制。近日习近平主席已经和很多重灾国家的领导人通电话，但是还没有看到特朗普总统和习主席的通话，这在当前尤为迫切。

第二，抓住防控疫情契机，推动中美双边合作，特别是经贸合作。不仅要创造条件落实好第一阶段经贸协定，而且要扩大贸易规模，特别是扩大有关口罩、药材、医疗器械和设备方面的合作，还包括疫苗研发等技术合作。建议降低双边关税，在第二阶段经贸谈判中不妨大胆一点，实行零关税。双方政府主动作为，采取友好态度，推动双边经贸合作，扭转被动局面。

第三，共同推动多边体系的合作，特别是WHO和G20层面的合作，体现大国风范。近日，西方七国集团发表了联合声明，但还没有看到G20领导人发表联合声明，这方面尤为迫切。建议召开G20领导人视频会议。如果中美两个大国都表现出积极姿态，无疑有助于提振金融市场的信心。

与此同时，我们也要练好内功。一方面，巩固前期抗击疫情的成果，努力做好复工复产工作，进一步修复供应链和产业链。在巩固现有生产经营秩序的前提下，着力于调整经济结构，扩大在七大领域的投资，加快落地稳消费、稳就业的政策，特别是积极扩大出口。我觉得疫情对交通运输业的影响，主要体现在客运上，对集装箱的海上运输不应该有这么大的冲击。

要利用共同抗击疫情的契机，加强与"一带一路"沿线国家的合作。这些国家公共卫生条件比较差，未来对医药、口罩、酒精、医疗器械等抗疫物资进口的需求将上升，可以通过提供援助带动出口，同时带动企业走出去，在这些国家和地区投资建厂，推动中国扩大对外投资和出口。疫情将影响中国进口，因此也要鼓励外商投资，进一步优化营商环境，落实《外商投资法》，坚定不移地推动新一轮改革开放。近期，土地制度改革有所推进，未来还有很多工作要做，包括深化国企的混合所有制改革，鼓励民营企业和中小微企业发展等。

总之，在疫情挑战面前，我们要保持战略定力，练好内功，展现大国风范，通过与国际社会分享技术成果和抗疫经验，带动贸易投资合作，进而推动全球经济复苏。中国应该有更大的作为。谢谢。

问答部分：

问：当前美股跌幅已经超过了30%，波动状况接近2008年全球金融危机时的情况，这是否意味着全球金融危机的开始？

答：可以说，从美联储非常规地降息开始，上个星期天又采取非常规的宽松货币政策，就已经宣告全球金融动荡升级了。最近几天，进一步印证了金融危机正在逼近。下一步，美国股票市场将会跌到什么程度，这是大家关心的。石油价格昨天晚上跌破了24美元/桶，近期道琼斯、纳斯达克、标普等三大股指总体跌幅达到30%，是不是跌到位了？还需要走一步看一步。

我认为关键要尽快解决好"三情"叠加的问题，特别是控制住疫情蔓延，石油博弈达成妥协。如果疫情进一步扩大，将对全球价值链、供应链产生冲击，导致分工体系崩溃。现在很多国家禁止或者限制货物贸易和人员流动，企业正常经营难以为继。大家担心实体经济受到冲击，而目前各国央行的应急措施是开闸放水、大水漫灌，这在一定程度上可以缓解市场流动性不足的状况，但解决不了供给的问题。目前，中美合作氛围较差，大家期待出现转折。如果全球疫情和中美关系进一步恶化，则金融市场还会继续恶化。关键是要采取实际行动，提振信心。

（根据徐洪才在2020年3月19日中国与全球化智库CCG召开的线上视频研讨会"中美'战疫'合作与全球经济影响"上的发言整理）

三、推动"新基建"投资需要新的思路

3月4日召开的中共中央政治局常务委员会会议提出的"新型基础设施建设",即所谓"新基建",主要包括特高压、城际高速铁路和城市轨道交通、新能源汽车充电桩、5G基站、大数据中心、人工智能和工业互联网七大领域。其中,5G基站、大数据、人工智能和工业互联网可归为数字经济,围绕这四项展开的基建可称为"数字基建"。

中国为何要加快新基建进度?新基建尤其是数字基建将给中国经济社会发展带来怎样的影响?在这场全民抗击新冠肺炎疫情的过程中,由"4G/5G+(大数据+人工智能)+(健康码+钉钉)"构成的三层数字基建体系发挥了重要作用,为下一步推进"新基建"投资提供了新的思路。

(一)新基建需要抓住数字基建这个核心

我国疫情防控现已进入新阶段,复工复产稳步推进,防疫和复工都已取得初步成果。但在全球范围内,疫情扩散超出预期,重创了全球金融市场,并将对全球供应链产生冲击,也对中国经济全面恢复带来新的挑战。受疫情影响,一季度投资、消费、出口"三驾马车"增速回落,目前国内供应链正在修复,但是提振消费需求仍需时日,未来外部环境更加复杂,为了完成全年经济社会发展目标,必须发挥投资在稳增长中的关键作用。

在我国固定资产投资中,基建投资占比高达三成。经过多年狂飙猛进,基建中的结构性矛盾和潜在风险已经显现。老基建的边际效用和收益递减。总体而言,扩大老基建投资对经济会有短期刺激效果,但长期发展不可持续。正因如此,基建中的七个新型细分领域被寄予厚望。从产业链特点看,扩大这七大领域的投资既可短期创造就业,也可促进经济结构转型升级,带动中长期健康发展。其中又以数字基建更具底层价值。

当前,我国数字经济产值占GDP三成,增速是GDP增速的两倍多,从业人员约两亿。数字经济成为驱动增长、吸纳就业的新引擎。数字基建是数字经济的基础设施,可直接拓宽数字经济广度,挖掘数字经济深度,延展数字经济长度,并带动传统产业转型升级。近年来,"互联网+"和"+互联网"方兴未艾,传统产业与数字技术加速融合,特高压、轨道交通、充电桩分别对应数字电力、数字交通和互联网汽车,传统基建焕然一"新"。2019年,我国产业数

字化占数字经济比重已超八成。用数字技术驱动传统产业增产提效，正在形成中国经济的新特色和新优势。

（二）新基建需要发挥市场和政府的各自作用

政府规划建设新基建项目，必须尊重数字经济规律，打破陈规，转换思路，大胆创新。一般而言，老基建的发起者、投资主体、运营主体以各级政府、国企为主。新基建则遵循"市场主导、政府引导"原则，不同主体运用市场机制，灵活性地开展多种形式的合作。比如，中国联通混改引入BAT（百度、阿里和腾讯），探索团队融合、产品融合、文化融合，在经营机制上逐渐发生"化学反应"，取得了显著效果。

例如，在河南，疫情发生后，中国联通为政府、学校、企业紧急部署数字协同能力，帮助全省12个地市政府开通钉钉复工审批平台；为两万多所学校搭建"空中课堂"，帮助1900万学生实现在家上课。中国联通还为河南全省近七万名教师的家用宽带免费提速，紧急扩容远程教育专用带宽，保证了线上课堂信号的流畅。在此过程中，中国联通并未亲自研发互联网产品，而是根据市场需求，基于自身主业，集成各主体的数字化能力，打通通信网络、地面部署与钉钉产品，为政府、企业、学校、学生提供一站式数字基建，快速武装起全社会的数字化抗疫能力。

数字基建可分为三个层次，即：基础层、技术层和应用层。通信网络服务属于底部基础层，人工智能、大数据中心服务于中间技术层，微信、钉钉、健康码服务于前端应用层。三层中的任意一层都要发挥市场机制的决定性作用，政府既不能越位也不能缺位。以人工智能为例，2019年，中国人工智能发明专利申请量排名前十位的机构中，有一家央企、两所大学、五家民企和两家外企，呈现百花齐放的良好发展态势。但在残疾人无障碍研发等领域，存在市场失灵情况，有赖政府投入资源，发挥政策引导作用。

（三）新基建需要提升应用创新能力

在这场全民抗疫的行动中，数字技术得到全面应用，为我们科学理解新基建提供了鲜活样本。

在疫情防控方面：创造性地推出健康码，从局部地区试验到全国推广，对春运期间复杂人群进行精细化管理，堪称数字技术创新应用的典范。钟南山院士领衔的广州呼吸健康研究院携手阿里云，加速攻克新冠肺炎救治关键技术与药物疫苗研发。其人工智能诊断技术可在20秒内判读疑似病例CT影像，准确率达96%以上；向全球免费开放"云"上病毒比对服务，60秒即可完成任意病毒的基因对比，可大幅提升病毒基因检测效率，可为跟踪病毒变异提供依据。

在复工复产复学方面：20个省份的各级政府利用钉钉组织管理企业有序复工。基于远程数字化协同平台，全国各地停工不停产，停课不停学。钉钉承接1000多万家企业、组织，2亿人在线办公，1.2亿学生在家上课，1.5亿人健康打卡。表面上看，钉钉只是一个普通的App，但其背后是一整套云计算和人工智能技术，属于典型的数字基建。上亿人同时涌入平台开会直播，就像上亿人同时驾车上路，极端考验基建的承压能力。据悉，钉钉为迎接洪峰，紧急增设了十余万台云服务器，这涉及复杂的上下游分工协作，可谓高门槛、高科技、高投入。

要使前端应用与中间技术发挥作用，前提是夯实底部基础层。2019年年末，我国三大运营商宽带用户数达4.49亿，4G用户数达12.8亿；5G问世还不久，用户数就已达千万级。网络提速降费广获好评，通信扶贫扎实推进，数字红利惠及广大低收入人群。目前，全国通信网络基本实现全覆盖，几乎人手一部手机，使得健康码的创新应用成为现实，为全民在线办公、在家上课奠定了基础。

新基建价值不仅在"建"，更在"用"。用好、用活已有新基建，同样可以抢占发展先机。目前全国有4000多个淘宝村，农民不用写一行代码，只通过现有物流体系，照样把农产品卖到全球。疫情初期，有人担心春运往返迁徙的巨量人流将导致疫情失控、经济崩溃。但事实证明，三层数字新基建赋予全社会强大的数字化协同能力，所表现出的高效救治、有序防控、安全复工，已经赢得了广泛赞誉。

（四）新基建需要实施新的产业政策

新基建涉及新的产业链重构，其上游是基站、天线、芯片、传感器、存储器、光纤光缆；下游是智能手机、智能汽车、智能家居、智能机床等终端硬件，以及软件开发服务，呈现资金密集型和技术密集型特点。可以说，每一个细分领域都有巨大的发展空间。当前，中国健康码解决方案引起了全球关注，日本一些学校已经启用钉钉在家上课。新基建领域的"中国制造"和"中国方案"正在兴起，迫切需要新的产业政策扶持。

地方政府规划数字基建要找准定位。老基建附着于土地，项目推到哪里，土木就兴到哪里。数字基建不同，它突破物理空间局限，具有"云"化特点，可以做到"一处设施供全国"，甚至"一处基建供全球"。比如，华为、腾讯总部在广东,阿里总部在浙江,但三家数字基建企业的服务都在云端,能够覆盖全球。

在"云端"可以带来规模效应和网络效应,可以拓宽数字经济边界,打破地方保护主义。因此,政府在投入资源时,应积极拥抱竞争,养成全局性战略眼光,全国一张图,全球一盘棋,集中资源办大事,不搞重复建设,不撒胡椒面。目前,我国已有阿里、华为、腾讯等若干具有全球影响力的数字经济航母,它们在市场竞争中脱颖而出,引领整个数字经济体系臻于完善。地方政府在规划数字基建时,不必急于另起炉灶,搞低于已有水平的重复建设。不如先扎扎实实推广应用已有数字化成果,提升全域数字化水平,主动接入数字世界,分享数字经济时代的发展红利。

从老基建到新基建的转型迭代,是深化供给侧结构性改革的必然选择,也是创新驱动发展的新机遇。国家应完善相关立法,欢迎外商积极参与中国新基建,同时鼓励境内企业参与全球竞争,以高水平竞争推动高质量发展,打开一片充满希望与机遇的新蓝海。

(徐洪才,《广州日报》,2020 年 3 月 16 日)

四、1~2 月中国经济形势分析

今天上午,国家统计局发布 2020 年 1~2 月国民经济数据。整体来看,新冠肺炎疫情给中国经济运行带来了较大冲击,但是支持经济长期向好的基本面和内在向上的趋势并未改变。虽然主要经济指标明显下跌,但是符合预期。

新冠肺炎疫情对经济的影响是暂时性的外部冲击,目前境内疫情防控取得了明显成效。除湖北外全国各地复工复产工作有序进行,产业链、供应链修复稳步推进,供给和需求都在逐渐恢复。预期在二季度以后,整体经济将基本恢复正常。中国市场空间很大,农村城镇化进入下半场,结构升级带来新的投资需求,新的消费需求衍生新的投资机遇,还有深化改革带来的制度红利等,都预示着中国经济长期向好和内在向上的趋势并没有改变。

(一) 工业生产和投资下滑较多,但一些积极因素开始显现

截至 2 月 25 日,大中型制造业企业复工率达到 85.6%,生产经营活动正在有序恢复,持续推动有序复工复产还有政策空间。

首先是进一步修复产业链。在应对疫情的过程中,部分产业链中断,生产

经营活动遭受冲击；随着经济秩序恢复正常，一些延期消费、滞后性消费将会逐渐释放出来；同时一些新的消费需求也会派生出新的经济增长点，推动新的投资和产业发展。未来将扩大七大领域的新基建投资，实施积极的稳定消费政策，促进经济进一步恢复。

1~2月，工业生产下滑较多，但一些重要物资生产，如口罩、发酵酒精、冻肉、方便面等都保持了较快增长，高技术产品的增势良好。这种短期供需变化预示着某些产业发展的长期趋势。对于疫情中增加的医疗卫生产品的生产，政府已做承诺，将来可以收储，不必担心产能过剩问题；随着人们对健康需求的上升，医疗卫生等短板领域的投资将会增加。另外，高技术产品增长是长期趋势，不会因短期冲击而改变，这是中国经济转型升级的内在要求。

数据显示，1~2月固定资产投资同比下降24.5%，其中，基础设施、制造业、房地产开发投资都出现了快速下滑，但高技术产业还有社会领域的投资降幅低于平均水平。固定资产投资中的基建、制造业、房地产等三大领域投资整体回落，是短期冲击的结果，不必过多担心，随着复工复产将会逐步恢复。同时也要看到，经济结构调整和产业转型升级将促进高科技投资继续保持稳步增长。要抓住结构调整的有利时机，加大新基建领域的投资；通过优化投资结构来带动培育新型产业发展，把恢复经济增长和调整经济结构，以及提高经济增长质量有机结合起来。

（二）物价保持基本稳定，贸易结构继续优化

1~2月全国居民消费价格指数（CPI）同比上涨了5.3%，工业生产者出厂价格指数（PPI）同比下降了0.2%，这一涨一降走势是分化的，形成了所谓的"剪刀差"。CPI和PPI"剪刀差"不是今年才有的。总体来看，1~2月CPI和PPI保持相对稳定。其中也有结构性上涨因素，比如食品价格上涨过快。消费品的需求是刚性的，疫情期间保障了基本民生需求，来之不易。

PPI继续保持负增长态势，而且近期全球石油价格急剧下跌。这种下跌总体对我们有利，比如可扩大石油进口，节省大量外汇，降低生产经营成本。但是，境外疫情蔓延将会对全球产业分工和供应链造成冲击，进一步加剧全球需求不足，因此有通货紧缩隐忧。但从疫情防控周期来看，境内跟境外是错位的，不用担心PPI大幅走低，因为新基建投资规模较大，会拉动投资需求，促使价格保持相对稳定。总体来看，CPI和PPI的"剪刀差"不会继续扩大，二季度以后可能会收窄。

在贸易层面，1~2月货物进出口总额为41,238亿元，同比下降了9.6%，

进出口贸易出现逆差。这主要是因为出口下滑较多，但此为短期逆差且规模较小，不用过度担心。但也要因时而变，及时调整外贸政策。作为一个大型经济体，我国外贸依存度在过去十年是持续下降的，从60%多下降到目前的30%多。相对来说，目前的外贸依存度仍然偏高，如果境外疫情防控长期化，那么我国外贸出口、进口结构都必须做出调整，比如增加石油储备、出口转内销的政策支持力度等。

对于一些进口产品，要创造条件在境内生产，以增加国内就业。与此同时，要落实好《外商投资法》，优化营商环境，加大吸引外资的力度。从资本流动方向来看，中国很可能成为全球投资的避风港。鼓励外商投资企业进来，在国内组织生产，国内销售，从而弥补进口下降的缺口。更重要的是要调整出口产业结构，通过促进技术进步、产业升级，来提升中国在全球分工体系中的位置，提升外贸国际竞争力。

（根据徐洪才2020年3月16日电话连线
中央人民广播电台《经济之声》节目整理）

五、全球金融动荡升级，中国如何有效应对

2020年3月12日，全球金融市场可谓山崩地裂、尸横遍野、血流成河。

美国当地时间3月12日，开盘5分钟后，标准普尔500指数跌幅超过7%，再次触发了熔断机制，导致美股停盘15分钟。恢复交易之后指数继续下跌，收盘时的标普、纳斯达克、道琼斯三大指数跌幅均超过9%。欧洲的情况更糟，法国CAC40指数和德国DAX30指数跌幅均超过12%，英国富时100指数跌幅超过10%，意大利富时MIB指数跌幅近17%。一天下来，全球上市公司市值蒸发了5万多亿美元，刷新了21世纪以来的历史纪录。

面对全球金融动荡陡然升级，各国央行紧急采取救市举措。在交易时间，美联储带头临时实施3月期回购操作，向市场投放至少5000亿美元的流动性；13日将继续实施至少5000亿美元的3月期及1月期回购操作各一次。三轮操作共向市场紧急投放至少1.5万亿美元的流动性，致使美联储总资产超过5.7万亿美元，创下历史新高。欧洲央行保持三大关键利率不变，但也表示准备投放流动性从而维护市场稳定。

这一次股市剧烈震荡，究其原因：一是新冠肺炎疫情在全球蔓延开来，未来对全球供应链的冲击和对世界经济的影响一时半会儿还难以估计；另一个原

因是沙特和俄罗斯的石油价格战。两者叠加，引发了空前的市场恐慌情绪。受此冲击，全球大宗商品价格全线下挫，美国国债价格飙升，避险情绪和恐慌指数也在大幅飙涨。从短期市场表现来看，美联储的紧急性政策并没有起到稳定市场的作用。

面对系统性金融风险，任何国家都难以独善其身，中国A股市场随之也出现剧烈调整。未来几天，全球金融市场可能还将延续震荡模式。但随着各国救市政策的加码，市场也一定会止跌企稳。其中，最先稳住的应该是中国A股市场。原因有三：首先，中国和全球的疫情周期是错位的，中国已经接近尾声，但美国和欧洲却刚刚开启。其次，中国A股市场的估值一直处于低位，有可能走出独立行情。最后，美元贬值，全球资本可能加速流入中国，人民币将成为全球避险资产的重要选择。

疫情在全球蔓延将会对中国经济产生"第二波冲击"，千万不可掉以轻心。因为对于中国这样的大型经济体而言，全年外贸规模超过30万亿元。全球商品流动和人员来往受到疫情的限制，外贸、外资必将受到冲击，中国的就业、税收和经济增长都将受到负面影响，对此要有清醒的认识。

从政策层面上看，我们要保持战略定力，同时两眼向内，集中精力做好自己的事情。在巩固前期复工成果的基础上，已出台鼓励消费、扩大投资的政策都要加快落实。要把受疫情影响暂时冻结的消费释放出来，把在疫情中催生的新型消费培育出来，加快推进七大领域的新基建投资项目的落地。

从央行货币政策来看，全球开启大水漫灌模式，我们坚持不搞大水漫灌，但要提高政策的灵活性。在市场信心受挫的背景下，市场急剧动荡引发的直接后果就是流动性风险。因此，央行要保证流动性合理充裕，降准降息等政策工具都应在考虑之列。展望未来，世界经济、金融还将面临新的风险，我们要做好应对预案，以便快速做出反应。

（徐洪才，2020年3月13日）

六、加快实施新《证券法》，有力保障投资者利益

新《证券法》实施以后，注册制将进一步推进，促使中国证券市场生态发生很大的变化。比如说高成长股和垃圾股并存，市场不确定性增加，加大了投资者的风险，会对当前市场的投资结构带来影响。注册制的核心就是提高信息披露质量，主管部门不再对拟上市公司进行实质性审查，而更加关注信息披露

的质量。因此，股票价格走势出现分化，这就需要投资者擦亮眼睛，提高自身专业能力，否则将带来投资损失。传统以散户主导的证券市场，一定会盛行投机之风，市场价格扭曲。

注册制将促使资金有序流动，奖惩机制、市场定价机制发挥作用，市场效率得以提升。比如，成长性公司的市盈率会很高，因为投资追求未来收益。而一些经营困难、治理结构有重大缺陷的股票，则会遭受市场抛弃。随着注册制的实施，市场化、专业化水平越来越高，价值投资深入人心，资源配置、资金有序流动成为主流，市场结构也会发生深刻变化。

（一）大力发展机构投资者，进一步改善投资环境

数据显示，目前中国 A 股市场上散户成交额占市场总成交额的比重仍然高达 80%～90%，这跟全球其他成熟资本市场不太一样。出现这种情况的主要原因是机构投资者不发达。新《证券法》的实施，就是要鼓励机构投资者的发展。不仅要进一步发展证券公司和基金管理公司，传统金融机构如银行、保险公司等间接融资中介，也会不断渗透到直接融资业务中来。银行理财公司、保险资产管理公司可以通过直接代客理财发行相关产品，帮助投资者进行专业化投资管理，也可以提供投资顾问、基金销售等服务。因此，机构投资者的队伍将会不断壮大，市场投资结构也会发生深刻变化。

越来越多的家庭会选择股票型基金或股权类资管产品来代替自己投资，将加速股市去散户化趋势。过去上市公司治理水平和信息披露质量都不高，市场制度体系不完善，如缺乏退市制度，并购重组不规范，对控股股东缺乏约束，对违法违规行为的惩处力度也不够，因此投资者的选择空间较小。现在投资者可以通过委托理财，间接参与证券市场，进行多样性投资选择。随着机构投资者的发展，投资者的利益将会得到更有力的保护。比如，过去散户诉讼成本很高，几乎不能在股东会、董事会中发挥作用，因此很难影响上市公司的经营决策，一旦蒙受损失也不会得到补偿，一些操纵市场、内幕交易等行为得不到应有的惩处。

（二）提供多样性金融产品，更加有力地保障投资者利益

新《证券法》实施以后，机构投资者能够代表中小投资者利益参与公司的治理。资本市场改革加速是去散户化的重要抓手，有利于我国资本市场走向成熟和高效。如果长期以散户为主导，则换手率就比较高，市场经常大起大落，价值投资理念被边缘化。如果以机构投资者为主导，机构投资者里面有专业人

员进行专业性研究,提供专业化顾问服务,则投资者可以少走弯路,解决信息不对称和投资决策不专业的问题。

另外,投资者可以通过法律手段来保护自身利益。同时,还可以降低自身运行成本,因为专业化的机构投资者有规模效应,管理资产规模比较大,规避风险手段比较多。比如,通过多种金融工具来对冲风险,专业化选择符合投资者自身风险和投资偏好的优质产品,做出科学的投资选择。否则,投资者自己单打独斗,市场上散户占主导,必然导致整个市场的低效率。

新《证券法》实施对于优化金融产品仍有比较大的改善空间。过去产品结构单一,近年来,一些新产品出现,比如优先股、可转债,甚至有永续债券等,但是规模还不够。随着资产证券化的发展,未来像 ABS(资产支持证券)、MBS(房屋抵押贷款支持证券)等新的投资工具将会给投资者提供多样性的投资选择。金融机构、中介机构应该在产品创新方面加大力度。过去以间接融资为主,大家被迫把钱存在银行。在通胀压力加大的情况下,其实储蓄会使资产贬值。有了多样性选择以后,随着上市公司治理优化、素质提升,未来加大对投资者的现金分红,普通投资者就会得到更多实惠。

新《证券法》有很多创新,但还不完善。从监管层面来讲,当下的重要任务就是要落实好新《证券法》,同时鼓励金融创新和服务实体经济。未来证券市场发展要进一步朝着市场化、法治化、国际化方向迈进。整体而言,目前我国证券市场的市场化水平还不高,法治化水平也不够。因此要在加强监管、管控风险的前提下,鼓励创新,发挥中介机构的作用,特别是培育机构投资者。要鼓励传统金融机构、中介机构积极参与直接融资,培育多层次、多样性的金融体系,特别是加快发展多层次资本市场体系,从而进一步保护投资者利益,促进上市公司和实体经济的发展。

(根据徐洪才 2020 年 3 月 9 日电话连线
中央人民广播电台《经济之声》节目整理)

七、美联储突然大幅降息,全球金融形势趋于复杂

2020 年 3 月 3 日,美联储宣布大幅降息,决定将联邦基准利率下调 50 个基点。美联储称,美国经济基本面依然强劲。然而,新冠肺炎疫情给经济活动带来了不断演变的风险。美联储正在密切监测事态发展及其对经济前景的影响,并将利用其工具,酌情采取行动支持经济。

这次美联储降息不仅来得突然，而且降息幅度非常大，下调了联邦基金利率50个基点，这是针对新冠肺炎疫情可能在全球蔓延的形势，以及近日美国股市大幅度跳水所做的应急性政策措施，同时也是回应特朗普总统要求降息的一个具体行动。

美国经济的基本面看起来似乎还不错，1月CPI同比增长2.5%，最近几个月一直存在通胀压力，但是近日三大股指跳水，金融市场预期已经出现了重大变化。面对11年的大牛市即将终结，特朗普总统心急如焚，紧急呼吁美联储降息；鲍威尔及时做出回应，预计未来半年还会进一步降息，这是基于美国经济可能出现衰退所做的一个预防性措施。尽管美国通胀压力仍在加大，但面对金融市场动荡，美联储似乎无暇顾及了。

其实，这次问题出在供应链上。最近两年，大国贸易摩擦对全球供应链产生了负面影响，如果这次疫情升级，将是雪上加霜，会进一步冲击全球供应链。放松货币属于需求管理，虽然药不对症，但对金融环境会有缓解作用。眼下投资者对疫情做出了激烈反应，因此，当下重中之重就是要把金融市场稳住。展望未来，预计大宗商品价格也会受到宽松货币政策的推动而上涨。

预计美元会出现贬值。今年以来，美元指数上涨，人民币是贬值的。这次美联储降息是一个转折点，美元可能将由升值转向贬值，而人民币有升值要求。从香港人民币离岸市场汇率也能看出，人民币出现了升值。美联储降息将促使资本流出美国，未来全球黄金、石油价格将上涨，增加全球通胀压力。

美国经济的主要问题是债台高筑，政府债务累累，不可持续。同时，产业空心化的问题依然严重。近年来，制造业回流美国的政策效果差强人意，但是全球供应链遭受贸易摩擦的破坏，供给侧受到了严重冲击。如果疫情进一步升级，供给侧冲击还会加剧。现在采取大幅度降息，将导致美国通胀压力进一步加大，全球金融市场动荡加剧，增加了世界经济的不确定性，因此也增加了中国疫情防控的复杂性和经济恢复的难度。人民币对美元升值，将不利于中国扩大出口。大宗商品价格上涨，也会增加中国企业的生产经营成本。此外，资本流动和金融动荡加剧也将影响中国金融市场的稳定。

面对新的疫情挑战和国际金融形势，各国应该加强疫情防控的合作，特别是加强宏观经济政策的协调。中国要保持战略定力，要进一步巩固前期疫情防控取得的成果，同时在政策上再做一些调整。建议适当降低金融机构法定存款准备金率，下调银行贷款利率，以降低企业融资成本。但是存款利率不要动，因为随着通胀上升，存款实际利率已经为负。还可以增加结构性政策力度，扶持小微企业、民营企业发展。但是也要防控通胀压力加大，要维护宏观经济和金融稳定，特别是要把工作重心放在供应链的修复上。

（徐洪才，2020年3月4日）

八、抗疫背景下中国经济的走势

截至昨天，全球新冠肺炎疫情确诊病例突破了9万，中国境内基本上控制住了，但是境外确诊病例超过了1.2万，疫情正在向全球蔓延，形势变得复杂起来。今天下午，国务院联防联控机制发布会要求各级部门做好"三保"工作，即"保基本民生、保工资、保运转"，说明中国经济面临的困难不小。

（一）与2003年SARS疫情的对比

总体判断，新冠肺炎疫情对经济的负面冲击更大一些。

第一，新冠肺炎疫情传染性强、潜伏期长。特别是无症状传播，难以辨认谁是病毒携带者。现在全国确诊病例近8万，是SARS时期的10倍多。除了南极洲，全球六大洲均遭受疫情袭击。美国东部时间3日中午，美联储出乎意料地大幅降息50个基点。按照规定，美联储应是18日开会，在会上再确定是否降息，现在临时性降息，凸显美国疫情形势的严峻性。最新数据显示，韩国确诊病例突破了6000人，疫情严重地区还有意大利和伊朗等。当下中国如何巩固前期的抗疫成果、加强国际合作，同时严防疫情从境外输入境内，显得十分迫切。

第二，经济背景不一样。2001年中国加入世贸组织，当时经济蒸蒸日上；2003年中国经济处在爬坡过程中，享有人口红利、城镇化红利、全球化红利。现在经济下行压力较大，面临人口老龄化；城镇化也进入下半场，城镇化率已有60%；而且经济进入了新常态，今年GDP实际增速肯定在6%以下；再叠加世界经济减速，中美关系和外部环境变得复杂化。最近两天，世界银行、国际货币基金组织将开会，我估计会下调今年世界经济增速。经过国际金融危机之后的10多年的发展，现在中国经济的宏观杠杆率，包括政府部门、企业和居民的杠杆率都非常高。最近几年，老百姓借钱买房，负债率节节攀升，潜在风险加大。特别是财政收支，更是压力山大。

第三，新冠肺炎疫情导致经济活动暂停时间长、范围大。占全国GDP比重90%以上的25个省市均要求春节复工延迟一周以上，而非典疫情主要集中在仅占全国GDP比重3%的北京，全国基本正常。2003年交通管制主要在4月和5

月,二季度经济增速下滑,从 11.1% 降至 9.1%。非典过后,经济迅速恢复正常,三、四季度 GDP 增速回升到 10%。特别是消费增速恢复正常,且创出新高,7 月社会消费品零售增速升至 9.8%;下半年投资增速稳定在 30% 左右,出口增速也快速回升。跟 SARS 疫情相比,新冠肺炎疫情的影响可以说是不可同日而语,一个明显的标志就是"两会"延期,这是史无前例的。

(二)新冠肺炎疫情对经济影响的三个阶段

第一阶段:春节期间,生产停滞,供应链中断,疫情对需求和供给都产生了严重冲击,表现为总需求和总供给出现"双重收缩"。在需求侧,如住宿、餐饮、航空、旅游等领域的消费需求急剧下降;在供给侧,消费品的库存大幅减少,医疗用品(如口罩)供给紧张。

第二阶段:春节结束到基本复工,疫情给生产秩序恢复带来困难。即便某地复工进度较快,但其他地方的中间品供应断档,也会导致整个生产过程难以为继。第二阶段是在 2 月中旬至 3 月初。

第三阶段:疫情基本得到控制。目前来看,除了湖北以外的地区,全国很多地方都已经出现了新增病例零增长,更重要的是感染病毒的病人越来越多地好起来,最终实现增量归零和存量归零,即"双归零"。现在新增这一块基本控制住了,但消化存量还需要时间。

随着生产经营秩序基本恢复,总需求不足的问题将会凸显出来。如果说过去主要是供应链中断导致供给不足,那么在供应链逐步修复之后,就是如何提振需求的问题了。一季度,一些新出口订单流失了,部分企业资金链断裂退出市场,对就业、银行贷款、税收带来影响,总需求因此受到抑制。

一季度经济增长受到的冲击最大,预计 GDP 实际增速为负值,二季度出现反弹,GDP 实际增速向零靠拢,三、四季度逐渐恢复正常。全年 GDP 实际增长在 1% 以上,但不会超过 3%。今天是中国传统二十四节气的惊蛰,春雷滚滚,希望能驱散疫情。

(三)从"三驾马车"角度看疫情对经济的影响

第一,消费受到严重冲击。本次疫情在春节期间暴发,对消费影响很大。2019 年春节黄金周期间,全国零售和餐饮企业实现销售额超过 1 万亿元。2020 年春节消费大幅度减少,其中,餐饮、酒店、旅游、娱乐、交通等领域首当其冲,有的企业收入出现断崖式下跌。但是网上购物、订餐和娱乐等领域相对活跃。疫情期间所积蓄的某些消费需求可能会在疫情之后释放,但像餐饮、娱乐等消费在此期间形成的损失可能难以弥补，即"沉没成本"；同时疫情还会冲击部分群体的消费能力。总体上讲，预计一季度社会消费品零售额增速将放缓10个百分点以上。

第二，投资受到严重影响。很多企业无法按时开工，生产订单被迫取消，投资相应减少。总体上看，与消费相比，疫情对投资的影响较小。因为低端制造业本来就产能过剩，延迟复工造成短时间停产，实际影响有限。对基础设施项目来说，一些项目可能延迟开工，但疫情过后会陆续开工，全年影响不大。应该看到，疫情也会推动一些医疗基础设施项目的新增投资。政府近期密集推出的救助措施，如减税降费等，也会促进企业投资。预计下半年政府会加大投资，全年投资对经济增长贡献上升。现在国家发改委准备了几十万亿元的基建项目储备，计划在七大领域扩大投资。下半年，投资将对经济增长做出突出贡献。

第三，外贸进出口受到影响。新冠肺炎疫情造成消费和投资增长趋缓，加上中美贸易摩擦第一阶段协议的实施，2020年进出口贸易将进一步放缓。春季出口订单减少，会对二、三季度出口产生影响。3月初华东进出口商品交易会延期，广交会也可能延期。如果疫情延后，则会加速部分产业链外移。对一季度外贸的冲击，主要是原有出口订单交付；一季度末二季度初，全年新订单部分流失。四季度，疫情对外贸冲击消除。总体来看，全年经常项目仍将保持顺差，但相比去年会减少，净出口对经济增长贡献下降。去年外贸顺差扩大，外需对经济增长贡献占到12%左右，在投资、消费增速急剧下降的背景下，外贸的贡献是功不可没的，这种情况今年不会再有了。

（四）从产业角度看疫情对经济的影响

疫情对各行各业都有影响，但服务业受到的冲击最大。几天前公布的中国制造业PMI悬崖式下跌。2月，制造业PMI为35.7%，比上月下降14.3个百分点；非制造业PMI为29.6%，比上月下降24.5个百分点；综合PMI为28.9%，比上月下降24.1个百分点。2月，服务业PMI为30.1%，比上个月下降23个百分点。2月，财新中国服务业PMI为26.5%，大幅下降25.3个百分点，为2005年11月调查开展以来首次落入荣枯分界线以下；2月，财新中国综合PMI为27.5%，大幅下降24.4个百分点。新冠肺炎疫情对经济的冲击超过了2008年金融危机。

受到冲击最严重的是餐饮、旅游、住宿、交通运输等消费领域，服装、家具家电、化妆品等领域也受到影响。19个行业的商务活动指数位于收缩区间，交通运输、住宿餐饮、旅游、居民服务等人员聚集性较强的消费性服务行业的商务活动指数均降至20%以下。新冠肺炎疫情也催生一些新的业态，如云办公、在线教育、远程医疗等快速发展，带动电信、互联网等行业商务活动指数好于服务业的总体水平。金融业商务活动指数为50.1%，金融业总体保持稳定。央行采取边际宽松政策，在一定程度上缓冲了金融市场震荡，但也积累了一些潜在风险。

具体来讲，以下行业受到的冲击较大。

一是旅游业。以2019年春节期间旅游收入规模推算，2020年因疫情给旅游业带来收入损失预计超过5000亿元，相当于一季度国内生产总值的2%左右。

二是影视娱乐业。2019年八部电影在七天假期累计收获票房58.4亿元，刷新了春节票房纪录。2020年春节档排片，有九部电影同时上映，原本寄予厚望，市场预测票房有望接近70亿元。但随着疫情升级，居民宅在家中，致使今年春节电影票房几乎是颗粒无收。

三是餐饮及零售业。商务部数据显示，2019年春节期间餐饮和零售企业销售额超过1万亿元，预计2020年至少减少50%，相当于损失5000亿元。疫情对餐饮和零售业的打击，还体现在店面租金、人力和存货等成本方面，将对企业资金链和偿付能力产生影响。

四是交通运输业。交通运输部估计，1月24日至2月2日春节假期，全国铁路、道路、水路、民航共发送旅客1.9亿人次，比2019年春运同期下降73%。从2月起，每日取消航班超过1万架次，许多国内航空公司航班取消率超过50%。跨境航线方面，全部取消来往中国内地的外国航空公司数量增加。相比之下，疫情对货运影响较小。

五是制造业。新冠肺炎疫情影响一季度制造业生产进度，将拖累全年产量和销售。若疫情持续时间较长，将影响全球相关产业链的正常运营。2月，制造业PMI为35.7%，其中五大分项指数全部跌到40%以下，最低的是生产指数。生产指数大幅下降23.5个百分点到27.8%，比受金融危机冲击的2008年最低点还低了7.7个百分点。

六是房地产业。中国房地产业协会于1月26日向全行业发出倡议，房企暂停售楼处销售活动，待疫情过后再行恢复。与此同时，各地住房和城乡建设系统也采取相应措施。根据中原地产研究中心统计，从2020年1月下旬开始，大部分开发商的成交量相比往年春节期间暴跌95%。大量建筑项目处于停工或半停工状态，节后复工缓慢。2月，建筑业PMI为26.6%，比上个月下降33.1个百分点。年初以来，水泥价格下降、钢厂建材库存积压大幅增长，建筑业受到冲击。疫情导致房地产销售、开工严重放缓，部分中小房企的资金链有断裂的风险，房地产开发投资增速可能出现负增长。

2月，百强房企单月全口径销售金额为3243.3亿元，环比降低43.8%，同比降低37.9%，创下了近年来的单月销售额最低纪录。销售停滞导致资金链紧张，部分房企开始对员工限薪，出现裁员现象。受疫情影响，北京新建商品房市场供应、成交量环比双双走低。2月北京新建商品房市场新增供应1399套，创下一年以来新低，环比上个月减少约67%；新成交2771套，环比减少1929套；对应的成交额为131.54亿元，环比下跌约46%。为此，已有超过60个地区出台楼市调控政策，主要围绕缓解房企资金压力，以及通过公积金贷款的购房者月供可延缓等。

迎来发展机遇的行业，一是医疗卫生及制药行业。目前，相关企业开足马力，开工率、产能利用率都在100%以上，24小时连班运转。政府部门提出，疫情结束后，过剩产能政府会收储，这让大家吃了定心丸。疫情过后，民众的健康意识将会增强，制药行业将迎来快速发展。

二是电子商务。疫情带动网购和在线订餐等需求上升。国家统计局数据显示，2019年一季度网上零售额为2.24万亿元，最近五年复合增长率高达33%，当年网上零售额占社会消费品零售总额比例达到23%。预计2020年一季度网上零售额同比增速将达到30%，占同期社会消费品零售总额比重也将攀升至30%。

三是在线娱乐、在线教育。除了网购，疫情还将带动以互联网为载体的休闲娱乐业的发展，如各类视频和音频、直播、网络游戏等。随着大中小学推迟开学、其他各类社会培训机构无法开展线下授课，职场人士在家办公，各类在线教育和知识付费等业务收入上升。

四是远程办公相关产业。受疫情影响，远程办公可能成为新的工作模式，一些领域将会常态化，有利于网络电话、网络视频会议、多人协作平台、数字化业务和财务系统的发展。

（五）金融市场与经济走势

3月3日，美联储降息是标志性事件，标志着新冠肺炎疫情对全球经济的影响升级了。中国香港金管局、中国澳门金管局和加拿大央行及时追随美国下调了基准利率50个基点，马来西亚、阿联酋、英国央行也表示将采取适当行动。

近期人民币利率和汇率表现总体平稳。央行调低市场利率，引导贷款利率往下走，降低企业融资成本。现在 PPI 是负增长，跟 CPI 走势分化是当前的突出特点。居民存款实际利率是负的，因为名义利率只有 2%，而 CPI 已经达到 5% 以上。前一阵子，猪肉和食品类价格上涨，但整体物价水平是稳定的。另外就是生产者价格指数低位徘徊。现在全球需求不足，大宗商品价格低位徘徊。去年三、四季度以来，人民币有贬值压力；近期随着美联储降息，美元指数迎来拐点，未来会有贬值倾向，相应的人民币会有升值要求。最近两天，人民币对美元汇率是温和升值的，未来人民币汇率将在合理均衡的基础上呈现双向波动的特点。

中国 A 股市场跌宕起伏。春节后开盘首日下挫，第二天出现反弹。这是由于一行两会，还有财政税收部门以及各地政府及时出台了一系列应急性政策，特别是央行短期宽松的货币政策起到了护盘作用。短期内，资金很难流到实体经济当中，在金融市场上实际起到了缓冲垫的作用。上个星期，随着美国三大股指跳水，中国 A 股也出现剧烈波动，但总体趋势是恢复平稳。这说明，投资者对中国疫情防控工作是点赞的，信心是增强的。同时，全球资本流入中国，利好中国股市和债市。

但是，也应该看到全球风险偏好上升，导致黄金和美国国债价格上涨。未来随着美联储进一步降息，相信黄金价格还会上涨。新一轮货币宽松，可能会拉动石油、原材料价格上涨。中国扩大基建投资也会助推价格上涨，2008 年为应对国际金融危机，出台 4 万亿元基建投资计划，实际上拉动了全球需求。现在今非昔比，未来石油价格上涨将不利中国经济。因为现在美国是石油输出国，中国是进口国，全球能源生产消费结构已经发生了深刻变化。

近期这种货币宽松是否会推动通过膨胀，要引起高度关注。要引导资金流到实体经济，不要流到房地产领域。但是房地产领域近期是供给不足，在需求拉动下，未来会不会出现大幅反弹？这值得关注。延后性购房需求释放，将对市场产生一定冲击。中国股市也一样，资金流入有利市场走牛。中国股市平稳，主要是中国经济有韧劲，提振了投资者信心，但流动性充足是重要影响因素。

相比之下，美国股市激烈震荡，昨天强行反弹，今天又是大幅下跌，今天巴黎、伦敦、法兰克福股市也是下跌，反映市场预期发生变化。美国股市昨天反弹，有人说是跟民主党拜登可能胜出有关。如果桑德斯胜出，将对股市不利。这就意味着，疫情与美国选情叠加，再加上中美关系趋于复杂化，中国经济的外部环境总体上变糟糕了。

美国 11 年的大牛市是否会被终结？这是全世界关心的，也是特朗普总统担心的。因为股市下跌，财富效应没了，会影响美国消费，进而影响经济增长。

美国政府债台高筑，寅吃卯粮。过去两年，美国推动产业回归，效果差强人意，产业空心化问题依然突出。另外，全球供应链遭受人为破坏，实际是供给冲击，如果供应链修复进展缓慢，则可能在宽松货币政策作用下，加剧全球通胀。会不会出现类似20世纪70年代的经济滞涨？目前已有这种苗头，要保持高度警惕。所以，要加强大国之间的宏观政策协调，尽量降低系统重要性国家政策负面溢出影响。经验表明，在系统性风险面前，任何国家都难以独善其身，必须加强国际合作，共同应对挑战。

（六）新形势下的工作重点

现在中国疫情防控胜利在望，但是外部情况变得复杂起来。其他国家政府难以做到像中国这样，如采取封城等应急性举措，美国、日本、新加坡的疫情防控思路就很不一样。虽然这次疫情有的国家的死亡率较低，但是新冠病毒有很大的隐蔽性，各国不可能完全照搬中国做法，因此仍然不能掉以轻心，下一步疫情防控重点将是防止外部输入。

针对疫情新形势，昨天中央政治局常务委员会召开会议，习近平总书记做了一系列重要指示。有一个基本判断，就是当前中国初步呈现疫情防控形势持续向好，生产生活秩序加快恢复的态势。会议强调，要加快建立同疫情防控相适应的社会经济运行秩序，完善相关举措，巩固和拓展来之不易的良好势头，力争全国经济社会发展早日进入正常轨道。今年全面建成小康社会，脱贫攻坚的任务要努力完成。

但是，也要清醒地认识到形势的复杂性，增强责任感、紧迫感，要从实际出发，防止形式主义、官僚主义。要加大科研攻关力度，加强病毒溯源和传播机理的研究，药品、疫苗、检测试剂、医疗设备等研发，与临床救治紧密结合，与防控一线相互协同，加强病理学等基础医学研究。要根据疫情区别对待，分区分级推进复工复产，大幅提高疫情防控重点物资的生产供应。这些实际都是强调解决供给侧的供应链中断问题。

前天晚上美联储降息0.5个百分点，当时我有一个分析，认为目前主要是供应链断裂，导致总供给收缩。应急性的宽松货币政策将对金融市场起到缓冲作用，但从根本上讲，重点工作还是要修复产业链。过去两年，中美贸易摩擦导致全球供应链遭受人为的破坏。如果疫情在全球进一步蔓延，则可能让供应链雪上加霜。对近期国际货币基金组织和世界银行如何研判今年全球经济走势，大家拭目以待。

会议要求，要采取点对点措施，尽快返岗复工，做好员工吃、住、行、车间管理等环节的防疫工作。上下游产供销、大中小企业整体配套协同，提高复工的整体效率。同时把疫情防控和扩大内需结合起来，把抑制的、被冻结的消费需求释放出来，把在疫情防控中催生的一些新的消费形式培育壮大起来。同时要选好投资项目，加强用地、用能、资金等政策配套，加快推进国家规划已明确的重大工程和基建，加大公共卫生服务、应急物资保障领域的投入，加快5G网络数据中心等新型基建建设，调动民间投资的积极性。

今年最困难的是财政收支不平衡。前一阵子，李克强总理讲"要过紧日子"，也就是政府过紧日子，换取企业和老百姓过上好日子。会议还强调，要在扩大开放的过程中推动复工复产，做好稳外贸、稳外资工作，稳住外贸基本盘。现在全球采取宽松货币政策，相信未来会拉动出口，因此也要看到政策调整中的新机遇，积极开拓多元化国际市场，特别要做好龙头企业复产复工保障工作，维护全球供应链，落实好《外商投资法》。还有就是优化营商环境、深化放管服改革和推进服务业对外开放。帮助外企解决好复产中的困难，抓好标志性重大外资项目落地。

总之，要按照习近平总书记的要求，巩固来之不易的疫情防控成果，同时保持战略定力和政策灵活性。今年消费首当其冲，因此要发挥投资在稳增长中的关键性作用。中央和各级政府已经准备好了"子弹"，新基建七大领域的投资将拉动经济增长。一季度、二季度日子难过一点，全年经济平稳增长仍然值得期待，但是经济增速不可能回到6%以上。如果大水漫灌，强力拉到6%以上，则副作用会很大，也会积累金融风险。去年第四次全国经济普查工作，把2019年GDP调整回来1.89万亿元，如果努力一把，在今年实现两个"翻一番"、全面建成小康社会的目标，还是有希望的。

（根据2020年3月5日徐洪才的网络讲座文字整理）

第二章
未来30年：中国改革开放再出发

一、未来全球发展五大趋势和中国经济发展五大机遇

大家好！今天非常高兴，能够在岁末年初的时候，我们共同回顾2019年，展望2020年。我的演讲题目是"未来全球发展五大趋势和中国经济发展五大机遇"。

从全球视角看，未来有五大发展趋势：第一，经济、贸易、投资低速增长；第二，低利率、高杠杆、金融动荡可能成为一种常态；第三，贸易投资保护主义抬头，全球治理体系出现危机；第四，中美关系陷入长期化、复杂化态势；第五，亚洲世纪正在加速来临。

从国内情况看，应对经济下行压力，释放发展潜力，中国经济发展也有五大机遇：第一，城乡要素双向自由流动、融合发展；第二，国企国资改革和民营经济发展；第三，人力资本红利进一步释放；第四，创新驱动与产业升级；第五，新一轮改革开放。

（一）未来全球发展五大趋势

第一，从全球视角来看，2019年世界经济增速明显放缓。国际货币基金组织（IMF），包括一些金融机构都有预测。高盛公司的最新预测，2019年只有3.1%，国际货币基金组织预测是3.0%；相比2018年的3.6%和2017年的3.7%，世界经济增速明显回落，贸易投资也在回落，无论是新兴经济体还是发达国家。世界经济增长动力不足，叠加贸易投资保护主义、单边主义。全球分工体系、价值链、供应链遭受人为破坏，规则体系乱了，世界贸易组织（WTO）几乎瘫痪，据说联合国已经发不出工资。大家对2020年的预期大体一致，即2020年会有温和反弹，就是说不会比2019年更差。当然，其中主要是新兴经济体从4.2%涨到4.8%，发达经济体由于自身原因，保持相对平稳态势。美国作为全球经济老大，2019年预期增长2.3%，相比2018年2.9%的增长也有很大回落，2020年保持2.3%不变。另外，发达经济体如德国、日本

2019年增长也在放缓，不到1%。

高盛对2019年和2020年中国经济增长的预测都是6.1%；我预测2019年为6.1%，2020年为6.0%左右；没有郑新立主任那么乐观，在5.9%和6.0%之间。在逆周期调节政策和各项改革政策落地的背景下，这个目标是可以实现的，但总体上经济增速放缓。从国际货币基金组织的数据大家可以看到，全球工业生产、贸易以及制造业订单都在明显放缓，从2018年四季度开始，一直在下行。未来投资、贸易也将低速增长，特别是贸易出现了负增长，作为传统拉动经济增长的引擎，现在也出现了问题。高盛公司制造业跟踪调查以及ISM调查的制造业指数，近期都有明显回落。发达经济体的制造业面临设备更新、投资不足的问题，产业也面临转型升级压力。主要经济体的GDP都在往下走，且低于2008年金融危机前十年全球4.5%左右的经济增速。

从2008年金融危机以来，中国经济增长经过近十年的调整，现在也到了政策区间下限，未来中国经济增长朝着高质量方向发展，增长可能难以超过6%，总体呈现下行走势。从内部因素来看，经济下行压力加大主要源于内需不足，2019年四季度经济增长可能止跌企稳，甚至微弱反弹，但不可持续。从近期中国制造业PMI、信贷资金投放、规模以上工业企业增加值等指标来看，都预示着会有短暂反弹，说明近期逆周期调节政策取得了一定的积极效果。2019年平均经济增长为6.1%，其中外贸出口功不可没，2019年外贸顺差跟2018年相比有明显增加，不是因为出口强劲，而是进口太弱，改变了过去三年外贸顺差每年下一个台阶的状况。

我估计，由于各种因素变化，包括基数效应、外部环境，2020年外贸顺差不可能在2019年的基础上进一步上涨。因此，要对2020年内需增长提出更高要求。现在投资需求和消费需求明显减弱，2019年1～11月固定资产投资增长只有5.2%且是名义上的。社会消费品零售总额增长8%且是名义上的，实际增长都低于5%。制造业投资、基建投资低速增长，好在房地产投资起到了稳定器的作用，否则投资对经济增长的拉动力还会进一步减弱。大家很难想象，投资实际增长不到3%，消费增长不到5%，怎么能够拉动GDP实际增长6%以上呢？全年平均下来，规模以上工业企业增加值增长不到6%，拉动力也非常弱。

第二，全球面临负利率冲击。随着美国带头降息，全球掀起降息浪潮。2018年美联储的政策是缩表加息，2019年三季度以后其政策发生了180度转弯，变成降息和扩表，现在很多人认为扩表类似于量化宽松，我觉得跟量化宽松有一定的差别，但未来半年内美联储资产负债表扩张将非常快。目前全球主要经济体欧洲、日本采取负利率，美国利率水平已处于接近零的水平。随便举几个例子：2019年8月5日，丹麦第三大银行日德兰银行（Jyske）推出世界首例负利率按揭贷款，房贷利率为-0.5%。8月6日，瑞士银行（UBS）宣布将对50万欧元以上存款征收年费，存款出现负利率。8月21日，德国首次发行零息票30年期国债。此前，德国曾经发行零息票国债，但期限只有10年。

目前，全球范围内已经形成近17万亿美元的负利率债券。大家想一想，不仅不给利息，本金还要受到损失，因此全球金融体系稳定之锚没了，必然导致整个金融体系的无序，资本流动、汇率出现剧烈波动。2019年，大家看到像阿根廷等脆弱经济体的金融体系遭受了严重冲击，未来这种冲击是否会加剧，还有待观察。美国7月底以来三次降息，最近一次美联储议息会议按下了暂停键，主要原因是通胀压力上升，进退两难！但是特朗普希望进一步降息。美国出现了国债收益率倒挂现象，长期收益率很低，收益率曲线呈现扁平化趋势，必将对全球金融体系产生重大影响。中国的情况相似，一年期银行存款名义利率为2%，而CPI为4.4%，存款实际利率为-2.4%，老百姓的银行资产受到了侵蚀；相应地，企业从银行贷款率为6%，而PPI为-1.4%，实际贷款利率为7.4%，"融资难、融资贵"问题加重了。全球普遍采取负利率，这在历史上是非常罕见的。

国际金融协会的最新数据显示，美国国债规模2019年创下了255万亿美元的历史新高，超过全球GDP总规模的三倍以上。一些财政脆弱性的国家未来可能会面临债务风险，土耳其、墨西哥、智利，以及公共债务比较多的阿根廷、巴西、南非、希腊等国举步维艰，会诱发金融体系动荡。美国联邦基金利率未来可能会进一步下调。2015年年底加息以来，加息周期很短暂，说明通过几轮量化宽松刺激经济增长带来的经济恢复是非常脆弱的。实际上，德国国债的收益率已经全部为负值。12月16日，1年期德国国债到期收益率为-0.67%，10年期收益率为-0.3%，15年期收益率为-0.08%，近年来一直走低。从传统意义上讲，德国是工业大国、发达国家，在应对2008年国际金融危机和其后的欧洲主权债务危机的过程中，表现出了极大的韧性，但现在德国经济出了问题，要引起大家深思。

第三，全球治理体系正在发生深刻变化。当前，贸易投资保护主义抬头，治理体系出现了严重问题。首先，美国带头"退群"，退了出联合国教科文组织、《巴黎气候协定》。而且美国动辄挥舞关税制裁大棒，不仅对中国，对其传统盟友也是一样，近期就"数字税"问题跟欧盟撕破了脸皮。2019年11月22日，WTO争端解决机构的每月例会受到美国阻挠，未能启动新成员遴选程序，导致上诉机构技术性"停摆"。WTO上诉机构（Appellate Body）按规定常设7

位成员，从2018年1月起仅剩3位成员，分别来自中国、美国和印度，其中2人于12月10日任期届满。12月10日，运行25年的WTO上诉机构被迫关闭。WTO总干事阿泽维多在瑞士日内瓦时间下午5时宣布了这一消息。WTO争端解决机制被称为"多边贸易机制支柱"和"WTO皇冠上的明珠"，对确保全球贸易规则稳定性、可预期性以及和平解决贸易争端发挥着关键作用。现在WTO上诉机构不能开庭了，成员国的贸易争端无法解决。与此同时，美国力推新版《美墨加协定》（USMCA），旨在为美国全球贸易规则设定样板。USMCA全面更新了NAFTA的内容，特别是在数字贸易、金融服务、知识产权、市场经济地位等方面，设有对中国明显不利的条款。新版USMCA将对全球经贸规则产生深刻影响。

第四，中美关系陷入长期化、复杂化态势。目前，中美之间未来仍会面临诸多不确定性和挑战，双边关系将呈现长期化、复杂化的趋势，具体如何演变还有待观察。2019年12月13日，中美两国在平等和相互尊重原则的基础上，就中美第一阶段经贸协议文本达成一致。协议文本包括序言、知识产权、技术转让、食品和农产品、金融服务、汇率和透明度、扩大贸易、双边评估和争端解决、最终条款九个章节。同时，美方将履行分阶段取消对华产品加征关税的承诺，实现加征关税由升到降的转变。特朗普总统发布推文表示，在达成第一阶段协议中"中国同意进行结构性改革"，以及大幅购买美方农产品，但是25%的美方关税保留，其余的将是7.5%的税率，12月15日原本要加征的关税不再实施。下一阶段谈判会立即开始，而不是等到2020年美国大选之后。

中美第一阶段经贸协议文本达成一致，显然是一个重大利好。不能简单地认为，只是中国单方面做出了让步。实际上，扩大中美贸易合作符合中国经济高质量发展的要求。扩大先进技术设备和关键零部件进口，有利于国内企业进行有效投资。扩大自美进口，也有助于促进国内服务业提高质量和竞争力。特别是扩大从美国进口大豆、猪肉等，可有效抑制近期国内通胀。这也提振了市场信心，全球金融市场立即做出积极反应。这对美国也有利。近期美国通胀压力加大，美联储暂停降息，主要是顾忌通胀，而通胀是加征关税导致美国进口商品价格上涨引起的。从根本上讲，2020年是中国全面建成小康社会的冲刺之年，也是"十三五规划"的收官之年，而对特朗普来讲，则是连任总统的大选之年，双方都需要取得这样的初步成果，以赢得良好的外部环境。

第五，亚洲世纪在加速来临，亚洲正在成为世界中心。麦肯锡全球研究院的最新报告显示，按购买力平价计算，2000—2017年亚洲占全球实际GDP的比重从32%上升至42%，占全球消费的比重从23%上升至28%，占全球中产阶级人数的比重从 23% 上升至 40%。到 2040 年，预计三者将分别增至 52%、39% 和 54%。在贸易、资本、人员、知识、交通、文化、资源和环境八项要素的全球跨境流动中，亚洲在七项中占比上升，唯一例外的是废物流动（环境）。2007—2017 年，亚洲占全球货物贸易比重从 27% 上升至 33%，占全球资本流动比重从 13% 上升至 23%，占全球专利总数比重从 52% 上升至 65%，占全球集装箱运输量比重从 59% 上升至 62%。

亚洲经济加速一体化，亚洲各国货物贸易总额的 60% 是在亚洲经济体之间完成的。亚洲各经济体外商直接投资（FDI）总额的 59% 来自其他亚洲经济体，亚洲航空旅客中的 74% 飞往了亚洲经济体。在亚洲初创企业获得的投资中，71% 的资金来自亚洲投资者。根据规模、经济发展、与其他亚洲经济体互动以及与世界联系，麦肯锡将亚洲分为四个部分：一是发达亚洲：为邻国提供大量资本和技术；二是中国：中国的经济规模与独特性使其单独成为一个地区，中国是亚洲支柱，也是连接和创新平台；三是新兴亚洲：提供劳动力与长期市场增长潜力，且拥有多元的文化；四是边疆亚洲：如印度地区拥有广泛贸易伙伴与投资者基础，具备增长机遇。四者之间形成互补，使得亚洲更加繁荣，更具有韧性。四个"亚洲"的融合以及域内生产要素自由流动，正在创造出强大的网络和辐射效应。随着消费增长、亚洲内部市场形成和价值链进一步完善，会创造一些新兴产业，名不见经传的城市可能会脱颖而出，成为投资目的地。近期，区域全面经济伙伴关系协定（RCEP）接近临门一脚，虽然印度不愿意加入，日本也在犹豫，但无论如何，未来中日韩合作、亚太地区合作都会进一步加强，势不可挡。

（二）中国经济发展五大机遇

展望 2020 年，如果不出现意外，中国经济预期增长 6% 左右，全面建成小康社会，实现国内生产总值和城乡居民人均收入比 2010 年"翻一番"。2019 年中国人均收入突破 1 万美元，GDP 总量接近 100 万亿元人民币，为未来发展奠定了坚实基础。但是下一步，到 2025 年，人均收入能否达到世界银行所设定的 1.3 万美元这个高收入国家标准，成功跨越"中等收入陷阱"仍是一个严峻挑战。我认为，未来中国需要紧紧围绕高质量发展的总要求，继续以供给侧结构性改革为主线，特别是抓住以下五个方面的机遇，才能实现经济可持续发展。

第一，城乡要素双向自由流动、融合发展。中国经济发展的最大潜力就是城乡结合。资本、技术、管理、生产要素跟传统农业资源结合，可以创造出新的生产力。因此要改革土地制度，培育城乡统一的土地市场，促进土地集约化经营，盘活农村存量资源。中国还有 6 亿农民，2 亿农民面朝黄土背朝天地干活，每年都要花掉 1400 多亿美元进口粮食。而美国只有 260 万农民，荷兰不到 30 万农民，它们却在大量出口，这个差距在短期内可能难以消除。中国农业现代化，不能仅靠政府补贴和继续搞以家庭为单位的小农经济，而是培育现代市场分工体系，实现规模经济，促进农业发展方式的根本转变。

到 2030 年，人口城镇化率将达到 67%，但老龄化社会正在加速来临。到 2030 年，60 岁以上老人将有 3 亿以上。这是挑战，也是机遇。银发经济、健康产业，还有环境治理、低碳绿色都会为投资消费提供新的发展空间。通过土地制度改革，盘活重要生产要素——土地，形成城市和乡村之间生产要素双向自由流动、融合发展机制。打破二元经济结构的体制机制障碍，农民变成市民会增加消费和基建投资需求。未来要形成反哺、回流机制，促进知识下乡、人才下乡、资本下乡、技术下乡，形成城乡融合发展机制。与此同时，推动农业现代化，关键是推广机械化，摆脱过去以家庭为单位的小农经济以及过度依赖政府补贴的发展模式。更重要的是，要把 6 亿农民逐步解放出来，让他们成为新型市民，带动消费升级和基建投资的进一步扩大。

第二，国企国资改革和民营经济发展。进一步推进混合所有制改革，国有企业、国有资本要合理定位，有所为有所不为，严格按照十八届三中全会决定的要求，发挥好国有资本、国有企业的独特作用。最近几年大家看到，包括前面郑主任指出的，投资不足的短板领域、供给不足的领域都是利润比较薄、公益性特点比较明显的民生领域。因此要更多发挥国有资本的作用。国有和民营要各就各位，实现国有经济和民营经济共同发展。按照国际标准，建立竞争中性、公平竞争的机制，国有企业、国有资本集中于关系国家战略、国家安全、民生领域、公共产品、公共服务领域，而将竞争性、商业性领域充分放开，让民营资本大展拳脚，激活民营经济活力，通过对内开放和深化混合所有制改革，让民营经济有更大的发展空间。

第三，人力资本红利进一步释放。2016 年以来，我国劳动力人口规模每年减少 400 万，导致储蓄率下降，势必影响经济增长。2019 年新生婴儿减少 500 万，老龄化社会加快来临。人口红利逐渐减少，但人才红利特别是工程师红利有很大潜力。中国有 1.6 亿高素质人口，接受了高等教育和系统的专业技术教育，是发展高端制造业和现代服务业的坚实基础。因此，要改革人力资本管理制度和相关配套制度，重点完善激励机制，人尽其才，物尽其用，聚天下英才而用之，激活人的潜能，这是未来中国经济发展的最大潜力所在。

第四，创新驱动与产业升级。加大研发投入，鼓励创新和创业。发挥政府引导作用，建立公共创新平台，完善创新政策体系，营造良好的法治环境。推动区域经济的合理布局，促进产业高级化和产业链现代化。京津冀、长江经济带、粤港澳大湾区、长三角都要基于自身的资源禀赋、环境承载能力和比较优势，找准战略定位。根据不同主体功能区定位，因地制宜，确定优先开发、重点开发、限制开发、禁止开发等。发挥区域发展规划的引领作用，建立协调机制，培育市场体系，促进分工协作，分享改革创新经验，推动协同发展，释放发展潜力。除了区域经济进一步优化空间布局、协同发展以外，更重要的是产业转型升级，无论是一产、二产还是三产，都要推广新科技应用，提升产业基础能力，促进产业现代化、高端化。

第五，新一轮改革开放的红利。全国推行准入前国民待遇加负面清单的市场准入管理体制，在全国范围内推行优化营商环境条例。2020年既是全面建成小康社会冲刺之年，也是"十三五规划"收官之年，更是改革取得重大突破的关键之年。对于改革，大家寄予了很大期待。未来要营造一个竞争中性的市场环境，我个人认为产业政策导向和重心是公平竞争，要抛弃各种隐性补贴，这也是国际社会的关切。真正形成机会平等、规则平等、权利平等的公平竞争环境，中国经济发展的潜力就会进一步释放。展望未来，充满期待和希望，尤其未来几年是中国突破中等收入陷阱的关键时期。从第二次世界大战结束以来70多年的历史来看，世界上只有为数不多的经济体成功突破了中等收入陷阱，如果中国14亿人口能够实现这一目标，对于人类社会将是一个巨大贡献。到那个时候，中国现代化经济体系会进一步完善，国际形象、竞争力会进一步提升。因此，到2035年基本实现中等发达国家的中期目标，到21世纪中叶实现"富强、民主、文明、和谐、美丽"的社会主义现代化强国就大有希望。

祝大家身体健康，我们来年再见，谢谢！

（根据徐洪才在2019财经头条全球经济学家年会上的

主旨演讲整理，2019年12月20日，上海）

二、人均GDP突破1万美元意味着什么

我国人均GDP突破了1万美元，距离世界银行划定的高收入国家行列又迈进一步，这是一个了不起的成就。无论是GDP总量规模还是人均GDP，背后都代表着国家综合经济实力的提升和社会财富的增加，也意味着人民生活水平的稳步提升。在外部环境复杂多变、国内改革发展任务繁重的背景下，人均GDP

实现稳步增长，是中国经济持续健康发展的有力佐证。人均GDP的稳步增长，将进一步提振顶住经济下行压力的信心。

中国经济发展潜力大、韧性强、回旋余地大，其内在重要支撑是近14亿人口。这一庞大群体本身有着巨大的消费需求，随着人均GDP的增长，将进一步把潜在的消费需求转化为实实在在的增长。当前我国经济运行的突出问题是需求不足。如何把"蛰伏"的经济潜能释放出来，是经济工作的重要课题。2019年，我国社会消费品零售总额将突破40万亿元，有望成为世界第一大消费市场，消费对经济增长的贡献将进一步上升。随着人均GDP突破1万美元，不仅消费规模将继续扩张，消费升级态势也越来越明显。

当前，我国供给侧的能力有待提升，供给结构有待优化，产品和服务质量还不能完全满足广大人民群众美好生活的需要。随着人均GDP再上新台阶，多层次、多样性的消费需求空间将被进一步打开，人们对高品质产品和服务的需求将持续增加，对文化、旅游、信息、健康、养老、体育、娱乐消费需求也将稳步增长。这将为商家和企业投资提供方向和指引，最终带动新产业发展，培育新的增长点，实现产业结构和需求结构在更高层次上形成新的动态平衡。从这个角度说，经济发展的内生动力增强了。

人均GDP和人均可支配收入是不同的概念，但息息相关。多年来，老百姓的收入与经济增长保持基本同步，这同样是一个了不起的成就。从更长远的角度看，必须扩大中等收入群体规模，实现由"哑铃型"收入分配结构向"橄榄型"结构转变，这是突破"中等收入陷阱"的关键。我国拥有全球最大规模的制造业，正从制造业大国向制造业强国迈进。在这个进程中，一些原有劳动力密集型产业可能面临压力，但技术密集型产业会脱颖而出。在建设现代化经济体系过程中，产业迈向高端化和现代化，产业转型升级和新动能成长都将释放经济增长新动能。此外，重点领域改革持续深化，对外开放进一步扩大，也是中国经济发展潜力所在。

当前我国经济运行总体平稳，创新驱动和新动能成长势头良好，发展潜力还有待释放。在推动高质量发展的过程中，要进一步深化改革，建立城乡之间双向流动机制；进一步释放人力资本红利，发挥1.7亿接受高等教育和职业教育人口的优势；要进一步通过改革创新，激活微观主体活力，培育新的经济增长点。

（林火灿，《经济日报》，2020年1月15日和16日）

三、70年成就是中国人民自己干出来的

（一）70年来，一些关键节点值得回味

记者：2019年，新中国成立70周年。70年前，中国人的生活用极度贫穷来形容一点不为过。而如今，中国人的物质财富得到极大丰富，人民获得感、幸福感、安全感得到极大提升。请问，在这70年发生的变化当中，您认为有哪些关键节点？

徐洪才：70年来，中国人民积极开拓进取，从封闭落后迈向开放进步，从温饱不足迈向全面小康，从积贫积弱迈向繁荣富强，创造了人类发展史上最伟大的奇迹之一。这一奇迹是中国人民一步一个脚印踏踏实实走出来的。在此攻坚克难的历程中，一些关键节点颇值得今天的我们回味。

1949—1956年，对农业、手工业和资本主义工商业进行社会主义改造。新中国成立之初，百废待兴，只用了七年时间，就把生产资料私有制转变为社会主义公有制，并基本确立计划经济体制，极大促进了工、农、商业的社会变革和整个国民经济的恢复与发展。

1957—1965年，在经历"大跃进"之后，国民经济经过两年调整，到1963年出现全面好转的形势。中共中央于1963年9月召开工作会议，确定了经济发展的基本方针：必须解决吃穿用，加强基础工业，兼顾国防和突破尖端技术为次序来安排经济计划。

1975年，邓小平主持领导的全面经济整顿，在现代中国经济史上具有特殊地位。它是对什么是社会主义和怎样建设社会主义的一次大胆探索，是中国改革开放、社会主义现代化建设以及探索中国特色社会主义道路的历史"先声"。

1978年至今，中国改革开放40多年发展进程中也有很多值得关注的"关键节点"。其中，党的十一届三中全会、邓小平南方谈话、中国加入世界贸易组织、党的十八大做出经济发展进入新常态的重大判断、党的十九大明确全面建设社会主义现代化国家"两步走"战略安排等"节点"，在解放思想、指明前进方向等方面都发挥着重要作用。

1978年，党的十一届三中全会开启改革开放的历史新时期，中国从此进入改革开放和社会主义现代化建设的历史新时期。也是从这一年，中国人的精神面貌开始发生根本变化，冲破长期禁锢的旧观念，摆脱思想上的枷锁，振奋起伟大的创新精神、开拓进取精神、实干兴邦精神，激发出全社会空前的积极性、

主动性和创造性。

此后,全党工作重点转移到了社会主义现代化建设上来。但在整个20世纪80年代,关于计划多一点还是市场多一点、计划经济还是市场经济等争论仍不绝于耳,改革开放总体思路并不清晰,方向并不明确。直到1992年春天的邓小平南方谈话,才从根本上厘清了思路,指明了方向。南方谈话重申深化改革、加速发展的必要性和重要性,标志着中国改革开放进入了新阶段。

邓小平南方谈话,对中国20世纪90年代经济改革与社会进步起到了关键性推动作用,对21世纪中国改革与发展,也产生了不可估量的积极影响。诸如"改革开放胆子要大一些,敢于试验,不能像小脚女人一样""计划和市场都是经济手段,不是社会主义与资本主义的本质区别""判断改革开放姓'社'姓'资',标准应该主要看是否有利于发展社会主义生产力,是否有利于增强社会主义国家的综合国力,是否有利于提高人民生活水平"等治国警句,时至今日,仍然振聋发聩,发人深省。

紧接着,1992年党的十四大正式提出"经济体制改革的目标是建立社会主义市场经济体制",标志着中国经济改革进入了全面建立社会主义市场经济体制的新阶段。

1978—1992年,随着改革开放的不断深入,老百姓的财富意识不断"觉醒"。发端于安徽小岗村的家庭联产承包责任制拉开了中国"自下而上"的改革序幕,极大地提升了农民的劳动积极性和农业生产率。人民群众逐渐从"均贫"的思想束缚中惊醒,开始意识到通过自己的努力可以发家致富。一些先行者勇敢迈出步伐去追寻财富。这一阶段居民的财富更多还是通过劳动获得工资性收入。

确立社会主义市场经济体制改革方向,为中国经济插上了腾飞翅膀。1992—2001年是中国市场经济发展的定向阶段。这一阶段,随着经济体制改革深入和国民经济发展,城乡居民收入水平显著提高,收入来源渠道趋于多元化。但是,人均居民收入增长仍慢于经济增长速度,且居民收入在城市之间、农村之间、城乡之间、行业之间和地区之间的差距逐渐被拉大。

2001年,中国加入世界贸易组织。这一标志性事件成为中国改革开放的重要转折点,对中国经济发展和社会进步的推动,甚至对世界经济的促进,都意义重大,影响深远。中国改革开放也进入全方位开放发展阶段。

在加入世贸组织后的2001—2011年的十年间,中国经济各个方面都融入这一新的进程中,既巩固了多年改革开放取得的成果,又出现了许多举世无双的深刻变化。2003—2011年,中国经济年均增速为10.7%,而同期世界经济的平均增速为3.9%。中国经济总量占世界经济总量的份额,从2002年的4.4%提高到2011年的10%左右;中国经济总量在世界经济中的排序,从2002年的第六位,上升至2010年的第二位。毫无疑问,这一阶段是新中国成立70年来经济发展的"黄金十年"。

2012年党的十八大以来,面对诸多矛盾叠加、风险隐患交汇的严峻挑战,党中央准确把握时代大势,统筹推进"五位一体"总体布局和协调推进"四个全面"战略布局,在经济工作领域做出经济发展进入新常态的重大判断。在世界经济持续低迷的背景下,中国经济保持稳健运行,成为世界经济增长的主要动力源和稳定器。

2015年以来,伴随着供给侧结构性改革,经济结构出现重大变革,生态环境状况好转,中国经济由高速增长阶段转向高质量发展阶段。与此同时,经济增长也呈现增速趋缓、结构趋优的态势。

2017年党的十九大将"全面深化改革"列入新时代坚持和发展中国特色社会主义的基本方略,明确全面建设社会主义现代化国家"两步走"战略安排,勾画了中国社会主义现代化建设的时间表、路线图,开始谱写全面建成小康社会、开启全面建设社会主义现代化国家新征程的历史新篇章。

新中国成立70年来,国民经济取得了持续快速增长。按不变价计算,2018年国内生产总值比1952年增长175倍,年均增长8.1%。2018年我国人均国民总收入达到9732美元,高于中等收入国家平均水平。70年所取得的巨大发展成就,无论是在中华民族历史上,还是在世界历史上,都是十分罕见的。

(二)科学决策,助推老百姓财富快速积累

记者:毋庸置疑,人民群众的物质财富节节提升,离不开国家的科学决策和全社会的共同努力。您认为,哪些政策的出台对百姓财富的积累起了至关重要的作用?

徐洪才:在中国人民财富积累的过程中,国家的科学决策和政策引领至关重要,很多政策出台对于国家经济发展乃至人民生活都产生了重大影响。

一是党的十一届三中全会提出"改革开放"。这是我国经济社会快速发展的最大"红利"。

改革开放的成就有目共睹。改革的起点,便是与老百姓切身利益密切相关的经济体制改革,从高度集中的计划经济体制到计划经济为主、市场调节为辅,到有计划的商品经济,再到社会主义市场经济,经济发展潜力逐渐释放,经济体制活力日益提升,归根到底,还是源于对人性和经济规律的应有尊重,从而

激活巨大的人的活力、企业活力和资本活力。

伴随着改革开放持续深入，中国经济全球化趋势日益明显。越来越多的跨国资本和跨国企业进入国内市场，在解决国内经济建设资本严重不足、科学技术不够发达、管理经验不够丰富等问题的同时，也使得中国的剩余劳动力得到充分利用。我国利用自身比较优势，积极参与全球产业分工，劳动密集型产业得以快速发展，这既增强了国家综合国力，也大幅提高了成万上亿"打工仔、打工妹"的工资收入。

二是逐步确立符合中国国情、具有中国特色的基本经济制度。

新中国成立初期，要在落后生产力水平上建设社会主义，高度集中的计划经济体制成为我国基于理论、经验和国情探索下的最优选择，并一度对经济建设起到了较大推动作用。第一个五年计划时期，经济实现高速增长。此后，经历"大跃进"和"文化大革命"等曲折过程，直到党的十一届三中全会前夕，全国上下开始对"真理标准"进行大讨论。也可以说，中国经济体制改革是在"穷则思变"逻辑下开启的。随着小岗村示范效应的不断扩大，农村改革取得初步成功，城市经济体制改革不断加深，市场机制在经济运行中的作用不断增强。党的十四届三中全会提出建立社会主义市场经济体制；党的十五大把公有制为主体、多种所有制经济共同发展的制度确立为社会主义初级阶段的基本经济制度。

对于中国的老百姓来讲，确立基本经济制度，从根本上解放了思想，指明了前进方向。集体经济、私营经济、外商投资等多种所有制经济模式共同发展，极大地解放了社会生产力和人的创造力。从1993—2013年的20年间，中国经济赶超日本，成为全球第二大经济体，人民生活得到显著改善。

党的十八届三中全会进一步指出，公有制经济和非公有制经济都是社会主义市场经济的重要组成部分，都是我国经济社会发展的重要基础。同时，还从积极发展混合所有制经济、推动国有企业完善现代企业制度、支持非公有制经济健康发展等方面，对完善基本经济制度做出全面部署。诸如"公有制财产不可侵犯，非公有制财产同样不可侵犯"等表述，更是给广大非公有制经济创业者吃了一颗"定心丸"。

三是收入分配制度改革。

新中国成立后，我国在社会主义改造的基础上逐步建立与传统社会主义模式相适应的收入分配制度及其运行体系。按劳分配是当时消费品分配的唯一方式。干部、工人按等级制定工资标准；农民劳动报酬则以"工分制"形式分配，参加劳动的时间是获得劳动收入的唯一标准。国家成为收入分配的唯一实施主体，个人只能被动按照国家划定的等级次序确定获得收入的多少和顺序。这种分配方式存在较为严重的平均主义倾向，必然会挫伤劳动者的积极性，不利于激发劳动者的工作热情。

改革开放以来，收入分配制度改革取得了一系列重大突破。随着20世纪80年代家庭联产承包责任制的普遍推行，在实践中慢慢出现了个体劳动收入、企业债权收入、利息收入、股份分红、经营收入等多种分配形式。党的十四届三中全会正式提出"以按劳分配为主体、多种分配方式并存"的基本分配制度。打破"大锅饭""让一部分人先富起来""效率优先，兼顾公平"等分配原则的确立，充分激发了经济发展的动力和活力。

尤其是在确立市场经济发展方向之后，出现了股票、债券、艺术品收藏、房地产等多样化的投资渠道，这些收入形式丰富和发展了市场经济条件下多样性的收入分配形式。除了劳动报酬外，人们还有了获得财产性收入的渠道。要素分配体制的确立与完善，激励了劳动效率的提升，激发了各种要素投入，各种要素的活力竞相迸发。

党的十八大之后，收入分配制度的发展主题是"现代化"。新时代是逐步实现全体人民共同富裕的时代，继续深化收入分配改革，既要着眼于解决当前我国收入分配领域仍存在的秩序不规范、结构不合理、差距较大、部分群众生活比较困难等现实问题，又要着眼于以习近平新时代中国特色社会主义思想为统领，贯彻落实共同富裕的本质要求，实现全面小康和全面现代化的奋斗目标。这要求在收入分配制度改革中，必须遵循客观经济规律，妥善处理效率与公平的关系，做大中等收入群体，进一步发挥消费在促进经济发展中的作用。

四是实施房地产市场化改革。

1994年7月18日，国务院做出《关于深化城镇住房制度改革的决定》（以下简称《决定》），明确城镇住房制度改革的基本内容，其中包括把住房实物福利分配的方式改变为以按劳分配为主的货币工资分配方式、建立住房公积金制度等。《决定》的出台，开启了城镇住房商品化的大门，标志着我国全面推进住房市场化改革。其意义在于稳步推进公有住房出售，通过向城镇职工出售原公有住房，逐步完成住房私有化进程。1998年7月3日，国务院发布《关于进一步深化城镇住房制度改革加快住房建设的通知》，废除了住房实物分配的制度，为商品房发展扫清了障碍，从而确立商品房的市场主体地位。截至1998年年底，全国全面停止实物分房，中国城镇住房制度发生了一次根本转变。

之后，中国的房地产市场开始突飞猛进。2004—2013年成为中国房地产业发展的黄金十年，在这十年之中，中国人最好的投资方式似乎就是买房，买房成为这一阶段最成功的投资方式。只要买房的家庭，都成功地通过加杠杆实现了家庭财富的高速增长。尤其是在一线城市，在这一阶段完成房产置业或投资的人，都成了拥有几百万元以上身价的"隐形富豪"。

此外，还应该看到资本市场的重要作用。从20世纪90年代倒买倒卖股权证开始，再到职工股法人股流通、B股对境内居民开放、上市公司资产重组，及至设立上海科创板市场等，都成功地帮助部分投资者实现了资本原始积累和财富快速增长。

近年来，新经济异军突起，以新产业、新业态、新商业模式为代表的"三新"经济的蓬勃发展，正在成为稳增长、惠民生的新引擎。阿里巴巴、腾讯等知识密集型的高科技互联网企业，把握住了时代发展机遇，搭上了全球产业变革的顺风车，在国际影响力不断提升的同时，也帮助公司员工完成了造富梦想。2014年，阿里巴巴在美国成功上市，瞬间造就了1万多名千万富翁。

（三）先富带动后富，弘扬企业家精神

记者：新中国成立以来，特别是改革开放以来，国家政策鼓励一部分地区、一部分人先富起来，带动和帮助其他地区、其他人逐步实现共同富裕。在国家战略和政策引领下，出现了一批又一批"先富起来"的企业家。在您看来，这些企业家具有哪些鲜明的时代特点？他们又发挥着怎样的"榜样力量"？

徐洪才：党的十一届三中全会之后，邓小平针对普遍贫穷、效率低下、经济落后、平均主义等问题，及时提出要"鼓励一部分人通过诚实劳动、合法经营先富起来，然后先富起来的一部分人反过来帮助贫困的地方和人们富裕起来"的"先富带动后富"发展战略。

在这一战略思想指导下，依托于不同家庭背景和相同时代背景，那些先富起来的企业家身上，始终闪烁着独属于变革年代的时代光芒。

20世纪80年代，确有一些人，有胆略有智谋，敢闯敢干，起早贪黑，白手起家。任正非、柳传志、王石、张瑞敏等便是那个年代的杰出企业家代表。这一阶段，成功"先富起来"的企业家都是很好地把握住了中国经济尚处于物资短缺时代的历史机遇，瞄准了市场机会，从无到有，经过强势扩张，纷纷建立起了自己的"商业帝国"。

时至90年代，国务院修改和废止400多份约束经商文件，大批官员和知识分子投身私营工商界，坊间将这种"从国有单位辞职从事商业活动的行为"戏称为"下海"。据统计，1992年辞官下海者为12万人，不辞官却投身商海的人超过1000万人。冯仑、潘石屹等都是当时的下海者，他们从曾经的不名一文，

成为叱咤房地产业的亿万富翁。这一阶段，伴随着房地产市场的黄金十年，很多成功人士的财富机遇都与房地产相关。当然，随着资本市场逐渐兴起，也有部分人通过资本市场操作积累了"第一桶金"。

进入21世纪，加入世界贸易组织之后，中国市场真正融入全球经济，全球化进程不断提速。与此同时，国内的城镇化和工业化进程也伴随着国家经济的发展不断提速。

如果说在巨大变革时代出现的"人口红利""开放红利""改革红利""资本市场红利""城镇化红利"等，催生一大批"老一代"企业家的话，那么最近20多年的"互联网红利"等，则催生一批"新一代"企业家，以新浪、搜狐、网易等为代表的门户网站，以及以BATJ等为代表的互联网巨头，都是其中的佼佼者。他们抓住互联网发展机遇，积极拥抱资本，并完成境外上市。在经历一轮又一轮互联网"风口"洗礼之后，"创新"成为这个阶段企业家精神的主旋律。

2008年以来，中国新经济迎来快速发展，一批世界瞩目的互联网科技企业脱颖而出。以互联网为基础性平台的生态被视为新的世界，以共享单车为代表的"共享经济"打破私人和公共、传统和科技之间的隔阂，以更高效率和消费者形成新的互动关系，重构了商业基本逻辑。在境外众筹和风投金额增速高涨的情况下，2015年成为独角兽企业数量爆发的一年。

2014年9月，国务院总理李克强在天津夏季达沃斯论坛上发出"大众创业、万众创新"的号召，"双创"一词自此流行开来。此后数年间，受"双创"精神鼓励，中国每天约有1万家新的创业公司诞生，全国各地出现8000多家创业孵化器，还有数量可观的企业上市加速器。一批有想法、有胆识的高学历年轻人，致力于用自己的聪明才智来拥抱这个波澜壮阔的时代，他们顺应了现阶段国家经济转型升级的需要。今日头条创始人张一鸣、摩拜创始人胡玮炜、滴滴出行创始人程维等，便是这群年轻企业家中的代表人物。依托于互联网，他们迅速崛起，快速分化，但又尚未定型。

纵观这些企业家，他们无论是年长，还是年轻，无论是白手起家，还是快速致富，其创业故事和奋斗精神都值得人们尊敬，都是对70年来中国创造经济腾飞奇迹的最好诠释。时代赋予他们的，既有历史机遇，又有挑战和风险。

他们的家庭背景不同，成功路径也有差异，但其骨子里的企业家精神，实质还是有共通之处的。

首先，他们都有远见、有胆略、勤奋实干、有创新精神。他们勇于担当，敢于承担风险。远见赋予企业先于消费者、先于其他竞争者创造需求和改变消费习惯的可能。而用创新思维，则可以开发出顺应趋势的新产品、新服务，使企业在竞争中处于领跑地位。当然，他们还具有坚韧不拔的精神，做到了迎难而上，勇敢面对。

其次，他们都深刻理解了国家宏观政策，对党中央和国务院的大政方针和政策都有着深刻领悟；都潜心研究政策、研究产业、研究技术，懂得顺势而为。

再次，他们都思维清晰、灵活，开拓进取。对稍纵即逝的市场机会保持高度敏感，及时分辨出机遇与风险，并善于抓住机遇，积极开拓市场，不断改善经营。他们善于学习，不仅学习各种新知识，还善于从失败中学习，从自身失败中学习，也从别人失败中学习。

最后，他们都具有强烈的社会责任感。令人欣喜的是，越来越多的成功企业家，在发展创新、创造社会财富的同时，开始重视履行社会责任。他们有致富思源、回报社会的情怀，热心于公益事业。不再把利润最大化作为唯一追求，而是致力于在人文环境、绿色环保、社会发展、消费安全、精准扶贫等方面做出贡献。

（吕晶晶，《金融博览·财富》，2019年9月25日）

四、将中国改革开放进行到底

当前，世界经济、政治格局正在发生深刻的变化，但大家对于变化本身的理解仍然存在很大的分歧。目前世界经济增长放缓，今年全球 GDP 的增长速度大概只有 3%，去年是 3.6%，前年是 3.7%。其中，美国去年是 2.9%，今年可能只有 2.1%。国际货币基金组织（IMF）预测今年我国 GDP 的增速是 6.1%，我的预测也是 6.1%。IMF 预测明年全球 GDP 增长 3.4%，好像有点反弹，带有某种良好愿望，希望各国采取积极政策拉动经济增长，实际上未来仍然充满着不确定性。

未来 5~10 年，由于经济全球化遭遇阻碍、贸易摩擦升级，导致全球经济、政治秩序发生混乱，产业链、供应链被打破。由无序到有序、从天下大乱到天下大治，没有十年时间恐怕是解决不了的。与此同时，全球规则体系也发生了混乱，国际货币基金组织、国际贸易组织甚至联合国、G20 等在应对全球共同挑战方面显得力不从心，某些国际组织已经接近瘫痪。其中的主要原因是个别大国带头，以自身利益为重，忽视了全人类的共同利益。这就是习近平主席所指出的"全球治理面临赤字"。大家都以自己的国家利益为重，共同利益没有人管了。目前，这种天下大乱是由于没有形成广泛的共识。所以有关 WTO 改革

第二章
未来 30 年：中国改革开放再出发

也停滞不前，分歧非常大。当然，究其背后深刻的原因，一个重要方面就是技术创新难以支撑目前经济高速增长。20 世纪六七十年代以来，乃至 20 世纪 90 年代以来的经济全球化带动了全球产业变革、分工体系的形成，推动全球经济的较快发展，但这种动力现在明显减弱了，很多技术创新尚处于"黎明前的黑暗"，或者说只是看到了黎明的曙光，还差临门一脚。所以现在主要经济体都把技术创新和技术领域的竞争放在突出位置。

中美紧张关系出现复杂化、长期化态势，而且短期还未看到明显好转，贸易摩擦已经蔓延，从产业、技术到现在的金融领域。随着经济增长放缓，主要经济体的宏观经济政策已经做了重大调整，美联储开始降息，欧洲央行和日本央行采取负利率，全球范围内有 17 万亿美元的负利率国债，全球资本流动、汇率波动明显加剧。可以预测，一些新兴经济体、金融市场动荡在未来几年会加剧，风险会增加。解决中美问题，短期内会有调整，但并不能解决根本问题。双方对一些原则性问题、根本利益的分歧都不太可能做出妥协。这增加了未来世界经济发展的不确定性。

自去年下半年以来，中国经济增长下行压力明显加大。尤其是最近公布的第三季度宏观经济数据，GDP 实际增速只有 6.0%，跌到了 2008 年国际金融危机以来的历史低点，尽管前三季度经济平均增长速度达到了 6.2%，但是如果按照这样的惯性往下走，到明年实现"两个翻一番"的奋斗目标就有很大困难。目前，政府宏观政策加大逆周期调节，积极的财政政策加力提效，货币政策也出现适度灵活、宽松的迹象，但大家更大的期待还是改革。短期里这种政策调整如果力度过猛，可以起到托底效果，但未来"后遗症"很大。因此还是要尊重客观规律。大家期待四季度的经济反弹一下，别跌到 6.0% 以下。今年汇率已经破了 7.0，未来还有待观察；外汇储备稳在 3 万亿美元之上，前三季度国际收支数据已经出来，总体上经常账户和资本账户都保持平衡，但银行结售汇有轻微的资金流出，前三季度累计流出资金大概为 400 多亿美元。这虽然还不足以影响整体平衡，但存在一定的风险，在贸易谈判时美国已经把汇率问题放在了重要位置。

中国经济要想实现可持续发展，不仅是明年要解决三大攻坚战、"两个翻一番"的问题，更为迫在眉睫的问题是未来五到六年时间能否突破中等收入陷阱？2018 年我国人均收入接近 1 万美元，什么时候能够突破世界银行所设定的高收入国家标准 1.3 万美元？从现在的情况看，老龄化社会渐行渐近，各项矛盾叠加，难度很大。根据国际经验，由封闭走向开放的经济体在其经济增长持续 30 年后，都会出现经济增速的大幅度回落。无论日本还是韩国，历史上都曾经历过，GDP增速不可能在6%徘徊很长时间。新旧动能转换不给力是未来两三年中国经济的最大挑战。

面对目前的复杂形势，要保持战略定力。中国要找准自己在国际社会中的角色定位。未来几年，我国突破中等收入陷阱、迈入高收入国家行列，又是第二大经济体，可能就不会再被认为是发展中国家了，要面对这一现实。能否通过改革让世界认可中国市场经济地位？需要大家努力和深入思考。

关键是把改革开放进行到底。"改革只有进行时，没有完成时"。对这句话我的理解是，现在难啃的骨头还比较多，但不是说改革可以拖拖拉拉，没有时间表；恰恰相反，应该有时间表、路线图，任务紧迫，时不我待。这里我只讲四个重点领域的改革。

第一，土地制度改革。中国经济未来最有潜力的地方还是城乡接合部，通过土地制度的改革形成城乡生产要素双向自由流动、融合发展的机制。过去40年，城乡间基本上有一种"虹吸效应"，导致城乡之间的分离分隔，到现在这一现象依然突出。中国还有6亿农民，2亿农民种粮食，每年还需要进口1400亿美元的粮食，增加农民收入与就业，加快推进新型城镇化依然任重道远。以家庭为单位的自然经济、小农经济的发展模式肯定难以为继，不应成为未来的发展方向。这就需要通过农村土地制度改革来转变农业发展方式。

第二，国有企业和国资领域改革。应该有所为有所不为，找准自己定位。国有资本、国有企业应在公共服务、公共产品领域发挥更大的作用；而在竞争性领域应战略性撤回，让民营经济充分发展，其混合所有制改革可考虑让民营资本占主导地位。现在投资低速增长、投资建设回报率较低，主要原因是垄断没有被打破，竞争中性原则没有得到很好的贯彻落实。

第三，金融领域改革。现在美国国债收益率曲线扁平化，中国是陡峭的，因此要更多地采取改革的办法，打通政策传导机制。比如发挥利率作用，但实际上很难。国有企业、地方政府对利率的敏感性都比较差，加之传导机制不畅，导致民营企业、小微企业融资难、融资贵，而国企有钱花不了，冰火两重天。

第四，行政体制改革。政府管理能力、治理能力还没有现代化，各级财政负担很重、效率很低。改革千头万绪，核心就是理顺政府与市场的关系，而政府本身的管理体制改革又是主要方面，必须降低制度成本，加快推进国家治理机制和治理能力的现代化。

（根据徐洪才在中国改革（海南）研究院"第85次中国改革论坛"上的演讲整理，2019年10月26日，海口）

五、管控政府投资风险，助推公共服务高质量发展

《政府投资条例》将于今年7月1日正式施行。国家发展改革委新闻发言人孟玮近日强调，随着新条例的出台，将进一步强化对政府投资资金的管理和刚性约束，有助于防范地方债务风险。

日前，中宏观察家、中国政策科学研究会常务理事、经济政策委员会副主任徐洪才就相关话题接受了本网专访。

中宏网记者：地方政府债务风险一直是公众和舆论比较关注的一个话题，您怎么研判当前我国地方政府债务的现状和突出问题？

徐洪才：根据国际清算银行的数据，截至2018年第三季度，中国政府部门债务率还属于偏低水平，只有47.6%，相比于美国的105.4%，日本的253%，欧元区的86.8%，中国政府负债与GDP的比例是低的，风险也比较小。需要指出的，中国有一个特殊国情，很多地方政府有城市建设投资公司，作为国有企业负债率是比较高的，这从一定角度讲也是政府债务，即便把城投债和政府公共负债加在一起与GDP的比例，与美国和欧盟相比也不算高，风险可控。

中宏网记者：从防范地方债务风险的角度来看，您认为这次新条例的亮点何在？

徐洪才：《政府投资条例》从7月1日开始正式实施，这是一个重要标志，标志着中国政府的投资行为有规可循。政府投资重点领域将主要在公共服务部门，这也是我们高质量发展的短板，这样政府和市场边界就规定清楚了。过去政府无所不能，什么都可以投，什么都可以干，现在规定其集中精力从事公共产品和公共服务的投资，聚焦于民生，比如养老院和托儿所，医疗、卫生和教育等领域。这些公共服务领域供给严重不足，质量还不够高，主要原因是政府缺位，政府该干的事要干好。

未来政府投资行为将按照新规则予以规范，主要从投资的决策、投资的执行、投资的监督这三个环节来进行规范。决策要有预算，要考虑风险，考虑项目的经济效益和社会效益，要规范工作流程，不能仅依靠个别领导人拍脑袋。执行过程中要提高效率，提高责任感。同时，加强事后监督，秋后算账，相关的主体责任要落实。政府的钱，纳税人的钱没有用在刀刃上，没有发挥好四两拨千斤的作用，就值得检讨，要追究相关主体的责任。

中宏网记者：随着条例推出，地方政府的债务风险将被有效管控，但也要

注意保护地方政府及官员改革发展的干劲,对于如何处理好这两者的关系您有何建议?

徐洪才:当前经济下行压力比较大,国际环境复杂严峻,尤其是中美贸易摩擦使未来充满不确定性。加上国内新旧动能转换,为了应对这种经济下行压力,投资将发挥关键性的作用,那么,政府投资也应发挥好它的独特作用。

总体来看,目前政府在公共领域的投资效益偏低,主要是看社会效益。但是,政府在扩大投资、发挥其在稳定经济增长中的作用时,也要兼顾风险管控,妥善处理稳增长和防风险之间的关系。这就对政府的专业能力和责任提出了更高的要求,要把好钢用在刀刃上,提高投资效率。这样才能真正发挥政府投资的作用。

(王镜榕,中宏网,2019年6月19日)

六、新一轮扩大开放相关政策解读

(一)进一步扩大对外开放,在更高层次上寻求新平衡

2019年11月5日,第二届中国国际进口博览会在上海国家会展中心开幕,习近平主席郑重提出未来持续推进更高水平对外开放的"五大举措",向世界宣示中国扩大开放的决心气魄、与世界合作共赢的诚意担当。几天前,党的十九届四中全会提出,要建设更高水平开放型经济新体制,实施更大范围、更宽领域、更深层次的全面开放。

"我国新一轮的对外开放,是从过去商品和要素流动型开放转向规则等制度型开放,是一种高层次、高水准的对外开放。"中国政策科学研究会常务理事、经济政策委员会副主任徐洪才认为,进一步拓展对外开放的广度和深度,利用好国内国际两个市场、两种资源,以开放促改革、促发展、促创新,不仅将为中国经济增长创造更多活力、动力,更将为世界经济提供更多市场机遇、投资机遇、增长机遇。

徐洪才解释说,继续扩大市场开放,一方面使中国进一步融入全球经济,各国可以分享中国的市场空间,对树立我国良好国际形象、谋求更好自身发展、改善外部环境非常有利。另一方面,国内老百姓对高质量产品和服务的需求,也可以通过进口得到满足。

"大量国外品牌商品涌入,对国内的市场环境也能起到净化作用。"徐洪才分析说,这会对国内部分商品产生一定的"挤出效应",让"良币"驱逐"劣

币"。"更重要的是,这会倒逼国内厂商在标准和质量层面上对标国际,压力也可以变为动力,带动技术进步、产业转型升级、新旧动能转换。"徐洪才认为,这对我国未来优化供给侧结构性改革、提升供给质量均有益处,也有利于促进我国在政策和规则层面同国际接轨。

"扩大进口,还有利于提升出口的能力。"徐洪才表示,随着全球产业链分工的细化,"买全球、卖全球"将不仅局限于生活性消费品,更多中间品将通过进口方式满足国内生产性消费需求,有助于我国产业链提升整体竞争力,从中低端向中高端迈进。

谈及中美经贸摩擦对全球产业链格局的影响,徐洪才坦言,原来的分工体系遭到人为破坏,需要在更高层次上寻求新的平衡。"此次进博会,美国企业参展规模比 2018 年大大增加,参展面积更是位居各参展国首位。跨国公司的经济行为完全符合市场规律,是不以少数政客意志为转移的。正如习近平主席在开幕式上的致辞所言,'尽管会出现一些回头浪,尽管会遇到很多险滩暗礁,但大江大河奔腾向前的势头谁也阻挡不了'"。

徐洪才在接受中国改革报、改革网记者采访时还提到 11 月 4 日在泰国曼谷举行的第三次区域全面经济伙伴关系协定(RCEP)领导人会议。与会领导人在会后发表联合声明,宣布 15 个成员国结束全部文本谈判及实质上所有市场准入谈判,并致力于明年正式签署协议。"RCEP 谈判取得重大进展是自由贸易和区域经济发展的重要一步,这将减少贸易壁垒、降低市场准入门槛、促进跨国投资,也是成员国反对贸易保护主义、单边主义的重要举措,将对全球自由贸易发展做出重要贡献。"徐洪才判断,在开放合作的时代大势下,全球分工体系包括规则体系将经历一个从无序到有序的过程。

在被问及我国在推进高水平对外开放方面还存在哪些体制机制上的障碍时,徐洪才称,从生产要素来看,资金、人才、信息距离自由化还有一定差距。比如,资金方面,人民币已经加入特别提款权货币篮子,但还没有完全实现自由兑换;再比如,人才方面,外籍人才进出签证流程已经比较便捷,但还有进一步简化的空间。

(付朝欢,《中国改革报》,2019 年 11 月 7 日)

(二)《外商投资法》开辟市场经济新征程

"《外商投资法》将为新形势下深化对外开放、规范利用外资提供制度保障""我国正从政策引资转向制度引资,制定《外商投资法》正当其时"。全国两会期间,十三届全国人大二次会议表决通过《外商投资法》,新法于 2020 年

1月1日起施行。中国国际经济交流中心副总经济师徐洪才激动地表示,这是我国外商投资领域新的基础性法律,《外商投资法》开辟了社会主义市场经济新征程,具有里程碑意义。

如何理解这部法律的出台?这部法律的出台又有何意义?徐洪才告诉人民网,此次《外商投资立法》有两项重要意义。一是回应国际社会的诉求。国际社会希望中国进一步扩大市场准入、扩大开放,同时强调公平竞争,也就是竞争中性。目前,我国也有竞争中性的提法,如2019年政府工作报告中首次提出"按照竞争中性原则";去年底的中央经济工作会议明确指出,强化竞争政策的基础性地位,创造公平竞争的制度环境,鼓励中小企业加快成长。二是满足我国自身发展需要。目前我国改革进入深水区,不论是扩大市场准入、负面清单,还是打造公平竞争的营商环境,都尤为需要。当前,我国以立法形式出台外商投资法,也彰显了中国全面依法治国的理念,向国际社会释放了一个全面对外开放的积极信号。

《外商投资法》会在实践中进行完善,徐洪才告诉记者:"任何法律的修订都不是'一锤子买卖',随着我国改革开放不断深入,改革实践不断发展,外商投资相关的法律法规也必然会与时俱进,进行修订和完善。"

(李楠桦、仝宗莉,人民网财经频道,2019年3月19日)

(三)22条扩大外商准入举措彰显"新危机观"

中央经济工作会议指出,在充分肯定成绩的同时,要看到经济运行稳中有变、变中有忧,外部环境复杂严峻,经济面临下行压力。强调要善于化危为机、转危为安,深化改革开放,变压力为加快推动经济高质量发展的动力。

"化危为机"需要切实举措,"转危为安"需要步履坚实。2018年6月28日,国家发改委、商务部发布《外商投资准入特别管理措施》(负面清单2018年版),向世界传递了中国坚定改革开放,促进国际贸易多元化的信心。

那么,如何理解这份外商准入清单所彰显的"新危机观"?如何看待扩大开放对中国产业短板的冲击与深刻影响?中宏观察家、中国国际经济交流中心副总经济师徐洪才,日前接受了中宏网记者的独家专访。

"非禁即入"并非"大撒手"不管

中宏网记者:中央经济工作会议强调,当前世界面临百年未有之大变局,要善于化危为机、转危为安,您能否结合22条放宽外资准入举措谈谈当前我们需要树立怎样的"危机观"?

徐洪才:"危"中有"机",要善于"化危为机"。当前全球经济下行,贸易投资保护主义甚嚣尘上，但也要善于捕捉其中的机会。关键在于，我们要进一步融入经济全球化进程中去。比如，金融服务业扩大开放，实质就是基于我们国内的金融业竞争力不够，服务效率还比较低。因此，通过引进境外的金融机构及其规则、产品与服务，必将对于国内搞活金融服务产生积极影响。

同时，我们也采取较为审慎的态度。在开放过程中，我们始终把防控风险放在首要位置。比如对资本账户的开放，一直就是采取审慎态度。人民币汇率形成机制采取的是有管理的浮动汇率机制。特别是最近几年加强了对资金外流的监管。总体来看，风险可控。

即便现在出台2018年版的市场准入负面清单，到2019年3月在全国范围内推广负面清单管理模式，实现"一张清单"覆盖全国，也不必过于担心。其总体精神，即，"非禁即入"。就是说"法无禁止即可为"，不过，对于允许进入的也有相应的监管与要求，从而达到引导和规范经营的目的，并非一下子放开、"大撒手"不管。

过去的经验是，"一管就死，一放就乱"。现在，通过采取和国际高标准对标的负面清单管理制度方法，应该说是朝着正确方向迈出了坚实的一步。但是，未来还有很长的路要走。因为我们允许进入的清单还比较长，这也体现了已经充分考虑产业安全。比如互联网领域，目前还未完全放开，因为涉及网络和国家安全，仍然不允许在没有得到相关监管机构授权的情况下擅自开展经营活动。

我认为，清单针对不同行业和领域的特点已经做了不同形式的规范，所以大家不必担心。在实施过程中，一步一步开展，还会做出动态调整。

铁路领域扩大开放威胁国家主权是危言耸听

中宏网记者：以交通运输业为例，您怎么看待扩大外商准入的相关举措对我国产业经济参与国际竞争的现实冲击与意义？

徐洪才：首先应该看到，这次扩大基础设施包括交通运输等行业开放、吸引外资，不仅涉及资金问题，也涉及技术和管理问题。坦率地讲，过去这些年，我国公路、铁路、航空事业发展很快，但仍然存在不少短板。我们起点比较低，起步比较晚。扩大交通运输业的对外开放，是我国经济发展的客观需要。外资在运营管理方面有经验，比如日本新干线，比我们早了半个多世纪，现在硬件水平似乎相对落后，但其管理和运营有口皆碑，值得借鉴。我乘坐过日本东京到大阪的新干线，有切身体会。我们不能故步自封。

我国高铁处于世界领先水平，但是高铁的螺丝钉，一个很重要的零件，目前主要从日本进口。大家想象一下，高铁高速运转，如果螺丝钉松动了，将会出现什么样的情况？因此，必须坚持对外开放，提升技术水平。事实上，我们还有很多地方需要改进。至于有人认为，铁路开放将影响国家主权，我觉得这是杞人忧天。一个多世纪以前，曾经出现过这种情况，但是今非昔比了。现在我国主权完整，个别铁路吸引外资参股、参与经营管理，是不会丢掉国家铁路主权的。

聚焦短板，在扩大开放中提升国际竞争力

徐洪才：改革开放40年，中国经济深度融入全球经济一体化。在全球化分工体系中，总体而言，我国处在中低端位置。在制造业方面，形成了一个比较完整的配套产业链，规模也是最大的，但在整体水平上还处在低端。当然，不排除在某些领域，我们已是世界前沿水平。近期，美国对我国实行技术打压和封锁，也暴露了我国的某些短板和"卡脖子"环节，对我国产业安全构成威胁。在此过程中，大家认识到，关键技术一定要掌握在自己手里，否则将受制于人。这也启示我们，必须加快自主创新步伐，增强国际竞争力，保障国家经济安全。同时，技术创新也不能在封闭环境中完成。要自强不息，打铁还需自身硬。但要实现这个目标，还需进一步扩大开放。

目前我国在某些领域还受制于人，即便未来掌控了全部关键技术，也不能走封闭的道路。客观地讲，我国转型升级过程中突破的很多瓶颈，都有赖于体制机制的改革创新，比如增强企业创新活力，激发国企改革动力。政府要打造公共服务平台，特别是加强产学研的联动，加大国家重点实验室、基础科研项目的投入，加强政策引导和引领，加强国际合作和知识产权保护。既要保护外资在华知识产权，也要呼吁国际社会加强保护中国企业在海外知识产权，二者相辅相成。所有这些，都需要我们保持开放的心态，不要因一时受到美国封锁和外部压力，就主张排外，自力更生的精神永远需要发扬光大，但绝不能走"自我封闭"的老路。

（王镜榕，中宏网，2019年1月28日）

七、2019年《政府工作报告》解读

2019年两会期间，货币政策、减税降费、房地产税等问题备受关注，围绕相关热点话题，网易研究局采访了中国国际经济交流中心副总经济师徐洪才。

（一）热点话题一：就业

网易研究局：今年政府工作报告首次提出就业优先政策，旨在强化各方面

重视就业、支持就业的导向。在您看来，如何才能将稳就业和促就业落在实处？

徐洪才：就业在经济发展中处于关键性位置，就业稳，老百姓收入就有保证，消费对经济的拉动力就有基础。过去一年，就业受到经济下行压力影响，面临一定挑战。今年政府工作报告首次把就业优先政策放在宏观经济政策框架里，是意味深长的。一方面，新动能培育、新兴产业发展，需要新的就业队伍，就业者本身素质能不能与需求相匹配是一个问题。另一方面，传统产业面临市场退出，因此也有人再就业。还有就是新增就业，包括大学生、复员军人就业等。

将稳就业和促就业的政策落在实处，需要政府、个人和中介发挥各自的作用。首先，一些新兴产业对劳动力素质有新的要求，劳动者要加强技能培训，政府也应该提供相关服务，引导就业市场有序发展。其次，中介机构包括市场也要发挥作用。传统教育可能难以满足新的劳动力需求，这就需要职业教育以及市场培训机构发挥积极作用。

（二）热点话题二：养老保险

网易研究局：政府工作报告提出，下调城镇职工基本养老保险单位缴费比例，各地可降至16%，这不是一个强制性的规定，您觉得各地是否有降低的动机？这对个人是否会有影响？

徐洪才：我觉得动机是有的，因为可以降低企业成本，让企业在社保缴费这一块少缴一点，符合"三去一降一补"中的降成本，能让企业轻装上阵。有人说，劳动者权益会因此受到损失，实际上，随着经济发展，提升劳动者社会保障覆盖面是趋势。未来要想办法多管齐下来提升社会保障水平，如把国有资产无偿划拨补充社保基金等。从当前情况看，这种降成本、降税费的措施，可以让企业轻装上阵，是中国经济可持续发展的客观需要，也符合国际潮流。美国特朗普降税降费政策的力度是空前的，中国不能落后。

（三）热点话题三：货币政策

网易研究局：关于货币政策，今年政府工作报告提到要实施稳健的货币政策，要松紧适度，这个表述与去年相比少了"保持中性"四个字。这是否意味着今年的货币政策将会偏向宽松呢？

徐洪才：货币政策稳健立场不变，不过表述更简洁了。今年政府工作报告中有关货币政策的表述有一些新的提法，比如"广义货币M2和社会融资规模增速要与国内生产总值名义增速相匹配，以更好满足经济运行保持在合理区间的需要"。这就耐人寻味了。从 2017 年 7 月开始，M2 增速是低于名义 GDP 增速的，今年 2 月 M2 增速为 8.0%，我觉得偏低了，年初已经通过降低金融机构法定存款准备金率、公开市场操作等提升市场流动性，保证流动性合理充裕。按照今年政府工作报告的要求，货币政策要保持稳健、松紧适度，这就意味着未来下调法定存款准备金率和其他政策工具的空间还是有的，通过这种调整，把 M2 增速、社会融资规模稍微提高一点。这是稳经济的需要，也是稳金融的需要，否则流动性不足会造成金融市场震荡，同时给实体经济和企业经营带来负面影响。

总的来说，未来货币政策基调不变，但要体现灵活性、针对性、前瞻性，最终目的是金融稳定、经济稳定。货币政策偏紧的话，微观主体包括金融市场就会遇到困难。

网易研究局：您怎么看今年人民币汇率的走势？

徐洪才：从今年前两个月的实际情况看，人民币汇率还是比较强势的，这说明经过货币政策、宏观经济政策等微调以后，市场预期有所改变，大家对未来经济趋于稳定、稳中向好的信心增加了，因此汇率有所走强。我认为，未来人民币汇率总体上会保持相对稳定，即在合理均衡的基础上，呈现双向波动的态势。人民币大幅度升值的空间并不存在，但是大幅度贬值也不太可能，这是由我们的实体经济相对稳定，以及中国在全球经济中的位置所决定的。

（四）热点话题四：房地产税

网易研究局：3 月 8 日，全国人大常委会委员长栗战书表示，全国人大将落实制定房地产税法。2009 年两会时，首次提出"研究推进房地产税制改革"，到目前为止已经酝酿了 10 年，为何一直未能推出？

徐洪才：这是因为房地产的问题涉及千家万户的利益，也涉及银行、地方政府等主体，还涉及宏观经济的稳定，牵一发而动全身，所以要慎重。当年肖捷任财政部部长时讲过，房地产征税将按照"立法先行、充分授权、分步推进"的原则稳步推进，实际上还是稳中求进的。这是因为中国的房地产相关的利益当事人比较复杂，而且这也是一个民生工程，房地产的消费本身对宏观经济的稳定至关重要，对金融风险的防控至关重要，同时也与老百姓的实际利益息息相关。

房地产税作为一个重要的消费税，是地方税，未来如何理顺中央和地方的关系，建立房地产市场平稳健康发展的长效机制，这是关键。征税本身不是目的，目的是要促进房地产市场的健康平稳发展，同时理顺相关当事人之间的利益关系。目前,地方政府对土地财政过度依赖是一个问题。另外一个问题就是,城乡市场目前是人为分割二元市场状态,没有形成统一的、全国可交易的房地产市场和土地市场。此外,还涉及老百姓的承受能力。

网易研究局:房地产税究竟能不能降房价?每次关于房地产税法的消息出来之后,大家就会讨论这个问题,您的答案是什么?

徐洪才:这要从两个方面考虑,首先,开征房地产税,可能导致一些持有者抛售房产,住房市场的供求关系变化势必会影响房价。但是,我们也应该看到,像美国等发达国家,征收房地产税的目的不是调控房价,而是把这个钱用在社区的基础设施建设、绿化、环保等方面。从这个意义上说,房地产征税不是为了调控房价,而是改善居民生活品质。总的来说,开征房地产税对房价有一定的影响,但不要夸大。

网易研究局:今年2月份以来,全国楼市调控达21次,比如广州松绑公寓限购、青岛取消摇号购房等,是否意味着楼市调控要松绑了?

徐洪才:过去两年多时间里,房地产市场总体上是平稳的,解决了一线城市房价涨得过快的问题,也解决了四线城市房地产库存过多的问题。但是也应该看到,一些历史遗留问题并没有被彻底解决,长效机制还没有建立起来,仍有很多人把炒房当作财富保值增值的重要手段。关于房价走势,长期要看人口结构,中期要看房地产和土地政策,短期要看金融信贷政策。目前,经济下行压力加大,一些地方的房地产交易大幅度滑坡、萎缩。因此,过去针对房价涨得过快过猛的调控政策,可能就要适时退出了,不能一成不变。对于一些地区的政策微调,不要做过多解读。总体而言,未来房地产市场将保持相对稳定,既不会出现前些年那种疯涨的情况,又不会大幅度下跌。

(张梅,网易研究局"大咖谈两会"特别策划,2019年3月15日)

(五)增值税改革未来还有空间

3月5日,十三届全国人大二次会议开幕,国务院总理李克强做政府工作报告。报告明确,增值税税率将再次下调。这次降税减负力度如何?会对行业产生哪些影响?网易研究局采访了中国国际经济交流中心副总经济师徐洪才。

网易研究局:今年政府工作报告再次提出降低各行业的增值税税率,尤其是降低制造业企业的增值税税率,下降3个百分点至13%,您如何看待这一决定?

徐洪才:很显然,这是发展高质量制造业的内在需要,也是经济高质量发展的客观要求。供给侧结构性改革中的"破立降",其中之一就是降成本,把税费成本降下来。从总量上看,全年要减轻企业税收和社保缴费负担近2万亿元,把增值税率降下来就是一项具体政策落实。将制造业等行业增值税现行16%的税率降至13%,说明政策是向制造业倾斜的,让它"轻装上阵"。

网易研究局:这个政策会有怎样的预期效果?本次增值税税率下调主要集中在制造业、交通等实体经济行业,而最近实体经济的发展并不景气,减税能否扭转其发展颓势?对实体经济行业会产生哪些影响?

徐洪才:显而易见,这个政策能够降低制造业成本,提高市场竞争力,有立竿见影的作用,有利于制造业转型升级,向高质量方向发展,对实体经济发展也会有促进作用。目前,中国增值税税率在国际上处于中等偏高水平,未来还有进一步下调的空间。从总量上,要考虑财政收支平衡,今年财政赤字会扩大0.2个百分点,但是不能一步到位。

(杨泽宇、李海晗,网易研究局,2019年3月5日)

八、为什么说中国扩大开放是自主选择

中国自7月底施行新版"负面清单",将外资准入负面清单条目由48条措施减至40条,自由贸易试验区外资准入负面清单条目由45条减至37条,而鼓励外商投资产业相应增加了67条。举例来说,在金融、能源、科技产业等关键领域,此次改革取消了外商的投资限制。该如何解读其中缘由?这对中国经济将意味着什么?是给中国经济带来巨大风险,还是中国借美国推行"单边主义"契机加速经济再一次转型?当中国真的打开国门,邀请全世界加入时,一切又将发生怎样的改变?

为此,本刊记者采访了中国政策科学研究会经济政策委员会副主任徐洪才,在他看来,中国扩大开放、深化改革,是自身经济发展的客观需要,也是回应国际社会期待,让世界各国分享中国经济发展红利。利用国内国外"两个市场"和国内国外"两种资源",进而实现与世界共同发展,这是中国既定政策方针,从未改变。

(一)中国为何加速对外开放 是否与中美贸易摩擦有关

多维:今年6月,中国主动修改《外商投资准入特别管理措施》,取消了对一些关键领域的外资限制。为什么中国要突然加速对外开放,中国对外开放需求很迫切吗?是受到中美贸易摩擦的胁迫吗?

第二章
未来30年：中国改革开放再出发

徐洪才：中国加速对外开放，谈不上急迫，也不是受到胁迫，可以说是从容不迫。中国扩大开放确定无疑，从来没变过，只不过近两年确实加快了。特别是2018年4月习近平主席在博鳌亚洲论坛发表题为《开放共创繁荣 创新引领未来》的主旨演讲以来，中国提出在"市场准入""投资环境""知识产权保护"和"扩大进口"四个方面扩大开放政策，现在一件一件都在落实中，做到了言而有信。

多维：你认为中国之所以加速对外资开放与贸易摩擦的压力有关吗？

徐洪才：中国加速对外开放与贸易摩擦没有关系。中国是主动扩大开放，而不是迫于某种外部压力。中国现在加速开放，是因为具备了进一步扩大开放的现实条件。实际上，在2001年加入世界贸易组织之时，中国就有过许多承诺，后来都逐一兑现。中国从计划经济、封闭经济，逐步走向市场经济，走向开放型经济，这是一个艰难的过程。加入世界贸易组织确实推动了经济社会发展和开放，中国在法律法规方面做出了上千条的修改，关税水平也是一降再降。中国加入全球化分工体系，使得经济的比较优势得以充分发挥，发展步伐之快，令世界震惊。

换句话说，中国的发展速度超出了很多人的预期。现在经济基础夯实了，随之对外开放步伐也加快了。道理就这么简单，与中美贸易摩擦无关。我相信，如果不发生贸易摩擦，中国同样会加速对外开放。中国不过是顺应经济全球化发展趋势，尤其是在加工贸易方面，用工成本比较低，大量人口红利被释放出来，世界各地都能买到中国制造的价廉物美的商品，不仅让美国消费者受益匪浅，也有助于帮助美国抑制通货膨胀。在中国加速对外开放的过程中，中国是受益者也是贡献者。

多维：在商品领域确实如此，但在金融领域，中国政府还是比较谨慎的，一直在担心金融开放的风险问题。然而，此次中国政府宣布加速金融服务业开放，中国在金融方面的开放需求很迫切吗？

徐洪才：金融开放的风险是中国一直担心的问题。在过去，如果金融业选择过快开放，确实会给中国经济带来一些不可知的风险。但现在情况与多年前根本不同了。在过去近20年间，中国银行体系、资本市场体系、金融机构的抗风险能力大大提升。中国银行业规模是世界第一，股票市场规模世界第二，债券市场规模世界第三，规模在这里，与中国世界第二大经济体的体量相适应。规模大了，抗风险能力自然也就强了。

1997—1998年，中国在应对亚洲金融危机时，外汇储备只有不足2000亿美元。而现在中国的外汇储备有3万多亿美元，居世界第一。特别是2004年以来，中国大型银行机构通过一系列产权改革，分批走进资本市场成为上市公司。中国银行系统，尤其是大型银行完成了坏账冲销、产权结构调整和公司治理优化，建立了较为完善的内控机制。这些都是在2008年金融危机前完成的。众所周知，中国的金融系统在应对2008年金融危机时经受住了严峻考验。

中国现在具备了进一步扩大金融对外开放的条件和能力。中国之所以加速开放，是因为中国要加速打造高水平的开放型经济"新体制"。什么叫"高水平"，就是要将之前的生产要素自由流动型开放，转变为制度和规则的对外开放，开放范围更广，程度更高，层次更深。

（二）以开放促进改革

多维：您能具体一点讲吗？比如说，金融开放对中国有什么好处？能吸引更多境外资金？目前中国的资本总体上不是已经过剩了吗？

徐洪才：中国现在不缺钱，国内资金非常充裕，但是缺少资金利用的效率。中国金融业效率偏低，成本偏高，竞争力还不强。金融机构的自主创新能力不足，服务于实体经济的能力偏低。所以中国要通过扩大开放向发达经济体的金融机构学习。

多维：您是在讲用"开放倒逼改革"的思路吗？

徐洪才：是这个意思。中国通过扩大开放倒逼国内的金融体系改革和创新。不只是改革，更重要的是创新。过去，中国改革总是讲"鲶鱼效应"（Catfish Effect），但在金融领域一直担心引进来的不是鲶鱼，而是鲨鱼。因此，之前中国对外资进入金融领域是有严格限制的，但恰恰是这种渐进式金融开放方式，不仅有利于中国经济的稳定，也对世界金融的稳定也起到了积极作用。中国经济的规模太大了，有一点风吹草动就对外部世界的影响很大，所以一直说要认真做好自己的事，也是对国际社会的一大贡献。当然，现在中国金融机构已经足够强大了，开始欢迎外资金融机构进入中国，享受国民待遇，进行公平竞争。

多维：外资进入中国金融业后，就能解决"金融空转""脱实向虚"的问题吗？2008年金融危机之后，发达国家的金融体系好像都没有能力解决这个问题，中国向外资金融机构学什么？

徐洪才：需要引导资金合理流动。过去确实存在一定程度所谓"脱实向虚"的情况，就是金融机构偏好于交易，在相互之间交易这方面做得过分的是美国金融机构。在2001年"9·11"事件到2008年9月金融危机爆发前的那段时间，美国金融机构大搞资产证券化、资产泡沫化，在各种金融衍生品的交易中挣了大钱，却使得美国经济"脱实相虚"，付出了惨重代价。

其实，中国在这方面还是稳健的。因为起步晚，华尔街已经玩过的东西，中国还没有开始。中国当然要吸取教训，不能让悲剧重演，但也不能因噎废食。资产证券化其实是有用的，对于提高资产流动性非常有效，也可提高融资效率，加快资金周转速度，但也不能搞过头，像抵押支持债券（MBS）、担保债务凭证（CDO）这些产品，我个人认为可以搞。信用违约掉期（CDS）就复杂了，衍生品的衍生品，叠加层次过多，有些过头了，所以要把握好分寸。

（三）如何监管外资金融机构

多维：如何监管外资金融机构？比如现在中国强调的"穿透式"监管和"党管金融"的传统体系能够监管外资金融机构吗？

徐洪才：监管要与开放同步推进。中国提出要守住不发生系统性金融风险的底线，在管控风险的前提下，有步骤地推进金融创新，这个很重要。特别是资本账户开放，中国一直很小心。

多维：您觉得管得住吗？因为在全世界各国金融对外开放的进程中，没有几个国家能对金融风险进行成功监管。

徐洪才：的确是这样，风险无处不在，时刻都有。市场波动是常态，每时每刻都在发生。关键是不要发生系统性金融风险。中国已经做好迎接风险的准备，正在致力于提高市场参与者的素质，进一步完善市场法制化水平。

说到党管金融，对外资银行并不是强制性的，这里有误解。其实"党管金融"在中国是一种不错的制度安排。我曾经跟外资银行高管人员了解过，他们认为，金融机构有党的系统管理有好处，使得相关人员不敢乱来。

2008年金融危机时，美国花旗银行首席执行官因次贷业务亏损40亿美元而引咎辞职，而银行补贴他1亿美元才让他走人。我认为，这在中国是不可思议的，华尔街公司的有些治理也很荒唐！外资金融机构来到中国后，有人愿意借鉴中国的管理经验，主动要求设立党支部，你不好阻拦人家，因为他们发现这种管理经验很有效，设立党支部、工会组织以后，使高管和员工的操作更加规范，易于管理。

在"穿透式"监管方面，外资金融机构进入中国后，必须遵守中国的法律法规，中国讲的是"同等"国民待遇，而不是"超国民待遇"。之前中国在引进外资时，采取许多"超国民待遇"的优惠措施，导致现在还有一些人脑子没转过弯来。外资金融机构要与中国金融机构接受同等的法律监管。

(四)中国需要的是对等开放、合作共享

多维:中国正在加速对外开放,尤其是金融服务业对外开放,但是外资金融机构尤其是美国金融机构会大量涌入中国吗?在目前中美贸易摩擦的背景下,中国向美国开放,美国不向中国开放怎么办?

徐洪才:是的,问题就在这里。美国不能只批评中国,也要做自我批评。我曾经多次与美国人讲过,他们老是指责中国,这里要改革,那里要改革。我们认真听,凡是讲的是对的,中国就改,但美国也应该改革。美国总是正确的吗?不见得。多年来,中国金融机构要去美国拿牌照,受到百般刁难,这种情况对于一个发达经济体来说是不正常的。美国本身也需要开放,中国已经主动开放了许多领域,开放应该是对等的、公平的。

在这种情况下,中国金融开放,最先来的可能是欧洲国家、亚洲国家。目前,英国很积极,法国起步稍晚一点。但是,随着英国脱欧,欧盟资本市场重心将重返巴黎,法国的合作意愿也会加强。如果法国能够加入,"一带一路"在西亚、北非地区很多合作项目的进展就会顺利许多。法国在这些地区影响比较大,中法可以合作共同开发第三方市场。卢森堡和德国法兰克福也是重要的金融合作方,其对中东欧市场的影响能力较强,与中国合作的潜力很大。

另外就是"一带一路"。坦率地说,"一带一路"沿线国家的整个经济基础要弱一些,所以金融合作方式会不同。但由于"一带一路"的投融资需要,恰恰可能是这些国家和地区的金融机构先一步进入中国市场。此外,还有亚太地区,比如东京、新加坡、悉尼,甚至是中国台湾的台北等都有很大的合作潜力。

多维:按照您的说法,中国在有意搭建一个以中国为主导的全球分工体系和资本合作框架?

徐洪才:说中国主导世界经济为时尚早,目前还远未到这一步,中国希望谋求一个平等合作、互利共赢的目标。"一带一路"倡议遵循"共商、共建、共享"原则,合作是开放的、包容的,不是强制的。

因此,不仅从是否有利于中国自身经济发展的角度来看待对外开放,还要从有利于全世界经济共同发展的角度来看待中国发展。这是中国的心胸和格局,愿意和大家一起分享,愿意大家搭中国发展的便车。中国是这样想的,也是这么做的。但目前各国的认识不尽一致,有些国家对中国的发展势头认识不够,甚至还存在误解,这是其自身问题。

据我所知,多年来像韩国、日本工商界的积极性很高,包括澳大利亚工商界,甚至美国华尔街企业家、金融机构都很有积极性。只不过美国学界、政界

的认知存在一定的偏差。但没有关系,时间会改变人们的认识。

(于小龙,2019 年 8 月)

九、提升改革的整体性、系统性和协同性

中央深改委第十次会议于 9 月 9 日召开,习近平强调,落实党的十八届三中全会以来中央确定的各项改革任务,前期重点是夯基垒台、立柱架梁,中期重点是全面推进、积厚成势,现在要把着力点放到加强系统集成、协同高效上来,巩固和深化这些年来我们在解决体制性障碍、机制性梗阻、政策性创新方面取得的改革成果,推动各方面制度更加成熟,更加定型。

经过六年改革,我们已经有了坚实基础,经历全面推进阶段以后,到了中后期就是系统集成,就是要防止出现碎片化,特别是某些关键领域改革。要树立全局意识、整体意识,相互配合,提升改革的整体性、系统性、协同性。要优化系统结构、完善其功能,这里实际涉及某些短板,发现之后要及时弥补。同时原来相互配合不太好的地方,在体制机制上还有难啃的骨头,要进行重点突破。更重要的是,完善体制机制政策,巩固既有成果,促进相关方面更加成熟、定型。

会议指出,推动先进制造业和现代服务业深度融合。企业应从这种融合中挖掘发展潜力。现代经济体系的核心是产业体系,产业体系的核心和基础是制造业,通过推动先进制造业的发展,带动农业现代化,发展现代服务业,牵一发动全身。特别是服务于制造业转型升级的生产性服务业的发展尤为重要。要以市场为导向,优化投资布局,引导新的产业发展和变革。要延长相关产业链条,夯实产业基础,促进技术之间的相互渗透,探索新业态、新模式、新路径,从而实现先进制造业和现代服务业的相互促进、共同发展。

会议还强调,支持民营企业和小微企业发展。从当下发展环境来看,推动民营企业转型升级、健康发展的关键,就是各种所有制经济主体要平等使用生产要素,也就是公开公平公正。对民营企业、国有企业、外商投资企业一视同仁,让其公平竞争。因此要创造一个有利于民营企业发展的良好营商环境,帮助它们进行技术创新、模式转换。在开拓国际市场方面,提供相关政策支持,破除体制机制障碍,特别是解决小微企业、民营企业融资难、融资贵的问题。有很多工作要做,真正发挥民营企业在国民经济中的重要作用。

而针对推进贸易高质量发展,会议提到三方面的创新:强化科技创新、制

度创新、模式和业态创新。对于如何实现相辅相成，技术创新是基础。过去40年贸易发展功不可没，但主要还是加工贸易，跟发达国家打交道，更多是发挥了我们自身的比较优势。利用两个市场、两种资源，是既定方针。针对不同市场、不同区域的特点，要有针对性地促进贸易投资便利化，这是制度方面的创新。更重要的是要找准自身定位，形成合理的闭路循环。

关于金融领域，会议指出要加强对重要金融基础设施的统筹监管。之所以强调统筹监管，是因为现在强调货币政策和宏观审慎政策"双支柱"框架的建设，其中宏观审慎、风险防控是短板。这里涉及统筹监管标准、市场准入，还有基础设施合理布局、治理结构、提高治理效率，特别是先进的监管理念、技术应用、提升基础设施弹性等。关于金融，会议还通过了《国有金融资本出资人职责暂行规定》。对于大型金融机构，要进一步落实国有资本出资人责任。另外，金融机构的社会责任也很重要，不能完全以经济效益为中心，金融稳定、金融风险防控都会影响到社会稳定和实体经济的健康发展。

（根据徐洪才连线中央人民广播电台《经济之声》节目整理，2019年9月11日）

十、积极防控潜在风险，促进经济稳定发展

五年来，中国经济始终在合理区间内运行。围绕到2020年实现两个"翻一番"和全面建成小康社会的战略目标，以供给侧结构性改革为主线，经济平稳健康发展，成绩显著，为未来经济可持续发展奠定了坚实基础。主要体现在：第一，经济平稳运行。经济增长、就业，还有生态环保、老百姓收入增长等方面都取得长足进展。第二，经济结构优化，增长新动能初步显现。服务业对经济增长的贡献超过50%，消费对经济的拉动力超过60%。今年前三季度，第三产业对GDP增长的贡献率达到58.8%，最终消费需求对GDP增长的贡献为64.5%。

总体金融风险在可控范围内。从外部环境来看，世界经济摆脱了金融危机影响，走上明显复苏的道路。美、欧、日主要发达经济体经济发展势头比较好，标志性事件是2015年年底美联储开始加息，2016年全球大宗商品价格大幅上涨，今年上半年美联储又加息两次，这些都预示着全球经济出现拐点。未来几年，世界经济形势会比较乐观。

前三季度，我国消费、外贸、就业、居民收入和财政收入数据表现都不错，

延续了去年以来的稳中向好趋势。但短期看,经济增长有下调压力,主要体现在8月以来固定资产投资增速下降,不到8%,住房和汽车消费下降,外贸增长趋缓,连续好几个月广义货币供应量M2增长在9%左右,创下历史新低,这与过去两年金融去杠杆以及加强金融监管密切相关。

过去几年,我国在处置潜在金融风险方面是卓有成效的。

第一,应对外部风险,取得明显效果。去年年底,出现资本外流压力,外汇储备一度持续下降,外界纷纷预期今年上半年人民币将大幅度贬值,但事实印证,人民币反而有所升值。一方面,我国主要通过加强监管,优化对外投资结构,8月底在引导资本流出方面做出了鼓励一批、限制一批和禁止一批的规定,一系列政策变化导致我国外汇市场出现积极变化。

第二,处理一线城市房地产泡沫,卓有成效。今年以来,我国出台了一系列针对房地产的调控政策,如北京市推出"租售同权"政策,另外,与土地供给相关的管控措施也有新举措。5月以来,一线城市房价包括市场活跃度出现拐点,四线城市房地产库存也消化得差不多了,风险得到了明显化解。

第三,降低国企债务率、去杠杆方面,初见成效。近年来,加快淘汰落后产能,但先进产能扩张未能及时跟进,导致供求关系暂时严重失衡,出现需求过旺价格上升的局面。煤炭、钢铁价格上升,导致上游产业利润丰厚。今年1~9月,国企利润率增长20%以上。利润增长主要来源于下游利润转移,虽然在一定程度上缓解了国企债务压力,但长期来看不可持续。

第四,货币金融运行较为平稳。要正确看待M2的增长。随着市场化改革,我国很多生产要素开始进入市场交易,自然有了交易需求。金融市场发展也需要货币,货币需求上升。总的来说,货币增长要与经济增长相适应。央行的职责是稳定币值,以此促进经济增长。但不能简单认为我国广义货币存量多了,增长速度快了,更不能简单地拿中国和美国比较。如果与日本相比,日本广义货币与GDP的比率比我们要大很多,而且增速也不低。各国融资结构、金融体系不尽相同,货币统计口径不一样,不能简单进行类比。

21世纪以来,物价水平保持基本稳定。但最近几年,金融体系确实存在脱实向虚的情况。前几年,金融同业业务发展过快,以及影子银行体系扩张,一些非标准化资产管理产品呈爆发式增长,都蕴含着潜在风险。金融监管部门已经察觉,通过有效处置,现在已经整体降温,潜在风险得到了有效化解。现在M2增速下调,是金融去杠杆的结果。同时也应该看到,每个月新增信贷资金投放并不低。引导资金流向实体经济,总体平稳。

未来经济形势向好,但也存在很多挑战。

近年来，我国金融体系出现的监管套利、监管真空和诸多潜在风险，充分暴露了现行"一行三会"监管框架的弊端。全国金融工作会议决定设立国务院金融稳定发展委员会，目的就是为了加强金融监管协调，补齐监管短板。国际经验表明，中央银行在一国金融体系中发挥着特殊作用。因此会议强调，要强化人民银行对宏观审慎管理和系统性风险防范的职责，并落实金融监管部门监管职责，强化监管问责。有理由相信，设立国务院金融稳定发展委员会对我国金融体系将会产生深远的积极影响。

党的十九大之后，或者说关于未来10年我国经济的走向，我有两点基本看法：第一，仍然是战略机遇期，和平、发展仍是当今世界的主题。这个战略机遇期如何把握？眼下改革进入深水区，剩下多是难啃的骨头，如何攻坚克难、将改革事业进行到底？我认为，通过扩大开放倒逼改革是现实可行的选择。第二，随着我国经济发展及其在世界经济中地位的提升，将出现以下几个方面的重大变化：2025年前后，中国人均收入超过1.3万美元，开始进入世界银行认可的高收入国家行列，成功突破"中等收入陷阱"；到2020年，进入创新型国家行列，在全球综合创新能力排名中进入前15位；到2025年，实现从制造业大国转变为制造业强国的梦想；互联网产业或数字经济取得世界领先地位；经济对外保持基本平衡；人民币加快国际化，开始在国际货币体系中发挥与我国经济地位大体一致的作用；加速进入老龄化，面临一系列经济和社会问题；城镇化进程继续稳步推进；经济开放度进一步提高。

总之，到21世纪中叶，我国仍将面临和平、发展与合作的战略机遇期，通过扩大开放，推动改革创新，实现可持续发展，我们对此要充满信心。

（徐洪才，《紫光阁》杂志，2017年10月27日）

十一、世行报告大幅提升中国营商环境位次

北京时间10月24日10时，世界银行《2020年营商环境报告》正式发布，中国排名跃居全球第31位，相比去年提升15位，这是中国继去年第78名提升至46名之后实现的又一重大飞跃。第31名，这是世界银行营商环境报告发布以来中国取得的最好名次，这份报告有什么样的影响力、权威性？此外，这份营商报告中中国的名次发生跃升，其中原因是什么？徐洪才24日做客央视新闻CCTV-13《东方时空》栏目，对此进行了解读。

世界银行每年都投入很大力气，对全球190个国家进行实地调研。在此基

础上对十个方面的指标进行综合分析，内容涉及新设企业、建筑许可证、电力供应、注册财产、信贷、投资者保护、纳税、跨境贸易和行政执法等方面，该报告反映一个国家或地区开展经济活动的效率水平。实际上，每年各种中介和研究机构都要发布很多针对不同国别、地区的营商环境评估报告，其中世界银行的报告是最有权威性的。

此次中国名次跃升，充分体现了过去一年里付出的努力，客观反映了中国深化改革，促进营商环境改善取得的成效。过去一年，中国改革开放大步推进，多次修订外商投资负面清单，出台外商投资法、政府投资法等重要法规，推进"放管服"改革，规范政府行为，不遗余力地营造公平竞争的市场和法制环境，成果是有目共睹的。

国务院出台《优化营商环境条例》是一个重要的里程碑。过去多年，为了优化营商环境，各地积极性很高，有很多成功的实践探索和具体政策出台，现在及时进行经验总结，并将其提升到国家行政法规的高度，彰显了中国将改革进行到底的决心，特别是借鉴国际通行做法，找到自身的差距。有道是：改革千头万绪，归根结底是要理顺政府和市场之间的关系。其中，规范政府行为是重点。《优化营商环境条例》内容涵盖保护市场主体权益、营造公平竞争的市场环境、规范政府行为，以及法制保障等，核心部分还是要规范政府职能部门的行为，为其指明努力方向，提供法规依据。

从世界银行《2020年营商环境报告》中能够看到我们与先进国家之间的差距，同时也看到了身边的一些发展中国家正在快马加鞭，未来优化营商环境的国际竞争将会更加激烈。在当前世界经济增长动力减弱、增速放缓的背景下，中国经济表现出了很强的韧性，但仍要进一步挖掘潜力，在全国范围内自觉"对标"国际先进的营商环境标准，把各项改革推向新的水平。毫无疑问，从改善营商环境入手，可以提振企业家的信心、稳定市场预期，对促进投资消费和经济发展，都有重要的现实意义。

（根据徐洪才做客CCTV-13《东方时空》栏目整理，2019年10月24日）

十二、促进粤港澳大湾区的协同发展

（一）打造粤港澳湾区高质量发展典范

主持人：今天的讨论继续聚焦"高质量发展"。《粤港澳大湾区发展规划纲要》（以下简称《规划纲要》）中有85处涉及广州，确定了广州的新定位、新功能，明确了广州是粤港澳大湾区区域发展的核心引擎之一。建设粤港澳大湾区，这一战略机遇将如何促进广州的高质量发展？

徐洪才：广州要认清自身在《规划纲要》中的定位。《规划纲要》的出台对广州是重大机遇，作为国家战略、顶层设计，它从中央层面协调解决长期以来困扰珠三角和港澳区域协同发展的体制、机制、行政障碍，从而避免大湾区内的资源浪费和内耗。在全国新旧动能转换的背景下，《规划纲要》对大湾区城市群建设的意义在于整合各方资源，实现共同发展格局，为全国经济可持续发展提供新引擎。如果战略目标顺利实现，这个地区就有望继续走在全国前列，乃至世界前列。广州是粤港澳大湾区发展的核心引擎之一，如果错过这一战略机遇，那就真是"苏州过后无艇搭"了。

主持人：广州加快高质量发展，与实现老城市新活力，两者的关系应如何理解？

徐洪才：两者之间相辅相成。实现老城市新活力，必须依靠高质量发展；实现老城市新活力是目标，高质量发展是手段。衡量一个城市实力强不强、发展水平高不高，通常关注 GDP 总量、人均收入、产业水平等指标，但金融业的发展也是一项硬指标。总体来说，广州金融业的发展水平与其作为国家中心城市、一线城市的地位并不相符，比如广州没有证券交易所，金融从业人员、金融机构资产、实际利用外资规模等都有很大提升空间，能否支撑广州高新技术产业蓬勃发展需求，仍存变数。金融活，企业就活，经济就活，更多高端科创资源就会涌入广州，城市就有活力。

（毕征，《广州日报》，2019 年 5 月 15 日）

（二）促进粤港澳大湾区协同发展

粤港澳大湾区"9+2"城市发展不平衡。首先，"9"跟"2"不在同一发展阶段上。未来一体化发展，既要坚持中国特色，又要与国际规则接轨，而体制机制接轨更为重要。港澳特别是香港自由贸易港建设很成功，采取国际高标准，治理素质也很高，值得内地借鉴，重心是要做好9个模块之间的协同发展。境内体制机制优势，体现在政府规划引领方面卓有成效，劣势是本位主义，往往滋生重复建设，造成资源浪费。怎么样进行差异化、错位竞争？要更多地强调协同合作，高层次规划引领是必不可少的。

金融服务实体经济，科技促进经济发展，最终都通过产业转型升级实现。深圳在创新上有优势，但基础很薄弱，存在教育、医疗等公共服务短板。发挥创新对经济一体化发展的推动作用，不仅在区内，在全国范围整合资源，乃至在全球范围开展创新合作，都至关重要。由于存在三种货币，湾区金融合作空间巨大。目前，人民币资本账户开放仍在稳步推进，并未完全实现。一些创新金融服务，如资产证券化、《资管新规》（《关于规范金融机构资产管理业务的指导意见》的简称）出台，对金融机构业务拓展都会有影响。要建立和完善多层次金融服务体系，以满足企业多样性融资需求、满足老百姓多样化金融消费和投资需求。采取科技创新和金融创新"双轮驱动"战略，推动区内生产要素的自由流动。目前，9个地区仍是二元经济结构，发展水平差异大。要共享教育资源，提高人员素质，拆除体制机制障碍，打破市场人为分割。工作重点不应放在整合港澳上，而是借力促进内地发展，并给港澳创造更多的发展空间。

（根据徐洪才在中国（深圳）综合开发研究院举办的
"改革开放40周年与粤港澳大湾区发展"研讨会上的
演讲整理，中国网，2018年6月9日）

十三、长三角一体化：引领区域协同发展

长三角区域一体化发展上升为国家战略之后，党中央、国务院12月1日发布了《长江三角洲区域一体化发展规划纲要》（以下简称《纲要》），无疑为区域协同发展注入了新动能。

（一）引领：长三角条件优越

中国政策科学研究会常务理事、经济政策委员会副主任徐洪才在接受《中国经济时报》记者采访时指出，《纲要》突出"1＋3"的引导作用，1是上海，3是周边的三个省，即江苏、浙江和安徽；要以上海为中心，带动周边地区发展。

"比如上海是国际化大都市，是中国的一张名片，也是对外开放的龙头，在全国首先施行自由贸易试验区，现在南京、杭州、宁波、合肥都在复制上海自贸区的经验，产生了辐射效应。未来还要进一步发挥上海的辐射带动作用，各地要与上海密切配合，实现联动发展。要围绕《纲要》中提到的五大战略定位和五大要求，紧紧牵住高质量发展的'牛鼻子'，建立城乡一体化的体制机制。"徐洪才说。

（二）长三角区域一体化发展将对区域协同发展起到示范作用

徐洪才指出，长三角地区面临的主要问题是体制机制，要统一向高标准看

齐，克服本位主义，形成协同效应，实现产业互相承接。在推进《纲要》落地的过程中，顶层设计要和基层积极性和创造性结合起来，比如地处淮河流域的安徽与长江流域的差异比较大，文化习俗也有很大不同。而上海作为龙头，要与周边地区深化合作，拓展到经济腹地，形成内外连接的重要节点。浙江、江苏、安徽有自身特点，特别是最近几年，舟山群岛异军突起，杭州引领全国创新之先，苏南地区是对外开放先行区，江北新区发展势头很猛。目前，已形成以上海为核心，多点多极异彩纷呈，各具特色的经济布局。

《纲要》中披露的数据引起了外界的高度关注。《纲要》明确长三角地区到2025年城镇化率要达到70%，研发投入达到30%以上，5G网络覆盖率达到80%以上，中心区城乡居民收入差距控制在2.2:1以内，中心区人均GDP与全域人均GDP差距缩小到1.2:1，明显高于全国平均水平。

（三）落地：深化改革增强动能

被寄予厚望的长三角区域一体化发展，要在未来落实五大战略定位，包括全国发展强劲活跃增长极、全国高质量发展样板区、率先基本实现现代化引领区、区域一体化发展示范区、新时代改革开放新高地，从而推动形成区域协调发展的新格局。

《纲要》提出，到2025年，长三角一体化发展取得实质性进展。跨界区域、城市乡村等区域板块一体化发展达到较高水平，在科创产业、基础设施、生态环境、公共服务等领域基本实现一体化发展，全面建立一体化发展的体制机制。到2035年，长三角一体化发展达到较高水平。现代化经济体系基本建成，城乡区域差距明显缩小，公共服务水平趋于均衡，基础设施互联互通全面实现，人民基本生活保障水平大体相当，一体化发展体制机制更加完善，整体达到全国领先水平，成为最具影响力和带动力的强劲活跃的经济增长极。

徐洪才认为，在体制机制上，长三角地区要瞄准打造世界一流的营商环境和高标准的对外开放新体制，形成联动和协同效应，要释放人力资本活力，盘活人才资源存量，这是推动产业转型升级的重要条件。长三角地区高素质人才多，具备发展现代高科技产业的有利条件，应把人给盘活，并在人力资源管理上要有所创新，比如户籍制度、社会保障体系上，长三角地区可以尝试相互认可，打通运作。

徐洪才指出，资源要素能够自由流动，前提是体制机制改革，首先要改革干部管理制度，人力资源的保障体制、户籍制度、社会保障制度，并建立完善的激励机制。其次要推进科研体制改革，长三角地区科研机构和高校很多，但是体制机制比较僵化，调动科研人员的积极性，促进产学研的深度合作，地方政府应当发挥更大作用，其中促进创新合作至关重要。比如医疗服务，如何将上海等一流城市的专家引入长三角其他城市，需要在体制机制上盘活。此外，长三角地区的发展还有一些共性问题，国有企业、国有资本要合理定位，要在涉及国家安全、公共产品和服务、重要民生领域发挥主导作用；在竞争性领域中，国有企业要通过混合所有制改革，让民间资本发挥主导作用。

长三角地区的区域经济一体化已经启程，但最终实现一体化的目标，却是渐进和动态的过程。

徐洪才建议，长三角地区要通过扩大开放，优化落实营商环境，并以此为契机，打造高标准的开放体系，主动对接国际市场，释放新一轮对外开放的活力。同时通过对外开放倒逼改革，对标国际高标准，提升生产经营活动的效率，特别是华东地区和长三角地区都有对外开放很好的条件，要考虑如何对标高质量发展，扩大对外开放。

（张一鸣，《中国经济时报》，2019 年 12 月 6 日）

十四、重庆机遇：打造内陆性对外开放新高地

（一）落实五大行动计划，任务艰巨

最近，重庆经济增长放缓，原因是当地从依靠土地财政、基建投资、制造业等，转向服务业拉动经济增长，增速肯定会下来。前三季度，全市 GDP 为 1.6 万亿元，增速基本上是全国平均水平。重庆曾经辉煌过，现在比上不足比下有余，要引起高度重视，再创辉煌。

未来机遇在哪里？最近重庆公布了一个全面融入共建"一带一路"加强建设内陆开放高地的行动计划，以通道、平台、口岸、市场、环境等五个方面为抓手，提出五大行动计划，正在积极落实。

第一，开放通道拓展行动，构建内陆国际物流枢纽支撑。目标是到 2022 年力争国际物流总量突破 1200 万吨，集装箱吞吐量突破 200 万 TEU。首先完善东西南北四个方面对外开放体系，区位优势非常明显，基础设施今非昔比。重庆现已形成水陆空、网络等立体通道。人流、物流、资金流、信息流，自由流动还有很大潜力。

第二，开放平台提升行动，建设国际门户枢纽城市。进一步发挥重点开放平台的引领作用。推进贸易多元化试点，推动加工贸易转型升级，提升现代服

务业，这些都符合产业转型升级方向。从发展趋势看，全球服务贸易比重越来越高，货物贸易比重逐渐降低。促进开放平台协同发展，不能各自为政、碎片化。推进自贸试验区和中心互联互通项目协调发展，特别是和新加坡的协同发展。

第三，开放口岸完善行动，促进口岸与产业互动发展。做好对外开放，贸易和投资要协同，商品流动和资本流动也要协同，市场需求引领投资和产业变革方向。目标是到2022年初步实现口岸体系全、功能配套齐、通关效率高、服务环境优，力争全市开放口岸5~8个。

第四，开放主体培育行动，发展高水平开放型经济。目标是2022年在渝世界500强企业超过300家。推动开放型经济高质量发展，培育新的开放型经济产业支撑点，以智能制造为重点，到2020年智能制造关联产业产值突破300亿元，到2022年通用航空器研发制造水平国内领先。

第五，开放环境优化行动，打造中西部国际交流中心。西部地区相对封闭，有劣势也有后发优势。促进贸易投资自由化、便利化，逐步将涉及国际贸易监管和服务的职能部门纳入"单一窗口"，构建以国际贸易"单一窗口"为核心的国家物流信息平台体系，探索"单一窗口"国际合作试点。这里涉及外商投资、对外投资体制改革、改善政务环境、简政放权等方面，还有法制环境。

（二）重点发展现代服务业，培育三新经济

在第四次经济普查中，我们摸清了家底，服务业是名副其实的第一大产业，对经济增长贡献很大，潜力最大。服务业主要指商贸物流服务、文化旅游信息服务、金融服务、科技研发生产性服务以及体育、娱乐、社区服务等。目前，现代服务业呈现细分化、国际化、数字化发展趋势，不断催生新的服务业态和模式。重庆地区要顺应这一发展潮流，特别是利用数字经济发展契机，推动云计算、大数据、区块链技术的运用。具体来讲，有以下四方面。

一是加快商贸服务业发展，着眼加快内陆开放高地和国际消费中心城市核心区建设，大力发展总部贸易、转口贸易、服务贸易，积极引入新消费、新零售、新业态，做实做优商旅文融合发展的载体和业态，培育会计评估等。

二是加快文化旅游业发展。大力发展旅游企业、航空公司、新媒体传播公司、知名品牌酒店管理公司等，推动重庆文化旅游产业转型升级，唱响"山水之城，美丽之地"，建设世界知名旅游目的地，推动重庆文化旅游业高质量发展。过去多年，我国境外旅游风生水起，但吸引外国人来中国还不够，旅游服务的逆差每年接近2000亿美元。要进一步发掘旅游资源潜力，展现中华文化和

魅力。

三是加快互联网服务业发展。大力发展大数据应用、区块链、数字内容、软件服务、工业互联网集成电路设计、5G技术及应用等智能产业，加快重庆智能产业的建设。

四是加快医疗健康产业发展。沙坪坝有大健康产业，契合了老龄化社会发展趋势。推进落实《健康中国2030规划》。未来走高质量发展之路，提高民生福祉，健康产业是发展重点。加快医学创新与研发、医学成果转化等服务资源的集中积聚，发展精准医疗、健康服务、互联网医疗等新兴医疗产业，建设国际医学创新中心，形成核心竞争力。

（三）重庆建设内陆国际金融中心：要差异化定位，推动与新加坡合作

加快内陆国际金融中心建设，要差异化定位，重庆不会像上海、香港那样有完善的金融市场体系。但在金融要素市场，可以做到差异化，比如发展产业投资基金、融资租赁、商业保理、财务公司等新兴金融业态。近期政府开始发力，以推动重庆与新加坡合作为抓手，从政策争取、产品创新、市场互通、监管协作和平台影响力提升方面，建设立足西部、面向东盟的内陆国际金融中心。

金融中心差异很大，重庆有其独特区位优势。周边经济辐射半径大，西南部唯有重庆。推动贸易、投资和产业转型升级，金融创新不可替代。新加坡是海上丝绸之路的重要节点，在建设自由贸易港和管理国有资产等方面有丰富经验，值得学习借鉴。具体来讲，有以下几个方面。

吸引多边金融机构。争取把服务"一带一路"的金融总部设在重庆，设立多边开发机构。和长江下游、上海形成东西呼应。包括吸引新兴的理财公司、养老公司在重庆落地生根，把重庆作为服务于陆海新通道的运营管理中心，支持境外机构在重庆组建中后台运营基地。还可以学习卢森堡的经验，吸引大量金融机构积聚，从事财富管理业务，形成自身特色。和上海差异化竞争，在能源、天然气、大宗商品交易、资产管理方面，推动科创型企业上市融资，与上海科创板合作，与香港交易所合作。

在政策方面，推进人民币资本项下的自由兑换，打造中新创新合作高地，在风险可控的前提下，借鉴国际通行监管规则，简化优质企业跨境人民币业务办理流程，推动跨境金融服务便利化，推动新加坡金融机构来渝投资，推动人民币国际化。发行新型债务工具，这里没有银行间债券市场和交易所市场，但可以向机构投资者发行私募债券，对境外机构发行熊猫债券，服务于"一带一路"项目建设，特别是利用绿色金融发展契机。过去几年，中国绿色金融发展

引领全球。培育企业到新加坡挂牌上市,支持新加坡与重庆金融资产交易所合作,探索开展"一带一路"西部陆海新通道相关的保理资产与融资租赁资产的挂牌交易。拓宽中小企业融资渠道,配套跨境结算与投融资交易措施,借鉴新加坡在交易所制度设计、金融发展等领域的经验,推动石油、天然气交易中心达到国际化水平。推动大宗商品用人民币进行交易,提升全球大宗商品定价话语权。

总而言之,面临"一带一路"建设新机遇,重庆有着其他地方不可比拟的优势,拥有坚实的制造业基础,同时农业、工业、服务业发展齐头并进,还有人才和科技优势。从短期看,重庆经济增速往下掉,令人担忧。作为西部唯一的全国性直辖市,重庆要有使命感、责任感。加快体制机制的改革创新,人尽其才,物尽其用,发挥龙头作用。

(徐洪才在"新门户、新产业、新链接"2019"一带一路"产业经济研讨会上的演讲,2019年12月5日)

(四)加快成渝地区双城经济圈建设

中央财经委员会第六次会议明确提出,要推动成渝地区双城经济圈建设:使成渝地区成为具有全国影响力的重要经济中心、科技创新中心、改革开放新高地、高品质生活宜居地,打造西部高质量发展重要增长极。这是国家层面上的整体布局,重庆和成都双方要从大局出发,找准位置,形成统一市场,让资源、生产要素自由流动,并破除体制、机制障碍,迎接新一轮深化改革、扩大开放,然后跟国际市场对接。

重庆是"一带一路"和长江经济带的联结点。重庆的制造业发展较快,特别是高端制造业,且成为对外开放前沿阵地,自贸区跟新加坡的合作也卓有成效,再加上江北金融中心的地位逐步上升,可辐射整个西南地区。而成都在电子科技方面有基础,此外在旅游、文化、教育等方面也有优势。因此,重庆和成都可实现资源互补、协同发展。

成都和重庆不仅可在文化旅游、物流、商贸、基础设施等方面互联互通,还可以在高端制造业、现代服务业、金融服务业,以及健康、养老等方面协同发展。这两个中心城市都有辐射及外溢效应,因此,可推动周边城市群、城镇化的发展,西部地区农村城镇化任务还很繁重,中心城市和周边卫星城市,以及广大农村地区发展不平衡尤为突出。双城携手可增强西南地区经济发展的竞争力,对整个西南地区经济的发展至关重要。

成渝双城经济圈对当地房地产企业也将产生影响。开发商需配合成渝经济圈的发展，找准自身位置。比如在产城融合、城乡融合、城市群合理布局上，以及空间布局优化、产业转型升级等方面，都面临发展机会。不能片面地发展房地产。近年来，一些地区大力发展特色小镇，但由于相关产业没有发展起来，导致特色小镇没什么特色，造成新的资源浪费，形成新的空城、"鬼城"，这也是成渝双城经济圈发展中需要警惕的。

（徐洪才，《新京报》，2020年1月7日）

十五、广西经济发展五大机遇

目前，广西经济发展排在全国第26位，但广西经济增长速度还是比较快的，2018年广西经济增速是6.8%，跑赢了全国平均水平。虽然2019年前三季度其经济增速落后于全国平均水平，但是广西很多经济指标目前发展势头良好。这里有几个数据：1~10月，广西财政收入为2528亿元，增长7.4%；进出口为3841亿元，增长12.9%；其中出口为2223亿元，增长21.4%。发展势头很猛。CPI是3.4%，PPI是-0.8%；存款余额为31454亿元，增长5.5%；贷款余额为29295亿元，增长14.4%，对投资支持力度很大。

就西部地区而言，广西未来的发展潜力应该高于全国平均水平。从发展机遇来看，有以下五点：

第一，利用区位优势，全面融入北部湾、融入东南半岛和东盟之间的合作。广西有良好的港口基础设施，互联互通，"一带一路"南向通道也经过这里，所以面向东盟对外开放，广西是前沿阵地。广西在未来贸易，特别是服务贸易上有很大的发展空间。

第二，文化旅游业发展。最新统计数据显示，2019年，广西接待国内外游客为8.5亿人次，旅游消费首次突破1万亿元，同比增长33%，但广西GDP是2万亿元，可见广西旅游业有很大的市场空间。

第三，制造业发展。柳州制造业有进一步发展的基础，比如柳工集团作为机械行业的龙头企业，其品牌在全球有口皆碑，有着很大的发展潜力。

第四，健康产业发展。广西是著名的长寿之乡，健康产业和房地产相结合，从全国来看，有很大优势。

第五，面向实体经济和东盟合作的金融服务业发展。前不久，我谈到海南岛自由贸易港建设时提出，将三亚打造成具有国际影响力，能够和香港、新加坡等经济体相提并论的人民币离岸中心。中国经济体量巨大，实际上应有多个金融中心。近年来重庆在打造辐射我国西南地区乃至东南亚地区的国际金融中心。南宁是不是也可以打造一个服务广西经济、整个北部湾乃至东南亚的金融中心？我认为完全可行，关键要有创新性思维。我曾在不同场合提议成立北部湾开发银行，这是类似亚洲基础设施投资银行（AIIB）的多边开发金融机构，总部就设在南宁。

总体来看，全球经济微弱复苏，中国经济持续稳定向好，在这样的历史时期，广西房地产业的发展将继续为经济发展做出积极贡献。过去十几年，中国房地产业的发展，以摧枯拉朽之势，推动中国经济社会结构发生了巨变。现代经济体系的建设离不开房地产市场的稳定发展。即便在去年，在巨大的内外压力之下，我国房地产消费和开发投资依然对经济增长做出了重要贡献。现在房地产在居民消费中占了1/3，在居民财富中占了2/3，带动近60个行业的发展，怎么可以说它是虚拟经济呢？房地产肯定是实体经济的重要组成部分。

对未来要充满信心，但整个行业竞争将更加激烈。要寻求多元化发展，对于一些业务结构单一的小型房企来说，可能会面临困难。但整体而言，未来5～10年，机遇大于挑战。

（徐洪才在"2020第七届凤凰网全球华人不动产盛典（广西）"
上的演讲，2020年1月10日）

十六、提升产业基础能力和产业链水平

当前世界经济增长放缓，中美贸易摩擦呈现复杂化、长期化的趋势，国内经济下行压力明显加大。为了妥善应对这一复杂形势，促进我国经济平稳、可持续发展，有必要从宏观、中观和微观的不同角度，推动区域经济合理布局，促进产业基础高级化和产业链现代化，进而建立现代产业体系，释放经济发展潜力，激活经济发展动力，为经济长期可持续发展奠定坚实基础。

多年来，我国区域经济布局从西部大开发、东北振兴、中部崛起，到京津冀协同发展、长江经济带发展、粤港澳大湾区建设、长三角区域一体化发展，都是基于本地资源禀赋、环境承载能力和比较优势，找准战略定位，建立政策协调机制，促进产业分工协作，打造核心竞争力，实现经济一体化发展。各地根据不同主体功能区定位，因地制宜，确定优先开发、重点开发、限制开发、禁止开发等。与此同时，全国一盘棋，发挥区域发展规划引领作用，通过建立

协调机制,培育市场体系,促进市场分工协作,分享改革创新经验,从而产生了协同效应,释放了发展潜力。

各地经济发展依旧存在差距,要形成优势互补,达成高质量区域经济布局,首先要破除地方本位主义,即屁股指挥脑袋。树立整体发展观念,防止低层次重复建设,同时对自身资源禀赋要有合理清晰的认识,形成核心竞争力,完善协调机制,形成优势互补,最重要的是通过改革创新,营造良好的营商环境,调动民营企业的积极性。在市场体系培育发展过程中,优化资源配置,推动协同发展。

培育产业基础能力、实现产业基础高级化,不仅指各大产业内部都要向中高端发展,产业链之间也要有高效分工协作。具体包括三个方面:一是产业链、价值链的上游控制能力,即"自主可控、安全高效",也就是独立自主,不依赖于人,不受制于人。特别是维护关键性产业的安全,在当前复杂的国际背景下尤为重要;同时提高产业效率,即创新能力强,技术水平领先,能源资源消耗低,环境破坏少。二是产业配套能力强,生产、经营和销售,上游、中游和下游等环节配套,不掉链子,还有原材料提供、产品市场发展、销售渠道和网络等方面。三是高素质人才队伍建设。特别是现代制造业,领先技术、一流产品、先进模式,都需要人才作为支撑。

现代化产业涉及现代化的农业、制造业和服务业,是一个整体概念。其中,现代化制造业是基础和核心。除了技术领先,模式也应是先进的,包括数字化设计、自动化生产、网络化经营等。只有制造业有了坚实基础,才能带动农业现代化。中国不能继续搞小农经济。要依托现代化市场分工体系,发展现代大农业,促进农业发展方式的根本转变。现代化服务业包括生产性服务业和生活性服务业,目标都是高质量发展。

培育创新能力是产业发展迈向全球价值链的中高端、提高附加值的核心。实现创新驱动,要发挥政府的正确引导作用,建立公共创新平台,完善创新政策体系,营造良好的法治环境。在此基础上,挖掘科研机构的创新潜力,促进技术推广应用,发挥财政政策、金融政策在推动产、学、研协同配合中的作用,同时在更加开放的条件下推动创新合作,关键是调动科研人员的积极性。

(根据徐洪才连线中央人民广播电台《经济之声》"解读中央财经委员会第五次会议精神"录音整理,2019年8月26日)

十七、民营经济过去不可或缺，未来大有可为

（一）解放思想，助推民营经济发展

40多年来，民营经济发展迅速，在带动就业、实现产值、创新发展、税收贡献等方面发挥着重要作用，成为推动经济发展不可或缺的力量。民营经济发展迅速，根本原因就在于解放思想。改革开放以来，非公有制经济逐步发展起来，特别是党的十五大确立了"公有制为主体、多种所有制经济共同发展"的基本经济制度，市场机制充分发挥作用，令民营经济、个体经济、私营经济等获得较快发展。如今，民营经济具备"五六七八九"的特征，即贡献50%以上的税收，60%以上的国内生产总值，70%以上的技术创新成果，80%以上的城镇劳动就业，90%以上的企业数量。

可想而知，现在民营经济已成为推动发展不可或缺的力量，是社会主义市场经济的重要组成部分。民营经济在增加就业、贡献税收、推动经济发展、改善民生、提供优质产品和服务、促进市场竞争、完善市场体系、推动中国制造走上国际舞台等方面都发挥了重要作用。

（二）大有可为，民营经济将发挥更重要的作用

当前民营企业普遍面临困境。去年以来，在外部因素和内部因素、客观原因和主观原因等多重矛盾问题碰头下，民营经济的发展面临较大的下行压力，同时也体现了强劲的韧性。今年以来，民间投资增速恢复，在应对国际国内复杂多变环境的过程中，中国经济的韧性充分体现了出来，其中民营企业、民营经济功不可没。总体来看，民营企业的生态环境今非昔比。未来，多样性、多层次市场空间潜力巨大，随着供给侧结构性改革深入、全面扩大开放，民营经济的发展空间将扩大。随着混合所有制改革的推进、"一带一路"建设的推进，民营企业在融入现代化、全球化的过程中还将发挥重要作用，民营经济大有可为。

（三）深化改革将进一步提升营商环境，支持民营企业发展

2018年11月1日，习近平总书记召开民营企业座谈会并发表重要讲话，充分肯定民营经济的重要地位和作用，提出大力支持民营企业发展壮大的六方面举措。总书记的重要讲话坚定了民营经济发展的信心，民营企业家可以吃下定

心丸，一心一意谋发展。从根本上讲，社会主义市场经济体系建设、经济发展离不开民营经济。这是由基本经济制度所决定的，民营经济在其中发挥着非常重要的作用。

据不完全统计，座谈会后，22个中央有关部门和单位出台了54个支持民营经济发展的工作文件，各省党委、政府也纷纷出台促进民营企业发展的意见，落实总书记提出的六方面举措。今年以来，各部门抓紧贯彻落实，取得了明显效果。民营企业家最关心营商环境，如实现不同市场主体权利平等、机会平等、规则平等，真正落实"竞争中性"原则等。未来将通过进一步深化改革，营造更好的营商环境。要形成共识，在制度、体制机制层面落实，在政策、法律法规层面进一步落实，保证民营企业的权益和地位。

让民营企业发挥更大作用，必须给其相应的权益和地位，营造公平竞争的市场环境。重要政策的出台可以进一步支持民营企业的发展。

（四）挣快钱的时代或一去不复返，未来高质量发展是核心

当前，我国经济已由高速增长阶段转向高质量发展阶段，面对新的竞争环境和发展形势，民营企业应转变观念，不断提升能力和素质，用更加开放包容的心态整合社会资源，服务于社会。民营企业要注重创新，包括更好地提效降本、创新商业模式，提供更多高质量的满足市场多样性需求的产品和服务，形成品牌和核心竞争力，特别是在技术进步方面。挣快钱的时代或一去不复返，未来高质量发展是核心，一定要提倡工匠精神。特别是在新一轮全球化竞争的背景下，民营企业家应苦练内功，把功课做足。在弘扬企业家精神的同时，要从长计议，从基础教育开始，培育年青一代敢于冒险、张扬个性的精神，为未来中国经济发展储备更多人才。

（徐洪才做客《中国经济网》，2019年10月8日）

十八、加快海南自由贸易港的建设

（一）加快海南自由贸易港建设的建议

作为"一带一路"建设的桥头堡，海南在人民币国际化方面要发挥特殊作用，就是要在三亚建立人民币离岸中心，特别是在"一带一路"的背景下，中国在贸易、投资、产业合作的势头非常猛，但是金融服务跟不上，这是短板。未来就是要利用海南的特殊位置，辐射海上丝绸之路。特别是大宗商品交易、基础商品的交易、工业品交易，原来就有基础，要形成多层次市场体系，批发、零售、远期都要有，还有其他金融要素市场的发展，这样就可以有效服务"海上丝绸之路"的合作，同时也助推人民币国际化。

区别于香港和新加坡，海南在某些新的金融服务领域可以做出特色，比如在融资租赁方面，海南在制造业，飞机融资租赁、大型机器设备，都需要提供贸易融资服务创新，特别是服务于产业创新、转型升级，推动创新型国家建设、技术创新、生产性服务业，以及科创型企业发展，都需要金融服务支持。在PE/VC、财富管理等领域可以大有作为。另外，就是服务"一带一路"基础设施建设方面，如银团贷款、私募债券发行，都有潜力。目前，资产证券化方兴未艾，还有金融科技，要把这些业务吸引到海南来，都需要体制机制创新。

（根据徐洪才接受《海南卫视》采访整理，2019 年 12 月 19 日）

（二）海南建设中国特色自由贸易港，要大胆实验、大胆改革、大胆闯

第一，夯实硬件基础。要扩大基建投资，夯实港口、码头、交通、电力、通信等基础设施建设。

第二，大力发展服务业。海南未来应致力于发展服务业，特别是文化旅游、医疗康养、生态农业、海洋产业、文化创意产业等，要打造国际高水平、高水准的消费中心。

第三，金融服务要先行。海南周边几个有影响力的金融中心，如何发挥离岸金融服务于海上"丝绸之路"，有很大的文章。

第四，建设高科技研发基地。这是聚集一批优秀创新人才在海南安家落户，让有一批有影响力的高科技跨国公司在海南扎根的现实基础。

第五，做强教育，吸引人才。教育方面，海南的底子比较薄弱。因此，海南要对现有大学进行改革创新，使其发展成为具有国际影响力的大学，这样才能吸引全球人才集聚。

第六，打造国际水准的营商环境。规则体系要向国际高标准靠拢，从过去的贸易投资自由要素的开放，转向规则制度的开放，这对海南建设中国特色自由贸易港具有深远的历史意义。

（根据徐洪才在"2019 自由贸易园区发展国际论坛"
全体会议上的演讲整理，2019 年 5 月 21 日）

（三）点评《关于支持海南全面深化改革开放的指导意见》

今年是改革开放 40 周年，也是海南建省办经济特区 30 周年。习近平主席

在博鳌亚洲论坛 2018 年年会演讲中指出，未来要扩大开放深化改革。4 月 14 日，党中央、国务院正式发布《关于支持海南全面深化改革开放的指导意见》（以下简称《意见》）。

未来抓手在哪里？

海南建省 30 年来，需要寻找新的突破口，此次《意见》赋予海南新的历史使命之一，便是建设成为世界最大的自由贸易区。海南可以沿着海上丝绸之路辐射东南亚地区 5 亿人口的市场，打造体制和机制上对外开放的门户。海南省重点定位的 12 个产业，区别于其他自贸区做第一、第二产业，专注在第三产业层面，未来的目标定位应为打造国际（高端）消费中心。

基于此，立足海南资源和人才相对后劲不足的现状，海南省未来人口发展需有序扩展，引进中高端人才，以外部资源支持本岛发展。为了吸引优秀外来人口，首先需要针对 12 个产业吸入资金，引入实力雄厚的金融机构和工商企业落户，筑巢引凤。同时，基础设施投资要先行，大胆进行投资，拒绝盲目破坏生态环境、炒作房地产的行为。徐洪才建议，针对 12 个重点产业打造若干平台公司，在政府引领下，发挥杠杆作用，充分调动市场的积极性，发挥市场的作用。三年内实现自贸港"四步走"的第一阶段。

海南省现有的大学也要转型升级，按世界一流大学发展模式，或者西湖大学模式，专注于海洋专业等海南特色行业，做大影响力，打造配套人才体制。

境内离岸金融中心设想

要把自贸区打造成金融中心，建立多层次、多种类金融市场。先行先试人民币国际化，打造境内离岸市场，享受境内关外待遇，进行一系列规划创新，服务海上丝绸之路，并向外辐射。徐洪才建议，可以重新启用"海南发展银行"，发挥其平台作用。人民币国际化依赖于"一带一路"产业基础。要进一步发挥人民币在"一带一路"建设中的作用，进行合理布局，形成网络体系，同时发挥一些传统金融中心的作用，发挥香港作为"一传手"的作用。

徐洪才预测，将来金融中心将在海甸岛建立。为了保持海南岛作为自贸独立岛屿的天然地缘优势，未来将不考虑海南与大陆海峡间路桥建设，建议加强空中交通通航能力建设和基础设施建设。

破局的关键

自由贸易区的打造，关键在于建设法治化、透明度高的服务型政府，采取相对宽松的政策，摒弃关税壁垒，试行免税政策，充分拉动市场，提升消费力。同时，加大消费、养老、医疗等配套服务机构的落户，服务高端引进人群。借鉴香港、澳门、新加坡、鹿特丹、迪拜等自贸区的做法，兼收并蓄，最终走出一条中国特色的海南发展模式和道路，实现两个百年奋斗目标，形成雄安与海南南北呼应。

发展"旅游+"主题策略

2010年，海南国际旅游岛建设上升为国家战略，目前，海南旅游产业已经有一定基础，未来发展的理想状态应是充分刺激消费，让游客留下来，"住上一两个月"。所以，旅游产业发展应全面结合生态农业、金融、交通、健康、文体、会展等概念，实现"旅游+"衍生产业高速发展。

（根据徐洪才采访录音整理，智慧财经研究院
《海南旅游前景展望报告》课题组，2018年5月10日）

十九、"一亿中流"引领投资越过山海关

2020年1月2日，东北三省首个一亿中流上市加速器正式启动，拉开了新十年东北经济转型升级的大幕。

改革开放的步伐浩浩荡荡，各地经济转型升级齐头并进，国家层面的相关政策频频出台，《优化营商环境条例》《外商投资法》、新版《土地管理法》等政策都在紧锣密鼓地大步推进。

在这样的大环境下，东北作为我国的重工业基地，自然资源丰富、产业基础雄厚，但由于体制机制没有跟进，导致一大批企业"孔雀东南飞"；而近年来，在东北各界的努力下，东北的营商环境已有了新的转变，一大批企业巨头纷纷布局东北，在这块投资的"蓝海"地带寻找未来。

一亿中流上市加速器正是在这样的背景下，落地长春，开始了省市区三级战略合作。

（一）风乍起，吹皱一池春水

曾几何时，"投资不过山海关"流行于市，而当下已是"风乍起，吹皱一池春水"，一切都在发生变化。一亿中流上市加速器正在引领投资越过山海关。

一亿中流上市加速器诞生在长三角地区的钱塘江畔，旨在为那些"年营业收入达到1亿元，未来几年将成为行业中流砥柱的企业"提供资本支持和专业化的增值服务，通过培育一大批科创型企业，推动中国经济加快转型

升级。

过去多年，一亿中流加速器已经探索出了一套行之有效的经验，这些经验有待在更大范围内推广应用。这次进军东北，正是一亿中流加速器拓展全国市场的一次有益尝试。

对正面临转型升级困境的东北传统企业而言，一亿中流上市加速器无疑为探索中的企业带来了一股春风，因为一亿中流上市加速器本身就是一种全新的商业运作模式，通过"聚拢、升级、加速"赋能一亿中流企业，推动企业加快走向资本市场。

好风凭借力！在东北这片投资的洼地上，一亿中流上市加速器以"淘金者"的身份，不断发现那些最具潜力的企业，推动这些企业快速成长，帮助企业有效应对其发展中遇到的各种困境和挑战，如"商业模式优化""经营战略转型"和"资本运作能力提升"等问题。

清创和梓通过为东北企业注入新的经营理念、新的资本力量，加快与资本市场对接，让企业充分利用东北独特的产业和自然优势资源，做深做广企业发展链条，推动东北经济发展。

（二）赤子之心，照亮企业漫漫长途

一亿中流上市加速器是多方力量形成的"混血儿"，其运营主体清创和梓由浙江清华长三角研究院杭州分院与和梓创实集团共同发起，与地方政府强强联合，拥有传统金融服务体系所不具备的优势。

中国传统的金融模式是以间接融资为主导、资本市场为辅的融资体系，但是在直接融资中，传统的券商辅导上市只能做到锦上添花，还有很多具有潜力的企业，都难以迈过上市过程中的各种沟坎，而一亿中流上市加速器服务的对象正是这些极具发展潜力的企业，通过为企业提供综合性的一揽子服务，打通企业上市进程中的任督二脉。

为中国企业赋正能，为商业世界注清流。一亿中流上市加速器服务企业最大的特点是陪伴，包括帮助企业规划上市路径、把握经营战略握、优化商业模式、拓展市场空间，改善公司治理结构，引进外部战略投资者，优化企业股权结构等各个环节，提高企业的综合素质，让企业上市无忧。

（三）水积而鱼聚，木茂而鸟集

赋能一亿中流企业不只是一句空洞口号，而是实实在在的行动。截至目前，一亿中流上市加速器共赋能了数千家一亿中流企业，在全国拥有丰富的企业资

源，得到了政、企、院等各界的认可。一亿中流上市加速器在东北落地生根，对吉林和浙江的企业而言，能有效互联互通两地的优势资源。

一亿中流上市加速器能把浙江优秀的企业经营理念、体制机制和经营管理经验带到东北，通过有效嫁接，拉动东北头部企业的发展，推动整个产业链的优化升级，从而带动东北整体经济的快速发展，同时辐射相关企业的发展。

一亿中流上市加速器不仅是吉林和浙江两省对口合作发展的重要举措，更是双方合力打造出的一个培育企业上市的摇篮。未来一大批企业有望从这里走向资本市场，双方合力推动东北产业转型升级，让东北经济实现从"曾经辉煌"到"重振雄风"这些都值得大家期待。

（徐洪才，2020年1月16日）

第三章
2019年中国经济形势与2020展望

一、展望2020：中国经济面临新的机遇

（一）2020年中国经济展望

2020年，预计中国经济增长6.0%左右，顺利实现两个"翻一番"和"十三五规划"的目标。"十四五"时期中国经济发展的重点任务是突破"中等收入陷阱"。

积极财政政策继续加力提效。加大短板领域的投资，引导社会资金合理流动。2020年财政赤字率可能提升到3%。重点是优化财政支出结构，提高政府投资效率。一是扩大政府在民生和基建投资领域的投资。二是落实《优化营商环境条例》，调动民间投资和外商投资的积极性。三是改革收入分配制度，做大中等收入群体。四是稳就业，发展服务业，鼓励小微企业、民营经济发展。

稳健货币政策灵活适度。保持流动性合理充裕，货币信贷、社会融资规模增长同经济发展相适应，降低社会融资成本。近期，美国通胀上升，美联储暂停降息。预期2020年美联储会继续维持低利率，美元趋于贬值，人民币对美元汇率走强。中国扩大金融开放，助推外资流入，为央行适度下调利率和提高M2增速创造了有利条件，降准和降息都可能成为央行政策工具选项，预计2020年M2增速将控制在8.5%~9.0%。要打通政策传导机制，保持金融市场稳定，推动金融改革和开放。

发挥投资在稳定增长中的关键作用，实现产业与需求结构"双升级"。瞄准新的消费需求，如文化、旅游、信息、养老、健康、体育等，扩大这些领域的投资，培育新产业，推动产业升级，带动需求升级，进而在更高层次上实现供给与需求的均衡。同时，扩大对产业链关键环节和短板领域的投资，发挥"乘数效应"，提升产业基础能力，推动产业链高级化和产业现代化。

科创板市场的顺利推出及后续平稳运行，将倒逼其他板块开启注册制改革。在A股其余板块中，最快实行注册制改革的板块将是创业板。缺乏流动性及畅

通的转板通道，是新三板的痛点所在。因此，新三板改革的重心将围绕精选层落地及转板制度展开，即建立适合中小企业特点的制度安排，适当扩大投资者范围，激活市场交易和流动性，为挂牌企业提供高效融资服务，提高挂牌企业治理水平和信息披露质量，打击违法违规行为，重塑投资者信心。

（徐洪才，2019 年 12 月 28 日）

（二）2020 年：中国股市迎来开门红

2020 年，股市迎来开门红。其背后的主要原因是昨日央行下调金融机构法定存款准备金率 0.5 个百分点，释放了政策利好。央行这次下调法定存款准备金率，投放基础货币 8000 亿元左右，可以满足春节季节性的资金需求，并为金融机构提供长期、低成本的可贷资金。

这次降准将对实体经济产生积极影响，并推动利率下行、降低融资成本。目前来看，CPI 依然偏高，但核心 CPI 较低，PPI 持续负增长，因此企业实际融资成本偏高。央行释放流动性，满足金融机构和企业融资需求，推动融资成本走低，这也是货币政策的内在要求。

新的一年，稳增长仍是重要任务，因此要实施更加积极的财政政策，以及适度灵活的货币政策予以配合。增加政府投资发债规模，需要流动性支持，扩大投资和消费需求也需要货币政策支持。所以，这一次央行降准实际是打组合拳，提振内需，提振信心。

从股市反弹表现来看，央行的政策被市场理解为一种积极信号；对债券市场也是利好，推动利率走低和市场走牛，有利于政府和企业发债融资；从外汇市场来看，人民币保持相对稳定，今天有温和贬值，是因为在中美贸易谈判取得进展的影响之下，人民币对美元汇率实际上是有升值压力的，这为央行下调金融机构法定存款准备金率创造了有利条件。

总体来看，全面降准 0.5 个百分点的政策是温和的、稳健的，不是什么大水漫灌，也不用担心资金会大量流入房地产市场，形成新的资产泡沫。当然，需要政策合理引导，房地产政策要继续因城施策，保持相对稳定。

展望新的一年，央行逆周期调节政策的效果将逐步显现，推动宏观经济平稳运行。

（徐洪才，东方财经网，2020 年 1 月 2 日）

（三）步入白银时代的房地产发展

房地产行业跟大家的生活息息相关。过去十几年，政策变化频繁，让人爱恨交加，2019年，很多朋友问我到底买还是不买？到底卖还是不卖？从宏观上看，房地产消费占到居民消费1/3，它在居民财产当中又占到2/3，分量很重，在投资和消费增速低迷的背景下，房地产依然是中国经济稳定的基石。过去11个月房地产开发投资增长10%，总体稳定，消费也保持稳定上涨。从人口流动的角度来看，有些地方确实发展极不平衡，比如东北地区、西部地区，房子持续贬值，还不如卖了。

常言道：小康不小康，关键看住房。有产者有恒心，有房者也有恒心。但这个行业似乎还有很多问题。从金融角度来看，房地产行业对金融政策的依赖性非常强，但过去两年政策取向是房住不炒，因为要支持实体经济，流到房地产领域的信贷资金有所减少。在一些人的固有观念里，房地产不是实体经济，实际上房地产影响各行各业，拉动的钢筋、水泥、消费都是实体经济，中间界限是很模糊的。

房地产业保持平稳，需要信贷政策、金融政策保持相对稳定，同时开发商和投资者或者消费者要保持平和、理性的心态，大家要共同努力。另外，房地产行业最近几年的并购现象风生水起，整个房地产行业面临转型、优胜劣汰，一些小型开发商可能在经济周期过程中被淘汰下来，但一些头部企业发展较快，行业集中度在上升，出现严重分化。过去几年，很多房地产开发商围绕主营业务做大做强的同时，也在探索多元化经营，传统房地产开发商属于制造企业，建房子卖房子，造产品卖东西，但目前很多企业在向服务业转型。

大家都希望房价稳定。在政策层面上，一直说要建立长效机制，但是如何建立，现在似乎并未破题。前三季度，各地卖地的钱不少，仍然是地方政府财政收入的主要来源，另外经济下行压力加大，大家会不自觉地刺激房地产行业，近期深圳房子销量又上升了。此外，今年以来房地产库存总体是下降的，这是否预示着新一轮房价上涨？大家非常担心。从长期看，建立长效机制，让房地产市场回归正常化的平稳发展，确实是重要问题。

(2019财经头条全球经济学家年会第三场分论坛主题为
"步入白银时代的房地产何去何从"，徐洪才作为
主持嘉宾发言，2019年12月20日)

二、全球央行降息潮涌，中国货币政策何去何从

回顾2019年，全球央行都在放宽货币政策，以应对由贸易争端和制造业下

滑所导致的经济活动放缓。据不完全统计，自1月加纳降息以来，2019年全球已至少有48个国家和地区先后宣布降息。美联储连续3次下调联邦基金利率，并于8月提前停止缩表，欧洲央行9月宣布降息并重启量化宽松（QE），日本央行释放进一步宽松信号，印度、印尼、俄罗斯等新兴市场国家央行纷纷降息，货币政策充当对冲经济下行的最核心的逆周期调节工具。2019年，全球央行降息潮涌，谁是赢家？展望2020年，负利率时代是否已经来临？

2019年全球兴起降息潮，是美联储带的头。从下半年开始，美联储连续降息3次。这种货币政策180度转弯与2018年形成鲜明对比。2018年，美国加息缩表，而2019年降息扩表。与此同时，各国跟进，全年有48个国家和地区先后降息85次。美联储从开始降息之时就已经表达是一种预防性降息，并非美国经济出现大的问题，而是对未来经济形势有担忧。美国的CPI从2015年开始一路上涨，尤其在去年底涨到近2.8%。近期看，也一直在2%以上。其中核心CPI相对稳定，但也有超过政策目标2%以上的时候。在这种情况下，美联储继续降息就有点犹豫，因为降息会推高通胀。实际上，通胀上升的原因并非需求拉动，而是成本推动。主要是中美贸易摩擦影响了进口产品的价格，工业品、农产品，还有一些日常消费品价格上升，推动了CPI和PPI的上升。

2018年，美国经济表现非常好，增长2.9%，但是前高后低，年底出现急剧回落。2019年平均下来预期是2.3%。高盛、国际货币基金组织预测，明年大体也保持在2.3%的水平。总体来看，美国经济并没有变得很糟糕，进一步降息的理由并不充分。表现比较差的是日本和欧洲。欧元区2019年预期增长1.2%，德国增长不到1%。预计明年欧元区还要下降。日本最近几年有所好转，但2019年只有0.9%，跟去年相比有所回落，预计明年将变得更糟糕，只有0.4%。

从中期来看，高盛公司预测全球经济今年全球经济增长3.1%，国际货币基金组织的预测是3.0%，相比去年（2018年）全球经济增长3.6%和2017%年增长3.7%的水平，2019年明显回落，说明全球经济增长动力减弱，贸易投资增长也是减弱的，特别是贸易负增长。在这种情况下，尤其是出口导向型国家的经济增长会受到很大的影响。欧洲大陆核心国——德国和法国的一年期国债收益率已经到了负利率水平。

2019年，在欧洲方面，英国脱欧逐渐成为确定性事件。与此同时，德国经济的表现差强人意，有走弱的迹象。实际上，欧洲经济发展的风险是在加大的。在这样的背景下，世界经济增长动力减弱，新兴经济体和发展中国家受到的冲击比较大。到了2019年下半年降息频率明显上升，土耳其、乌克兰、埃及、巴西、塔吉克斯坦以及印度等都跟进降息浪潮。

随着美联储货币政策180度转弯，全球金融体系随之出现动荡。因为全球采取低利率，甚至负利率政策，导致新兴经济体受到冲击。2019年受到冲击最大的是阿根廷，接着是智利。全球跨境资本流动、汇率的波动明显加剧。美国连续三次降息，现在联邦基金利率为1.5%左右。随之，美国国债收益率总体下行，出现收益率曲线倒挂现象。一年期国债收益现在和联邦基金利率很接近，在1.5%的水平，但十年期国债收益率现已下降到0.15%。

美国货币政策取向的改变给国际社会释放了不好的信号，就是未来世界经济、美国经济充满不确定性，风险加大了。因此避险需求上升，大量资金涌进美国长期国债市场，导致美国国债收益率下降。黄金价格从2019年5月开始急剧上升，背后原因是中美贸易摩擦不断升级，还有地缘政治风险暴露，凸显市场信心不足，导致黄金价格上升，石油价格上升，美元指数也在上升。

过去一年，人民币对美元汇率出现较大波动，这和外部政策变化的吻合度较高。不久前，人民币汇率又回到7以内，这是由于中美谈判第一阶段合同文本达成一致，出现转机，市场给予积极评价，近期人民币汇率在7左右徘徊。新的一年，美元汇率总体走弱，对新兴经济体是利好，人民币可能升值。与此同时，预计2020年世界经济增长3.4%，比2019年高0.3个百分点，有温和回升。其中发达国家相对不变，为1.7%，而新兴经济体上升0.6个百分点。回首2019年，中国经济总体保持稳定，货币政策相对稳定。近期逆周期调节效果明显，特别是进入2019年四季度，大家担心经济会出现惯性下跌，但实际情况是止跌企稳。

展望2020年，随着各项改革和积极的财政政策、稳健的货币政策实施，宏观经济继续保持稳定，经济增长速度大体围绕6%上下窄幅波动。人民币汇率保持相对稳定，可能会有温和升值。全年人民币对美元汇率可能在6.7~7.0，在外部金融环境趋于回暖、美元贬值、人民币有一定升值要求的背景下，国内金融体系迎来相对稳定的环境。过去一年，上证综指总体上波澜不惊，新的一年可能温和上涨。因为货币政策采取边际宽松，把稳增长放在突出位置。随着经济趋于稳定，货币政策趋于宽松，市场期待慢牛行情。

中国人民银行2020年1月1日宣布，为支持实体经济发展，降低社会融资实际成本，决定于2020年1月6日下调金融机构存款准备金率0.5个百分点（不含财务公司、金融租赁公司和汽车金融公司）。与近年来数次定向降准不同，此次央行是全面降准。市场普遍认为，考虑到今年经济下行压力仍然较大，货币政策逆周期调节力度有望持续，央行仍有多次降准降息的空间。随着全面降准政策的落地,降息可能也就不远了。

近年来"宽松"成为全球主要国家货币政策的主旋律,然而面对经济下行,采取宽松货币政策并不能一劳永逸。展望2020年,央行货币政策又会怎样?过去一年,中国货币政策在降低融资成本,通过改革来打通政策传导机制方面做了很大努力,效果明显。从实际情况看,短期利率总体下行。随着央行的前瞻性调节,相关利率水平都在往下走,但长期利率保持相对稳定。因此,进一步降息政策空间有限。

近期CPI波动幅度很大。随着猪肉价格上涨,CPI也创下4.4%的新高。未来CPI可能会惯性上冲,但新的一年会冲高回落,呈现前高后低走势。相比之下,PPI走势与CPI不同,近期PPI在-1.5%左右,实际利率结构出现严重扭曲。从居民储蓄角度来看,名义利率为2%,减掉4.4%的通胀率,实际利率是-2.4%。从企业融资角度来看,银行贷款名义利息是6%,实际利率是6%减掉-1.5%,等于7.5%。CPI和PPI短期内的这种剪刀差扩大对宏观经济和宏观政策调整显然不利。但从未来走势看,CPI和PPI的剪刀差会收窄,趋于稳定,因此货币政策空间扩大,新的一年应对经济波动、维护经济稳定,货币政策、财政政策都有很大的回旋余地。

(根据徐洪才参加《财经观察家》节目文字整理,2020年12月20日)

三、推进落实2020年银行保险九大任务

近日,中国银保监会召开2020年全国银行业保险业监督管理工作会议,指出2019年金融体系总体平稳,守住了不发生系统性金融风险底线,但仍有局部性风险暴露,最终得到有效处置。其中,处置2万亿元不良资产相对于152万亿元贷款余额来看,比例在1.3%左右,是不小的。全年固定资产投资大概是66万亿元,2万亿元差不多也占了3%。而全年新增人民币信贷资金17万亿元,比例就更大了,占比超过11%。有效处置这些风险隐患,为经济金融平稳运行奠定了基础。

(一)守住不发生系统性金融风险底线

2020年是实现全面小康的决胜之年,防范化解金融风险取得关键进展也有重要现实意义。要继续守住不发生系统性金融风险底线,坚持稳中求进的工作总基调,创造良好、稳健的货币金融环境。作为三大攻坚战之一的防控风险工

作依然重要，不能懈怠，否则将冲击整个经济运行。

对于银保监会指出的 2020 年化解金融风险九大任务，最重要的是防控和妥善处置有问题的金融机构，这是应急任务，其余 8 项都是常规性任务。应重点关注金融集团和小型金融机构。一些由社会资本发起设立的金融控股公司、地方政府主导的金融控股公司等，其股权结构、内部经营管理不尽规范，存在虚假注资、循环注资、股权代持等问题，内幕交易、关联交易比较频繁，内部风控较为薄弱。还有一些小型金融机构存在类似的问题。把这些重点金融机构的风险防控住，整体风险管控就有了保障。

（二）防止"按下葫芦浮起瓢"

中国银保监会多次强调，坚决落实"房住不炒"的要求，严防信贷资金违规流入房地产市场，坚决遏制房地产金融化、泡沫化。基本经验就是坚持"房住不炒"的战略定位，因城施策，保障房地产市场的总体稳定。各地发展很不平衡，同时也要看到 2020 年整体货币金融政策是边际宽松的。在应对经济下行压力加大的情况下，货币政策保持稳健的基调不变，但要灵活适度。也就是说，货币供应量、信贷资金投放、社会融资规模增长将和经济发展相匹配，和名义 GDP 增速大体保持一致。

要防止"按下葫芦浮起瓢"。房地产市场正在加速分化，强者恒强，行业集中度上升，一些小型开发商日子难过，加上整个供求关系发生微妙变化，对房企的生产经营活动产生了影响，导致一些企业资金链紧张。在这种情况下，特别要防控信贷资金通过"拐弯抹角"的方式流入房地产领域，助推资产泡沫，进而间接影响实体经济，同时造成房价波动。要严格执行相关政策，不能让钱违规道流到房地产，把控重点企业的财务风险，控制信贷资金流入财务状况脆弱的企业。金融机构责无旁贷，严把第一道关，不把钱贷给这些企业，这样就可以总体控制住风险，保证房地产市场平稳健康发展。

（三）整体信用扩张将与实体经济发展大体匹配

2019 年信贷资金增长相对稳定，银行业新增人民币贷款 17 万亿元，比 2018 年增加 1.1 万亿元，同比增长 11.8%。广义货币供应量增长 8.4% 左右，社会融资规模增长大体上和信贷资金增长差不多，为 11% 左右。整体上政策稳健，满足了经济发展需要。展望新的一年，货币信贷资金预计会比 2019 年多一点，预计增加 1 万多亿元，也就是 18 万亿元左右。按照这样的节奏，整体信用扩张和实体经济发展大体匹配，是稳健的，将为宏观经济的平稳运行创造良好的货币金融环境。

(四) 未来 P2P（点对点网络借贷）市场收缩趋势难改

2019 年年末，全国实际运营 P2P 业务的网络机构是 248 家，比年初下降 76%，机构数量、借款余额以及参与人数连续 18 个月下降。这种快速下降，是主管部门针对过去几年 P2P 中介机构盲目扩张、违规经营，引发局部性金融风险暴露，采取重要调控政策和监管措施取得的结果。现有经营机构，除部分严格合规经营的以外，其余机构要能退尽退。当前相关政策已有很大变化。前些年监管要求 P2P 平台公司守住底线：不搞资金池，不搞标准化交易，不搞违规担保等刚性兑付，但很多中介机构违规经营，变成资金中介，成了金融机构，因此风险暴露出来，进而引发新一轮严格监管。

原本希望这些平台机构能够守住这些底线，但实际上很难做到，因为在零碎、分散、小额的资金盈余者和资金需求者之间进行"拉郎配"，一定是偶然性事件。在信息不对称、风险不对称情况下，加上宏观经济环境复杂，P2P 平台的经营必然是举步维艰。由于其自身商业模式存在固有缺陷，所以必须进行严格监管，原则上能关的就关了。总体来看，未来 P2P 市场肯定是收缩的。

（根据徐洪才与中央人民广播电台《经济之声》
连线节目录音整理，2020 年 1 月 14 日）

四、2020 年加大减税降费的力度与空间有限

2019 年全球经济贸易增速显著放缓，主要经济体经济增速普遍回落，国内经济下行压力加大。面对国内外风险挑战明显增多的复杂局面，2020 年经济形势如何？时代财经推出"经济学家系列访谈"，对话国内著名经济学家，回顾、咀嚼 2019，前瞻、廓清 2020。

时代财经：据 11 月的最新数据，今年全年减税降费超 2 万亿元。您认为，明年是否会有更大力度提振的财政政策呢？

徐洪才：进一步加大减税降费的力度与空间是比较有限的。现在财政收入明显减少，但财政支出不降反增。今年安排的财政赤字率为 2.8%，明年的话可能会提升到 3%。减税降费还是要提，但恐怕还要优化财政支出的结构，把好钢用在刀刃上，提高政府投资的效率。

第一，政府投资要投到民生领域。

第二，适当扩大基建投资。要调动社会资金的积极性，光靠政府投资是不行的。明年1月1日将开始落实《优化营商环境条例》，政府要通过改革的办法，调动民间投资和外商投资的积极性，政府财政支出起到一个引领作用。

第三，增加中低收入群体的收入。通过改革收入分配制度，增加中低收入群体的收入，做大中等收入群体，这是提振消费的关键。特别是增加城市中低收入群体的收入和农民的收入。因为低收入群体的消费边际倾向要大一些。

第四，稳就业，发展服务业，鼓励小微企业、民营经济发展。今年1~10月规模以上工业企业增加值为4.7%，2019年前三季度，全国规模以上工业企业利润总额同比下降2.9%，但是国有企业利润是上升的，正增长5.4%。整体来看，民营企业的经营困难仍然需要解决。所以要鼓励创新创业，通过打造良好的营商环境给民营企业鼓劲。

第五，政府要过紧日子，鼓励公务员下海创业。长期以来行政管理体制改革成效不明显，政府部门仍存在人员庞大、机构臃肿、效率低下的现象，这个痼疾一直没有被解决。

时代财经：您此前在公开场合表示，现在GDP增速已经到了6.0%，进入5.0时代将是大概率事件，只是时间的问题。您预判今年增速是多少？明年呢？

徐洪才：今年四季度GDP增速不会下滑到6.0%以下，会止跌企稳，全年平均经济增长6.1%。明年可能在6%左右。近期第四次经济普查公布，把2018年GDP补回来1.89万亿元，明年实现"两个翻一番"目标是铁板钉钉的。明年继续讲"6个稳"，稳就业、稳金融、稳外贸、稳外资、稳投资、稳预期，归结为一点，就是稳增长。到2025年，国内人均收入能不能达到世界银行设定的1.3万美元高收入国家标准并且跨过"中等收入陷阱"仍是挑战。今年年底，人均收入突破1万美元，GDP总量突破100万亿元基本没有问题。未来要步入高收入国家行列，还需要艰苦努力，不可掉以轻心。成为中等发达国家，需要创新驱动、进一步深化供给侧结构性改革。

在短期货币政策、财政政策方面，政府要为稳增长提供坚实的保障。货币政策在经济下行压力加大之时，要保证M2增速与名义GDP增速大体一致，保证流动性的合理充裕。目前M2增速是8.2%，适当提高一点无妨，这不叫"大水漫灌"，在当前经济增长水平上，不超过9%都是可以接受的。

时代财经：您此前在公开场合表示，"中国经济未来增长的最大潜力就是城乡结合"，潜力在哪呢？

徐洪才：就是要建立城市和乡村之间生产要素双向自由流动的机制，这是基于过去的单向流动而言的。过去存在虹吸效应，把农村抽干了。现在要鼓励知识、资本、人才下乡,落实新的《土地管理法》。统一城乡土地市场,推动土地的集约化经营,盘活存量资源。以家庭为单位的小农经济,使得土地的使用效率偏低。未来在守住耕地红线的前提下,要提高土地的产出率。

农业振兴不能简单依靠中央财政补贴,而是要靠农业发展方式的转变。要发展现代化农业,通过培育市场化的分工体系,加大资金投入,促进技术进步,显著提升农业劳动生产率,提高农民收入水平。农村广阔天地大有可为,需要先进的资本、技术、管理等生产要素跟传统农业资源相结合,才能创造出新的生产力。

时代财经:症结在哪里呢?

徐洪才:关键是土地制度,土地制度不改革,资本进不了农村。举一个简单的例子,在北京到了要买房成家年龄的年轻人,不少人的首付款是父母、祖辈给的,每月还要还贷,被压得喘不过气来。把当期收入50%以上用于还贷,消费被挤压了。在这种情况下加征房地产税,年轻人能扛得住吗?

再举个例子,有退休的老两口,虽然退休工资低,但在城里拥有一套房子。这时他们不如把房子卖了,两居室房子可以卖1000万元,打个折还可以卖800万元。若能到北京郊区去建一套依山傍水的别墅,还有院子,花掉200万元,还剩下600万元,可以去世界各地旅游。这样城市居民的生活质量提高了,当地农民得到200万元收入。问题是,下乡建房子是不合法的。只有改革土地制度,才促进城乡生产要素双向流动,才能把北京的退休老两口解放了,把农村经济盘活了,消费也增长了。

时代财经:如果实施这种政策,城里的房子估计也卖不到800万元了?

徐洪才:房价短期内可能会下降,但也不一定。随着农民收入的不断增加,进城的人增多,房价还要涨,这叫盘活存量。存量盘活了,GDP保6.0%没有问题,甚至6.5%、7.0%都有可能。现在的问题是土地怎么盘活?要让土地交易合法化,问题怎么解决?中国自古以来土地都归国家所有。如果能转让买卖,就要修改《物权法》和《宪法》。

城乡双向流动能解决内需不足的问题,农民变成市民,收入增加、消费增加,拉动城市地下管网、交通等基础设施投资,消费需求、投资需求都会上升。中国现在的城镇化率还不到60%,开始进入城镇化后半段,还有十几年历程。农村城镇化与农业现代化相辅相成。城镇化一定要和产业化相结合,即产城融合,没有产业做支撑的城镇化,只能创造新的"空城"和"鬼城"。

时代财经:能给《时代财经》的读者推荐5本书吗?

徐洪才:第一本是我写的《大转型:探寻中国经济发展新路径》,是机械工业出版社出版的。第二本，《去杠杆化时代：缓慢增长与通货紧缩时代的投资策略》，这是中信出版社出版的，加里·希林写的。第三本，《逆向投资策略》，是机械工业出版社出版的，作者是大卫·德雷曼。第四本，《原则》，是中信出版社出版的，作者为瑞·达利欧。第五本，《贸易的冲突：美国贸易政策200年》，中信出版社出版的，作者是道格拉斯·欧文。

（余思毅，《时代财经》，2019年12月15日）

五、解读中央经济工作会议：把稳增长放在突出位置

12月10日至12日，中央经济工作会议在北京举行。关于2020年货币政策，会议指出，稳健的货币政策要灵活适度，保持流动性合理充裕，货币信贷、社会融资规模增长同经济发展相适应，降低社会融资成本。

相比去年，今年货币政策的表述，从松紧适度改成了灵活适度，说明货币政策坚持稳健基调不变，但要因时而变，做出灵活调整。因为目前经济下行压力加大，要体现逆周期政策调节作用，此时货币政策就不宜偏紧，而要跟经济发展相适应，即货币、信贷、社会融资规模等增长要适应经济发展，满足实体经济需要，政策实施不宜过于教条和僵化。

具体而言，在政策取向上边际宽松一点，把稳增长放在突出位置。继续坚持六个"稳"，归根到底是要稳定经济增长。明年是全面建成小康社会，也是"十三五规划"收官之年，要保证各项政策目标如期实现。货币政策要同经济发展相适应，要保证流动性的合理充裕，货币供应量，包括信贷资金、社会融资规模的投放，其增长速度要跟名义GDP的增长速度大体相匹配。

目前，整体经济增长速度重心下移，并伴随着通胀压力，短期看CPI还有惯性上涨趋势，明年可能是前高后低走势。同时PPI负增长，企业实际融资成本上升。在这样的情况下，需要做出权衡。从存款人的角度来看，存款实际为负利率，老百姓财产性收入受损。但从融资角度来看，企业融资成本反而上升。所以政府要逆周期调节，降低融资成本，让企业敢投资，让居民敢消费，才能促进经济平稳增长。

（一）制造业是现代产业体系的核心

此次货币政策特别强调增加制造业中长期融资。制造业是现代产业体系的核心，我国是制造业大国，但是大而不强。未来要提高在全球分工体系中的位

置，而在全球价值链产业链当中提升我国制造业竞争力，就必然要提高产品的科技含量，加大资金支持。首先要解决期限结构不匹配的问题，短期资金长期使用是不合适的，会影响到企业投资、制造业的长远发展。因此要大力发展直接融资，特别是发展股权融资，比如产业投资基金、私募股权基金，鼓励企业上市、兼并、重组等，有了坚实的资本金基础，银行等金融机构才能提供信贷资金予以配套。有了合理的融资结构和稳定的资金供给，就能为先进制造业的发展提供一个良好的金融环境。

（二）顺势而为，下调中期借贷便利等政策工具利率

今年以来，央行灵活运用包括存款准备金率、中期借贷便利、公开市场操作、再贷款、再贴现以及常备借贷便利等工具，保持流动性的合理充裕，并且在11月先后下调中期借贷便利和7天期逆回购利率。有分析认为，下一步央行大概率还会继续下调中期借贷便利政策利率，并且继续提供便宜的中长期负债的支持。我认为，这是顺势而为。目前全球都是低利率，下半年美联储降息三次，近期按了暂停键，但未来还要走一步看一步。全球已经有17万亿美元债券是负利率，全球经济增长动力不足，中国经济增长下行压力加大。在这种情况下，央行要从源头上提供资金支持，特别是降低融资成本，要综合运用相关政策工具，尤其是降低金融机构法定存款准备金率，促使银行提供长期稳定的低成本信贷资金，支持实体经济发展。当然也要综合运用其他政策工具，优化利率结构，最终降低融资成本，引导企业扩大投资。

（三）要形成合力，克服政策碎片化

这次会议还指出，财政政策、货币政策要与消费、投资、就业、产业、区域等政策形成合力。合力就是要克服政策碎片化，避免各行其政。这次会议还强调要有系统性思维，不仅是政策，各项改革也要形成合力，产生协同效应。应对当前经济下行的压力和挑战，要对症下药，综合治之。货币政策在促进消费方面，要想办法改变存款负利率的现状，适度鼓励居民消费，降低消费成本，增加储户财产性收入。从鼓励投资的角度来看，要降低企业融资成本。同时扩大就业，就业稳定老百姓收入就增加。还有产业转型升级，以及区域协调发展等都需要货币金融支持，要引导资金合理有序流动，发挥货币政策的独特作用。

（四）促进供需共同受益，实现高层次新的均衡

这次会议还特别指出，要引导资金投向供需共同受益，具有乘数效应的先

进制造、民生建设、基础设施等短板领域，促进产业和消费双升级。这里提到的短板领域具体指哪些领域？促进产业和消费的双升级，对经济高质量发展又有什么样的意义呢？我认为，现在供求之间矛盾、不匹配的情况很突出。一方面，低端制造业产能过剩；另一方面，老百姓的多样性消费需求难以得到满足，供给又是不足的。要以市场为导向，通过法制化手段淘汰过剩产能，促进优胜劣汰，鼓励产业转型升级。同时瞄准消费者的多样性的新型消费需求，比如民生领域中的"一老一小"问题。其实这方面供给是不足的，养老院、托儿所，还有基础设施都是短板，把短板补上，就可以提升整体产业竞争力。

另外，随着老百姓消费需求的升级，要加大相关方面的投资，培育新的产业、新的供给能力，进而在更高层次上实现供给和需求新的均衡。瞄准那些具有倍数效应的产业扩大投资。所谓倍数效应，是指在产业链条里的关键环节，尤其上游环节对整个产业有控制力、带动力，比如先进技术成果，如信息技术、互联网技术、区块链技术的产业化应用，使得传统产业像数控机床、海洋工程装备、航天装备等得到提升。还有生物制造、微纳制造、3D打印技术应用在国防、汽车、航空、航天、生物、医药、土木工程等领域，可以整体提升制造业竞争力，带动整个产业转型升级，提高附加值，进而提升经济发展质量。

（徐洪才解读中央经济工作会议，东方网，2019年12月13日）

六、增强逆周期调节有效性，确保经济运行总体平稳

日前，中共中央政治局常委、国务院总理李克强主持召开经济形势专家和企业家座谈会，就当前经济形势、下一步经济工作听取意见建议。今年以来，李克强总理总共主持召开了三次这样的座谈会，都是分析经济形势，听取意见建议。在这次会上，李克强总理指出，要保持宏观政策稳定，更有效运用好宏观政策逆周期调节工具；要坚持推进改革开放，更大激发市场活力和社会创造力；还要更好地保障和改善民生。

（一）如何全面具体地分析当前经济形势

对于当前经济形势，要看到两个方面的变化，一是外部环境日益复杂严峻，世界经济下行压力加大，包括美国在内的主要经济体都面临经济下行压力；另一方面，国内投资需求和消费需求对经济拉动作用放缓。三季度中国经济增速创下国际金融危机以来的历史新低，所以要增强忧患意识。同时也要看到，中

国经济发展具有韧性，仍有巨大潜力，因此企业家要有实干精神，把经济发展的韧性和潜力充分发挥出来，确保今年各项政策目标能够实现，同时为明年全面建成小康社会和完成"十三五"发展规划目标奠定坚实的基础。

（二）此次座谈会特别强调逆周期政策的有效性，意味着什么

意味着无论是财政政策还是货币政策，都要把政策的效果放在突出位置，比如在扩大财政支出方面。近期基建投资、制造业投资都在低位徘徊，政府投资带动民间投资和外商投资还有很大的潜力。与此同时，近期货币政策也是边际宽松的，M2增速已连续两个月保持在8.4%。但是，值得注意的是，最近社会融资规模难以继续扩大，银行投放的信贷资金也有放缓趋势，证明金融机构在经济下行周期里有顺周期的行为，有惜贷和慎贷表现。同时随着近期通胀压力的上升，老百姓的存款面临负利率，影响老百姓收入。而PPI下降幅度比较大，实际上增加了企业融资成本。因此要强调逆周期调节，保证流动性合理充裕，坚持稳健基调不变，充分发挥政策的灵活性和针对性。财政政策也一样，要发挥有限资金的带动和辐射作用。

（三）针对货币政策的有效性有何具体建议

通过改革的办法，打通政策传导机制。现在短期资金利率是下行的，但是小微企业、民营企业和实体经济的实际融资成本居高不下，要通过改革创新、改善金融服务，来提升金融服务效率。

（四）如何更好地使用地方政府的专项债

提高地方政府专项债的使用效率，就是要提高地方政府使用资金的能力。刚刚结束的十九届四中全会提出国家治理体系和治理能力的现代化。坦率地说，目前地方政府使用资金的效率还有待提升。地方政府应落实近期国务院常务会议上提出的"三个跟随"，一是资金跟随项目走，二是项目跟随预算走，三是预算跟随规划走。这就要求政府在项目论证、决策、管理、评估及实施等环节中，要提高项目管理的效率。过去，政府一年搞一次预算，属于短期行为。最近几年，实施中期财政规划，一般是三到五年，年度预算一定要和中期财政规划相衔接，滚动操作，这样有助于政府在事前谋划与设计，事中实施与管理，事后重置与更新等方面提高项目运营效率。与此同时，带动社会资金有序流动，补到短板领域和扩大内需领域，从而增强经济发展的内生动力。

（五）对未来一个半月中的地方债规模有何预期

地方债规模预计会扩大，这是因为1~9月的财政支出力度很大，提前完成了全年支出任务，从现在开始提前花明年的钱。实际上，花钱效果差强人意，因此要求大家要有责任意识，真抓实干，将好钢用在刀刃上。

（六）如何打通制约消费潜力释放的堵点

最近几年，消费形势发生了深刻变化，模仿型排浪式消费已经结束，现在更多体现为个性化、多样化消费。但产品质量安全仍是个大问题。同时居民消费能力以及消费环境也有待提升和改善，未来要围绕增强消费者能力、增强消费者意愿、改善消费环境等，来挖掘消费潜力，增加消费能力。

第一，增加老百姓收入，扩大中等收入群体是突破"中等收入陷阱"的关键。要让更多生产要素参与收入分配，解决两极分化问题，增强中低收入群体的消费能力。第二，改善社会保障，让大家敢于消费。目前国家加大了对国有资产划拨到社保基金账户的力度，未来要多管齐下，消除老百姓的后顾之忧，让他们敢于消费，愿意消费。第三，改善消费环境，营造良币驱逐劣币的市场机制，要让优质产品、价廉物美的产品上架。还可以扩大进口，挖掘下沉市场潜力，改善物流配送和售后服务，降低消费者成本等，通过提升产品和服务的供给质量，释放老百姓的消费潜力。

（徐洪才，东方网，2019年11月13日）

七、2019年前三季度经济数据解读

（一）宏观数据：总体稳定，稳中有进

当前中国经济依然呈现总体稳定、稳中有进的特征，从宏观到微观、从国内到国际有诸多数据体现这一特征。

（1）经济增长仍在政策目标范围内。前三季度国内生产总值为697798亿元，按可比价格计算，同比增长6.2%。分季度看，一季度增长6.4%，二季度增长6.2%，三季度增长6.0%。从微观上看，规模以上工业增加值企稳。9月，规模以上工业增加值同比实际增长5.8%，比8月上涨1.4个百分点。而且，反映工业用电量、铁路货物运输和长期信贷资金投放的"克强指数"1~8月增长7.3%，说明工业运行稳定。

(2) 物价相对稳定，既无通胀，也无通缩。居民消费价格受猪肉价格上涨影响，近期有点偏高，预计明年上半年趋稳。9月，全国CPI同比上涨3.0%，但扣除猪肉后的CPI并不高。而猪肉价格上涨主要是供给端的原因，并非需求端，因而当前CPI是成本推动型的，随着供应改善，猪肉价格明年上半年将趋于稳定。工业生产价格回落趋缓，环比回升。9月，PPI同比下降1.2%，但环比上涨0.1%，出现回升势头。要对CPI和PPI之间的剪刀差保持高度关注。

(3) 就业与居民收入增长稳定。前三季度，全国城镇新增就业为1097万人，完成全年目标任务的99.7%。9月，全国城镇调查失业率为5.2%，与上月持平。前三季度，全国居民人均可支配收入为22882元，实际增长6.1%，与经济增长基本同步。

(4) 国际收支基本平衡，外贸外资总体稳定。上半年经常账户顺差为1060亿美元，与GDP之比为1.6%，资本账户流入流出基本平衡。尽管9月当月进出口贸易增速同比下降3.3%，但是，1~3季度外贸进出口总值仍然比去年同期增长2.8%，这在全球经济增长放缓、需求疲软的背景下实属不易。另外，利用外资和对外直接投资总体保持稳定。

(5) 结构优化，发展质量提升。一是供给侧结构性改革不断深化。三季度，全国工业产能利用率为76.4%，与二季度持平。三大攻坚战持续推进，全国地方政府债务余额控制在全国人大批准的限额之内；精准脱贫加力显效，贫困地区农村居民人均可支配收入保持较快增长；污染防治持续推进。二是经济结构优化，体现在消费、投资和产业结构各方面。前三季度，第三产业增加值占GDP比重为54.0%，比上年同期提高0.6个百分点，对GDP增长贡献率为60.6%。消费增长回稳，前三季度社会消费品零售总额为296674亿元，同比增长8.2%。投资增势基本平稳，房地产开发投资保持稳定，基建投资回暖，高技术产业投资较快增长。

(二) 数据背后：稳中有变，变中有忧，存在六大潜在风险

当前中国经济稳中有变、变中有忧，尤其要关注六大潜在风险。主要体现在：

(1) 投资低速增长成为新常态。1~9月，全国固定资产投资同比增长5.4%，增速比1~8月回落0.1个百分点。其中，民间投资同比增长4.7%，增速比1~8月回落0.2个百分点。而且，工业投资特别是制造业投资低迷，投资高速增长时代已经过去。

(2) 居民消费增长动力不足。前三季度，社会消费品零售总额为296674亿

元，同比名义增长8.2%，实际增长6.4%。相比于前几年10%以上的消费增速明显下了一个台阶。近年来，住房消费总体平稳，但汽车消费增长放缓。今年1~9月，汽车销售为1837.1万辆，累计同比增长-10.3%；9月同比增长-5.2%。

（3）外贸出口增长疲弱。按美元计价，1~9月出口同比增长-0.1%，进口增长-5.0%，外贸顺差为2984.3亿美元；今年外贸顺差增加，不是出口增长强劲而是进口增长疲弱所致。2018年、2017年、2016年出口同比增长分别为9.9%、7.9%和-7.73%，进口增长分别为15.8%、16.11%和-5.46%，外贸顺差分别为3517.6亿美元、4195.52亿美元和5097.05亿美元，外贸顺差呈现逐年减少趋势。

（4）金融体系存在诸多结构性问题。货币政策传导机制不畅，融资难融资贵的问题突出。具体表现为上海银行间同业拆借利率、七天回购利率等短期利率处于低位，且有进一步走低趋势，但长期利率一直居高不下，国债收益率曲线是陡峭的，与美国国债收益率曲线倒挂形成鲜明对比。9月温州民间借贷综合利率为15.90%，2017年年底为15.32%，不降反升，说明中小企业融资难融资贵的问题并未得到有效解决。资本市场剧烈震荡，社会财富急剧缩水。2018年，深沪两市上市公司市值缩水14万亿元，而当年全国新增GDP为8万亿元，不足以弥补投资者亏损。今年情况好多了。

除了上述四点，当下中国经济要重点防控六大潜在风险：经济快速下行风险、输入性外部冲击风险、宏观流动性不足的风险、新一轮银行坏账风险、金融市场剧烈震荡风险，以及金融创新不当的风险。

展望未来，有挑战，也有机遇，应坚持稳中求进的工作总基调，把稳增长放在更加突出的位置。展望未来，内外部形势严峻，但中国经济也将继续表现出足够的韧性。

外部环境变化体现在：一是全球经济复苏动力减弱。二是美国经济增长放缓，美联储的政策已经发生重大变化，而且中美贸易摩擦呈现长期化、复杂化的趋势。三是欧洲经济存在不确定性，英国脱欧带来新的挑战和机遇。四是"一带一路"倡议得到国际社会的广泛响应。五是中日韩和亚太地区经济合作势头良好。从国内情况看，中国经济将继续保持较强的韧性，主要基于以下几点：一是政治、政策稳定；二是国内需求稳定，市场空间巨大；三是创新驱动效果显现，新动能增长势头良好；四是消费增长有潜力；五是扩大投资有潜力；六是释放新一轮改革开放红利。

基于上述分析，未来宏观政策要强化逆周期调节，继续实施积极的财政政策和稳健的货币政策,把稳增长放在更加突出的位置。

具体政策方面,一是施行更加积极的财政政策。实施更大规模的减税降费措施,较大幅度增加地方政府专项债券规模;适度扩大政府赤字水平。二是施行稳健的货币政策,保持流动性合理充裕。短期内通过降准将 M2 增速提升到 9.0%,与名义 GDP 增速一致;提高直接融资比重,解决好民营企业和小微企业融资难融资贵的问题。短期内降息要慎重,因为短期利率下降不利于汇率稳定。而应更多地采取改革的办法,疏通货币传导机制,降低中长期利率,特别是小微企业、民营企业融资成本。三是深化结构性改革政策。强化体制机制建设,坚持向改革要动力,深化国资国企、财税金融、土地、市场准入、社会管理等领域改革,强化竞争政策的基础性地位,创造公平竞争的制度环境,鼓励中小企业加快成长。四是强化社会政策兜底保障功能。实施就业优先政策,确保群众基本生活底线,寓管理于服务之中。

展望未来,在各项积极政策作用下四季度经济可望反弹,全年有信心实现 6.2% 的 GDP 实际增长,城镇新增就业 1300 万,全年 CPI 涨幅在 2.6% 左右。2020 年 GDP 增长将不低于 6.0%,2025 年突破"中等收入陷阱",中国进入高收入国家行列。

(徐洪才出席北京大学光华管理学院"2019 金融改革与创新高级论坛",发表题为"中国经济金融形势及风险防范"的演讲,本文根据演讲内容整理,2019 年 10 月 19 日)

八、解读央行下调存款准备金率

中国人民银行宣布于 9 月 16 日全面下调金融机构存款准备金率 0.5 个百分点,此次下调不含财务公司、金融租赁公司和汽车金融公司。同时,为促进加大对小微、民营企业的支持力度,额外对仅在省级行政区域内经营的城市商业银行定向下调存款准备金率 1 个百分点,将于 10 月 15 日和 11 月 15 日分两次实施到位,每次下调 0.5 个百分点。徐洪才做客光明网,进行独家解读。

主持人:各位光明网网友,大家好!欢迎收看由光明网推出的《金融光明论》,今天非常荣幸地请到了中国政策科学研究会经济政策委员会副主任徐洪才,来聊一聊关于央行降准的话题。请徐主任介绍一下,什么是法定存款准备金率?

徐洪才:存款银行或者商业银行要把一定比例的钱存在中央银行,以备流动性需要。银行吸收存款,发放贷款,但钱贷出后很难变现,存款人需要提现时,就需要一定的流动性储备。这个百分比由中央银行规定。大银行这次降准后的百分比是13%。商业银行流动性管理要遵守央行的政策规定,以保证银行体系稳健运行。

主持人:定向降准和全面降准打破了传统储户对于储备准备金的概念,可能传统储户觉得这个资金只是为了方便存取,其实这个资金利于经济发展。央行这次降准和今年前两次降准有什么不一样的地方呢?

徐洪才:技术上差异不大,都释放了流动性。经济活动需要钱,没有钱,商品交易就很难进行,包括债权债务清偿。随着经济的发展,货币发行应保持一定的节奏和比例。商品与货币如影随形,不能分开。要保证经济平稳增长,就需要主动投放货币。目前世界经济增长动力减弱,中国经济面临下行压力,投资需求、消费需求疲弱。在这种情况下,央行逆周期调节,通过降准主动释放货币是简单易行的方式。这次针对区域性小型金融机构,多下调0.5个百分点,这样可以有低成本可贷资金,支持实体经济发展。

主持人:这次降准是今年的第三次降准,也是第二次全面降准,更是四年来第一次全面加定向的"双降"模式。这次降准,相较于之前所产生的影响,有什么不一样的效果?

徐洪才:钱的流向很重要。对于"一刀切"的普降,银行要根据自身风险管理需要,流动性、营利性、安全性三性都要兼顾。同时,这次降准对区域经济、民营经济、小微企业发展有导向性、结构性的意味,即总量政策与结构性政策相结合,体现了政策的针对性、灵活性。未来效果有待观察。大家担心钱会流到股市和房地产市场,但总体来看,相关政策会衔接配套,坚持"房住不炒"。从股市来看,目前相对稳定,但靠这一点流动性支撑牛市行情,不太现实。

主持人:其实这也可能颠覆了网友的传统概念,可能觉得大型银行贷款率是比较高的,没想到现在小型银行或者农村信用社给小微企业发放的贷款也会比较多。本次降准将释放出的9000亿元资金,这些资金在市场流动资金中所占规模是怎样的?

徐洪才:增加基础货币9000亿元,目前货币乘数大概是6.3倍,基础货币乘以货币乘数等于广义货币M2。因此,9000亿乘上6.3,大概是5万多亿。银行钱生钱,派生出来的钱最终会流向实体经济。但从目前整个银行体系的资产规模来看,其占比是很小的,因为要保证信贷资金、社会融资规模,还有广义货币供应量增长,都有一定的规律、比例。从7月数据来看,M2增长速度创下历史新低，只有 8.1%。实际上按照政策要求，保持流动性合理充裕，就是要保证 M2、社会融资规模增速要和名义 GDP 增速大体相匹配。要保证经济增长不低于 6%，目前 CPI 是 2.8%，实际上名义 GDP 增速大概是 9%，而实际上 M2 增速只有 8.1%，显然偏低了。从稳健货币政策的要求看，有必要通过降准释放流动性。政策传导需要时间，通过商业银行投放信贷资金，不断流入实体经济。

主持人：这些资金流动到市场后，会对实体经济造成很大的影响吗？

徐洪才：会起到一定支撑作用。目前，流动性总体偏紧，特别是投资需求、消费需求疲弱，经济下行压力较大。央行主动释放货币，成本较低。坦率地说，降准比中期借贷便利效果要好：第一，中期借贷便利有六个月期限，到时候要回收，而降准则释放长期资金。第二，利息水平不同。中期借贷便利的利息在 3% 以上，而商业银行存在央行的法定存款准备金利息为 1.62%，中间大概有 1.5 个百分点的差价。通过降准，商业银行成本下降。这次降准使 9000 亿元基础货币流出，可以为商业银行节省大概 150 亿元的资金成本，实际支持了商业银行的经营，同时释放了空间，商业银行可以降低贷款利息，支持实体经济。

主持人：之前提到资金释放，会对实体经济起到很大的支撑作用，央行对小微企业的支持有什么样的用意？

徐洪才：显而易见，实体经济的发展离不开大型企业，更离不开民营企业和小微企业，因为这是一个生态体系。在经济活动中，民营企业、小微企业发挥着独特且不可替代的作用，比如吸纳就业、增加税收和促进经济增长，特别对区域经济发展的贡献很大。促进宏观经济平稳健康运行，不顾此失彼，应重点支持小微企业，因为小微企业往往在资金可得性，包括融资成本方面处于劣势，跟大型企业、国有企业不能比。从这个意义上来说，支持小微企业，实际上有助于经济的平稳健康发展，有利于优化经济结构。

主持人：这次降准对于小微企业支持力度有多大呢？

徐洪才：支持力度还有待观察。因为基础货币不一定会按照设想流向小微企业，中间环节很多。现在宏观调控是间接的，通过普降和定向降准，影响市场主体的决策，金融机构自主做出调整。

主持人：央行这次降准有一个"三档两优"政策，这个政策的具体框架内容是什么？

徐洪才：总体上体现结构性特点，就是差异化，不搞"一刀切"。大型金融机构有工、农、中、建、交、邮储六家；中型规模的有商业银行和城商行，小型规模的有区域性农村信用社和商业银行。将大中小型金融机构分成三档，区别对待。大型机构牵一发动全身，要求其法定存款准备金率比例最高，第二档是中型金融机构，第三档最低是农村小型金融机构。三档之间差距很大，使用资金额度、比例不一样，规模越小可使用比例就越大，盈利空间就大。另设两个优惠条件，一是第一、第二档大中型金融机构，如果其普惠金融业务达到一定比例，就再给予一定优惠，即存款准备金率可下调0.5~1.5个百分点。二是第三档小型金融机构，如果其在当地发放贷款比例达到央行要求，就再增加1个百分点下调存款准备金的优惠。"三档两优"政策体系是近几年央行的发明创造，体现总量政策和结构性政策相结合、精准定向调控和滴灌特点，现已基本成型，但仍有完善的空间。

主持人：这次降准是今年第三轮，是否会大水漫灌，改变稳健货币政策的导向？

徐洪才：不会，因为现在广义货币供应量M2增速偏低，狭义货币供应量M1增速更低。2016年M1增速曾经高达25%，那才叫大水漫灌，或者叫资金空转、脱实向虚。后来推行结构性降杠杆，规范影子银行资产管理业务，实际上近年来特别是2017年7月以后，M2增速急剧回落。去年年底，M1增速降到1%的历史低点，近期恢复到3%。M0是流通中现金，M0加上企业事业单位活期存款，即M1，体现经济活跃程度。显然，现在企业流动性偏紧，M2只有8.1%，也偏低了。应该看到，M2里面有相当大的比例是居民储蓄存款，加上企业定期存款，这些都是资产，资产需要保值增值，而货币充当价值尺度和交易媒介。因此，保持货币流动性充裕，就需要兼顾M1和M2。这次降准在市场上增加5万亿元左右的流动性，不会导致大水漫灌，是理性回归稳健。

主持人：本次降准对于房地产市场会有什么影响？

徐洪才：不会对房地产市场造成较大冲击。本次降准规模不大，目前M2增速偏低。另外，对房地产采取稳健的"一城一策"措施。总体上，现在交易活跃程度较稳定，特别是近期一些大中城市、一线城市交易量有所放缓。在这种情况下，降准对稳定市场有好处，但不会刺激泡沫，激发购房热潮。

主持人：降准会不会对股市造成影响，迎来所谓的牛市？

徐洪才：对股市是利好的，有了源头资金，股市交易就会活跃，但不会推动一波大牛市。银行股会受益，相关实体经济得到资金支持，未来经营会好一些。

主持人：本次降准与央行之前推出的贷款基础利率有什么关联？

徐洪才：降准对市场利率水平影响温和，有利市场利率走低。在全球范围内，主要经济体包括发展中国家几乎都采取宽松货币政策，未来低利率是常态。

从价格形成机制看，原来的调控工具包括存款利率、上海银行间同业拆放利率、中期借贷便利、常备借贷便利等，比较乱，现在央行推出贷款基础利率，可以塑造权威性基准利率，方向对头，但仍在形成过程中。贷款基础利率能否成为权威性标杆，有待观察。总体看，市场化是方向。要通过竞争形成价格，让金融机构根据资金供求和风险收益匹配来确定价格，从而提升金融机构的风险定价能力。央行推出这种改革，体现价格形成机制和政策传导机制的变化，从源头调整货币供应量和资金价格，经过一系列中间环节，最终引导市场主体，即企业投资和居民消费，进而实现逆周期调节，这是一个完整体系。目前，贷款基础利率市场化改革有积极意义，但还谈不上很完善。

（根据徐洪才做客《光明网》节目整理，2019年9月）

九、2019年下半年宏观经济政策需因时而变

近期全球金融市场震荡，5月初，新西兰联储宣布降息25个基点至1.5%，为历史最低水平；随后，马来西亚央行也将隔夜利率下调25个基点至3%；菲律宾央行把关键利率下调25个基点至4.5%，是2016年来首次降息；昨天，澳洲联储也宣布降息25个基点至1.25%，为历史最低水平，也是2016年8月以来首次降息。根据美联储领导人的演讲，市场预期美联储年底降息概率加大，意味着全球降息潮来临。从世界银行6月4日发布的最新报告来看，下半年世界经济下行压力非常大，特别是中美贸易摩擦不断升级，给世界经济发展带来了很大的风险。一些国家开始未雨绸缪，先做了一些政策上的调整，包括美联储都在酝酿着政策转向。但现在仍是引而不发，因为还需继续观察未来经济数据再做决策，并不意味着其会马上采取行动。

目前，中美贸易摩擦还未看到重大转机迹象，对全球价值链的破坏，对中国经济和世界经济的负面影响，特别是对金融市场的负面影响，大家心里还没底。下半年，中国宏观经济政策有必要因时而变，做出适当调整。从财政政策看，要加力提效，就是尽快落实2万亿元减税降费的政策目标，要好钢用在刀刃上，体现有保有压的政策导向，支持结构调整、补短板、促进创新。要多管齐下保就业，在这方面政府应该有更大作为，创造新的就业机会，同时社会政策也要兜底。

货币政策保持稳健基调不变，但要体现灵活性、针对性、预调微调，保证流动性合理充裕，就是落实政府工作报告提出的新要求，即保持广义货币供应

量增长速度与名义GDP增长速度大体上相匹配。在守住不发生系统性金融风险底线的前提下,要主动释放一些局部性金融风险,加快金融供给侧结构性改革,降低金融服务成本,提高金融服务效率,同时稳步扩大金融开放。利率水平应当保持相对稳定,不要降。要保持流动性合理充裕,特别要高度警惕输入性风险。因为美联储政策发生变化,全球金融市场的波动性会加剧,我们要保持战略定力,高度关注外汇市场波动,稳定市场预期和信心。

(徐洪才,财经头条,2019年6月5日)

十、2019年上半年中国经济点评

(一)主要宏观经济数据点评

中宏网记者: 您在岁末年初曾对2019年主要经济指标有个基本判断,预计全年经济增速为6.0%~6.5%,全年CPI涨幅为2.2%左右。2019年时间过半,您怎么看待当初的判断?有哪些新趋势和新动向需要重点关注和防范?

徐洪才: 年初的预测基本不用调整,有两项指标有变化。第一项指标是CPI,尽管上半年上涨2.2%,但最近几个月由于供给侧原因,猪肉、瓜果、蔬菜、食品价格上涨较多,6月CPI单月上涨2.7%,下半年物价预计比原先预测的2.2%高一点,预计在2.5%左右。第二项指标涉及政策调整力度,广义货币供应量M2增速年初期望达到9%左右,而上半年只有8.5%。在3月《政府工作报告》里面首次提出要保证M2和社会融资规模的增长速度大体上和名义GDP增长速度相匹配,这样才能真正体现宏观经济政策逆周期调节的作用。但从上半年的数据来看,政策力度尚未达到预期。我认为,需求不足是当前的主要矛盾。

首先,当前投资增长乏力,拖累了上半年的经济增长,下半年要保证经济平稳运行,必须继续实行积极的财政政策。除了政府自身增加基建投资以外,还要通过深化改革,营造良好的营商环境,进一步调动民间投资和外商投资的积极性。与此同时,要优化投资结构,提高投资效率,发挥投资在稳增长中的关键作用。

其次,货币政策保持稳健基调不变,但我依然坚持,在当前经济下行压力比较大的情况下,适当增加货币政策的逆周期调节力度,M2增速能不能从现在8.5%增加0.5个百分点,提升到9%的水平?我觉得是有必要的,因为9%减掉2.5%的CPI,GDP实际增长6.5%,这样才能保证与名义GDP增速大体相匹配。

中宏网记者：在中美贸易摩擦的背景下，您认为如何在壮大内部市场、扩大内需的同时，处理好与扩大开放、稳"外资"稳"外贸"之间的关系？有何建言？

徐洪才："稳外资"和"稳外贸"要多管齐下。稳外资，毫无疑问，要通过营商环境改善，推动新一轮扩大开放政策落地，这个非常关键。因为目前全球的跨境投资、贸易增长速度放缓，上半年中国利用外资已经逆势而上，很不容易。但是，我们的市场发展潜力大，对外商投资有吸引力，要进一步优化政策环境。外贸方面，要着力于转变外贸发展方式，加快技术进步，促进产业升级，实现出口市场多元化。改变产业层次比较低，结构比较单一、市场集中度偏高的状况，整体提升外贸竞争力。

中宏网记者：政府制定的政策预期目标是全年GDP实际增长6%~6.5%，结合上半年的数据和下半年的经济走势，您认为实现这个目标的预期如何？

徐洪才：今年实际经济增长目标为6.0%~6.5%，如果"稳增长"的政策力度再大一点，比如，财政政策、货币政策，还有扩大开放等一系列改革政策能够落地，我觉得是可以实现的。总之，宏观政策的逆周期调节作用要进一步体现，尽量不要让经济增长速度往下限靠，而是往上限靠，这样，明年决胜全面建成小康社会就会更从容一些。

（王镜榕，中宏网，2019年7月15日）

（二）逆势而上，中国仍是吸引外资的热土

上半年，利用外资总体形势向好，特别是在全球经济处于下行趋势，直接投资和贸易增长明显放缓的背景下，以人民币计价，吸收外资（FDI）实现7.2%的增长。如果以美元计价，1~6月，实际使用FDI实现3.5%的增长，这个成绩是来之不易的。难能可贵的是，外商投资结构逐渐优化。除了在自由贸易试验区外资利用增长较快，在中西部地区，在高科技、现代服务业等代表未来经济发展方向的领域以及短板领域，外资流入增速都比较稳定。

全球资本流动、直接投资增速都在放缓，中国能够逆势而上主要得益于深化"放管服"改革。最近两年，中国扩大市场准入，几次修订外商投资负面清单，大幅度减少了负面清单数量，进一步扩大开放领域，营造了公平竞争的市场环境，得到了世界银行、外商投资企业的高度评价和认可。

此外，政府服务于经济活动的效率明显提高。全国各地都复制推广过去几年在自由贸易试验区探索出来的经验，改进了政府办事方式，降低了制度性成

本和市场交易成本。另外，减税降费政策深得人心，降低了制造业及相关产业的税负。进口关税也大大降低，非关税壁垒明显减少。事实证明，中国扩大开放、深化改革的举措得到了国际资本的正面评价。国际资本当然也希望分享中国市场的蛋糕。中国市场的空间很大，有很大发展潜力，国际资本期望搭上中国经济发展的顺风车。

展望未来，投资在促进经济稳定增长的过程中，仍然要发挥关键性作用。除了扩大政府的基建投资、优化投资结构以外，充分调动民间资本和国际资本的积极性至关重要。这有赖于深化改革和扩大开放。中国未来的投资将会保持持续稳定、发展的态势，中国依然是吸引国际资本的一片热土。

（徐洪才，财经头条，2019年7月）

十一、"高质量"成为经济发展主基调

我国消费市场发展迅猛，从1952年到2018年，我国社会消费品零售总额年均增长11.6%。2019年时间过半，随着7月经济数据的发布，中国经济进入"下半场"，种种迹象表明，稳投资、提振消费、促进实体经济发展成为风向标。"高速增长的时代已经一去不复返，未来中国经济增速只会越来越慢。谋求优化经济结构，提高经济增长效率，朝着高质量方向发展，这是我国未来相当长一段时间内的奋斗目标。"中国政策科学研究会经济委员会副主任徐洪才在被问及未来中国经济主要驱动力时说道。

（一）经济动能不足，谋求转型

消费是促进经济增长的"三驾马车"之一，并且逐渐担当起驾辕的重任。从2018年第四季度开始，这架"马车"的速度慢了下来。今年7月的经济数据显示，社会消费品零售总额为33073亿元，同比名义增长7.6%；同时，投资和进出口增长速度也在放缓。"最近几年，我国的经济发展模式发生了转变。过去靠投资、出口和要素投入驱动经济增长，然而现在这种模式不可持续了。"徐洪才认为，归根到底，经济增长速度的放缓反映了我国创新动能的不足。

创新动能不足，经济增长放缓，并非中国一家之事。徐洪才指出，从全球范围来看，20世纪六七十年代以来出现的科技革命和全球化对劳动生产力的推动作用已经越来越弱，而新的动能尚未出现，新的产业变革尚未到来。"改革开放以来，我国经济的快速增长很大程度得益于快速学习和人口红利。"徐洪才表

示，随着用工成本的上升，老龄化社会渐行渐近，加上投资边际效益递减，中国经济增长模式必须做出改变，以适应新旧动能转换。数据显示，我国制造业投资增速自2012年起持续多年下滑，今年1~7月同比增长3.3%，较去年同期回落4个百分点，下拉整体投资增速0.9个百分点。"制造业投资上不去，原因在于低端制造业产能过剩，高端制造业技术门槛又比较高。尽管近年来我国研发投入强度增加，但从技术红利期到真正的应用还需要一定时间。"

此外，随着中美贸易摩擦的升级，全球产业链分工体系变得支离破碎，以世界贸易组织为核心的全球贸易体系也正在面临考验。徐洪才表示，经济增长从追求高速度转向追求高质量是大势所趋。谋求农业、制造业、第三产业现代化，优化经济结构，几大产业齐头并进、高质量协同发展，将成为未来的主基调。

（二）房地产告别黄金时代，聚焦高质量发展

国家统计局公布的数据显示，2019年上半年国内生产总值为450933亿元，其中，房地产开发投资为61609亿元，占比达到13.7%。由此可见，房地产行业目前仍是国民经济增长的"重臣"。但值得注意的是，2019年上半年，房地产销售金额增长下降近6%，商品房销售面积连续6个月处于同比负增长区间，说明住房购买需求不足，市场正在酝酿较大的变化。徐洪才分析道，一方面，过去北上广深等城市偏高的房价挤压了当期和未来的消费；另一方面，人民收入增长放缓，就业情况比较严峻，消费需求增长乏力，导致购房热度降温。徐洪才表示，房地产市场或需要经过较长时间的调整以逐渐回归理性。

随着经济增长整体放缓和房地产政策发力，行业暗流涌动。2018年，大部分房企扩张速度放慢，资金回笼加速；今年前8个月，土地市场由凉转热再转冷。"房地产行业高歌猛进的黄金时期显然已经过去了，现在进入优胜劣汰的阶段，强者恒强，弱者恒弱，行业的集中度、忠诚度都在上升。"徐洪才提出，房地产行业同样需要进行商业模式的创新，从粗放制造转向个性化经营转型，开始讲究高质量、智能化、节能环保、价廉物美，从制造业延伸向服务业。

房地产市场在逐渐回归理性的同时，也面临着伴随新型城镇化而来的机遇。"中国农村城镇化进程进入下半场，随着城市群的合理布局和新型城镇化的进一步发展，无论是住宅地产还是商业地产，未来十几年都还有很大的发展潜力。"徐洪才表示，随着老龄化时代的加速来临，住宅的需求结构也会发生变化。

（三）长效机制的建立任重道远

和住宅市场相比，徐洪才对特色小镇、产业园区等产业地产有更多担忧。"很多开发区俗称'两个老头一条狗'，开张之时敲锣打鼓，很快就变得半死不活。这些地方名不符实，其实制造了新的空城、鬼城和僵尸企业，造成了一批银行坏账。"针对这一现象，徐洪才表示，未来要坚持房住不炒，着力于建立长效机制。

建立长效机制涉及财税、土地、金融、社会保障制度等方方面面的改革。据徐洪才分析，以土地制度为例，当下存在几个矛盾：城乡土地市场存在壁垒，土地的统一市场亟待建立；既要守住18亿亩土地耕地红线，又要提高土地的利用效率；未来土地财政收入大幅下降，各级政府如何做到财政平衡。"地方财政入不敷出，这时候如果继续加杠杆发展经济、搞开发区，这是很危险的。"房地产与56个行业相关，牵一发而动全身，长效机制的建立将会使关联产业都发生深刻的变化。

而对于提了多年的房地产税，徐洪才认为，整个住房供给体系十分复杂，推行房地产税一味求快，可能会成为压倒骆驼的最后一根稻草，导致整个房地产价格体系的崩盘，房产税的推出还需创造更充分的条件。"单方面征税会加重中产阶层的负担，挤压其他方面的消费，导致经济难以发展。"徐洪才表示，房地产税的目的不是调控房价。房地产税从拆解到持有、流通等各个环节，应当有增有减。市场要健康发展，路径很长，调控要进一步完善，长效机制的建立还要下功夫。

（杨力尉，《环球时报》，2019年9月30日）

第四章
2018年中国经济形势与2019展望

一、2018年中国经济形势及2019展望

2018年是非凡的一年。从年初到年末,大家都感受到了剧烈震荡,无论是世界经济,还是金融市场。

2018年年初,国际货币基金组织预测2018年世界经济增长还是不错的。2017年世界经济增长3.7%,预计2018年是3.9%;但到了2018年秋天,国际货币基金组织下调预期,预计2018年只有3.7%,2019年是3.7%。2018年上半年,美国经济一枝独秀,蒸蒸日上,创下2008年金融危机以来最好表现。因此,美国总统特朗普有点飘飘然了,但最近日子不好过,尤其是股市剧烈调整,把全年涨幅都跌回去了。特朗普恼羞成怒,他说美国经济最大的问题就是美联储的鲍威尔一意孤行,固执地加息。其实,鲍威尔很纠结,他说现在美国的利率水平接近于市场中性利率的底部,2018年加了四次息,2019年可能只有两次。我估计,大概在2019年6月和年底,会有两次加息。目前联邦基金利率是2.5%,到2019年年底达到3.0%,差不多不能再加了。2019年美国经济增长可能只有2.5%。2017年,大家对未来一片乐观,尤其是2018年年初,国际石油价格曾向上冲破70美元一桶,现在跌回去,只有50多美元一桶,全球需求严重不足。

过去两三年世界经济出现周期性复苏,现在看来已经到顶。未来几年,世界经济将缓慢下行;欧洲方面,经济增长下降,2018年大概是2.0%,2019年预计是1.9%;日本经济增长也下降,2018年大概是1.1%,2019年预计是0.9%;金砖五国表现分化,中国和印度表现较好,印度经济增长可以保持在7%以上,中国经济前高后低,估计2018年增长6.6%,2019年可能只有6.3%,如果政策落实不到位,可能在6.0%以下,大家期待各项政策,尤其是改革能够到位。

（一）世界经济处在十字路口，中国经济也一样。刚刚召开的中央经济工作会议对当前经济形势做了理性、科学分析，认为总体运行平稳，但稳中有变，变中有忧

第一，经济增长总体平稳，即便明年增长6.3%，后年增长6.0%，我们对于到2020年实现两个翻一番，全面建成小康社会的奋斗目标依然有信心。关键要打赢三大攻坚战。一是防控重大风险；二是脱贫攻坚；三是污染治理，打赢蓝天保卫战。经济增长总体稳定，还表现在我们对世界经济增长做出了30%的贡献。中国经济表现出了极大韧劲和回旋余地，抗打击能力较强。中美贸易摩擦不断升级，主要在信心层面对金融市场有影响，对实体经济影响还未充分显现。现在中美关系已经出现向好迹象，但仍有不确定性。在2018年岁末，习近平主席和特朗普总统通了电话，相互问候，两个大国和平共处，谋求共同繁荣，对世界是福音。但在微观层面上，部分企业困难加大。上半年是民营企业困难，近期蔓延到国有企业。规模以上工业企业增加值下滑，近期只有5.3%。规模以上工业企业利润增长也在下滑。

第二，物价总体稳定。消费者价格指数CPI全年平均增长2.1%。一方面，需求总体稳定，货币政策稳健，不支持物价大幅上涨；但相关成本上升，包括用工成本上升，环保治理标准提高，实际并未推动物价上涨。另一方面，PPI冲高回落，在一、二季度曾冲高到6%以上，近期回落，全年平均大概是3.5%的水平。12月，预期PPI回落到只有0.9%，这就出现了轻微通货紧缩的苗头。当然，近期石油价格大幅下跌，国际需求疲弱，是外部重要因素。但物价总体稳定，政策目标是上涨3%左右。美国面临通胀压力，所以它要加息。但日本和欧洲并没有改变宽松货币政策。

第三，就业形势不错。2018年可望新增城镇就业岗位1300万。近期中央提出稳就业，从2018年7月31日中央政治局开会调整下半年经济工作基本思路以来，提出六个方面"稳"字，排在第一位的是稳就业，接下来是稳金融、稳外贸、稳外资、稳投资，最后是稳预期。显然，中央经济工作会议对稳就业花了很多笔墨。其中涉及大学生就业、农民工就业、复员军人就业以及下岗分流人员再就业。现在消费成为经济增长的主要动力，如果就业稳不住，老百姓收入、饭碗就难以保证，消费没了动力，社会就不稳定。2018年有一个特殊情况，老百姓可支配收入增长低于实际经济增长，这在前几年没有出现过。现在社会流传一种声音叫"消费降级"，反映消费增长后劲不足。不要高估取得的1300万新增城镇就业岗位，因为老龄化社会渐行渐近，现在每年有差不多1000

万离退休人员，实际新增加就业也就是 300 万，300 万除以 12，每个月就是 25 万。中国有 13 亿多人口，一个月新增城镇就业岗位 20 多万。美国有 3.2 亿人口，每个月新增非农就业岗位也有 20 多万。

第四，国际收支平衡改善，但也出现了新情况。过去是经常账户、资本账户双顺差，2018 年一到三季度，经常账户出现逆差，尽管规模很小。2018 年外贸顺差进一步收窄，对经济增长贡献减弱。2018 年外贸顺差可能只有 3500 亿美元，2017 年是 4200 亿美元，2016 年是 5000 亿美元，再往前是 5900 亿美元，逐年减少。2017 年外贸对经济增长贡献是正的 0.6 个百分点，2018 年是负的 0.6 个百分点。2018 年以来，总体上人民币兑美元是贬值的，一季度人民币兑美元升值，4 月到 8 月贬值，9 月份稳定，国庆节以后加快贬值，全年总体贬值。在人民币贬值的情况下扩大进口，并举办首届进口商品博览会，其实付出的代价增加了。2018 年进出口依然保持 11% 的强劲增长，但 11～12 月进出口增速明显下降。预期 2019 年一季度，可能零增长，甚至负增长。重要原因是，2018 年 1～10 月很多人担心中美贸易摩擦升级，提前把订单接了。从近期中国制造业 PMI 里的出口新订单指数变化来看，2019 年的形势不容乐观。

总之，经济增长稳定，物价稳定，就业稳定，国际收支趋于平衡，经济运行总体稳定。

但，稳中有变：首先是外部环境出现变化，美国已经和中国出现摩擦。至少在技术上已对中国实施全面封锁，这对自主创新能力是考验。中兴、华为遭受美国打压。另外，2019 年世界经济下行，预计增长只有 3.5%。2017 年全球贸易强劲复苏，实际上带动了全球经济增长。2016 年以前，世界贸易增长连续五年低于经济增长。金融危机前，世界贸易增长大体是经济增长的 1.5 倍。2017 年世界经济增长 3.8%，贸易增长 4.9%。2018 年贸易增长可能只有 3.8%。2017 年还有个特殊情况，跨国直接投资增长明显回落，2017 年全球外商直接投资增长为 -20%。2018 年估计依然是 -20%，充分体现了贸易投资保护主义的负面影响。在这种情况下，中国吸收外资总体保持了正增长，对外直接投资也是正增长，难能可贵。大家担心，中国经济尚处在新旧动能转换的过程中，工业化未完成，农村城镇化也未结束。这时老龄化社会提前来临，加上经常账户出现逆差，应该不是好消息。在十年前，我国经常账户顺差占 GDP 比重高达 10%，前两年降到 1%，现在接近于零，甚至是负的。这种情况要引起关注。总之，外部环境正在发生深刻变化。

其次，从内部变化看，一是用工成本上升，加上技术创新不能及时跟进，一些低端制造业开始转移到越南和周边其他国家。二是投资明显不给力。2017

年人均收入接近9000美元，2018年人民币对美元贬值，经济增长成果被人民币贬值对冲。要突破"中等收入陷阱"，人均收入达到世界银行设定的高收入国家标准1.3万美元，可能要延后到2025年前后。这还要看新动能培育能不能及时跟进，否则，就可能在"中等收入陷阱"里面出不来了。2017年固定资产投资增长7.2%，2016年是8.1%，2018年6月创下历史新低，只有5.3%。2018年7月以来，中央加大地方政府专项债券发行，2018年1~12月，固定资产投资增长速度回升到5.9%，仍是较低水平。大家期待2019年投资回升，我估计也就是6.5%，这还需要努力。投资边际效益肯定会下降，因为到了工业化晚期。

再次，消费不给力。2018年1~12月，社会消费品零售总额增长9.0%，2017年是10.2%，2016年是10.3%，但是2018年12月消费当月同比增长只有8.0%。这还是名义上的，如果减掉2.1个百分点的CPI，消费实际增长只有6%，怎么能够支持GDP6.5%以上实际增长呢？实际上，老百姓收入增长疲弱。另外，就是过去多年一线城市房价过高，挤压了当期和未来消费。消费主要还是房地产。2018年房地产投资和消费总体稳定。房地产开发投资增长一直保持在9.7%左右，支持了经济发展，但是汽车消费明显下降，触及天花板。本以为2018年7月降低汽车进口关税能刺激汽车消费，现在在实际上是回落，市场需求空间到了天花板。对新兴消费，大家给予期待，无非是旅游、文化、信息、养老、健康、体育等领域的消费，但它们所占份额偏低。

（二）2019年是中国改革开放再出发的元年。从近期召开的一系列重要会议和新出台的政策来看，大家感受到了扑面而来的改革创新气息。新的一年，没有理由悲观，应该充满信心

第一，积极的财政政策加力提效，即增加力度，提高效率。力度在哪里？一是减税降费。有望在两会期间讨论，将公司所得税从现在25%降到17%，让企业轻装上阵。还有增值税，删繁就简，减少档次，降低税率。进口关税从9.8%下降到7.5%，我觉得还有进一步下调空间。支持消费者低成本购买国际上价廉物美的商品，让利于民，符合国际发展潮流。特朗普税改是披荆斩棘，效果明显。当然特朗普也付出了代价，现在政府关门。还有个人所得税，近期出台了几项抵扣，我觉得还有下降空间。对于大家关心房税，我一直主张不要增加中产阶级的生活成本，推出要慎重，要坚持三大原则：立法先行，充分授权，分步实施。过去几年，大家对运动式监管深恶痛绝。无论是环保，还是金融，都出现运动式和碎片化的情况，产生的叠加效应，对微观主体的正常经

济活动产生了影响。二是扩大投资。整体上财政赤字率可能会从2018年的2.6%提升到3%。地方政府专项债券发行规模可能会从2018年的1.6万亿元扩充到2万亿元的水平。政府资金要发挥四两拨千斤的作用,引导社会资本有序流动。

第二,稳健的货币政策更加松紧适度,防止金融市场出现剧烈波动,特别是共振,要保持流动性合理充裕。我的理解,就是当下M2增长速度要尽快增加一个百分点。通过降低金融机构法定存款准备金率,释放低成本、长期可贷资金,支持实体经济发展,从源头上降低融资成本。2017年7月以来,即金融工作会议之后,中央加大降杠杆的力度。2018年7月开始调整,转向稳杠杆,把控好结构性降杠杆的力度和节奏,但现在流动性困境依然没有改变。在2018年年初,我多次讲过,2018年最大的潜在风险就是流动性风险,不幸被我言中。资本市场那么多上市公司出现强行平仓,出现流动性危机,我觉得宏观政策有值得反思的地方。因为8.0%的M2增速低于名义GDP增速0.7个百分点。在2017年以前差不多七八年的时间里,当经济增长7.0%以上时,实际上M2增速始终高于名义GDP3个百分点,也就是实际GDP增速加上CPI。在金融危机以前,追溯到20世纪90年代,当经济增长9%左右时,M2增速始终高于名义GDP5个百分点。2017年7月以来政策调整,180度转弯转得太急。2017年7月,我预计政策负面影响将在9个月以后出现。从2018年4月开始,社会融资规模、信贷资金投放,包括投资消费等主要经济变量出现悬崖式下跌。从源头看,与宏观政策息息相关。我认为,体现货币属性的关键性指标不是M2,而是狭义货币M1,现在M1增速只有1.5%,实在太低了。2015年M1增速高达25%,存在脱实向虚的情况,但现在矫枉过正,只有1.5%,显然不合适。从M2构成来看,相当大的比重是居民储蓄存款,包括活期存款和定期存款,体现的是资产属性。现在国债收益率下降,短期资金利息很低,我国的一年期国债收益率低于美国一年期国债收益率,央行似乎有理由认为流动性充沛,但现在是大动脉里血液较多,毛细血管供血不足,传导机制有问题。所以,中央经济工作会议强调要完善货币政策传导机制。一方面,货币市场的廉价资金贷不出去;另一方面,民营企业、中小企业资金很紧张,冰火两重天。这是结构性问题,不是总量问题。中央经济工作会议把发展直接融资提到前所未有的高度,反映了高层对资本市场出现剧烈波动的关切。

第三,结构性改革政策聚焦建立和培育新的体制机制。中央经济工作会议把调动微观主体的创造性和积极性放在突出位置,既要发挥企业家的创新精神,又要调动普通劳动者的积极性,发扬劳模精神、工匠精神,并强调竞争性政策的基础性地位。几天前,相关部门已经公布在全国范围内实行市场准入负面清单制度。上半年,如期修订外商投资企业负面清单。正在积极推行准入前国民待遇加负面清单管理制度。市场能做的事情都交给市场去做,真正落实党的十八届三中全会提出的:要发挥市场在资源配置中的决定性作用,同时发挥好政府的作用。真正落实好这两条,就必须推进重点领域改革,尤其国资国企改革,对国企和民企一视同仁,创造公平竞争的市场环境。在很多领域,我认为应该发挥民营资本的主导作用。国企搭便车,跟在后面,提高国有资本的运营效率。原来是管企业,现在转向管资本,重点关注国有资本保值增值。要建立中长期激励机制,调动企业家的积极性。财税改革方面,要理顺中央和地方的关系,重新划分财权事权,建立现代财税体制,理顺政府和市场的关系。金融改革方面,要提高服务实体经济的效率。大型金融机构要脱胎换骨,在新一轮扩大金融开放形势面前,提升国际竞争力和风险定价能力。加强内部控制,提升金融创新能力。在风险可控的前提下,要大力发展金融科技。与此同时,推进资产证券化。

第四,未来几十年,最有发展潜力的地方还是促进城乡融合发展。我国有6亿农民,其中2亿农民披星戴月生产粮食,但还不够吃;美国只有200多万农民,粮食还大量出口,可见中美农业的差距。刚刚召开的中央农村工作会议以及每年一号文件都讲三农问题。建立城乡之间生产要素双向有序流动机制是关键。我看三权分置确实存在问题,没有形成统一的土地市场,土地不能集约经营,仍然主要依赖家庭小农经济,怎么能够实现农业现代化?再过20年,50后、60后乃至70后农民都会退出市场,现在80后、90后农民工是不会重复父辈那种面朝黄土背朝天的农业生产方式的,粮食安全将是很大挑战。促进城乡融合发展,推进乡村振兴战略,实际会提升城镇化水平,带动城市基础设施建设,基建投资未来空间巨大。同时通过产业发展,带动城镇化发展,增加了新的就业机会。因此增加农民收入,促进消费升级。可见,中国经济发展红利还没有完全消失。

第五,扩大开放,主动扩大进口。2018年4月在博鳌亚洲论坛上,习近平主席提出的四个方面扩大开放的政策举措正在一一落实。展望2019年,改革再出发的号角吹响,一定会出台更多扩大开放的政策。要干几件标志性事情,纪念改革开放40周年的最好形式,就是以更大力度的实际行动来提振大家的信心。财政政策、货币政策、结构性政策和社会政策将形成合力,相信2019年经济平稳运行势头仍将继续。预计2019年经济增长在6.3%左右,只要打好三大攻坚战,到2020年两个翻一番的战略目标是可以实现的。2025年前后,实现制造业强国战略目标,产业结构向全球价值链中高端迈进,自主创新能力极大提升，人均收入达到高收入国家的标准，成功突破"中等收入陷阱"，值得期待，值得大家共同奋斗。第二次世界大战以来，世界上只有韩国和中国台湾等为数不多的经济体成功突破了"中等收入陷阱"。过去40年，中国成功解决了7亿贫困人口的脱贫问题，多数人开始富起来，但富而不强。如果13亿中国人，到2025年成功突破"中等收入陷阱"，这将是一个历史标志。预期到2030年，中国经济总量首次超过美国，成为世界第一。目前中国的GDP占全球15%，美国占24%，两者相加占40%左右。到2050年前后，中国GDP占全球24%，美国下降到15%。即便到那时，我们也没有理由骄傲自满，因为人均收入仍然只有美国的1/2。那时人民币国际化水平大体和中国的经济地位相适应，但美元依然是老大，欧元可能是第二，人民币排第三。要达到这一目标，不付出艰辛努力，恐怕也难以完成。所以现在大家不要高估自身力量，不要骄傲，但也不要妄自菲薄。回望历史，19世纪末美国的制造业和经济规模都已超过英国，但还是经过半个世纪努力，加上第二次世界大战机缘巧合，美国才取代大英帝国的地位。中国什么时候赶超美国？需要从长计议。站在新的历史时点上，要不忘初心，就是回到邓小平指明的方向，解放思想，实事求是，聚精会神抓经济发展。

在改革开放40周年纪念大会上，习近平主席的演讲让大家看到了希望。共建人类命运共同体，离不开中国，也离不开美国。只要中美两国能够平等合作、和平共处，对世界金融的稳定和经济发展就是定海神针，否则，中国战略机遇期可能会中断。民粹主义有深厚土壤，民粹主义看起来好像很爱国，实际会危害中华民族的长远利益。未来几年，中国崛起大势不可阻挡。

(徐洪才，国务院发展研究中心《经济要参》，2019年第6期)

二、2018年中国金融风险形势及其应对

2018年，我国金融体系总体稳定，守住了不发生系统性金融风险的底线，但也暴露了一些局部性风险。本课题聚焦"金融体系外部风险""资产管理行业风险""地方政府债务与企业债券风险"，以及"互联网金融的突出风险"，展开专题研究，分别提出政策建议。

(一) 我国金融体系面临的外部风险研究

1. 当前国际金融发展态势

(1) 国际金融市场分化态势明显

美联储稳步加息，美元指数持续走强。2018年以来，美联储三次加息，联邦基金利率目标区间提高至2.0%~2.25%，市场预计2019年还将加息。2018年以来，美元指数整体走强，从年初最低的88点上升至12月中旬的97点左右。

新兴市场动荡不断。2018年以来，新兴市场经济体金融市场动荡不断。年初以来，阿根廷比索大跌103%，5月8日，阿根廷央行被迫向国际货币基金组织寻求300亿美元资助；5月23日，土耳其里拉兑美元大跌5.5%，迫使土耳其央行紧急加息300个基点；6月7日，土耳其央行再次加息125个基点，并将隔夜贷款利率上调至19.25%的水平；6月6日，印度将回购利率从6%上调到6.25%；6月7日，巴西雷亚尔兑美元无限接近4:1的红线，巴西中央银行两次出手救市，仍无法挽回雷亚尔下跌的趋势；同日，印度尼西亚也宣布加息，利率水平从4.25%提高至4.75%。

（2）新兴市场跨境资本流动频繁，大量资金流向美国

新兴市场资本持续流出。2018年2月以来，全球资本持续从新兴市场流出，特别是近两个月，资本流出速度加快。6月15日这周，以新兴市场为标的物的基金出现大规模资金撤离，环比暴涨7倍。

亚洲市场资本流出加快。彭博社公布的数据显示，5月，有超过40亿美元的亚洲股票被卖出，而去年全年流入亚洲股市的资金约200亿美元。早在2018年3月，亚洲金融市场即出现资金流动异动，当时美元对港元汇率升至7.83，距离7.85的红线仅一步之遥。

全球资金流向美国。根据资金流向监测机构EPFR的数据，6月6日这周，流向全球货币基金的资金量达到550亿美元，其中82%都进入美国，资金流入量创五年来新高。接下来6月13日这一周，亚洲新兴市场继续向美国输血，当周美国股票与债券基金又净流入150亿美元。

2. 我国国际收支、外债及跨境资本流动态势

（1）国际收支趋向基本均衡

经常账户逆差缩小，更趋平衡。2018年三季度，我国经常账户顺差160亿美元，顺差规模相比二季度有较大增加，前三季度经常账户逆差128亿美元，占国内生产总值的比重约为0.11%，逆差规模较前两个季度进一步缩小。

资本和金融账户总体上保持顺差。三季度资本和金融账户由一、二季度顺差725.4亿美元和59.9亿美元转变为逆差160亿美元，整体上资本和金融账户仍然保持了资本流入态势。其中，金融账户三季度逆差为158亿美元，是资本

和金融账户逆差的主要来源。

三季度我国对外各类投资收益增加较快,带动初次收入由二季度逆差207亿美元转变为顺差11亿美元。此外,三季度证券投资出现近500亿美元净流入,存贷款等其他投资则呈现出100美元左右净流出。整体来看,前三季度国际收支趋于平衡。

(2) 外债结构保持稳健

上半年,外债规模持续增加。截至6月底,全口径(含本外币)外债余额为18705亿美元,较2017年年底增加1599亿美元,增幅为9.35%。

外债存量和增量的部门间差异较大。从存量来看,截至6月底,其他接受存款公司的外债规模较大,为9009亿美元,占全部外债规模的占比接近50%;其次为其他部门,外债规模为4959亿美元,占比为26.51%;企业间直接投资的外债规模为2310亿美元,占比为12.35%;广义政府部门外债规模为2160亿美元;央行外债规模仅为267亿美元。从增量来看,上半年其他接受存款公司外债增加554亿美元,其次为广义政府部门和其他部门,分别增加473亿美元和404亿美元,央行外债规模增加33亿美元。

短期外债占比相对较高,外债期限结构稳定。上半年,短期和长期外债规模逐步增加,6月末短期和长期外债较2017年年底分别增长9.01%和9.85%。短期外债占全部外债比例超过一半,但长、短期外债各占外债总额的比重保持稳定,其中,短期外债占比稳定在略高于60%的水平,长期外债维持在略低于40%的水平。

银行机构外债规模较大,但结构较稳定。截至2018年6月30日,我国银行业对外负债总规模为13100亿美元,为对外金融资产总额(10764亿美元)的121.7%。从币种来看,外币负债为9023亿美元,占比68.88%;人民币外债4077亿美元,占比31.12%。外币负债中,美元负债规模相对较大,为4980亿美元,占外债总额的38%。从期限结构来看,银行业以中长期外债为主,短期债券规模相对较小,仅为944亿美元。由此可见,我国银行业外债稳健程度较高。从银行业外债机构分布看,对境外非银行部门外债规模较大,达到7573亿美元,占比57.8%,对境外银行部门负债为5527亿美元,占比42.2%。从币种结构来看,银行业外债中美元债务规模相对较高。

(3) 跨境资本流动趋向总体稳定

2018年前9个月,我国跨境资本流动总体稳定。银行结售汇方面,结汇为14163.13亿美元,同比增长18.28%;售汇为14443.65亿美元,同比增长10.23%。结售汇逆差为280.52亿美元,而2017年同期则为逆差为1128.69亿美元。银行代客涉外收付款方面，截至2018年9月底，银行代客涉外收入为25849.20亿美元，同比增长19.69%；对外付款为26413.91亿美元，同比增长16.30%。涉外收付款逆差为564.71亿美元，同比下降49.34%。

2018年10月，我国涉外收付款逆差进一步收窄。国家外汇管理局的数据显示，当月银行结售汇逆差为29亿美元，较9月收窄83%；境内企业等非银行部门外汇收支由9月逆差转为顺差46亿美元。2018年前10个月，银行结售汇逆差同比下降72%；涉外收支逆差同比下降43%。结售汇和涉外收支逆差均明显下降，但逆差表明我国跨境资本流动仍存在流出压力。

3. 金融体系面临的外部风险

（1）中美贸易摩擦增加对我国金融体系的负面影响

今年以来，中美贸易摩擦加剧。7月11日，美国政府发布了对从中国进口的约2000亿美元商品加征10%关税的措施。8月2日，美国贸易代表声明称拟将加征税率由10%提高至25%。8月3日，我国政府依据《中华人民共和国对外贸易法》等法律法规和《国际法》基本原则，对原产于美国的5207个税目的约600亿美元商品加征5%~25%不等的关税。其中，包括农产品、化工、纺织、电子产品和日常用品在内的2400多个税目商品的税率为25%。中美之间的贸易摩擦对我国金融市场产生了一定影响。部分被美国列入禁止出口的行业股票的股价持续走低，成为股市大盘下跌的重要原因之一。

在G20阿根廷峰会上，中美两国元首就停止加征新的关税达成共识，双方决定不再对其他新的产品加征新的关税，且美国对我国2000亿美元产品征收的关税在明年1月1日之后仍维持在10%的水平上，并表示对于现在仍然加征25%的关税，双方将朝着取消关税的方向加紧谈判。如果2000亿美元的商品税率维持在10%不再提高甚至取消，则中国对美出口增速出现大幅下滑的风险有望缓解。中美阶段性协议的达成一定程度上减轻了我国金融体系当前面临的压力，但仍然存在不确定性。

（2）新兴经济体金融市场动荡的溢出风险

今年以来，美国延续紧缩性货币政策，加息、缩表稳步推进，带动新一轮全球资本大量流向美国，导致部分新兴经济体，如阿根廷、土耳其、巴西等国金融市场出现动荡。新兴经济体金融市场的动荡强化了国际市场对新兴市场的风险预期，给我国的资本流出和人民币汇率稳定带来了一定压力。从历史经验来看，在美国货币政策进入紧缩通道的条件下，新兴经济体的金融市场通常会出现较大程度的波动。未来一段时期，预计美国将维持货币政策紧缩状态，新兴经济体金融市场的动荡及其对我国金融体系的风险溢出效应也将持续。

（3）中美国债收益率局部倒挂，人民币贬值压力仍存

2018年以来，美国国债收益率持续走高，各期限美国国债收益率均有不同程度的上升，且期限越短的美国国债收益率上升幅度越大。如1个月期的国债收益率从年初的1.29%上升至11月底的约2.35%；同期10年期国债收益率从2.46%上升至2.98%，其间一度达到过3.24%的高点。与此相反，我国国债收益率整体呈现出下降走势。1个月期国债收益率从年初的3.5%下降至11月底的2.1%，同期1年期国债收益率从接近3.7%下降至接近2.5%，10年期国债收益率从3.9%下降至3.3%。中美国债收益率的相反变化使得两国国债收益率的差距持续缩小，出现局部倒挂，进而影响境外机构对中国国债的需求，同时也会提高国内机构对美国国债的需求，加大人民币贬值压力。

（4）汇率波动风险引致我国境外资产损失

近年来，我国对外投资不断增加，在境外以人民币形式存在的资产规模也不断增加。人民币汇率波动幅度加大，将使我国境外以人民币计价资产面临较大汇率风险敞口。

4. 外部风险传导途径分析

外部风险传导至我国国内金融市场主要经由两个途径，即资本市场传导途径和人民币汇率波动传导途径。

（1）资本市场传导途径

近年来，我国资本市场开放程度不断提高。中国人民银行的数据显示，目前，人民币在7大类共40项资本项目交易中，已实现可兑换、基本可兑换、部分可兑换的项目有37项，占比92.5%。国内资本市场与境外资本市场的互联互通力度加大，沪港通、深港通正式启动。这类举措显著提高了经由资本市场的跨境资本流动的便利性。截至2018年6月底，境外主体持有境内人民币股票市值为12752.38亿元，持有的债券余额为16029.39亿元。2018年7月，中国人民银行将香港人民币合格境外机构投资者（RQFII）的投资额度提高至5000亿元，年底，RQFII试点扩展至18个国家和地区，总投资额度达到17400亿元。加大境内外资本市场互联互通有助于利用国内国外两个市场的资源服务于国内经济发展，同时国际市场风险也会经资本市场途径传导至国内，导致股票价格下跌、居民财富缩水、市场流动性不足以及大规模资本流出等，进而增加金融体系风险。

(2) 人民币汇率波动传导途径

从历史上看，汇率大幅波动往往成为金融危机乃至经济危机的导火索，特别是在一国短期外债规模较大、外汇储备规模相对较低的情况下，本国货币短时期内的大幅贬值容易导致支付困难，进而出现债务甚至是金融危机。当前，我国实行以市场供求为基础、参考一篮子货币进行调节、有管理的浮动汇率制度，市场供求对人民币汇率的影响有所提高。近期，人民币汇率波动程度加大，存在贬值压力，预计人民币的波动状态将延续，应防范由此引起跨境资本流出和出现金融动荡。

5. 政策建议

一是以汇率稳定为目标深化人民币汇率形成机制改革。稳步推进人民币汇率形成机制市场化改革，完善外汇市场微观监管框架，坚持真实性、合规性和合法性审核，依法依规打击外汇违法违规行为，维护外汇市场秩序，保护市场参与者的合法权益。

二是完善跨境资本流动宏观审慎管理。建立和完善跨境资本流动宏观审慎管理的监测、预警、反应机制。逆周期调节外汇市场短期波动。丰富跨境资本流动宏观审慎管理的工具箱，可采用风险准备金，实施以银行和短期资本流动为重点的宏观审慎管理政策等。坚持跨境交易"留痕"原则，加强穿透式监管。

三是把握金融开放节奏。目前，我国已经明确金融领域下一步开放的时间表，囊括了银行、证券、保险在内的主要领域，有些开放政策已经落地，部分政策也在有序推进。金融开放需要与我国经济和金融体系可承受能力相结合，特别是在当前中美贸易摩擦加剧的背景下，更加需要把握金融业开放节奏。当前可扩大银行业对外开放，进行准入前国民待遇和负面清单管理，扩大外资银行在华业务范围；在风险可控的前提下，继续扩大证券、保险、信托等市场的开放。

四是加强对外金融监管合作。加强与其他国家在国际货币基金组织、巴塞尔委员会等国际金融组织层面的合作，协调各国在金融监管领域的立场，共同建设全球金融监管安全网，减少和避免跨境金融监管套利。加强与其他国家在金融领域的信息沟通，相互及时通报金融领域出现的异常波动，提升金融预警的准确性。加强与其他国家就建立相互兼容的宏观审慎政策框架方面的沟通，促进全球范围的宏观审慎监管体系早日建成。

(二) 资产管理行业风险与应对

当前，我国资产管理行业发展处于关键阶段，传统发展模式难以持续，向新发展模式转型又要承受痛苦，个体风险事件时有暴露。需要分析和研判资产管理行业转型过程中的风险，防止个体风险扩散，坚守不发生系统性金融风险的底线。

1. 资产管理行业的近期发展

2018年以来，资产管理行业继续面临严监管态势，4月底，资产管理业务新监管框架正式出台，5个月后，基于新监管框架的商业银行理财业务的新监管规则出台，资产管理行业监管制度体系不断完善。2018年以来，国内和国际的宏观经济、金融环境都发生了新的变化。随着去杠杆初见成效，我国随之进入稳杠杆阶段，但社会融资规模仍然保持在较低水平，2018年10月末余额同比增长10.2%，2018年以来已持续下滑3.2个百分点。2018年以来美国发起两轮针对中国进口商品提高关税的行动，中美贸易摩擦对我国宏观经济也产生了负面影响。

(1) 银行理财产品数量增速出现负增长

前三季度，银行机构共发行理财产品12万只。一季度发行数量达到4.35万只的历史高位，此后出现较大幅度下滑，三季度为3.67万只；2017年三季度同比增速达到51.7%的高位后，出现大幅下滑，2018年三季度增速出现负增长，同比下降9.3%。

(2) 证券公司资管业务大幅下滑

2018年二季度末，证券公司资产管理业务共发行产品2.11万只，管理资产规模为15.28万亿元，同比分别下降10.6%和15.6%。2017年一季度末达到18.77万亿元高位以来便持续下滑，规模累计减少3.49万亿元，且下滑速度还在逐步加快。

(3) 基金管理公司资管业务明显分化

公募基金业务保持较好发展势头，2018年二季度末，资产净额为12.7万亿元，同比增长26.1%。基金及其子公司的专户业务，主要是承接银行理财产品等资金，承担通道功能或开展委外业务，是资产管理行业监管重点关注的业务，目前压力较大，2018年二季度末，管理资金余额为12.3万亿元，同比下降17.5%。

(4) 信托业务低速增长

信托公司所受冲击相对要小。2018年二季度末，信托公司信托资产规模为24.27万亿元，同比增长4.9%，其中银信合作业务规模为5.67万亿元，同比增长9.8%，增速较大幅度下滑，但仍然保持增长态势。

（5）私募基金快速发展

目前私募基金监管环境仍较宽松。2018年二季度末，私募基金管理机构管理资产规模为12.6万亿元，同比增长33.3%，其中私募证券投资基金和私募股权投资基金合计为9.73万亿元，相比公募基金管理机构管理的公募基金排除货币市场基金后的4.93万亿元，已经高出后者近一倍，私募基金影响力增强。

2. 2018年以来的新的风险点

近年来，资产管理行业快速成长，但也出现了部分资产管理业务偏离其代客理财的本质，形成监管套利，抵消宏观调控效果等现象，暴露出流动性风险和机构交叉风险等。2018年以来，资产管理行业面临的风险逐步由规模膨胀导致的潜在风险累积，转变为压缩规模过程中的潜在风险暴露。

（1）银行理财产品回表压力大，银行面临资本金不足的问题

《资管新规》出台后，银行理财产品面临很大的削减压力，其中部分业务需要银行表内信贷来替换，在资本充足率的监管下，银行面临资金本不足的问题。经过测算，2018年三季度末，我国商业银行总体风险加权资产总额度为25万亿元左右，目前银行理财产品余额为30万亿元。银行需要留出部分额度满足日常业务需求，部分银行的情况可能更加严峻。总体上看，在银行理财产品回表压力下，商业银行面临资本金不足的问题。

（2）削减委外业务，金融市场遭受冲击

早期银行理财产品借助委外业务，大量流入债券市场，是近年来债券市场流动性的主要来源。《资管新规》中规定资管产品最多进行一层嵌套和公募产品仅能委托给金融机构，使委外业务面临削减压力，对债券市场冲击较大，首当其冲的是信用等级不高的企业类债券。从利率水平看，2018年5月和6月，AA评级债券的风险溢价连续攀升，1年、2年、3年、5年、7年和10年期AA评级中票与国债日均利差分别上涨0.33、0.34、0.27、0.14、0.21、0.2个百分点。7月以来，由于政策介入，风险溢价攀升势头得到控制。从风险暴露情况看，截至2018年11月16日，我国债券市场共发生违约事件88笔，涉及金额为886.83亿元，分别为2017年全年的2.5倍和2.6倍，除永泰能源、海口美兰国际机场、新光控股3家发行主体为AA+评级，其他全部为AA级及以下。

（3）严控非标业务，非金融机构融资受影响

《资管新规》严控非标业务，目前我国非标业务对接的经济主体主要包括政府融资平台、房地产企业、资质相对较差的企业等。目前冲击效果已很明显，

2018年以来已有中融国际信托的中融－嘉润30号和31号集合资金信托计划发生风险事件。从较长时间来看，政府项目和国有企业项目等存在较强的从非标业务回归表内的需求，将对民营企业信贷产生挤出效应。2018年9月，企业短期贷款同比增速为2.27%，年初以来已经下滑了3.48个百分点。

（4）打破刚性兑付与投资者教育工作面临挑战

打破刚性兑付是《资管新规》中最重要的举措，金融机构修改资产管理产品条款仅是打破刚性兑付的一部分，更重要的是投资者教育工作。从目前来看，我国投资者缺乏防范金融风险的意识，心存侥幸心态，对理财产品合同中提示的本金和利息存在的风险重视不够，将理财产品与发行理财产品的机构绑定。一旦出现理财产品无法达到预期回报率，或是本金损失的情况，投资者与理财产品销售机构间容易出现纠纷。

3. 政策建议

一是有序向新监管框架过渡。资管业务要坚持"受人之托、代人理财"的业务本质，避免非标业务成为变相的信贷业务，成为游离于银行体系之外的影子银行，吸取全球金融危机的经验，防范系统性金融风险。政策上要坚持三个原则：一是限制非标业务规模，严格控制非标业务在资管业务中的比例；二是消除通道，避免资产管理业务沦落为规避监管的手段；三是非标业务与信贷业务相互隔离。

坚持贯彻落实《资管新规》《关于进一步明确规范金融机构资产管理业务指导意见有关事项的通知》要求，引导非银行金融机构实施主动管理，将理财产品发售给愿意承担相应风险的投资者，使资产管理业务能够真正支持直接融资的发展。相关监管部门要制定具体措施，支持实施主动管理功能的信托计划和资管计划的发展，抑制被动管理业务的发展。加大资产证券化业务的扶持力度，促进多层次债券市场的发展，通过多种途径，鼓励非银行金融机构更多发挥主动功能，真正通过资管业务提高我国直接融资的比例。

经过测算，总体上现有渠道承接"非标转标"能力不足，未来限制银行非标业务工作需要把握好节奏，实现稳步推进，平稳过渡。同时要拓宽"非标转标"渠道，大力促进多层次债券市场发展，继续扶持资产证券化业务，引导北金所和中证机构间报价系统分别加强旗下债权融资计划和非公开公司债的监管，在条件成熟的情况下，可将上述产品列入标准化债权资产范围。完善货币政策和信贷政策，保证银行信贷规模的合理增长，引导部分银行非标业务回归银行表内。

二是为银行降成本,为金融添活力。目前商业银行面临不良贷款、规范资产管理业务、金融去杠杆等多重压力,息差水平和利润率均在持续下滑,目前有必要逐步降低银行存款准备金率。明确金融监管的界限,在强化创新金融业务监管的同时,要增强传统金融业务的市场化水平,减少对传统金融业务的行政干预。充分发挥财政在执行政府经济政策中的主导作用,要通过引导,而不是行政干预,鼓励金融机构推动经济发展和结构调整。

三是完善金融监管制度。在分业监管的背景下,机构监管与功能监管要积极配合,形成合力。功能监管的重点要放在制定行业标准方面,防止监管套利,避免监管真空。机构监管要在功能监管框架下,制定各类金融机构资产管理业务监管细则,监管细则不能违背功能监管规则,监管细则的标准也不能低于功能监管规则的标准。结合资产管理业务功能监管的进展,建议加强国务院金融稳定发展委员会的统一领导,继续增强部门间的沟通协调,提高统一监管制度的权威性和系统性。金融监管要融入宏观调控政策的大框架,当资产管理业务投资于不符合国家宏观调控政策的项目时,应通过提高风险准备金提取要求等方式加强宏观审慎管理。加强资产管理业务的信息披露要求,针对北金所债权融资计划和中证机构间报价系统非公开公司债等非公开发行业务,加强对监管部门的信息披露。

(三) 地方政府债务与企业债券风险

1. 地方政府债务风险研究

(1) 我国地方政府债务现状

地方政府债务总体情况。2017 年年底,我国政府负债率为 36.2%,较上年有所下降,低于国际社会通用的 60% 的警戒线,也低于其他主要经济体和一些新兴市场国家的负债水平。2017 年年底,政府债务余额为 29.95 万亿元,其中,中央财政国债余额为 13.48 万亿元,地方政府债务余额为 16.47 万亿元。政府负债率(债务余额/GDP)为 36.2%,比 2016 年的 36.7% 下降了 0.5 个百分点。截至 2018 年 9 月末,全国地方政府债务余额升至 18.26 万亿元,较 6 月末高出 1.5 万亿元。

各地方政府债务情况。地方债务最多的是江苏省,也是全国唯一债务破万亿元的省份。金额虽然庞大,但负债率不高,主要原因是财力雄厚。紧随其后的是广东省和山东省,债务余额高的省份,经济都不弱,基建投资也较高。最让人担心是贵州省。贵州省负债余额超过 8000 亿元,负债率超过 60%,值得警惕。每个省均有负债,但东西部差别很大。

地方政府债务发行情况。2018年1~9月全国累计发行地方政府债券为37994亿元。其中，一般债券为20356亿元，专项债券为17638亿元；按用途划分，新增债券为20113亿元，置换债券和再融资债券为17881亿元。截至2018年9月末，全国地方政府债务余额为182592亿元。三季度地方政府债发行主体涉及30个省、自治区、直辖市，发行规模最大的省份为江苏省，合计1990.20亿元，最少的为青海省，合计162.59亿元。

债券类型比较。三季度地方政府债发行规模同比、环比均大幅增长，8月发行规模和数量均创新高；其中专项债券得到政策支持，发行占比超过一般债券，新增债券发行提速。三季度共发行地方政府债501只，金额合计23884.70亿元，发行规模环比增长100.48%，同比增长42.96%。

（2）地方政府债务存在的问题

近年来，我国地方政府债务管理框架不断完善，地方政府债务改革成效初现，地方政府债务增长在一定程度上得到控制，违约率有所下降，监管力度不断加强，风险防控体系初步完善，基本落实了"疏堵结合""分清责任""规范管理"等原则框架。但部分地方政府债务增长规模仍然过快，违规举债事件时有发生。

（3）防范化解地方政府债务风险的建议

一是厘清隐性债务内涵，加大地方债务风险防范。隐性债务形式多、增速快，积累的局部性风险不容忽视。对隐性债务实行穿透式认定，实质重于形式。新预算法规定，新增债务只能通过发行地方政府债券直接融资。地方政府债务置换计划逐步将部分期限短、成本高的债务置换成期限长、成本低的债务，有利于化解债务风险。

二是健全风险监测预警和早期干预机制。夯实地方债管理"闭环"体系，为地方政府合法合规举债融资开好前门。要加强金融基础设施的统筹监管和互联互通，推进金融业综合统计和监管信息共享。加强对重大金融改革问题的系统研究，完善实施方案。

三是加大地方债质押和交易范围，提高流动性。适当扩大地方政府债券的质押范围，鼓励银行间市场交易中采用地方政府债券作为有效质押品，采取符合市场规律的手段促进地方政府债券的二级市场交易，提高其交易量和活跃程度，流动性好、信用级别高的债券内在价值高，投资收益率就高。加大政府资产的盘活，筹集资金有效化解债务。清理核实土地使用权、国有股权、固定资产、特许经营权等政府资产，优先处置闲置资产及债务，对应资产用于偿债；出台土地开发收益分配办法，将土地出让净收益的部分安排用于偿债风险准备金；推广资产证券化，可以为政府投资建设项目筹集大量的建设资金，地方政府都愿意对其所发行的证券进行信用增级，使基础资产具有政府担保的性质，减少基础资产的信用风险。

四是建立地方债市场化定价机制，规范操作过程。为确保地方政府债券的顺利发行，应使其在相关机构间自由转让，构建一系列完善的地方债的市场化定价机制。各地区的实体经济发展程度不同、信用环境不同，应通过市场化的方式以利率反映出来，建立自由竞价机制。探索成立担保公司，进行市场化担保。

五是健全财务收支披露机制，强化偿债能力评估。加强地方债的规划和管理，进一步健全地方政府财务披露机制，增强信息透明度，定期跟踪负债率、债务率、新增债务率、逾期债务率、偿债率等监控指标，增强投资人信心。设置独立、专业的地方债评级机构，提高地方债的认可度。降低信息不对称引起的信用危机，保障银行等债权人的利益。

六是抓偿债计划，促进偿债资金来源稳定。地方政府债务应该具有稳定的偿债资金来源，合理安排偿债额度，适当调整偿债年限，当期财力偿还存在缺口的，纳入中长期财政规划，通过跨年度预算平衡机制加以解决。稳妥推进PPP模式，拓宽偿债渠道，消化债务存量。打造优质国资平台，实现市场化投融资及债务重组。通过政府性债务剥离、资产整合、债务重组和股权结构调整优化，实现平台公司市场化转型，打造新型混合所有制市场主体。

2. 企业债券市场风险研究

（1）企业债券市场现状

当前企业债券市场总体情况。2018年10月，我国债券市场共发行信用债券794只，环比下降4.57%，募集资金9654.64亿元，环比下降4.29%。就主要券种来看，企业债券、公司债券、中期票据、短期融资券和非政策性金融债的发行数量和规模环比均上升，其中公司债券的发行数量环比上升50%，中期票据的发行规模环比上升42.31%，涨幅最大；私募债券发行数量和规模环比分别下降32.91%和16.22%。

债券市场信用环境改善，负面评级行动较往年减少。跨级下调现象明显减少，在全部评级下调行动中的占比也有所下降。城投企业主体评级调整仍以上调为主，但下调行动所在区域更为集中；在产能过剩的行业领域，随着去产能政策的推进以及前期部分企业的市场出清，行业内整体信用环境改善，评级下调次数明显减少；金融机构首次出现下调，未来需关注合规风险对金融机构信用水平的影响。城投企业等级下调的原因包括区域经济下滑、政府财政实力下降、在建或拟建项目资金支出较大、公司债务负担沉重等。

目前，非金融企业去杠杆现状取得一定成效，平均资产负债率、短期偿债能力和盈利能力均有所改善。1~9月，国有企业中在钢铁、石油石化、有色等行业利润同比增幅较高，均高于收入增长幅度。9月末，国有企业资产总额为1750899.8亿元，增长8.6%；负债总额为1138216.9亿元，增长7.9%；所有者权益合计612682.9亿元，增长10.1%。中央企业资产总额为795565.9亿元，增长7.3%；负债总额为537528.6亿元，增长6.5%；所有者权益合计258037.3亿元，增长9.1%。地方国有企业资产总额为955333.9亿元，增长9.8%；负债总额为600688.3亿元，增长9.2%；所有者权益合计354645.6亿元，增长10.8%。1~9月，国有企业净资产收益率为3.1%，增长0.2个百分点。中央企业净资产收益率为4.8%，增长0.4个百分点。地方国有企业净资产收益率为1.9%，增长0.1个百分点。9月末，国有企业资产负债率为65%，降低0.5个百分点。中央企业资产负债率为67.6%，降低0.5个百分点。地方国有企业资产负债率为62.9%，降低0.3个百分点。

民营企业中"僵尸企业"数量最多，地方国有企业中"僵尸企业"占比最高。从行业看，"僵尸企业"中制造业占比最高，其次是信息传输、软件和信息技术服务业。从"僵尸企业"数量占各行业数量的比例看，采矿业占比最高，其次是电力、热力、燃气及水生产和供应业、科学研究和技术服务业、制造业。

当前市场化债转股的实践情况。本轮债转股落地项目不断增加，参与机构愈发多元，截至目前，五大行的债转股子公司已由银监会批复开业，注册资本金都达百亿元；主要采取基金模式，以大型国企为主，集中于重资产领域。从实施模式方面看，当前债转股主要采取基金模式，即银行、债转股实施机构、转股企业、社会资本（如有）出资设立股权基金置换出转股企业的债权。此外，部分债转股项目会根据实际情况进行拆分，采用资产管理计划、信托计划并举的债务置换模式。

（2）企业债券市场存在的问题

整体发行规模不大、市场占比仍然较低。企业债券市场不成熟具体表现为债券品种单一，相对于国债、政策性金融债等利率债券而言，其占总体债券市场规模总量的比重不大，且企业债券流动性相对较差，整个市场体系不够完善，相关的发行定价制度等不够健全。总体而言，企业债券市场目前还处于初步的快速发展阶段。

企业债券的融资方式尚待普及发展。我国企业债券的融资方式尚待普及发展，导致企业的融资手段较为单一，不能充分发挥资本市场的融资功能和资源配置功能，无法满足企业发展的资金需求，也无法满足社会资金的投资配置需求。

企业债券的发行环节非市场化特征明显。在企业债券的发行环节，部分品种的债券仍采用发行计划规模管理方式，采取审批制的监管制度。在政策上束缚了债券品种的创新；并且企业债券的发行定价也并非完全市场化运作，企业债券的发行利率弹性不大，无法客观体现债券的风险收益关系，也难以使每只企业债券得到合理的风险定价。

（3）政策建议

一是做好企业债券风险的摸底排查，加强金融机构对企业负债的约束。完善本息兑付联动机制，做好风险处置。全面梳理2018年兑付的企业债券偿债资金准备情况，摸清企业债券信用风险底数。通过债权人委员会、联合授信等机制以及银行对企业客户开展债务风险评估等方式，限制高负债企业进行过度债务融资。对于已违约的债券，通过企业重组等方式进行风险处置，按照市场化、法制化原则保护投资人权益。

二是把更多优质发行主体纳入企业债券发行范围，从根本上防范化解债券违约风险。将债券募集资金投向从"事前审核"转变为"加强事中事后监管"。通过明确"正面清单"（鼓励用途领域）+"负面清单"（严禁使用领域）的方式，支持符合条件的优质企业灵活使用募集资金，提升资金使用效率。

三是健全企业债务风险监测预警机制，加快推进"僵尸企业"的清理工作。完善大型企业债务风险联合处置机制。对发生债务风险的大型企业，引导各市场主体及早按照市场化、法治化原则协商处置，避免损失扩大。对潜在影响较大的债务风险事件，相关部门要联合开展协调，确保依法合规处置，提高处置效率，防止风险蔓延。

四是深入推进市场化、法治化债转股，壮大实施机构队伍，增强业务能力。开展债转优先股试点。鼓励依法合规以优先股方式开展市场化债转股，探索以试点方式开展非上市、非公众股份公司债转优先股。推动市场化债转股与完善现代企业制度有机结合。

（四）互联网金融的突出风险及其应对

从2013年我国互联网金融发展元年开始，过去五年时间，我国互联网金融发展经历了一个过山车式的发展周期，从2013－2015年高速发展，到2016－

2017年清理整顿,再到2018年风险再次释放。目前,该行业的发展仍存在较大潜在风险。

1. 当前互联网金融存在的突出风险

一是信用风险。这是互联网金融存在的最大风险,随着相关互联网金融规范发展政策逐步落地,一些经营不善或违规经营的互联网金融平台的信用风险和流动性集中爆发。据网贷之家统计,今年6月停业及问题P2P平台数量增加到80家。截至7月22日,当月新增问题平台118家,累计问题平台超过2000家,其中不乏累计成交额超百亿元的平台,集中式爆雷造成了严重的负面社会影响。

二是违规经营风险。2016年和2017年进行互联网金融专项清理发现大量违规经营,主要表现在:一些平台直接通过虚假项目和高收益等不当行为骗取投资者信任,碰触非法吸收公众存款、非法集资等法律底线,严重损害消费者权益。有的网络信息中介机构开展资金池业务,还有的机构开展自融业务和自担保业务。有些第三方支付为境外多家非法黄金、炒汇类互联网交易平台提供支付服务,通过虚构货物贸易,办理无真实贸易背景的跨境外汇支付业务;此外还存在未严格落实商户实名制、未持续识别特约商户身份、违规为商户提供T+0结算服务、违规设置商户结算账户等违法违规行为。

三是交叉经营风险。金融科技促使跨市场、跨行业、跨机构的金融业务相互交叉嵌套,使得信用风险、流动性风险等传统金融风险呈现外溢效应,风险扩散更快、破坏性更广,增加了风险防控难度。一些P2P网贷平台打着投资、慈善、区块链等幌子组织平台从事非法金融活动,还有的通过资金池层层嵌套,股权关系复杂、账户众多,金融风险通过互联网蔓延,呈现高隐蔽、跨地域和扩散快等特点。

四是网络和信息安全风险。互联网金融中金融信息的风险和安全问题,主要来自互联网金融黑客频繁侵袭、系统漏洞、病毒木马攻击、用户信息泄露、用户安全意识薄弱、不良虚假金融信息的传播、移动金融威胁逐渐显露等方面。腾讯公司发布的《2018互联网金融行业网络漏洞报告》显示,北京、深圳、浙江等省市共1529家互联网金融平台网站中,高危评级网站占比12.4%,中危评级网站占比52.5%。共发现漏洞7210个,其中高危漏洞451个,占比6.2%,中危漏洞3395个,占比47.1%。

五是社会稳定风险。2018年6月,随着相关部门整治互联网金融平台,出现百余起P2P网贷平台清盘、停业、实际控制人失联、停止兑付本息等风险事件。根据网贷之家的数据，截至7月20日，当月新增问题及停业平台约118家。以最近备受关注的e租宝案件为例，其涉及非法集资和集资诈骗两重罪名，涉案人员逾千人，涉及金额400亿元。大量网贷平台跑路引发大量受害人维权，给社会稳定造成不良影响。

2. 主要原因

一是虚假宣传、违规经营。从近些年几起恶性互联网金融诈骗案例来看，都存在共同点，即利用新技术创新的幌子，虚假夸大宣传，进行金融诈骗活动。2016年的e租宝和2018年的钱宝网，都是高举互联网金融创新的旗帜，在一些主流媒体夸大产品收益，甚至承诺高额收益，让众多不明真相的投资者盲目投资，最后经营者由于违规经营导致流动性问题，最后才暴露出其金融诈骗的本来面目。

二是监管滞后。在我国互联网金融的快速发展阶段，企业注册在一段时间呈爆炸式增长，地方政府也通过各种优惠举措鼓励互联网金融的发展，P2P发展高峰时期达到6000多家。在行业高速发展的背后，也隐藏着巨大风险，主要是政府有关部门监管不到位。大多数出现问题的平台，都是事发后发现其违法经营活动。比如，钱宝网于2012年成立，事发于2018年，其违法经营长达六年之久。

三是企业的专业知识和风控能力不足。在我国互联网金融的快速增长阶段，大量非金融专业的企业或企业家进入互联网金融行业，其依靠资本优势或技术创新，违规承诺高额回报，轻松筹到巨额资金。大部分小额贷款公司过分夸大自身技术实力，宣称利用大数据、人工智能等新的信息技术，具备全球领先的风控技术等。迄今为止，出现重大风险的互联网金融平台几乎都是由非金融机构主导和经营的，比如泛亚、e租宝等，缺乏金融业经营和风险管理的经验和能力。

四是投资人缺乏专业知识。互联网金融是"长尾理论"的体现，投资产品小额化、标准化；投资面向大众，投资者的财务实力、风险认知水平、投资经验等，相对而言均处于较低水平。参与互联网金融的投资者大多是金融市场的长尾效应覆盖的人群，包括大量年轻人和老年人，他们大多缺乏专业金融和投资知识，其投资活动主要是靠主流媒体的宣传和朋友推荐，对新的技术缺乏正确理解。

3. 政策建议

一是优化金融科技监管策略。突破现有分业监管分工，实施"穿透式"监管，根据具体业务将监管贯穿在资金源头、中间运作和终端运用等各环节，依据"实质重于形式"的原则进行理清，完善行为准则和监管要求。强化信息披露，要求金融机构提高信息透明度，要求全行业企业接入中国互联网金融协会信用信息共享平台，实现互联网金融行业信用信息的整合和共享，建立行业风险预警机制。在技术创新方面，加强监管科技应用，利用大数据、人工智能、云计算等技术，丰富金融监管手段。

二是完善互联网金融基础设施。完善互联网金融信用信息共享平台。按照国家信用体系建设的总体要求和监管部门的相关规定，进一步满足合规机构接入平台的需求，扩大平台覆盖范围，完善平台功能。在P2P网贷机构借款人恶意逃废债名单纳入征信系统工作的基础上，推动小贷公司、网贷机构全面接入征信系统，实现彼此间的信息共享和风险联动预警，快速识别和有效化解潜在风险。组建海外征信中心，与人民银行征信、百行征信一并收集所有企业及自然人的国内外信用信息，实现社会信用体系全覆盖。落实好互联网金融统计监测。将互联网金融统计纳入我国金融行业综合统计，充分发挥中国互联网金融协会的作用，认真落实《互联网金融统计制度》，完善全国互联网金融统计实施方案，要求相关机构接入互联网金融统计监测系统。通过舆情监测、大数据分析、建立风控模型识别等技术手段，搭建金融科技统计监测和风险监测体系，持续、动态地跟踪金融科技发展、演进和风险变化。建设好网联清算平台。完善网联清算有限公司治理结构，处理好监管机构与市场主体的关系，强化网联清算平台的信息安全能力，将网联清算平台打造成为我国互联网支付的公共基础设施。

三是构建科学有效的监管体系。完善组织架构。将互联网金融风险专项整治小组办公室临时职能制度化，建议国务院金融稳定发展委员会内下设互联网金融稳定发展协调部，夯实中国人民银行金融科技委员会的具体职能，在人民银行科技司新设金融科技的具体职能部门，负责我国金融科技制度设计、产业发展、监督管理等职能的顶层设计，落实对互联网金融的宏观审慎管理和系统性风险防范，开展稳定性识别和系统风险评估，形成长效机制。加强国际协作，与国际组织和相关国际监管机构在信息交换、政策融合、风险分析、业务监测、危机防范等方面开展合作。完善监管协调机制。统筹建立包括"一行二会"、工信、工商、公安等部门以及地方政府在内的监管协调机制，建立具有针对性、一致性和有效性的金融科技监管原则、微观指标和监管工具。建立风险补偿机制和风险监测机制，要求互联网金融机构建立风险准备金，鼓励引入保险，以应对各类危机事件。

四是多措并举维护社会稳定和金融稳定。保障出借人投诉维权渠道的畅通。

地方政府设立沟通窗口,解释政策、回应诉求。多措并举缓释风险。指导网贷机构通过兼并重组、资产变现、与金融机构合作等多种市场化手段缓释流动性风险。压实网贷机构及其股东责任。已退出机构要依据破产法、公司法及有关监管要求制订清盘兑付方案,强化股东责任,有关部门监督执行,切实提高债务清偿率。规范网贷机构退出行为。建立报备制度,明确退出程序,规范资产处置和债务清偿,确保出借人的合法权利不受侵害。依法从严从重打击恶意退出的网贷平台。缉捕外逃人员,加大法律惩处力度,形成有效震慑。建立投资者分类制度,允许专业投资者、高资产净值投资者和机构投资者参与投资。完善投资者救济机制,建立完善金融消费者保护基金制度。加强金融基础知识普及工作。规范媒体广告及宣传,提高群众准确分辨非法吸储、集资诈骗等能力,增强投资风险识别能力和审慎意识。引导出借人依法理性维权。依法打击造谣、煽风点火、聚众闹事等非理性、超越法律界限的维权行为。

五是树立正确的行业发展理念。要处理好金融与科技的关系。金融是互联网金融的本质,科技是互联网金融创新的手段。互联网金融在本质上是依托技术驱动的金融新业态、新工具、新手段,聚焦小微企业、弱势群体、特殊人群等重点服务对象,更好地实现资金配置,减少信息不对称,弥补传统金融短板。正确认识互联网金融风险。互联网具有广泛连接、迅速传播、影响大等特点。相对于传统金融,互联网金融叠加了金融与互联网技术双重风险。落实好互联网金融底线和透明监管规定。划定监管红线和监管底线,实行以负面清单为主的机构禁止行为管理制度,如明确不得有自设资金池、自融自保、虚假宣传误导消费者及绑架银行信誉等不当行为。

六是引入"监管沙盒",推动监管创新。建议国务院金融稳定发展委员会统筹,授权央行具体操作,也可参考香港模式,由具体部门如证监会、银行保险监督管理委员会等制定相应领域的监管制度,设置相应的证券业监管沙盒、银保业监管沙盒。初期,应以持牌的正规金融机构和准金融机构为主体,非持牌金融机构为辅,兼顾创新与风险防范,促进金融科技企业向正规金融机构靠拢,规范金融科技市场,防止出现"一哄而上"的乱象。根据不同行业、不同产品特点制定相应的门槛、测试时间与测试方案,最大程度保护消费者利益。

(徐洪才、谈俊、孙晓涛、李莉、张影强,中国国际经济交流中心2018年课题《当前金融风险形势及其应对》总报告)

三、进城农民工如何成为"本地人"

国家统计局不久前发布的《2017年农民工监测调查报告》显示，2017年，我国农民工总量继续增加，农民工月均收入保持平稳增长，居住和生活设施得到进一步改善，随迁儿童教育得到较好保障。不过，只有38%的农民工认为自己是所居住城市的"本地人"，不少农民工对城市生活的适应难度大，多数进城农民工对所在城市的归属感有待提高。有关专家在接受《经济日报》记者采访时表示，要让进城务工的农民工找到归属感，必须加快破除城乡二元户籍制度，完善城市基本公共服务，倡导更加开放包容的城市文化，提升农民工自身发展能力，让农民工真正进得来、住得下、留得住。

（一）农民工总量继续增加

"我国正处于城镇化和工业加速发展的阶段，越来越多的农村剩余劳动力脱离第一产业，进入第二、第三产业，符合经济发展的客观规律，也是必然趋势。"中国国际经济交流中心副总经济师徐洪才认为，当前，我国是全球第二大经济体，每年经济增量规模巨大，加之又处在城镇化和工业加速发展的阶段，大众创业、万众创新蓬勃兴起，每年都会创造大量的就业岗位，各行各业对劳动力的需求将持续增加。从农民工自身看，许多新生代农民工的文化程度比老一代农民工的文化程度显著提升，他们的思想更为活跃，进城务工意愿更强烈，这也是进城农民工总量持续增加扩张的重要原因。

值得注意的是，在农民工中，受农村人口结构变化、各年龄段特别是50岁以上农村劳动力非农劳动参与程度提高、农民工就地就近转移增加的影响，农民工平均年龄不断提高，50岁以上农民工所占比重提高较快。2017年农民工平均年龄为39.7岁，比上年提高0.7岁。与此同时，1980年及以后出生的新生代农民工逐渐成为农民工主体，占全国农民工总量的50.5%，老一代农民工占全国农民工总量的49.5%。

（二）体制有待改进完善

调查报告显示，尽管农民工的就业状况、居住状况和随迁儿童教育情况有所改善，但农民工的社会融合情况仍然值得关注。2017年，进城农民工中，38%认为自己是所居住城市的"本地人"。这一调查结果也从侧面说明多数进城农民工对所在城市的归属感不强。专家表示，农民工对城市的归属感不强，难以融入城市生活，其症结在于城乡二元户籍制度，以及由此带来的基本公共服务的不均衡。

徐洪才指出，许多农民工在城市里有"漂着"的感觉，关键在于很难落地生根，而症结正是户籍制度。户籍制度绑定了社会保障体系，农民工无法享受同等的社会基本公共服务。农民工的本质还是农民，在城市里容易受到"另眼相看"。而且，许多农民工从事的都是相对简单的重复劳动，收入水平相对比较低，很难有能力在城市买房落户，由此派生出来的基本公共服务问题也更为突出。

（三）多措并举融入城市生活

只有农民工更加积极主动地融入城市生活，城市才能更加有序、整洁、文明，许多社会治理问题才能迎刃而解。调查报告指出，城市规模越大，农民工对所在城市的归属感越弱，对城市生活的适应难度越大。

徐洪才建议，除加快打破户籍制度枷锁外，还要加快推动城乡一体化，构建广泛覆盖的社会保障体系，努力实现13亿多人口的基本公共服务均等化；要加快推动教育公平，推动高中或职业教育普及化，推动农民工素质的提高；要贯彻高质量发展要求，突出以人民为中心，加强农民工合法权益的保护，帮助农民工提升发展能力。

（林火灿，《经济日报》，2018年5月16日）

四、有效应对当前六大金融风险

今天是9月18日，日子很特殊，讲防控风险有特殊意义。刚才李德水局长讲，下午股市反弹了，我认为只是触底回调，因为交易量还没有上来，股市确实跌得太惨了。

对于当前经济形势，中央政治局会议做出判断：总体平稳，稳中向好，但稳中有变。这个"变"就涉及金融体系中的一些局部性风险。7月底，中央政治局会议确定下半年工作指导方针体现在六个"稳"字上，就是"稳就业、稳金融、稳外贸、稳外资、稳投资、稳预期"。金融排在第二位，仅次于就业。我觉得稳预期更多也是体现在金融市场上。当前金融风险总体可控，但也出现了一些局部性风险，主要体现在六个方面。

从宏观上看，需求增长明显疲弱，经济下行压力加大。具体表现在二季度以来，"三驾马车"：投资、消费、进出口都有明显回落。固定资产投资1~8月累计增长只有5.3%，创下历史新低，社会消费品零售总额累计同比增长9.3%，也创下历史新低。贸易顺差1~8月为1936.59亿美元，同比下降26.36%。上半年外需拉动经济增长为负0.1个百分点，去年是正0.6个百分点，说明三大需求都在下降，经济下行风险加大。近期宏观政策做了微调，但从微观层面看，一些局部性风险开始显现。

第一，银行业风险上升。到7月末，我国银行金融机构总资产为254.31万亿元，同比上升7.5%；负债为233.75万亿元，上升7.1%。相关风险指标表现：①信用风险明显上升，一季度不良贷款率为1.75%，二季度为1.86%，上升0.11个百分点。一季度拨备覆盖率为191.28%，二季度为178.70%，下降12.58个百分点，虽然拨备覆盖率下降，但在警戒线以上，150%以上都是安全的。②流动性指标方面，二季度有所改善，一季度流动性风险更大一些。一季度流动性比例为51.39%，二季度为52.42%，上升1.03个百分点。流动性比例是指流动资产比流动负债，有所回升。一季度流动性覆盖率为125.32%，二季度为131.26%，上升5.94个百分点。流动性覆盖率是《巴塞尔协议Ⅲ》中的指标，是指优质流动性资产储备除以未来30天的资金净流出量，未来一个月银行能够提供优质流动性资产的保证，总体来看流动性不错。③从效益性指标看，二季度有所回落。一季度资产利润率为1.05%，二季度为1.03%，总体稳定；一季度资本利润率为14%，二季度为13.70%，微弱下降。④资本充足率方面，一季度一级资本充足率为11.28%，二季度为11.20%，温和下降。一季度资本充足率为13.64%，二季度为13.57%，基本稳定。总体来看，银行业经营稳健，但效益指标温和滑坡，在经济下行的过程中，风险有所加大。

第二，股票市场大幅度缩水。1~8月深沪市场上市公司市值减少了6.4万亿元，上证综指、深证成指和创业板指数分别下降21.71%、21.23%和17.28%。如果从2008年金融危机以来近十年时间来看，美国是连续九年大牛市，我们基本是跌宕起伏、原地踏步。现在A股总市值相当于6个苹果公司，一个苹果公司市值是1.08万亿美元，目前A股总市值是47.24亿元人民币。过去十年，尤其今年股市跌跌不休，6万多亿元市值跌掉了，差不多相当于今年新增GDP规模亏掉了。上半年，老百姓可支配收入增速下降，消费近期增长乏力，都跟股市亏钱密切相关。不幸的是，9月10日，A股市值跌破全球第二，成为全球第三，日本上升为第二。目前美国股市市值为31.74万亿美元，占到全球50.3%；日本为5.97万亿美元，占9.5%，名列第二；中国内地为5.75万亿美元，占9.1%，名列第三；中国香港为4.99万亿美元，占7.9%，名列第四；后面是英国、法国、印度、德国、韩国、澳大利亚。中国作为经济大国，GDP规模占全球接近15%，但股市市值只占9.1%。中国的贸易在全球占比超过12%，名列第一，经济规模名列第二，股市名列第三，中国股市规模显然跟中国经济在世界经济中的地位不相称。

第三，债券市场违约事件频繁发生。上半年有24家公司的债券出现违约，涉及违约金额为248亿元，其中上市公司有4家。与2017年上半年相比，违约债券数量、金额、发行主体分别增长了20%、49%和27%。债券市场涉及两个问题，一是地方政府债务风险，一个是国有企业降杠杆。从地方政府债务风险来看，目前地方政府债务存在的问题主要是举债规模大、增长速度快，举债主体多样化、隐蔽性比较强。举债主体除了政府部门，还包括融资平台公司、经费补助的事业单位、公用事业单位等。地方政府债务与土地财政、影子银行等风险点交织在一起，容易相互感染，而且最近两年出现一个新情况，就是越来越多的城投公司选择在境外发行债券，形成政府新的隐性债务。到今年8月，中国债券市场总市值为54.61万亿元，比2017年年底增加5.02万亿元，增长10.12%。其中，政府债券托管规模到今年8月底是30.93万亿元，比去年底增加3.29万亿元，增长11.9%。现在隐性债务可能有35万亿元，如果两项相加，就是近66万亿元，显性和隐性负债跟GDP之比超过70%，和发达国家相比还有差距，仍处于较安全水平，但各地情况不平衡。一般来说，中西部地区债务风险大一些，沿海地区小一点。从国际上看，美国债台高筑，政府债务占GDP的比例超过100%，欧盟为90%多，日本为250%，我们是70%，这里已经包括隐性债务。如果仅考虑显性债务，我们也就是40%左右。

第四，人民币对美元汇率贬值加大。两个阶段看，1~3月总体上人民币对美元升值，4~8月到现在是贬值的。上海在岸市场4~8月人民币对美元汇率累计贬值8.87%，1~8月累计贬值4.88，总体上可控。

第五，P2P平台公司崩盘，有100多家，涉及金额数千亿元。

第六，房地产泡沫岌岌可危。如果泡沫破灭，对地方政府、对银行体系乃至对宏观经济都会产生负面冲击。上半年居民消费增长乏力，在一定程度上与高房价对未来消费透支和当前消费挤压都有关系。上半年商品房销售金额增长13.2%，但是面积增长只有3.3%，中间差了9.9个百分点，说明老百姓多掏钱埋单，增加了生活成本，当期消费和未来消费必然受到挤压和抑制。

针对这些问题，要综合治之。做到科学防范、早识别、早预警、早发现、早处置，就是守住不发生系统性金融风险底线，为实体经济创造良好的金融环境。具体有以下建议：

第一，货币政策继续保持稳健基调不变，但要做出适度调整。今年以来，三次降低金融机构法定存款准备金率，还有中期借贷便利、常备借贷便利、回购等公开市场操作，总体上是增加市场流动性，主动投放货币。7月以后出现变化，6月底M2增速8.0%，创下历史新低，7月边际宽松了0.5个百分点达到8.5%，8月又回到8.2%。通过下调准备金率，把M2增速提升到9%~10%，增加1个百分点是必要的，以缓解流动性风险，体现政策灵活性、针对性、前瞻性、有效性。最近一年，M2低于名义GDP差不多0.8个百分点，显然不合适。坚持稳中求进，把控结构性降杠杆的力度和节奏，首先就是稍微增加一点M2。这并非大水漫灌。在2012—2017年，M2增速平均高于名义GDP约3个百分点，现在迫切需要将低于名义GDP增速0.8个百分点提升到大体上和名义GDP相一致。

第二，商业银行面临扩大开放的挑战和机遇。从挑战上看，服务业特别是金融服务业是贸易逆差，总体竞争力偏弱，加上外部环境变化，美国加息，美元升值，资本回流美国，导致周边新兴市场出现剧烈振荡，风声鹤唳。我觉得，银行体系应该进一步贯彻稳健经营的思路，同时扩大改革创新，特别是大型银行机构要进行战略性转型，要改变、减少对存贷款传统业务的依赖，走综合经营发展道路，特别是通过降低成本，推出创新金融产品和服务来支持实体经济，帮助企业在产业转型升级过程中提供一揽子解决方案，特别是利用大数据、云计算，提供针对性、精细化的金融服务，来提高服务质量和降低成本，通过综合经营优势打造核心竞争力。

第三，股票市场应采取更积极的股市发展政策。从短期看，一是放缓新股IPO（首次公开募股）上市节奏，甚至暂停发行。上半年，一些所谓独角兽企业回归A股上市，让国内投资者深受其害，产生了明显的失血效应。二是在目前股市低迷、信心不足情况下，要鼓励上市公司大股东回购公司股票，建议设立专门回购基金。目前，很多上市公司大股东囊中羞涩，成立专门基金支持大股东回购，可以提振投资者信心。三是增加现金分红，让投资者感受到有更多投资回报。四是引入新的增量资金。目前来看，保险公司、社保基金、外资占比逐年增加，但是还不够，近期一些新发起设立的基金由于达不到标准，发行失败。今后还要引进更多机构投资者，包括社保基金、保险公司，扩大对股票市场的投资。五是完善上市公司退市制度，建立有进有退、优胜劣汰的机制，从根本上把垃圾股从市场上退出,防止投机炒作。六是鼓励并购重组,过去IPO发行常态化是对的,关注新股发行,支持企业利用资本市场融资、拓展业务,但是也要关注存量资源的结构性调整。

第四,有效应对政府债务风险。一要摸清隐性债务家底,做到心中有数。目前,平台公司数量较多,治理结构不完善、层次复杂、管理混乱、违规担保、随意拆借资金现象严重,大部分债务游离于财政部门监管之外,而且平台公司盈利能力较差,难以通过自身经营收益偿还债务。还有地方政府通过PPP、政府购买服务变相举债。目前,隐性债务形式多元化,风险隐患交织复杂,除了常规银行贷款以外,融资租赁、企业债券、PPP、信托融资、中期票据、基金融资等多种形式相互交织,要摸底调查,掌握相关信息。二要健全风险监测预警和早期干预机制,夯实地方债管理闭环体系,为地方政府合法合规举债开好前门,堵住后门。加强金融基础设施的统筹监管和互联互通,推进金融业综合统计和监管信息共享。三要适当加大地方债质押和交易范围,提高流动性。近期银保监会调整了相关监管规则,银行持有的地方政府债券、3A级信用债券风险资产权重由原来的20%下调到0,这是鼓励银行购买地方债。针对上半年基础设施投资乏力这块短板,下半年的重点工作是加快地方政府专项债券发行,同时用好这个钱,好钢用在刀刃上。要适当扩大地方政府债券质押范围,盘活政府存量资产,筹集资金有效化解债务,清理核实土地使用权、国有股权固定资产特许经营权等政府资产,优先处置闲置资产用于偿债,出台土地开发收益分配办法,将土地出让收益用于偿债风险准备金,同时推广资产证券化这一创新金融业务。我觉得基于基础设施资产未来现金流,发展ABS产品,是盘活存量资源、解决流动性不足的现实可行办法。四要建立和完善地方债券市场化定价机制,规范相关操作。五要健全财务收支信息披露机制,强化偿债能力评估,提高信息透明度,定期跟踪负债率、债务率、新增债务率、预期债务率、偿债率等监控指标,增强投资人信心。六要制订偿债计划,稳定偿债资金来源,综合考虑地方财政收入增速、可支配财力、支持支出结构等条件,合理安排偿债额度,适当调整偿债年限。当期财力偿还存在缺口,可以纳入中长期财政规划,通过跨年度预算平衡机制予以解决。另外,积极推广PPP模式,拓宽偿债渠道,消化债务存量,还要对一些问题国资平台公司实施债务重组,实现市场化债务转型。

第五,国企降杠杆。总体来看,过去三年形势是好的,近期中央办公厅和国务院办公厅出台新的规则,在未来三年,到2020年之前国有企业债务率要下降2个百分点,差不多一年下降0.6~0.7个百分点的任务。过去几年,国企降杠杆成绩显著。今年上半年，国企利润同比增长21.1%，国企利润总额为1.72万亿元。其中，央企利润为1.1万亿元，同比增长18.6%；地方国企利润为6000亿元，同比增长26%。从资产负债结构来看，6月末，国企资产总额为171万亿元，同比增长9.4%；负债总额为111万亿元，同比增长8.8%；负债增速慢一点，说明总体杠杆率有所下降。截至6月末，规模以上工业企业资产负债率是56.6%，同比降低了0.4个百分点。其中国有控股企业资产负债率为59.6%，同比降低1.2个百分点。总体来看，国企降杠杆成效明显。当然，也有特殊原因，过去几年"三去一降一补""去产能"等，使低端小型高能耗、高污染、效益差的企业退出市场。国有企业处于上游垄断位置，所以有些原材料价格上涨，包括产能利用率提高，国有企业赶上了好的外部形势，所以利润率上升，有钱偿债，导致杠杆率下降。

这里还涉及一个相关问题，就是推行市场化债转股。5月末，五大国有商业银行债转股签约金额达到1.6万亿元，落地金额为2000多亿元，落地比例偏低。6月24日，央行宣布定向降准，释放7000亿元基础货币，其中5000亿元用于支持市场化、法治化债转股，商业银行是债转股主力军，政策意图明显，希望以1:1的比例撬动、推动社会资本进入，这样就可以起到一石多鸟的政策效果。降低资产负债率实际也是降低企业经营风险，但希望利用这一契机，引进新的战略投资者，推进产权改革、混合所有制改革，优化国有企业公司治理结构，调整经营方向，提高经营效率。

下一步，要进一步推进市场化、法治化债转股工作。政策建议如下：第一，支持符合条件的银行、保险等金融机构新设立实施机构，因为按照现有相关法律，这些金融机构不能直接持有企业股票、非金融机构股票，应由专门设立资产管理的子公司来承担实施债转股责任，要指导金融机构利用符合条件的所属机构、国有资本投资运营公司开展市场化的债转股，赋予现有机构相关业务资质。第二，推动私募投资基金积极参与，实施机构与各类股权投资机构和社会资本合作，调动社会资本的积极性。第三，支持资产管理机构发行私募资管产品，通过金融创新来增加股本金供给，进而有效降低债转股工作的风险。第四，实施机构发行专项债券筹集资金，允许实施机构发行专项债券来重塑债转股业务。第五，从宏观层面上，央行定向降准，为市场化债转股提供长期低成本的资金支持。第六，开展转股资产的交易，拓宽退出渠道。实施机构债权变成股权之后，不会坚持"白头偕老"，要设立转让交易机制，方便退出。第七，开展非上市公司的债转优先股操作，把债转至优先股。第八，市场化债转股与国企混改相结合，形成股权结构多元化、股东行为规范化、内部约束机制有效运行的治理结构，真正让国企成为市场主体，从根本上改变微观经济结构。债转股的专业性、技术性很强，借此手段，提高国企效率，降低运营成本，进而为经济可持续发展提供新动力。

（根据徐洪才在中国国际经济交流中心"经济每月谈"
上的演讲整理，2018 年 9 月 18 日）

五、2018 年 1~8 月宏观经济数据点评

（一）全球资本流动与外汇市场波动

1~8 月，美元对主要货币名义美元指数，从去年年底的 87.4741 点到 8 月底的 90.2569 点，升值 3.19%。其中，发达国家方面，日元对美元升值 1.42%，欧元对美元贬值 3.32%，英镑对美元贬值 4.06%。新兴经济体与发展中国家方面，阿根廷比索对美元贬值 97.74%，土耳其里拉对美元贬值 68.24%，巴西雷亚尔对美元贬值 25.01%，俄罗斯卢布对美元贬值 18.20%，印度卢比对美元贬值 10.95%，南非兰特对美元贬值 19.20%，印尼卢比对美元贬值 8.58%。特别值得一提的是，4 月 12 日，美元对港元汇率首次触及弱方兑换保证 7.85，香港金融管理局被迫在市场上连续多次买入港元，港币保卫战打响。

（二）主要宏观经济数据表现较差，经济下行压力增加

从三大需求来看，上半年全国固定资产投资增长 6.0%，比去年回落 1.2 个百分点；社会消费品零售总额增长 9.4%，比去年回落 0.8 个百分点；外贸净出口对经济增长贡献为 -0.1%，去年为 0.6%。三驾马车整体增长乏力、下滑显著，但是国家统计局公布的数据显示：上半年中国实际 GDP 增速仍然达到 6.8%，只比去年回落 0.1 个百分点，数据之间匹配性不太好。

存在的主要问题：一是投资增速特别是基础设施投资增速下滑严重。二是城乡居民可支配收入增速低于经济增速，出现"消费降级"现象。三是外贸顺差急剧收窄，短期内出现了经常项目逆差。四是金融市场剧烈震荡，汇市、股市、债市、P2P 市场相互传染，局部性金融风险已有显现。

（三）金融市场剧烈震荡

一是人民币对美元汇率出现较大幅度贬值。从上海在岸市场人民币对美元

即期汇率表现来看，分为三个阶段。第一阶段：1月升值，从去年年底的6.5120到1月31日的6.2920，升值3.38%。第二阶段：2~3月为横盘整理，3月30日为6.2733，微升0.30%。第三阶段：4~8月为贬值，8月31日为6.8299，贬值8.87%。1~8月累计贬值4.88%。

二是沪深A股市场震荡下行。截至8月31日，上海A股市场上市公司流动市值为24.84万亿元，深圳A股市场上市公司流动市值为13.51万亿元；去年底的数据分别为28.04万亿元和16.71万亿元。深沪市场市值总共减少6.40万亿元。从三大股指的表现来看，上证综指、深证成指、创业板指数去年年底分别为：3840.83点、7420.66点和1735.06点，8月31日分别为2725.25点、5844.98点、1435.20点，分别下降了29.05%、21.23%和17.28%。今年以来，尽管市场十分低迷，交易量显著萎缩，但是新股发行和增发等融资并没有放缓，1~6月境内证券市场个月融资金额分别为：2338.11亿元、2169.24亿元、2591.96亿元、3262.87亿元、2021.19亿元和1596.10亿元。如果考虑股市扩容因素，实际上老股票价值缩水更为严重。股市低迷和老百姓财富严重缩水，势必影响到企业投资和居民消费增长，进而形成经济下行压力。

三是中美贸易摩擦产生影响。对中国制造业企业带来四个方面的负面影响：一是部分原材料价格上涨，进口难度加大。美国对电子零部件采取技术封锁，导致芯片、液晶面板、电容电感等核心零部件价格上涨。企业被迫从第三国转买，增加了成本，加大了进口难度。美国采取"长臂管辖"政策，第三国零部件供应渠道可能被切断。二是汇率波动增加企业进口成本，加大结汇风险。企业为减少汇率波动带来损失，寻求以最优汇率结算，导致结汇周期延长，压缩了企业资金的流动性，增加了资金成本。三是美国部分盟国对华非关税壁垒风险显现。如：企业出口至印度的产品遇到清关障碍，乌克兰加大对中国商品质量检测力度，设置较高市场进入门槛。巴西、印尼等国也对中国商品实施类似非关税壁垒措施。四是部分企业在美国市场的订单受影响，部分企业考虑放弃美国市场。

如果中国出口到美国的2000亿美元商品被征额外关税，中国同时采取报复措施，将造成以下主要影响：根据国际货币基金组织估算，可能拖累中国经济增速未来一年半左右时间，放慢最多0.5个百分点，但不会造成严重冲击；给人民币汇率贬值造成压力，加速股市下跌，打击投资者信心、影响消费者行为，加大金融风险；给众多企业包括中资和外资企业，特别是业务涉及中美进出口企业的经营活动造成影响。总体上，对于多数行业影响偏负面，包括：①航空航天、造船、技术硬件、通信、电子、机械、铝等。②商贸相关的交通运输可能受损于贸易壁垒提升，如航运、港口等。③大豆进口价格提升可能推高养殖成本，电信运营商可能受损于上游设备提价。④出境游受到影响。

（根据徐洪才在国务院发展研究中心内部座谈会上的发言整理，2018年9月5日）

六、释放5000亿"麻辣粉"，要警惕其流入房地产

大家好！欢迎来到《财经观察家》，我是中国国际经济交流中心的徐洪才。今天讨论的主题是：近期央行公开市场操作MLF释放流动性。

7月23日，央行公告宣布，开展中期借贷便利（MLF，业内俗称"麻辣粉"）操作5020亿元，利率为3.30%与上次持平，且当日无逆回购操作。央行开展的5020亿元1年期MLF操作，为有史以来单次最大规模的MLF操作，也被诸多市场人士解读为货币宽松政策的再度确认。

中国人民银行开展MLF，即所谓"麻辣粉"，释放基础货币5020亿元。首先解释一下，"麻辣粉"是最近几年央行创设的货币政策工具。过去央行投放基础货币长期依赖外汇占款，是被动性质的，因为当时外贸进出口顺差很大。现在顺差越来越小，尤其是今年，顺差明显收窄。在这种情况下，央行主动投放货币的方式，无非是降低法定存款准备金率，另外就是通过公开市场操作购买短期国债，或者定向对金融机构释放流动性。中期借贷便利的期限一般来说都是半年以上，一年期的也有，这次是一年期MLF。另外还有短期的常备借贷便利（SLF），业内俗称"酸辣粉"。

不久前公布了上半年的经济数据，总体是稳健运行，而且稳中向好，但是下行压力、困难也不小。比如，近期大家感觉流动性偏紧，6月M2增速下降到历史低点，只有8.0%。4月、5月、6月连续通过结构性降杠杆，包括资产管理非标业务回表，实际挤压了信托贷款、委托贷款，导致社会融资规模下滑十分厉害。

从"三驾马车"来看，首先是投资明显回落。1~6月，固定资产投资增长只有6%，这也是历史新低，特别是基建投资回落很多。上半年，投资下滑过猛，但房地产投资和民间投资总体表现不错。制造业投资明显回升，这是好的迹象，但投资总体回落拖累经济增长。其次，消费回落也很明显。1~6月，社会消费品零售总额增长只有9.4%，也创下了历史新低。5月回落，当月同比增长只有8.5%，6月找回来一点，为9.0%。但总体上看，增长乏力。

更重要的是，上半年外贸进出口受到中美贸易摩擦的负面影响，实际上顺差是明显收窄的，1～6月顺差只有1390多亿美元，去年是4200亿美元。去年外贸对经济增长贡献了0.6个百分点，今年上半年明显回落，是负0.1个百分点。因此政策要做微调。

这次央行释放流动性，实际是在上周一国务院召开常务会议，对货币政策和财政政策微调之后采取的实际行动。近期国务院常务会议指出，宏观政策要保持稳定性、连续性，坚持不搞大水漫灌式的强刺激。但要采取微调、定向调控，以应对内外部的不确定性。下半年，宏观经济政策总基调不变，仍然是稳中求进，但要从过去"降杠杆"转到"稳杠杆"，把控结构性降杠杆的节奏和力度。同时政策微调，实施配套组合拳。比如在上个月底，即6月24日，央行已定向降低法定存款准备金率0.5个百分点。与此同时，中国银保监会对银行理财产品的监管规则，出台了实施细则；且在落实资管新规的过程中，政策灵活性明显增强，这也是在释放积极信号。

总体来看，流动性边际宽松，但宽松力度不大。广义货币供应量还有社会融资规模增速与名义GDP增速大体上保持一致，在当下是必要的，未来广义货币供应量和社会融资规模增速可能会上调0.5个百分点。货币政策的调整对金融市场也产生了一定的影响。

第一，汇市方面。7月24日上午，离岸人民币对美元急跌，15分钟跌幅超过150点，失守6.84关口，一度触及6.8446，创下离岸人民币自2017年6月以来的最低值。在岸人民币也大跌超250点，最低一度靠近6.83关口，同样创下2017年6月以来的新低。有人担心，宽松的金融环境会推动人民币贬值，我觉得不太可能。即便是近期人民币对美元双边汇率剧烈震荡，但仍然是有升有贬。美元指数大幅上扬也不太可能，因为从特朗的普政策取向看，他不希望强势美元影响美国出口和宏观经济。

第二，股市方面。从7月20日开始，A股开始反弹，连续三日大涨。在利好消息刺激下，24日工程机械、建筑、钢铁等基建板块集体走高，路桥类个股快速强势封板，市场呈现普涨局面，股指重回2900点一带，最终沪指收涨1.61%。整个股票市场，上半年初步统计亏损，市值蒸发了近1万亿美元。美国市场总体震荡上行，市值增加了2万亿美元。从近期看，上证综指、深证成指和创业板指数出现微弱反弹，随着政策暖风，底部被逐步夯实，未来会走出缓慢上行的行情，大家对此要有信心。但不要期望出现一轮轰轰烈烈的大牛市。

第三，楼市方面。货币越放越松，楼市却越收越紧。7月以来，全国楼市调控超30次，年初至今超220次，调控强度前所未有。全面收紧棚改货币化，三四线城市红利即将耗尽。这次宽货币和宽财政，并未对房地产融资做出松绑，房企现金流困境仍会加剧，但流动性是否会流入楼市？前期还有人担心，释放流动性会不会产生虹吸效应，不流到实体经济中，反而流向房地产，导致房价强劲反弹？我觉得对此要高度重视，过去有这方面的教训。目前一线城市房价总体稳定，但三四线城市的某些局部地区已有蠢蠢欲动的苗头。

第四，债市方面。对于债券市场显然是利好。前期债券市场出现违约事件，近期又出现P2P平台公司频繁爆雷的现象。当下货币政策已经微调，未来这些情况会有所缓解。

上半年财政收入增长保持相对稳定，但是税收增长快了，达到14%以上，特别是土地出让金收入增长40%以上。上半年实现税收10万亿元，财政政策是有牌可打的。要扩大投资，特别是基建投资要在稳增长中发挥关键性作用。在地方政府降杠杆，包括国企降杠杆的过程中，PPP项目监管更加规范、严格，因此影响到基建项目上马，对中西部地区的投资和经济增长会有影响。上半年修改了外商投资企业的负面清单，年底可望在全国范围向国内企业推广。在这样改革的背景下，降成本、稳增长都还有很大的空间。

上半年的经济还有一个特点，就是居民可支配收入增速放缓，低于GDP增速，可能会影响到消费。在这种情况下，我想包括最低工资制度调整、公务员加工资，加强精准扶贫、对弱势群体的社会保障，缩小收入分配差距等，都是财政政策应该考虑的。

感谢大家收看《财经观察家》，请持续关注我们的节目。

（根据徐洪才做客《财经观察家》节目整理，2018年7月27日）

七、中央用18个字为2018年下半年经济工作定调

7月的最后一天，中央政治局开会。会议主要内容是分析研究当前经济形势，部署下半年经济工作，也就是人们常说的"为下半年经济定调"。今年以来，中央和国家层面针对经济形势召开了至少三次会议。和之前相比，本次会议对于目前经济形势的判断发生了显著变化。而相应的经济政策，则已经随着内外部经济环境的变化逐步做出调整。本次会议特别提出了"六个稳"，作为今年下半年经济工作的重点。

（一）中美贸易摩擦致经济"稳中有变"

对于目前经济形势的判断，会议指出：当前经济运行稳中有变，面临一些

新问题、新挑战，外部环境发生明显变化。要抓住主要矛盾，采取针对性强的措施加以解决。而在今年4月23日的中央政治局会议上，对当下经济的判断还是"世界经济政治形势更加错综复杂"。

中国国际经济交流中心副总经济师徐洪才表示，这显然是因为7月6日美国单方面挑起中美贸易摩擦后，中国内外部经济环境受到了影响。他表示，虽然中国为维护本国利益做好了迎战准备，不过未来，贸易摩擦仍存在进一步升级的风险。中国需要全面采取措施，降低不利影响。

（二）提出"六个稳"意味着什么？

对于今年下半年的经济，本次会议共提出了六点要求，关注度较高的包括财政政策和货币政策，坚持去杠杆，以及坚决遏制房价上涨。对于经济政策，中央是这样定调的：保持经济平稳健康发展，坚持实施积极的财政政策和稳健的货币政策，提高政策的前瞻性、灵活性、有效性。财政政策要在扩大内需和结构调整上发挥更大作用。要把好货币供给总闸门，保持流动性合理充裕。要做好稳就业、稳金融、稳外贸、稳外资、稳投资、稳预期工作。保护在华外资企业的合法权益。

财政政策和货币政策最近已经有所调整。关注经济的朋友一定还记得，8天前，国务院召开常务会，强调坚持不搞"大水漫灌"式强刺激，根据形势变化相机预调微调、定向调控。虽然积极的财政政策和稳健的货币政策原则没有根本改变，但国务院常务会议强调"积极财政政策要更加积极，稳健的货币政策要松紧适度"。国务院常务会议当天，央行释放了5000亿元流动性，《人民日报》发表文章分析中国已进入"稳杠杆"阶段，这次会议也被外界解读为"全面宽松"。昨天的中央政治局会议重申了保持流动性合理充裕的要求。

徐洪才表示，今年上半年经济虽然总体平稳且总体向好，但出现了明显的局部不稳定。包括投资、消费的急剧下滑，外贸顺差急剧收窄，金融市场剧烈波动等。中央政治局会议提到的这"六个稳"，除了就业以外，都出现了不稳定的情况。而就业作为最基础的部分，被放到了首位。"就业充分才能保证老百姓收入充足、消费力强。今年上半年城乡居民收入增长略微低于经济增长，这已经很久没出现了。"徐洪才说。

昨天除了本次中央政治局会议的稿件，新华社还发布了7月17日由习近平主持召开的党外人士座谈会的消息。座谈会就当前经济形势和下半年经济工作听取了各民主党派中央、全国工商联负责人和无党派人士代表的意见建议。"六个稳"在两周前的座谈会上就已经被提出来了。昨天的会议在"六个稳"后增加"保护在华外资企业合法权益",徐洪才认为,这是基于人民币贬值,导致外资、内资有撤退可能而提出的要求。避免大量资本外流,就能降低人民币的贬值压力,有利于稳住局面。

(三)重申房价和去杠杆

此外,中央还重申了坚定做好去杠杆工作和遏制房价上涨的要求。把防范化解金融风险和服务实体经济更好结合起来,坚定做好去杠杆工作,把握好力度和节奏,协调好各项政策出台的时机。下决心解决好房地产市场问题,坚持因城施策,促进供求平衡,合理引导预期,整治市场秩序,坚决遏制房价上涨。这两点不妨再结合7月23日的国务院常务会议一起看。央行释放5000亿元流动性后,社会各界的担忧主要集中在两点,一是担心5000亿元再次流入房地产,二是担心艰难前行的去杠杆工作前功尽弃。昨天的中央政治局会议提出的要求,算是给社会吃了一颗"定心丸"。

徐洪才则表示,这两点担心现在而言并无必要。虽然中国之前出现过"放水"后钱流向房地产推高房价的情况,但数据显示、现在的货币供应是略有紧缩的,所以无须担心。但是房地产作为稳定经济的有力支撑,国家在遏制房价上涨的同时,也要防止房地产投资和居民住房消费的大幅回落。对于去杠杆的问题,徐洪才认为党中央对去杠杆的态度其实没有变,只是从"降杠杆"变成了"稳杠杆",以前节奏快一点,现在节奏慢一点而已。

最后,看下中央政治局对于下半年经济提出的其他要求:把补短板作为当前深化供给侧结构性改革的重点任务,加大基础设施领域补短板的力度,增强创新力、发展新动能,打通去产能的制度梗阻,降低企业成本。要实施好乡村振兴战略。推进改革开放,继续研究推出一批管用见效的重大改革举措。要落实扩大开放、大幅放宽市场准入的重大举措,推动共建"一带一路"向纵深发展,精心办好首届中国国际进口博览会。做好民生保障和社会稳定工作,把稳定就业放在更加突出的位置,确保工资、教育、社保等基本民生支出,强化深度贫困地区脱贫攻坚工作,做实做细做深社会稳定工作。

(周宇,微信公众号:政知见,2018年8月1日)

八、经济运行缓中趋稳,韧性强潜力大后劲足

7月16日上午,国家统计局召开新闻发布会,发布上半年国民经济统计数

据。在数据公布后的第一时间,中国国际经济交流中心副总经济师徐洪才接受了《中国改革报》、改革网记者的采访,对统计局的数据进行了解读,并就中美贸易摩擦、人民币汇率波动等热点话题做了分析和判断。

(一) 经济运行状况:缓中趋稳,稳中向好

国家统计局公布的数据显示,初步核算,我国上半年 GDP 同比增长 6.8%。分季度看,一季度同比增长 6.8%,二季度增长 6.7%,连续 12 个季度保持在 6.7%~6.9% 的区间。

"最近两个月,社会融资规模下滑得比较多,金融市场也出现了一些波动,大家对第二季度经济运行数据有点担心。但从实际数据来看,不像大家想象的那么悲观。"徐洪才表示,总体来看,今年上半年经济运行呈现"缓中趋稳,稳中向好"的特点。"我们的经济总体是平稳的,表现为经济增长稳定,物价稳定,就业数据也非常好,特别是微观企业的经济效益非常好,规模以上工业增加值增长 6.7%,高于去年和前年同期水平,规模以上工业利润率上升也是非常明显的。"

徐洪才对上半年的经济数据进行了结构性分析。作为拉动经济增长的"三驾马车",投资、消费、外贸的增速都有所放缓,这也是经济增速有所回落的原因。

投资方面,徐洪才认为,虽然今年上半年全国固定资产投资增速比一季度回落 1.5 个百分点,但也出现了一些结构性的优化。比如,民间投资一直保持比较好的发展势头,房地产投资相对稳定,没有出现大起大落。此外,制造业特别是高端制造业的投资,最近几个月呈现上升态势。"回落的地方在于,基建投资回落比较多,这跟地方政府和国有企业降杠杆,以及加强对 PPP 项目的监管都有关系。"

消费方面,消费对经济增长的拉动力增强,对 GDP 的贡献率是超过预期的。他提出,现在中国渐渐步入老龄化社会,居民储蓄率存在放缓的趋势,从中长期来看,需要高度关注怎样增加老百姓的收入,改善收入分配结构。

外贸方面,出口有所放缓,整个出口顺差在上半年是收窄的,贸易结构继续改善。我国对前三大贸易伙伴进出口保持增长,对欧盟、美国和东盟进出口分别增长 5.3%、5.2% 和 11%,三者合计占我国进出口总额的 40% 以上,和主要贸易伙伴的经贸合作也是稳定的。

"总体来看,内需还是相对稳定的,显示出我们的经济的发展有韧劲、回旋余地比较大。"徐洪才说。

（二）经济增长预期：速度放缓，质效提升

在被问及对未来经济增长的预判时，徐洪才表示，未来我国经济增长的总体趋势还是会有所放缓，尤其是近期，中美之间贸易摩擦又面临升级的潜在风险，贸易摩擦升级会对我国经济产生一定负面影响，短期内的波动不可避免。但是随着改革、开放、创新进程的深化，我国经济增长速度会保持在合理范围内，今年实现6.5%以上的经济增长目标是没有问题的，增长的质量、效益会进一步提升。

徐洪才进一步阐述做出如是判断的依据。"中国13亿人口的基本需求是刚性的，随着老百姓收入的增加，未来市场空间是比较大的。大家注意到，近期美国一些大型跨国公司纷纷扩大在华投资布局，比如说，最近在上海落户的特斯拉，这说明世界各国工商界对中国经济的发展前景以及投资合作的潜力，是充满信心的。"

他表示，未来要通过产业结构转型升级来提振内需，通过技术进步来培育新的经济动能，还要营造良好的营商环境，促进创新创业活动的稳步推进，让市场在资源配置中发挥更大作用。"大家已经注意到了我们深化改革的决心，包括进一步扩大对外开放，特别是制造业、服务业的对外开放。我们要进一步推动多边贸易体制的便利化，投资的自由化，今年上半年，利用外资和对外投资的增长是比较明显的。"

（三）人民币汇率：将保持双向小幅波动态势

上周以来，人民币对美元的汇率已经三次跌破了6.70大关。如何看待今年上半年人民币汇率的波动？人民币会不会出现大幅度的贬值？"今年上半年，我们可以分两段看，前3个月，人民币对美元是升值的，后3个月，尤其是近期，人民币对美元贬值比较多。"徐洪才表示，一方面，是由于大家对于中美贸易摩擦升级的担忧；另一方面，也是对一季度升值过多的理性回归和矫正。

他认为，未来，人民币汇率将保持相对稳定，而且保持双向小幅波动态势，不会出现大幅度贬值。"这是因为我们货币政策'稳健中性'的总基调不会改变。今年上半年，针对市场流动性需要，央行三次降低法定存款准备金率，同时，在公开市场操作方面，也采取了一些配套对冲的做法。近期，货币市场利率水平是下降的，这意味着，我们的流动性并不像大家想象得那么紧张，总体来看，是合理的。"

最近人民币汇率波动的原因何在？徐洪才回答："问题在市场信心暂时受到

外部冲击，货币政策传导机制也存在不畅，此外，在把控结构性降杠杆的节奏和力度方面，我们也有进一步改善的空间。"

（四）中美贸易摩擦：仍在局部、可控范围之内

对于目前社会各界高度关注的中美贸易摩擦，徐洪才认为，目前，中美贸易的摩擦，"还在局部、可控范围内。"他分析说，对第一批500亿美元商品的征税，落地的只有340亿美元，160亿美元还在观望；7月10日，美国发布针对中国2000亿美元商品加征关税的计划，还有一个过程，需要在听证会和公众咨询结束后才能生效。"中美之间的贸易摩擦，真正要升级的话，不符合中美两国人民的根本利益，也不符合世界人民的利益，希望美国能够迷途知返，回到谈判桌来。同时也不要过高估计冲击的影响，因为中国经济有韧劲，中国经济的可持续发展，从根本上讲，还是要依靠提振内需和发展实体经济。"

中美贸易摩擦会不会影响中国改革开放的进程？"从中长期来看，我们进一步扩大对外开放、深化改革、结构转型升级的脚步，始终不会停止。"徐洪才说。

（付朝欢，《中国改革报》，2018年7月16日）

九、当前中国经济形势与政策

我想讲两个方面的内容：一是对当前中国经济形势做一下简单分析，二是对未来趋势做一点展望。

中国国家统计局刚刚公布一季度的宏观经济数据，总体来看，中国经济继续保持了稳中向好的发展趋势，GDP增长6.8%，去年四季度和三季度也是6.8%。最近几年，中国经济开始转向中高速增长。党的十八大以来，中国经济平均每年增长7.1%，城乡居民可支配收入增长7.3%，老百姓收入增长基本上与经济增长保持同步，分享了经济发展红利。

其他经济指标表现也非常好。物价总体上稳定，一季度CPI上升2.1%，政策目标是3%。PPI明显回落，一季度PPI增长3.1%。因此，无论是消费者生活成本，还是工业生产成本，总体来说都处在合理区间。就业情况一直表现很好。另外，国际收支平衡越来越好。去年经常项目顺差占GDP的比重回落到1.4%，而且资本账户逆差明显回落，现在接近于零。几年前，曾出现大量资金外流的情况，现在得到有效管控。按照国际标准，经常账户顺差占GDP的比重

应该不高于3%，目前中国是1.4%。最近几年，美国财政部并未就人民币汇率对中国施加压力，这是因为美国自身国际收支情况比较差，经常账户逆差多年都在3%以上。

最近一年中国政府的财政收入增长良好。今年3月政府工作报告提出今年财政预算赤字率是2.6%，也是控制在国际标准3%以内。目前，中国财政运行总体稳健，政府公共负债水平在世界上是比较低的，中央政府再加上地方政府负债，再除以GDP，现在还不到40%。当年欧盟成员国建立欧盟，要求稳健的财政运行标准是公共负债率不高于70%，实际上现在欧洲主要国家的公共负债率都达到了90%，美国是100%，日本是250%。从这个意义上说，中国财政运行的安全性是比较高的。另外，中国过去一年连续12个月实现外汇储备增长，现在是3.1万亿美元，位居全球首位。过去几年，人民币汇率钉住一篮子货币保持相对稳定，为全球金融稳定和商务活动创造了良好的金融环境。特别在"一带一路"相关贸易、投资活动中，人民币汇率稳定其实是市场对中国经济有信心的表现，企业因此受益匪浅。中国短期外债为1万亿美元左右，占外汇储备的30%，外债偿付有保证。

另外，金融市场运行总体稳健。最近几年，我们在降低国有企业杠杆率和潜在金融风险方面取得了长足进展。今年一季度，国有企业杠杆率下降0.8个百分点，去年下降0.6个百分点，目前国有企业负债率为56%，企业经营的稳健性也是不错的。2015年中国金融市场经历了两场考验，一个是股市异常波动，另一个是外汇市场剧烈震荡。此后，资本市场和外汇市场运行总体稳健。今年一季度表现差强人意，主要是受到美国贸易政策的冲击，美国道琼斯30种工业股票指数、标普500指数和纳斯达克综合指数都出现异常波动，中国也受到负面影响。去年中国新增IPO上市企业500多家，现在深沪市场A股上市公司总量是3000多家，按照这一发展态势，每年新增几百家上市公司，未来几年中国资本市场的结构将会发生翻天覆地的变化，这意味着资本市场支持了实体经济发展和产业结构调整，尤其是支持了新兴战略性产业发展。过去两年，一些创新金融领域的潜在风险得到有效化解，比如在金融科技领域，像P2P、现金贷等，加强立法和监管，保证了金融创新活动的正确方向。

第一是过去几年中国供给侧结构性改革取得了卓越成绩。单位GDP能源消耗稳步下降，过去靠投资驱动和出口拉动经济发展，最近几年出现明显改变，现在消费成为经济增长的主要力量，第三产业对经济增长的贡献越来越大，一季度消费贡献超过70%，第三产业贡献超过60%。现代服务业、高科技行业和装备制造业增加值增长超过11%，高于规模以上工业增加值增长。一季度，规模以上工业增加值增长6.8%，去年是6.6%，前年是6.0%。2008年金融危机以前，主要靠投资驱动经济增长，当经济增长9%，投资增长就必须为17%~18%，但现在经济增长6.9%，投资增速只有7.5%，说明投资效率上升、投资结构优化。

过去五年，老百姓收入增长超过经济增长0.2个百分点。党的十九大以来，尤其是不久前习近平主席在博鳌亚洲论坛主旨演讲中在四个方面讲了扩大开放的政策举措，第一是扩大服务业，特别是金融服务业对外开放。过去十多年，中国加入WTO时的承诺都一一兑现，在有些领域还主动扩大了开放。现在有条件进一步扩大金融服务业开放，但是目前中国金融业总体上是大而不强。

2016年人民币加入国际货币基金组织的特别提款权货币篮子，占10.92%的比重，但实际上人民币发挥的作用仍然较小，目前在国际储备货币中占比只有1.1%；在国际结算货币中占比也就是1.6%，排在全球第五位；在金融交易中占比更低，只有0.5%，甚至排在瑞士法郎、加拿大元和澳大利亚元之后，这是与中国经济在世界经济中的地位不相称的。扩大金融开放，短期内是要付出代价的，中国金融业可能会受到冲击，服务贸易逆差会扩大，但是我们愿意扩大开放，让国际社会、金融机构分享中国发展红利，中国市场蛋糕很大，中外金融机构可以相互借鉴，这也有利于全球经济和金融再平衡。当然，银行、证券、保险、信托、期货、基金等机构对外开放需要分步实施。

第二是营造良好的投资和营商环境。特别是基于准入前国民待遇和负面清单管理制度这两大国际规则前提下的扩大开放，与国际社会开展平等合作。这里具体讲到，今年上半年要完成修订外商投资企业负面清单，今年年底在全国范围推广市场准入负面清单制度。与此相关的还有两个清单，一个是政府的权力清单，一个是政府的责任清单。权力清单是全面依法治国原则的具体体现，就是法无授权不可为，如果法律没有授权，政府就不能乱作为。另一个就是法有规定必须为，在法律规定范围内政府应该积极作为，这里其实体现了一个基本指导思想，就是要理顺政府和市场的关系，让市场在资源配置中发挥决定性作用，同时发挥好政府作用。今年3月，中国推出国家组织机构改革方案，很多新部门都是围绕培育市场机制成立的，比如市场监督管理总局、知识产权局等，都是适应进一步扩大开放、深化改革的需要，做出的重大改革。

第三是保护知识产权。进一步加大工作力度，依法保护知识产权，同时提升执法的权威性、威慑力,特别是要提升违法违规的成本,既要保护跨国公司在中国的知识产权,同时也希望国际社会保护中国企业的知识产权。保护知识产权就是为了保护创新。当前,世界经济出现明显复苏,但势头还比较弱,预期今年世界经济增长3.9%,去年是3.6%,仍然低于十年前金融危机前的平均水平,当时是4.5%。对于这一来之不易的世界经济复苏势头要倍加珍惜,我们希望通过创新驱动,增强创新对经济发展的支撑力;同时通过扩大创新合作,来实现国际社会共同发展。这是中国自身发展的需要,也是国际社会的热切期待。

第四是主动扩大进口。去年中国进口增速创下历史新高,增长16%,但是出口增长只有7.9%,未来这一趋势会延续。一季度,中国外贸进出口基本保持这一态势,但总体增速回落,估计未来中国外贸增长将与经济增长基本同步。中国扩大进口对世界各国是重大利好。今年中国将在上海举办首次进口国际博览会。中国人均收入去年达到9000美元,未来进口需求还会进一步上升。现在有近4亿人口步入中产阶层,预期到2020年可能有6亿人口步入中产阶层,大量进口将为国际社会提供更多就业和经济发展的机会。

今年是中国改革开放40周年,中国政府拿出了更大力度扩大开放的实际行动,未来中国对外开放的大门还会越来越大。预期今年中国经济增长6.7%,明年增长6.6%,后年增长6.5%,按照这样的速度,到2020年实现既定的两个翻一番战略目标问题不大,但难点是存在三大短板。一是防控重大风险,尤其要防控外部冲击风险,特别是美联储加息,还有美国挑起的贸易摩擦如果升级,将对中国产生很大负面影响,对世界各国也会产生负面影响。二是3000多万贫困人口脱贫的问题。过去40年,中国让近7亿贫困人口脱贫,这是对国际社会的重大贡献。未来每年还需要减少1000万左右的贫困人口。三是污染防控,特别是打赢"蓝天保卫战"。最近两年,北京的空气状况好多了,生态环境明显改善。

从发展趋势看,我们对2020年全面实现小康社会的目标信心很足。往后看,预计在2025年左右,中国人均收入可望达到1.3万美元,这就达到了世界银行设定的高收入国家标准。通过几年努力,如果中国13亿人口突破"中等收入陷阱",迈进中等发达国家行列,将是一件了不起的成就。未来十年,如果中国经济年均增长6%,而美国经济年均增长2%,我估计到2030年前后,中国GDP的规模将首次超过美国,成为世界第一。目前,中国GDP在全球占比为15%左右,美国为25%;预计到21世纪中叶,中国GDP在全球占比可望达到25%,而美国则可能降到15%,两国位次正好替换。即便到那时，中国人均收入和很多其他综合性指标与美国还有相当大的差距，人民币发挥的作用仍然是世界第三，美元第一，欧元第二。目前，适当加快人民币国际化进程，特别是围绕"一带一路"建设扩大人民币使用，实际有助于全球金融再平衡，有助于促进国际储备货币多元化，有助于分散和化解国际金融体系的系统性风险，也是中国承担国际责任的具体表现。但现在国际社会有些人对中国有复杂心理，实际上中国和平崛起对世界各国是福音，因为中国是爱好和平的国家。

习近平主席提出"一带一路"建设的倡议，为国际社会提供了一个公共产品。他说，当今世界存在三大赤字：一是和平赤字，中国是维护世界和平的基石；二是发展赤字；三是治理赤字。中国带头推动国际社会特别是G20共同落实联合国提出的2030年可持续发展议程，中国贯彻五大发展理念，其中包括发展的开放性、包容性、可持续性，特别是绿色发展理念。中国五大文明建设里有一条，就是建设生态文明、美丽中国。在未来世界经济可持续发展的过程中，中国将发挥积极作用。过去多年，中国为国际社会贡献了30%以上的新增GDP，未来5~10年内这一趋势仍将持续。中国和平崛起是历史必然，任何人都无法阻挡。习近平主席讲过，中国的发展机遇不仅属于中国，也属于全人类，大家都可以搭顺风车，分享中国发展的红利。中国有信心在"共商、共建、共享"三大原则下实现平等合作、互利共赢，未来前景美好。

（根据徐洪才在中国国际交流中心接见亚洲10国媒体
参访团会上的发言整理，2018年4月23日）

十、一季度中国经济形势分析

一季度，中国经济延续过去几年稳中向好、稳中有进的发展态势，质量上升，结构优化，实现开门红，为今年以及未来三年全面建成小康社会奠定了坚实基础。

（1）经济增长超预期。2017年中国经济稳中向好，GDP同比增长6.9%，超出预期。先行指标PMI表现不错，包括制造业PMI、非制造业PMI指数表现都很好。一季度，服务业对经济增长的贡献率首次超过60%，达到61.6%；消费对经济增长的贡献率也创下历史新高，达到77%。3月，"克强指数"为6.76%，1~3月累计值为10.45%；一季度规模以上工业增加值同比增长

6.8%，比去年上升0.2个百分点，说明工业生产情况良好，微观经济基础扎实。

（2）物价总体保持稳定。一季度，物价总体稳定。2月，CPI有点异常，为2.9%；3月回落到2.1%。全年物价保持稳定可以期待，预计会在2.2%左右。主要基于以下原因：一是货币金融形势稳定，M2增速与名义GDP增速大体保持一致。二是需求总体稳定。最大变量是全球能源生产消费结构发生深刻变化，随着页岩油气成本下降，美国已从原油进口国变成净出口国，而我国是最大的能源消费国和进口国，我国推出国际原油期货适逢其时。三是今年PPI指数明显回落，1~3月PPI增长3.1%，PPI与CPI之间的剪刀差收窄。

（3）就业形势稳定。过去四年，每年新增城镇就业岗位在1300万以上，都超额完成当年政府工作报告中提出的就业目标；每年解决1300万就业岗位，4年下来就是五六千万，相当于一个中等发达国家的人口数量，这是了不起的成绩。当然，就业方面还有些结构性问题，比如人口老龄化问题，但总体就业形势是好的。

（4）国际收支状况改善。近几年国际收支平衡明显改善，经常项目顺差收窄，非储备性质金融账户转为顺差，跨境资金流动基本平衡。外贸增长超预期，2017年我国货物贸易进出口总额为27.79万亿元，同比增长14.2%，贸易顺差收窄，但3月出现贸易逆差，特别是对美国进出口回落，需要关注。同时，资本项目平衡改善。2017年，非储备性质金融账户顺差为825亿美元，储备资产增加915亿美元。吸引外资能力较强，对外投资结构优化。2017年，实际利用外资为8775.6亿元，同比增长7.9%；说明营商环境改善，国内市场对跨国公司保持了较强的吸引力。2017年对外非金融类直接投资为1200.8亿美元，同比下降29.4%。

（5）投资增速回升，投资结构优化。从国内投资驱动来看，一季度出现反弹，其中固定资产投资同比增长7.5%，高于去年0.3个百分点，主要是民间投资和房地产投资回升。房地产投资与民间投资之间有着内在逻辑关系，不排除一些民间投资进入房地产领域。在投资结构方面，一季度，服务业完成固定资产投资比上年同期增长10.0%，增速高出第二产业8个百分点。高科技装备制造业、先进现代服务业吸纳资金的增速超过全国平均水平，说明经济结构在优化。需要关注的是制造业投资一直低迷，在4%左右，工业领域吸收资本增速只有2%左右。高科技领域投资增长乏力，主要是缺少技术，在创新方面存在短板。从"三去一降一补"任务看，今年供给侧结构性改革提的更多的是降成本。工业企业杠杆率下降,继2017年下降0.6个百分点之后,2018年一季度又下降0.8个百分点。从区域来看,2017年地区性投资结构在优化,中西部地区、东北地区投资增速上升,其中中部地区投资增长10.7%,增速提高3.8个百分点;西部地区投资增长11.1%,增速提高2.6个百分点;东北地区投资增长8.1%,增速提高5.3个百分点。大家都关心房地产。2017年我国解决了两大难题:一是通过限购、限价等方式,有效遏制了一线城市房地产过热的势头;二是通过政策创新,有效化解了四线城市房地产的库存。今年讨论的热门话题是房产税,预计房产税的推出会慎重,将坚持以人民为中心的理念,按照"立法先行、充分授权、分步推进"的原则,科学、稳步、适时推进房地产税的立法和实施。

(6)消费对经济增长贡献增加,出现结构性变化。其中,新兴消费对经济增长的拉动力上升,旅游消费、文化消费、信息消费、养老健康体育消费等明显上升。随着居民收入的增加,消费出现结构升级,这种变化反映市场需求的变化和未来投资方向的变化,也预示着未来产业的变化,从投资角度看要把握好方向。2017年汽车销售增速明显下降,随着汽车行业扩大开放,国内汽车生产厂商不可避免受到冲击,但消费者可以买到物美价廉的产品,从中受益。

(7)第三产业快速发展,对经济增长贡献上升。一季度,第三产业增加值占全国GDP比重由去年同期的56.3%上升到56.6%,比第二产业高出17.6个百分点;对经济增长的贡献率为61.6%,比第二产业高出25.5个百分点,继续发挥国民经济第一大产业和经济增长主动力的作用。在服务业中,一季度增长最快的为信息传输、软件和信息技术服务业,增速高达30%以上;租赁和商务服务业保持两位数的增长;批发零售业、住宿餐饮业增长平稳;交通运输、仓储和邮政业增速回升。

(8)供给侧结构性改革稳步推进。"三去一降一补"方面,圆满完成钢铁、煤炭年度去产能任务。2017年全国工业产能利用率为77%,创5年新高,单位GDP能源消耗、碳排放都有明显改善。供给侧改革促进了转型升级,许多短板领域的投资增速都很快,在10%以上,有的甚至达到20%、30%以上,如生态环保、公共设施、农业投资等。创新发展持续发力,新动能继续较快增长,工业机器人、新能源汽车的增长都令人鼓舞。一季度新能源汽车增长139.4%,工业机器人增长29.6%,规模以上工业企业产销率达到97.9%。3月,规模以上工业增加值同比增长6%,制造业PMI为51.5%,高技术产业、装备制造业增加值分别为11.9%和8.8%。

（9）财政收支结构优化。2017年财政收入增长比较快，为未来改革提供了回旋余地。财政支出结构明显优化，在教育、科技、文化、体育、社会保障、医疗卫生、金融环保等领域的支出明显上升。

（10）居民收入稳步增长，消费支出增长乏力。最近几年，居民收入增长稳定，与经济增长大体同步。党的十八大以来的五年，经济平均增速7.1%，居民收入平均增速7.3%。2017年经济增速6.9%，居民收入增速7.3%。今年一季度，居民可支配收入同比增长6.6%，低于经济增速0.2个百分点，属于短期波动。但也有隐忧，居民消费支出增速下降，只有4%左右，尤其是城镇居民消费支出增速下降更为明显，而且城镇居民存款增速放缓，居民部门加杠杆速度惊人，要引起关注。

（11）货币金融形势分析。近年我国货币供应量增速明显下降。3月末，M2增速8.2%，M1增速7.1%，M1增速低于M2增速，货币供应增速变化趋于正常化。今年以来，利率水平回落，今年二季度美国可能有一次加息，使得名义利率水平总体上升。一季度以来，资本市场震荡较大。过去两年，资本市场有一个积极变化，就是IPO常态化。去年500多家企业新股上市，为证券市场注入新鲜血液，预计三五年内会发生深刻的结构性变化。如果再有几千家公司上市，整个上市公司的结构将会变化。

总体来看，未来三年经济增长将在合理区间内，如期实现政策目标。

货币政策建议：一是继续调整优化货币政策工具。今年4月央行下调部分金融机构存款准备金率，以置换中期借贷便利，就是一项巧妙、灵活的政策。这项政策结合市场变化，适时主动投放货币，体现了政策结构的优化。二是降低融资成本要从源头抓起。最近几年商业银行息差收益缩窄，经营压力加大，居民希望有更高的投资收益率。未来随着利率市场化的推进，商业银行有望在资金市场化定价方面有更大自由度，以提高收益水平。

中国经济形势展望

第一，全球经济形势整体向上。全球经济开启新一轮复苏周期，美联储加息没有引发美元大幅升值和资本大规模回流美国，这比较好。在实施"十三五"规划的进程中，我们处于全球经济整体向上环境，可以搭上顺风车。

第二，政策目标如期实现。未来三年是实施"十三五"规划和全面建成小康社会的决胜阶段，中国经济将保持平稳运行态势。国内需求相对稳定，固定资产投资平稳增长，消费需求相对稳定，创新驱动对经济增长的拉动效果显现，改革开放取得更大成果，2020年将全面建成小康社会。随着一系列国家战略的实施，预计2025年中国将实现制造业强国目标，2030年中国GDP规模将首次超过美国，人民币在国际货币体系中将发挥更大、更重要的作用。到21世纪中叶，我们将迎来中华民族伟大复兴。

第三，坚定不移推进对外开放。今年4月，习近平主席在博鳌亚洲论坛2018年年会开幕式主旨演讲中指出，"中国人民将继续扩大开放、加强合作，坚定不移奉行互利共赢的开放战略""只有坚持和平发展、携手合作，才能真正实现共赢、多赢"。当前，需要客观、理性看待中美战略博弈。中国和平崛起将是历史性事件，历史车轮滚滚向前，任何人都不能阻挡。中国坚定不移地推进对外开放，并将在维护和平发展、推动新一轮全球化过程中为国际社会做出更大贡献。

（根据徐洪才在"金融街十号论坛"上的演讲整理，2018年5月2日）

第五章
2017年中国经济形势与2018展望

一、2018年中国经济形势前瞻

正值春光明媚,但大家心头有一朵乌云,就在上个星期五,特朗普打响了"贸易战"的第一枪,导致全球资本市场剧烈振荡。一天之内,中国股市近三万亿元的财富灰飞烟灭,中国人民辛苦一年的外贸成果就这样"蒸发"了!我觉得,未来几年中美贸易摩擦会经常有,但大家也不必悲观,我对中国经济的前景有信心。

借此机会,我就当前中国经济及趋势与大家做一点分享。

第一,当前中国经济形势用一句话概括,就是"稳中向好,超过预期"。2017年,中国经济增长6.9%,但在2016年年底、2017年年初,大家很担忧,觉得中国经济中长期走势将是"L形",但是拐点在哪里还不清楚。其实,拐点已经悄然来临。2016年全球大宗商品价格大幅度上升,石油价格从年初30美元/桶到年底50美元/桶,最近达到70美元/桶,说明全球需求在上升。国际货币基金组织最新预测,今年世界经济将增长3.9%,去年为3.6%,前年为3.2%。2017年世界经济出现重大变化,就是全球贸易增长超过经济增长,达到4%,结束了2016年以前连续五年世界贸易增长低于经济增长的局面。中国经济也在快速复苏,实现增长6.9%,其他经济指标表现也不错。比如,先行指标——中国制造业PMI一直高位运行,但是近期有波动。另外,"克强指数"表现良好,去年在12%左右,今年1~2月累计增长12.78%。相对应的是规模以上工业增加值相对稳定,去年规模以上工业增加值高于2016年0.6个百分点。因此,中国经济增长整体来看是稳健的。预计今年增长6.7%,政府工作报告的目标是6.5%,预计明年增长6.5%,后年增长6.3%。因此,2020年实现两个"翻一番"战略目标问题不大。当然,未来三年必须打赢三大攻坚战,即重大风险防控、3000多万贫困人口脱贫和污染防治。从大的趋势来看,信心很足。

第二,物价总体保持稳定。去年消费品价格指数增长1.5%,今年1~2月有波动，2月份上升2.9%，我预计全年CPI在2.2%左右，这是一个比较理想的水平。好消息是，工业生产价格指数去年冲高回落，现在是3.7%，未来会在这个水平上相对稳定。过去两年，石油、铁矿石、钢铁、煤炭价格上涨有特殊原因，未来上涨动能不足，国际油价在70美元/桶可能就是天花板。受新技术革命推动，美国页岩油气开采成本只有40美元/桶，外部环境使得我国工业生产成本不会出现大幅度波动，总体来看物价会保持稳定。

第三，就业一直表现非常好。过去一年，我国新增城镇就业人口是1351万，主要得益于服务业和小微企业的发展，经济结构调整创造了新的就业机会。

第四，国际收支平衡改善。首先，经常账户顺差大幅收窄。10年前，我国经常账户顺差与GDP之比一度高达9.9%，当时人民币大幅度升值，美国财政部也对我们施压，要求人民币汇率升值。最近几年，已经恢复到较好状态，现在外贸顺差减少。2015年，我国金融市场经受了两次冲击，一次是7月股市异常动荡，30万亿元市值灰飞烟灭。另一次是三、四季度外汇市场动荡，当年外汇储备从近4万亿美元下降到3万亿美元。当年外贸顺差5000多亿美元也扔到水里了，两项加起来折成人民币差不多10万亿元资金外流。最近两年，人民币汇率相对稳定，而且资本账户逆差明显回稳。2015年年底资本账户逆差与GDP之比高达-6%，现在回升到接近零的水平。目前外汇市场波澜不惊，国际收支平衡状况令人满意。

其次是外贸增长超预期。去年进出口增长13.4%，其中进口近16%，出口增长7.9%。这有特殊原因，因为上半年以前是负增长，存在基数效应。未来我国外贸增长与经济增长大体一致，是比较理想的状态。预计今年世界经济增长3.9%，仍然没有回到2007年美国次贷危机前的水平，当时接近5%。所以说，现在全球经济出现周期性复苏，但是复苏力度较弱。而且大家感到，全球贸易摩擦加剧，我们保持外贸中速增长是理性选择。

另外，利用外资和对外投资出现大幅波动。2017年9月以前，我国利用外资接近零增长，但在10月以后由于营商环境改善，利用外资出现大幅度上升。2017年平均下来实际利用外资为1310亿美元，同比增长4%，这是很不错的。当然，对外投资波动较大，2016年快速飙升至1700亿美元，创下历史新高。去年国家对企业走出去政策做了调整，现在是"三个一批"，即鼓励一批、限制一批、禁止一批，中国经济已经到了"优进优出"的新阶段。去年，非金融类企业对外直接投资下滑较多，回落29%，但仍然保持在1200亿美元的水平。

第五，近期投资增速回升，投资结构持续优化。坦率地讲，去年经济增长6.9%，但仔细分析是有压力的。压力就在于内需回落。去年外贸净出口对经济增长贡献是0.6%，如果减掉这个0.6%，实际内需驱动增长只有6.3%；2016年，外需对经济增长贡献是负的0.5个百分点，当年GDP增长6.7%，这意味着内需驱动增长是7.2%，因此如果撇开外需贡献，2017年经济增长实际回落0.9个百分点。去年全社会固定资产投资增长7.2%，2016年是8.1%，也是回落0.9个百分点，二者大体一致，这两年消费需求增长稳定。仔细分析，对未来经济增长还需保持一份理性，不可掉以轻心。但是今年1~2月，全社会固定资产投资明显回升，从去年全年7.2%回升到7.9%，实现了开门红。

与此同时，投资结构持续优化，第三产业投资增长良好，但是工业投资增长乏力，只有2.4%，要高度关注。过去几年，我国制造业投资增长一直在4%左右，主要原因是低端制造业产能过剩，而高端制造业是短板，但缺乏技术配套，因此吸纳资金有限。房地产开发投资现在回落到七上八下的合理水平。去年房地产市场解决了两大问题，一是一线城市房价过高的问题得到有效遏制，另一个是四线城市库存过多的问题也得到有效化解。现在房地产投资和消费恢复理性，增速在7%~8%，这也是比较好的。现在房地产一年销售近14万亿元，规模确实不小，这对老百姓未来的消费形成透支压力。不同地区投资结构也在优化，这里不展开讲。

第六，消费对经济增长的贡献上升。现在消费对经济增长的贡献达到64%以上。刚刚过去的两个月，社会消费品零售总额增长9.7%，比去年回落0.5个百分点。我觉得，作为13亿人口的大国，每年消费增长超过10%以上将不可持续，未来保持在9%~10%较为合理。因为传统的住房消费、汽车消费是回落的。过去几年一线城市房价过高，对年轻人、中产阶级的未来消费也有透支。最近几年，居民加杠杆非常快，目前全国老百姓储蓄存款也就是70万亿元多一点，城镇居民储蓄存款在55万亿元左右，其中有40多万亿元压在房地产上，手中活钱不多。加上去年流动性出现前所未有的情况，去年12月M2增速只有8.2%，低于名义GDP增速。未来几年，要控制宏观杠杆率上升，货币供应总闸门肯定要牢牢把控，不可能大幅度上升，保持在8%~9%将是常态。因此，整体流动性压力比较大。在2012—2016年的宽松货币的环境下，很多企业盲目扩张、负债较多，但是资产已经配置出去，未来将面临较大的流动性压力。总体来看，消费保持稳定，一个重要原因就是新兴消费起来了，如旅游消费。去年境外旅游达到1.38亿人次，是前所未有的，现在人均收入达到9300美元，老百姓有能力到境外看一看，文化消费、信息消费、养老消费、健康消费、体育消费等新兴消费风生水起，这是未来增加投资的方向，也是产业发展方向。

第七，第三产业对经济增长的贡献上升。目前，第三产业增加值占GDP的比重达到51.6%，对GDP增长贡献率达到58.8%。

第八，供给侧结构性改革稳步推进。"三去一降一补"扎实推进，钢铁、煤炭去产能任务圆满完成，工业产能利用率上升。大家有一个疑问，就是固定资产投资增长7.2%，怎么能拉动经济增长6.9%呢？按照过去的经验，当经济增长9%时，固定资产投资增速一般都在17%～18%，几乎差了一倍，最近只有7%多一点的投资增速，却拉动了6.9%的经济增长，说明投资效率是上升的。一个重要原因就是在落后产能退出以后，先进产能的利用率上升了。还有一个重要指标，就是工业企业资产负债率下降，去杠杆取得了明显效果。再一个就是补短板、去库存等，像生态环保、水利、农业的投资增量部分，结构也有优化。新动能培育非常明显，比如全国新登记企业为607万户，比去年增加9.9%，像战略性新兴产业增加值增长11%，工业机器人产量增长68%，新能源汽车增长51%，第三产业对GDP的贡献率是58.8%，消费成为经济增长的主动力，最终消费对GDP的贡献为58.8%。总体来看，新动能贡献上升，其增加值上升幅度超过了规模以上工业增加值，但目前所占比重偏低，大概只有15%。

第九，财政收入增长较快。今年前两个月一般公共预算收入增长15.8%，去年增长9.2%，2016年日子难过一些。在2017年两会期间，有人提议财政赤字突破3%的警戒线，今年情况不一样了，政府工作报告明确指出，今年预算赤字为2.6%，这仍然是积极的财政政策，因为蛋糕做大了，GDP总量上升，去年财政收入有节余，所以我们有能力控制政府杠杆率。另外，支出结构出现明显优化。从总量上看，公共预算支出今年1月、2月增长16.7%，其中教育投资支出增长12%，科技支出增长48.7%，社会保障、就业支出增长12.3%，医疗卫生方面支出增长15%，节能环保支出增长23.6%，城乡社区支出增长23.7%，农林水支出增长35.9%。还有一个好消息，居民收入稳步增长，但有一点要予以关注，就是城镇居民支出增长乏力，2017年支出增长只有4.15%，2016年是5.7%，2017年是5.5%。基尼系数呈现温和上升，说明收入两极分化并没有明显改善，这是未来的挑战。但总体来看，收入稳步上升主要得益于充分就业政策和产业结构的调整。

前几年，在大连达沃斯夏季论坛上李克强总理讲道：我不太关心个别宏观经济指标的短期波动，而是更关心三个方面，第一是充分就业。只要大家有工作、有收入，就会有消费，经济发展就有后劲。第二是老百姓收入增长和经济增长大体保持一致，现在的说法就是让老百姓有更多的获得感和幸福感。第三是污染防治，重点打赢蓝天保卫战。只要这三个方面都向好的方向发展，就说明经济在提质增效，就不必在意个别经济指标的波动，不要以 GDP 为纲。李克强总理关注点的变化，也预示着政府宏观调控理念的变化。但是我以为，消费支出乏力要引起重视，要保障充分就业，同时收入分配政策也要调整。这次两会提出个税起征点调整，我建议设定在一万元以上，因为我的个人收入每个月只有一万元。这次两会热议较多的另一个话题是征房产税，好像今年人大的立法安排里没有提到这个事，说明中央是慎重的。因为中产阶级的主要财产就是房产，现在房产泡沫吹得很大。在北京，拥有一套二居室的房子，价值可能就是 1000 万元，如果依此征税，老百姓的消费能力必然会下降，这不符合党的十九大提出的以人民为中心的执政理念。关于征房产税，要坚持三个原则：一是立法先行，二是充分授权，三是分步实施。

第十，货币金融运行平稳。2016 年上半年，中国经济脱实向虚很厉害，狭义货币 M1 增速高达 25%，差不多是广义货币供应量 M2 增速的两倍；今年 2 月 M2 增长 8.8%，M1 回落到 8.5%，金融去杠杆取得明显效果，货币市场利率总体是温和上升。但是今年一季度温和下降，这也为未来宏观调控腾出了空间。上星期四，美联储在今年首次加息，我国央行也跟进，提高了公开市场操作 7 天回购利率 5 个基点，加息空间是有的，总体上利率回升比较温和。今年一季度，我国资本市场出现剧烈振荡，短短几个月就把过去一两年的财富成果给弄掉了，应该引起高度关注。在去年年底、今年年初的时候，我说 10 年来一次的国际金融危机这个魔咒看来被打破了，1988 年股市震荡，1998 年亚洲金融危机，2008 年国际金融危机，2018 年会不会再来一次呢？当时我肯定地说不会，但计划总赶不上变化，没有想到特朗普会来这么一手，所以我们要保持警惕，外部冲击风险很大，上周五一天时间里全世界几万亿美元的财富没有了。在 2016 年 10 月特朗普竞选胜出之时，国务院委托中国国际经济交流中心牵头搞了一个中美经济学家对话，当时我就提请美国经济学家同行转告特朗普，他是搞房地产开发的，对金融问题、宏观调控是外行，需要谦虚一点，因为全人类的利益经不住他这么瞎折腾。我觉得，中方这次对美国挑起"贸易战"的反应是克制的，体现了大国风范。

展望未来，国际环境依然复杂多变，但是积极因素越来越多。从前年开始，世界经济出现温和复苏，新一轮经济周期已经启动，这个周期要到 2025 年左右结束，也就是在"十三五"期间，在未来我国全面决胜建成小康社会阶段，总体来看世界经济是温和上升的，这对我们有利。特朗普的内政外交已经对我们造成很大的麻烦，但是他的思路我们也看清楚了，要跟他打持久战，趋利避害。欧洲的不确立性明显下降，今年年初法国总统马克龙和英国首相特雷莎·梅相继来访，欧洲大陆跟中国的关系总体上健康向好。另外，美联储加息并没有引发美元大幅升值和资本大规模回流美国，但是美国货币政策可能扰乱全球金融体系，需要警惕。另外，"一带一路"倡议得到国际社会广泛响应；地缘政治冲突多点爆发，但也坏不到哪里去，尤其是中日、中韩关系回暖，都是好消息。国内情况就不言而喻了，内需稳定，13亿人的衣食住行的基本需求，就决定了中国经济发展有韧劲，有回旋余地，有底气抗击外部冲击。更重要的是，创新驱动经济增长效果显现。

今年是改革开放40周年，要认真总结经验，将改革进行到底。我很欣赏刘鹤同志讲的："要以更大的改革开放实际行动来纪念改革开放40周年。"因为改革开放目的就是发展生产力，让人民生活更美好。明年是建国70周年，后年全面建成小康社会决胜三年，我觉得只要把三大攻坚战打好，把短板补上，实现两个翻一番问题不大。

（根据徐洪才在郑州的演讲整理，2018年3月25日）

二、解读2017年中国经济数据

中国网："中国访谈，世界对话"，欢迎您的收看。国家统计局1月18日发布了2017年宏观经济数据，显示中国国民经济延续了"稳中有进、稳中向好"的发展态势，整体形势好于预期。如何解读2017年中国经济的成绩单？这些数据释放了哪些信号？我们又将如何期待今年中国经济的表现？本期《中国访谈》特别邀请到了中国国际经济交流中心副总经济师徐洪才为您解读。

中国网：徐教授您好，欢迎您做客《中国访谈》。国家统计局18日公布，2017全年国内生产总值（GDP）总量为827122亿元，首次登上80万亿元门槛。GDP同比增长6.9%，增速较2016年提高0.2个百分点，这是自2011年经济增速下行以来的首次回升。您如何评价2017年中国经济运行的总体情况？

徐洪才：毫无疑问，2017年的经济表现确实是好于预期的，是稳中向好的。在2016年年底的时候，大家还有点担忧——中国经济进入新常态以来，未来走势是一个"L形"，但是这个"L形"一竖再一横的拐点在哪里，大家心里没有底。实际上，中国经济在2016年四季度的时候就已经出现温和反弹了。2016年虽然全年经济增长6.7%，但是四季度是增长6.8%。到了2017年上半年，随着全球经济的复苏，中国经济表现非常好，一季度、二季度经济增长6.9%，三季度、四季度是6.8%，全年平均下来是6.9%，高于2016年0.2个百分点，显然有点喜出望外。因为有了这个基础，未来三年日子就好过了，到2020年实现"两个翻一番"战略目标的底气更足了。另外，经济质量、效益等指标都在改善，经济结构在优化，还有一些潜在金融风险得到了有效化解。

中国网：在发布会上，国家统计局宁吉喆局长多次提到"好于预期"这个词，可见大家对2017年的经济增长是比较肯定的。除了GDP总量和GDP增长速度之外，本次公布的经济数据还有哪些亮点？

徐洪才：首先是就业。最近几年，李克强总理很关心就业，因为就业上升意味着老百姓收入增加，也预示着消费对经济的拉动力有基础。连续几年实现城镇新增就业岗位1300万，这是了不起的成就。另外就是老百姓收入的增加基本上和经济增长保持同步。过去几年，城乡居民可支配收入增长总体上高于GDP 0.2~0.3个百分点，2017年更多一点，2017年经济增长6.9%，收入增加7.3%。

中国网：老百姓日子越来越好了。

徐洪才：是的。另外物价稳定，金融体系也保持稳定，因此老百姓感觉经济质量提升了。

中国网：是不是这些也代表我们经济发展进入新常态了？

徐洪才：总体来看，经济增速还会往下走，但是质量、效益会提升。去年有一个特殊情况，世界经济稳步复苏拉动我国外贸强劲反弹，贸易顺差扩大，对经济增长贡献大概是0.2~0.3个百分点。而2016年外贸是负增长，对经济增长的贡献是负0.4个百分点。所以，虽然投资下滑0.9个百分点，但经济增速整体提高0.2个百分点。大家感到，经济新常态的特点更加明显了。

中国网：中国经济实现"稳中向好、好于预期"，除了刚才您说的对外贸易的因素之外，还有哪些主要的内部和外部原因呢？

徐洪才：内部原因是主要的。过去几年聚焦于供给侧结构性改革，"三去一降一补"取得了长足进展，培育新动能卓有成效。比如高科技、现代服务、装备制造，还有共享经济、数字经济、新业态、新模式等领域，创造的增加值高于规模以上工业增加值。而规模以上工业增加值相对2016年上涨0.6个百分点，反映工业企业效益上升，新动能对经济增长贡献明显。这些领域代表未来经济发展方向，吸引投资增速也高于全国固定资产投资增速的平均水平，初步显现新旧动能转换效果。另外，防范化解风险卓有成效，比如一线城市房地产泡沫、互联网金融风险，还有外部冲击风险等，为经济平稳运行创造了良好的外部环境。

中国网：去年供给侧结构性改革不断深化，全国工业产能利用率为77%，创下 5 年来的新高。从相关数据来看，"三去一降一补"主要取得了哪些成效，对经济发展又产生了怎样的影响呢？

徐洪才：具体而言，就是落后产能、僵尸企业退出，本身就体现了优胜劣汰和资源优化配置。与此同时，煤炭、钢铁，还有落后产能规模下降，引发了市场供求关系的变化，拉动相关工业基础原材料价格大幅上扬。在价格信号的作用下，一些先进产能企业开工率、产能利用率上升。因此，2017年虽然投资增速下滑 0.9 个百分点，只有 7.2%，创下历史新低，但经济增长反而高于 2016 年，原因之一就是产能利用率提升，挖掘了经济增长潜力。

另一个原因是对传统产业的技术改造也释放了潜力。还有，供给侧结构性改革中的"降成本"，让企业轻装上阵。比如在自贸区实行负面清单管理制度、简政放权改革措施，在全国范围内推广，降低了制度成本、市场交易成本，企业税负明显下降，因此提升了企业竞争力。总之，需求虽然有所回落，也是必然的，但经济增长仍保持了稳健向好的趋势。

中国网：可以说这也是为实体经济中的制造业提供了一个利好信号？

徐洪才：是的。制造业转型升级是核心，未来中国发展要靠实体经济。而高科技、战略性新兴产业，特别是先进制造业，代表国家的核心竞争力。我们在稳步推进《中国制造 2025》发展战略，在智能制造等高精尖领域现在也达到国际领先水平，拉动了相关产业的发展。技术进步、创新驱动的效果初步显现，对经济增长的贡献上升。

中国网：另一个老百姓关注的话题就是房地产行业。2017年全国各地陆续推出一些房地产政策，比如差异化供地政策、租赁住房、共有产权房等。12月末，全国商品房待售面积比上年年末下降 15.3%。您如何评价去年房地产市场的整体表现呢？

徐洪才：前几年房地产存在的问题主要有两个方面：一是一线城市、热点城市房价过高，投机过热；另一个是三四线城市库存过多，"冰火两重天"。这种分化走势显然是不健康的，因此有必要进行针对性的调控，2017年取得明显进展。一方面，一线城市和新一线城市房价波澜不惊，市场恢复平静，特别是房地产开发投资稳定在 7%～8%，相对过去 15% 甚至 20% 以上的增长，显然是合理的，跟经济增长基本保持同步。另一方面，改善落后地区的公共产品供给，比如增加医疗、卫生、教育的投入，增加其吸引力，推动新兴城镇化、产城融合，特别是推动产业发展，创造新的就业，保证了老百姓收入增长与房地产市场、城镇化进程和产业经济发展基本同步。包括采取票据化的保障房政策，不是新增更多新房，而是处理存量商品房，消化了一批库存。

因此，目前大家感觉房地产市场整体表现平稳。但更重要的是，已经着手建立促进房地产市场平稳健康发展的长效机制，这也是中央经济工作会议、党的十九大报告着重强调的。未来要增加多渠道的供给机制，整个市场供求关系将发生深刻变化。有理由相信，房地产市场未来肯定朝着健康的方向发展。

中国网：数据显示，2017年居民收入增长加快，城镇新增就业人数超过1300万，而全年居民消费价格比上年上涨1.6%，涨幅比上年回落0.4个百分点。您如何解读这些民生指标的变化？

徐洪才：首先就是老百姓的收入增加领先于GDP的增长速度。这种状况在若干年以前不曾有过。以前是财政收入、税收增加最快，其次是GDP增长，城乡居民收入增长要比经济增长略微低一点。最近几年，尤其党的十八大以来的情况趋于合理，老百姓收入增加与经济增长基本保持同步，这主要得益于政策调整。比如，通过产业结构调整，发展服务业，鼓励小微企业发展，推动创新创业，因此创造了新的就业机会。同时，国家在提高劳动者素质方面、教育方面也是不遗余力的，特别是在下岗职工再就业、精准脱贫等方面，解决普惠发展、两极分化问题，政策发挥了重要引导作用。

与此同时，物价水平相对稳定，去年CPI相对2016年下降了0.4个百分点。主要原因是货币政策总体保持稳健中性，没有出现"大水漫灌"，货币需求相对稳定。另外就是老百姓的消费结构发生了深刻变化，物质消费基本得到满足，瓜果蔬菜、粮食等物质消费品价格不涨反跌。但是另一方面，一些新兴消费，如文化、旅游、养老、健康、体育等消费需求上升，因此拉动相关产品、服务价格上升。另外，环保标准提升，因此企业生产经营成本总体上升，但技术进步也会抵消这些成本上升因素。

总体来看，老百姓得到实惠，收入增加了，生态环境改善，蓝天白云回来了。过去老百姓对雾霾污染感触很深，近年来国家把环保放在突出位置，直观上感觉生活质量提升了。

中国网：您刚才说的老百姓收入水平提升，消费水平提高，包括生存环境改善，这些数据背后所体现出的老百姓的获得感才是经济发展最重要的体现。今年是中国改革开放40周年，也是决胜全面建成小康社会、实施"十三五"规划承上启下的关键一年。通过对2017年经济数据的分析，您对今年国民经济走势怎么看？

徐洪才：一方面，2018年会延续2017年"稳中向好"的发展态势，而且面临的外部环境好于2017年，更好于2016年。因为从2016年开始，世界经济出现明显复苏迹象，美国、欧洲、日本的日子好过了，通胀接近2%的政策目标,特别是日本摆脱了长期通货紧缩的困扰。世界经济的强劲复苏拉动了全球贸易投资活动,去年我国外贸进出口受益匪浅。2015年,我国外贸曾在世界排名第一,2016年跌至世界第二,2017年又夺回世界第一。

另一方面,改革也为发展奠定了基础。新动能培育、供给侧结构性改革"三去一降一补"的进展都是实实在在的。过去一年,国有企业资产负债率下降了0.6个百分点,十分难得。未来几年还要进一步降低国企杠杆率。另外,在金融机构降杠杆方面也卓有成效,潜在风险得到化解。因此,2018年将延续向好态势,但经济增速会下来,预计是6.6%,2019年预计是6.3%,2020年预计是6.1%,按照这样的发展速度,未来实现"两个翻一番"、全面实现小康社会将指日可待。但是,一些问题也要引起关注。

中国网:比如哪些问题?

徐洪才:中央经济工作会议强调"三大攻坚战"。第一,防控重大风险,特别是金融风险。过去几年经受了考验。2015年年中,股市震荡,包括四季度外汇市场出现剧烈波动,都挺过来了。另外,主动化解了一些风险,但未来还会有新的风险。比如美联储加息,还有减税改革引起资本回流美国,这对我国产业和经济都形成竞争压力。从自身角度来看,我国金融体系的某些潜在风险也会卷土重来,比如2018年、2019年一些企业债集中到期,存在信用风险。地方政府过去几年盲目扩张,尤其在PPP项目实施过程中出现一些不规范做法,明股实债,名义是股权投资,实际有兜底条款,为债券投资,因此增加了地方政府或有负债,要高度关注地方政府债务风险。第二,污染防治,特别是打赢蓝天保卫战。第三,脱贫攻坚。过去一年我们解决了1000万左右贫困人口的脱贫问题,未来3年还有3000万左右的脱贫任务。到2020年,习近平主席讲过"一个也不能少",要全面建成小康社会,脱贫攻坚仍是挑战。

新的一年,供给侧结构性改革跟往年有所不同。党的十九大报告和中央经济工作会议都指出,要做好"破""立""降"这三件事。"破",就是破旧立新,不破不立,破除僵尸企业、落后产能,市场退出;"立",就是培育新动能、新产业、新的经济增长点、新的机制;"降",就是降低成本,特别要降低制度性成本,通过深化改革,释放改革红利。

中国网:党的十九大报告和中央经济工作会议都指出,中国已由高速发展阶段转向高质量发展阶段。今年国家还将在哪些方面下功夫,着重提高中国经济增长的质量?

徐洪才:党的十九大报告里面讲得很清楚,中央经济工作会议对2017年乃至未来三年经济工作又做了总体部署,实际是以供给侧结构性改革为核心,宏观经济政策也是围绕服务于供给侧结构性改革展开，政策之间要协调，货币政策保持稳健、中性。2017年做得不错，广义货币供应量M2增速为9%，创下历史新低，基本和名义GDP增速同步。经济增长6.9%，加上2%左右的通胀率，就是9%左右。这就结束了"大水漫灌"，推动经济发展方式变革，同时宏观杠杆率下降，因为货币增速超过经济增长，势必导致全社会杠杆率上升。现在从源头控制住了货币供给的总闸门，未来要发挥货币政策和宏观审慎政策"双支柱"作用，同时加强金融监管协调，以保证整个金融体系的稳定。

财政政策要更加积极，特别要体现财政政策的结构调整作用。好钢用在刀刃上，财政上资金使用效率要提高。社会政策兜底，同时引导新兴产业发展，优化结构。区域协调、发展政策、改革政策，还有对外开放，都要协同起来。改革要更多强调系统性、整体性、协调性，不能孤军深入。党的十八届三中全会定下来的任务，未来几年其实是很繁重的，要有所突破。比如国有企业混合所有制改革，2018年可能是关键一年，因为2017年已经做好准备。另外，金融改革要稳步推进；财税体制改革也要按部就班，特别是理顺中央和地方政府的财税关系，大家关心最多的是房地产征税立法问题，相关工作都要推进。还有一个重要工作，就是乡村振兴，这是党的十九大报告首次提出的。解决中国农村和城市的二元经济结构问题，仍然是一个重要工作。无论对内改革，还是对外开放，2018年都可望有一个稳步推进。

中国网：2017年，从中央到地方，各个经济主体主动作为、全方位系统推动我国经济"稳中向好"的态势。2018年，相信各方秉持"撸起袖子加油干"的精神，会推动我国经济持续中高速增长。感谢徐教授带来的精彩解读。

（根据徐洪才做客中国网《中国访谈》栏目整理，2018年1月19日）

三、2017年中国金融风险形势及其应对

2017年以来，世界经济出现明显复苏迹象，但增长动力不足。我国经济稳中向好，把防控金融风险放到更加重要的位置，并积极处置了一些风险点，整体风险水平有所下降。但仍存在一些潜在风险，如资本外流、金融体系流动性趋紧、政府债务增加、国有企业杠杆率过高、互联网金融风险等。

（一）人民币汇率及资本流出风险防控

2017年，人民币兑美元双边升值5.8%，但人民币兑一篮子货币汇率保持

相对稳定。此外，外汇储备规模、外债余额保持稳定，银行结售汇差额和资本账户差额收窄，资本外流风险得到了有效控制。

1. 人民币汇率波动及资本流出风险

2017年3月和6月美联储两次加息，人民币对美元汇率不仅不贬值，反而出现大幅度升值，这和2016年的走势大相径庭。2017年年初，中国人民银行果断出手，加强了资金流出监管，遏制住了人民币快速贬值的势头。1~8月，人民币对美元汇率升值接近7%；9月之后，出现双向波动走势，2017年年底人民币对美元汇率基本维持在6.5~6.6附近，整体运行较为平稳，银行结售汇差额和资本账户差额收窄。近年来，资本外流增加导致外汇储备减少，从2014年6月最高点3.99万亿美元降至2017年年初低于3万亿美元。2017年以来，随着加强外汇监管，外汇储备出现稳步回升趋势，11月回升至3.1万亿美元。

从短期看，美联储加息政策并未对我国金融体系产生较大冲击，但潜在风险也不容忽视。美元加息是一把双刃剑，一方面吸引外部资金流入美国，推动美元升值，进而增加人民币贬值压力，但也提高了美国国内企业和居民的融资成本，加息过快可能会导致美国经济下滑。加之，美联储实施缩表操作，即卖出前期持有的MBS、回笼基础货币，相当于货币政策紧缩。单个政策的作用是有限的，但加息、缩表、减税政策会产生叠加效应，对我国资本流动和外汇市场产生影响。

当前，欧洲央行和日本央行仍然实行较为宽松的货币政策，这会强化美元加息效果，美欧日政策分化也增加了外部金融环境的复杂性。近年来，随着我国经济进一步对外开放，企业和居民用汇需求上升，一旦市场预期改变导致集中换汇，则可能导致资本流出风险。资本流出方式多种多样，部分企业通过经常项目跨境转移资金形成风险，比如人民币升值时以虚假贸易流入境内套取高利率和升值的收益，人民币贬值时减少出口量致使资金流出。也有部分企业盲目投资房地产、酒店、影城、娱乐业、体育俱乐部等领域，形成风险隐患。更有部分高净值个人以旅游购汇、保险购汇、留学购汇、亲友蚂蚁搬家式购汇向海外转移资产导致资本外流。这些都增加了防控资本流出风险的难度。

2. 应对风险的建议

首先，保持合理的外汇储备，这是应对风险的基础。外汇储备既不能过多，又不能过少。过多意味着我国用自身经济资源去支持其他国家经济增长，而我国只换来对应的外汇储备，还要承担他国货币贬值、息票较低的影响。过少则无法在当前金融秩序下应对金融震荡，缺少应对资本外流的缓冲手段。拥有一定的外汇储备还可以方便调整储备资产结构，使外汇储备在欧元、日元、英镑与美元之间更合理分配。

其次，建立合理有效的汇率管理机制：一是加强企业经常项目结售汇管理，对明显的虚假贸易，应加强处罚力度；二是对服务贸易最大的旅游支出进行监管，加强外管局、银联和商业银行间的大数据的运用，防止大额外汇资金转移；三是加强对地下钱庄的打击，增加非法跨境资金的转移成本，减少国际收支平衡中较大的净误差与遗漏数值；四是加强资本项目下的直接投资、证券投资和其他投资监管，对非主营业务的跨境并购的企业行为进行多重审核，防止借并购之名行跨境转移资金之实；五是加强对蚂蚁搬家式购汇的监管，增强对个人违法违规购汇、资本转移行为的认定能力和管控能力。

再次，加强国际金融合作。一是推进一带一路建设，推广人民币国际使用，增加人民币在亚欧大陆贸易发展中的计价结算占比；二是提升人民币国际支付结算中份额，增强自身计价结算地位；三是增强人民币储备货币地位，推动国际货币基金组织扩大特别提款权的使用，鼓励更多国家将人民币纳入其外汇储备；四是加强各国货币政策协调和金融监管合作，防范国际资本大规模跨境流动的风险。

最后，做好外部输入性风险防控，重点应对美元走强、美国货币政策和财政政策同时发力、大宗商品价格出现大幅上涨，以及地缘政治和战争等外部冲击。

（二）银行体系风险防控

2017年以来，我国银行体系的信用风险仍处高位，但进一步恶化的势头有所缓解，市场风险与流动性风险所形成的交叉风险突出，影子银行风险仍不容忽视。

1. 银行体系的主要风险

一是银行不良贷款居高不下。2017年以来，全国不良贷款率指标持续攀升的势头得到遏制。截至2017年三季度末，关注类贷款率实现连续4个季度回落，但不良贷款问题远没有得到解决。①不良贷款水平处于高位，数量庞大。2017年三季度末不良贷款余额为1.67万亿元，关注类贷款余额为3.42万亿元，合计相当于商业银行2016年净利润的3倍。商业银行关注类贷款迁徙率仍然偏高，消化存量仍需时日。②处置不良贷款支出增加，严重侵蚀银行利润。我国不良贷款率得以维持在目前1.74%的水平，且持续恶化的势头得到一定程度的遏制，来之不易，银行为此付出了沉重代价。其中，打包转让和核销等处置方式实际造成银行利润的直接损失，而维持当前178.8%的平均拨备覆盖率也大幅压缩了银行的利润空间。③不良率高企还间接影响银行资金流向实体经济。出于趋利避害的考虑，在目前不良贷款居高不下的情况下，银行普遍提高了风险控制力度，主动避免涉足制造业和批发零售业等较高风险行业。

二是银行债券市场业务的风险。2016年年底以来，债券市场出现较大波动，利率短期内明显走高，对市场造成较大冲击。具体来看：①银行资金大量流入债券市场。目前我国银行机构仍普遍存在追求资产规模的倾向，扩大主动负债和非贷款类投资成为当前的主要策略。其中，同业存单、同业理财、债券投资所形成了业务链条扩张速度最快，小型银行面临的债券市场风险最为突出。2017年以来，金融去杠杆工作取得一定成效，但流入债券市场的银行资金数额依然很大。2017年10月末，同业存单发行余额达到8.06万亿元，不到2年时间已经达到政策性银行债发行余额的60.9%。②机构高杠杆操作提高债券市场系统性风险。在长达两年多的债券牛市中，机构普遍采用高杠杆博取高收益，回购交易被各类机构普遍采用，证券公司和基金子公司的资管计划、私募基金等普遍采用分级模式，杠杆率进一步提升。在目前利率中枢整体上移的情况下，高杠杆机构对利率上涨的承受能力较弱，容易形成机构降杠杆和利率攀升的恶性循环。③未来债券到期数量大幅增加，再融资压力较大。我国企业发行债券期限以5年期居多，3年期次之，2014年以来，我国企业发行债券的规模快速增长，由此导致未来一段时间我国企业债券到期数量大幅增加。从中期票据、公司债（不含私募债）、企业债情况来看，2017—2018年总偿还量分别为14600亿元、15500亿元，而2016年的总偿还量仅为11400亿元。

三是银行资产管理业务的风险。近年来，我国资产管理行业快速扩张，管理资金规模庞大。2017年6月末，资产管理行业管理资金规模（不排除业务交叉导致的重复计算）合计为106.09万亿元，管理资金规模达到银行业金融机构总资产余额的43.6%。其中的风险隐患不容忽视。①大量银行资金突破原有风险管理体系，参与资产管理业务。从负债端来看，个人和企业的银行存款通过银行理财产品转移至资产管理行业。2017年6月末，个人类和机构专属类银行理财产品余额合计为19.62万亿元，与住户和企业存款之比达到16.4%。从资产端来看，银行机构将原有贷款业务转移成对接银行理财产品。2017年6月末，银行理财产品中配置了非标准化债权类资产和权益类资产合计占比为26%左右。②大量金融类和非金融类机构涉足使得资管机构庞杂，机构之间存在大量业务交叉，从资金来源方至资金最终使用方之间资金链条过长、业务环节过多。加之不同类型机构对资管产品存在或明或暗的担保责任,资产管理业务过于复杂,相关机构责任很难有效区分,风险有效识别性较弱,提高了系统的脆弱性。③2017年以来,统一监管制度制定进程加快,11月,中国人民银行就《关于规范金融机构资产管理业务的指导意见(征求意见稿)》正式向社会公开征求意见。从未来趋势看,推进资管行业的统一监管是大势所趋,但从具体过程来看,统一监管措施的推进仍面临挑战,包括短期内消除期限错配显著提高了银行控风险压力,净值管理打破刚性对付也增加了银行理财产品赎回压力。

2. 应对风险的建议

一是货币政策要继续保持稳健的总基调,增强货币政策定力,形成稳定的市场预期,维持金融机构逐步压缩表内外资产规模的态势,挤出金融体系内部循环的过量资金,稳步去除金融体系风险隐患。二是发挥宏观审慎政策逆周期调控作用,赋予宏观审慎评估体系考核更灵活的政策手段,实施非对称的差别准备金调整机制,研究制定资产管理行业宏观审慎管理框架,重视对多牌照金融机构和金融控股集团的管理,将重点企业纳入系统重要性金融机构加强监管。三是重塑我国金融监管理念,所有金融活动都要在监管的范围视野之内,所有的信息监管机构都要能看得到,所有的行为监管机构都要能监管得到。明确树立法律、法规、规章、规范性文件的权威性,对于现有制度,不允许监管主体自己去判断管还是不管,不允许市场主体自己决定遵守或不遵守。四是逐步提高功能监管在整个金融监管体系中的占比,由机构监管为主向功能监管为主转变,适应金融机构逐步向混业经营发展的趋势,避免监管真空和监管过度。五是银行机构要合理控制主动负债规模,拓展资金来源渠道,提高主动负债管理的能力。金融机构要平衡好金融同业业务利润与风险的关系,提高对风险的重视程度,按照实质重于形式的原则全面做好风险管理工作。在有选择性和数量可控的情况下,打破刚性兑付问题,使信用风险溢价真正体现出来,使整个金融体系摆脱为风险溢价埋单的零和博弈。

(三) 政府债务风险防控

近年来,我国政府债务整体风险可控,但地方政府负债特别是或有债务的规模仍然偏大,有待进一步消化。

1. 政府债务的构成及规模

截至2017年三季度,我国中央直接政府债务,即中央财政国债的余额达到12.89万亿元。中央或有政府性债务包括中央或有财政债务,以及中央或有部门及所属单位的债务。截至 2017 年三季度，我国广义政府性外债包括债务证券和贷款，共计约 10274 亿元。中央政府或有外债为 9098 亿元，中国铁路总公司负债总额为 4.72 万亿元，由财政部提供担保的中央汇金投资有限责任公司发行的债券为 1090 亿元，三项合计中央政府或有债务总共为 5.74 万亿元。

在当前财政体制下，地方政府所负债务的构成较为复杂，界定也较为模糊。"新预算法"施行之后，我国地方政府债务的构成包括地方政府债券以及以非政府债券形式存在的存量政府债务。直接债务方面，截至 2016 年年底，我国地方政府债余额为 15.32 万亿元，其中地方政府一般债务余额为 97867.78 亿元，地方政府专项债务余额为 55296.23 亿元。在或有债务方面，我国地方政府或有债务中主要是由各地的融资平台举债形成。随着当前相关政策规范的出台，地方政府债券实行了一系列严格的管理制度，其总体构成和规模相对公开透明，地方政府举债融资已经明显规范。因此目前对我国政府债务风险的分析主要集中于地方政府的"或有债务"上。截至 2017 年三季度，我国地方国有企业总体负债为 47.63 万亿元。参考审计署 2013 年年底摸底调查数据，按照 20% 的政府财政偿还比例计算，计入地方政府实际债务统计的规模为 9.53 万亿元。

PPP 因其具体落实操作过程中的不规范性，多数采取"明股实债"形式，为地方政府带来潜在风险。在 PPP 项目中，有的需要政府付费，有的需要政府补助，这都增加了政府未来支出责任。但这两项支出都存在不确定性，因此，很难精确估算政府债务规模。根据财政部公布的项目库信息计算，截至 2017 年三季度，计我国 PPP 相关的地方政府性债务规模为 4.81 万亿元。

2. 当前政府债务风险[①]

截至 2016 年年末，全国政府性债务为 27.33 万亿元，其占 GDP 的比重，即政府负债率为 36.7%。在此基础上，加上截至 2016 年年底的政府或有债务 16.81 万亿元，得到相应的全国政府性债务总规模为 44.14 万亿元，政府负债率将上升到 59.3%。这一水平接近欧盟 60% 的预警线，但仍显著低于当前主要市场经济国家和新兴市场国家水平。以债务率（政府债务余额/政府综合财政实力）指标衡量，我国 2016 年地方政府债务率为 80.5%，较 2015 年的 89.2% 下

---

① 因为债务水平和经济增速在年内增速变化不同，后者相对更为持续，所以依照类似的办法计算 2017 年三季度的负债率等指标，并将其与 2016 年年末的负债率进行比较并不恰当，会夸大相应的衡量指标，按照 2017 年三季度现有数据计算，当前我国政府负债率水平为 47.6%，相对于 2016 年年末 36.7% 的负债率，实际上放大了实际负债水平的增幅，此处主要以 2016 的年度数据作为示例分析。

降 8.7 个百分点。考虑地方政府或有债务，可计算的地方政府的政府性债务的债务率约为 139.6%。各国对于债务率并没有一致的警戒标准，但从各国实践横向比较来看，我国地方政府债务率水平处在相对较高位置。综合来看，我国政府性负债的负债率并不高，整体风险可控，但地方政府负债特别是或有债务规模仍然偏大，有待消化。

我国政府债务风险成因既有历史因素又有结构性因素：在分税制体制下，地方政府有通过非规范途径获取收入平衡事权的动机；行政管理体制改革滞后，政府行为急功近利，增加了地方政府的财政负担；债务管理制度不健全，是地方政府性债务不断增加的制度性原因；金融监管制度不完善为地方政府性债务不断累积提供了便利；地方政府的融资途径主要是间接融资，限制了地方政府融资资金来源；政府逆周期调控也加速了地方政府性负债积累。

较长一段时期，我国地方政府债务的风险主要是结构性问题，包括：地方政府或有债务监管有待加强；地方政府债券的置换任务仍然较重；地方融资平台转型缓慢；新兴融资模式出现，地方政府不规范举债需要进一步规范；债务期限错配的问题依然存在；债务负担呈现地区差异等。

我国经济进入新常态，增速有所放缓，结构性调整的问题较为突出。宏观经济的未来发展是影响政府债务风险的首要因素。同时，在宏观经济面临下行压力的同时，国有企业、财税、金融与资本市场等方面体制改革的任务较为艰巨，各项改革内容是否能够及时协调推进也是左右政府债务风险的重要影响因素。

3. 政策建议

一是保持经济稳定增长，推进经济结构调整。保持经济相对稳定增长可为化解债务风险提供较为宽松的经济环境，要避免经济增速过度下滑，对政府财政出现双面挤压。同时，继续推进经济结构调整，充分发挥市场在资源配置中的主导作用。二是建立地方政府债务风险监测预警机制。构建符合我国国情的地方政府债务风险指标体系及警戒标准。构建地方政府债务风险指标，并针对不同经济发展状况及财务水平设定差别化的警戒线标准。三是进一步完善制度建设，规范地方政府举债行为。探索更加全面系统的债务统计与管理制度，完善地方政府债券市场信用评级和信息披露机制，加强债券限额管理的主动性，将债务融资与国库资金进行联动管理。四是针对 PPP 等新型融资模式创新监管模式。规范 PPP 项目、设立明确严格的项目实施标准、明确 PPP 等新型融资方式的监管模式，尽快明确监督机制，并明确权责，充分发挥监管机构职能。

(四) 国企去杠杆及其风险防控

1. 国企高杠杆率及其潜在风险

截至 2017 年 10 月末,全国国企、央企和地方国企杠杆率分别为: 65.9%、68.1% 和 63.7%。央企杠杆率明显偏高。虽然比 2016 年年底分别下降 0.2、0.5 和上升 0.4 个百分点,但是基础并不牢靠。近年来,以东北特钢为代表的企业债券违约事件,暴露了国企潜在风险的冰山一角。从行业杠杆率看,制造业杠杆率较稳定,高科技和新兴产业杠杆率下降,资源型行业杠杆率上升。总体上,近年来私企在去杠杆,而国企杠杆率在上升。特别是 2008 年金融危机之后,国企杠杆率大幅超过私企杠杆率。

其他财务指标也反映国企潜在风险状况并未明显缓解。一是应收账款规模增长、应收账款周转率下降。截至 2017 年 10 月,全国大中型工业企业应收账款高达 8.88 万亿元,同比增加 7.8%,增速比去年同期回落 2.3 个百分点。国有及国有控股工业企业应收账款为 3.06 万亿元,同比增加 4.8%,增速比去年同期回落 2.3 个百分点。近年来,国有及国有控股工业企业应收账款增速呈下降趋势,但应收账款整体水平居高不下。国企应收账款周转率也呈下降趋势。2016 年全国国企和地方国企应收账款周转率平均值都是 6.5 次,而 2011 年分别为 8.5 次和 8.2 次。二是财务费用支出增加。截至 2017 年 10 月,全国大中型工业企业财务费用同比增加 6.1%,比去年同期上升 13.8 个百分点。三是存货增速回升。截至 2017 年 10 月,全国工业企业存货累计同比增长 11.0%,比去年同期上升 9.6 个百分点;大中型工业企业存货累计同比增长 11.3%,比去年同期上升 10.8 个百分点;国有及国有控股工业企业存货累计同比增长 8.5%,比去年同期上升 10 个百分点。四是现金流动负债比率下降。2016 年全国国有企业和地方国有企业现金流动负债比率分别为 5.9% 和 4.3%,都比 2015 年下降了 1.6 个百分点。

2. 国企高杠杆率的原因

从外部原因看,经济下行压力下,为完成稳增长任务,国企增加负债扩大投资。近年来铁路、公路、机场、水利、电网等基建项目,以及灾后重建、棚户区改造等民生项目基本落在国企身上。在项目资金来源中,国家预算内资金仅占 10%。金融体系不发达也是重要原因。我国金融体系以银行间接融资为主,贷款类型偏向生产经营,贷款对象偏向大型企业。

从内部原因看,预算软约束是国企高杠杆率的幕后推手,其典型表现就是政府兜底。国企经营管理不善，盈利能力差，产权约束力弱。对国企经营者激励和监督不够，国有资产运行效率较低，使得自有资金比例减少。各级管理人员的自身利益和地方官员对政绩的要求都促使国企增加负债。另外，社会负担过重，也促使国企扩大负债。

3. 国企去杠杆现状及存在的问题

截至2017年6月，债转股共签约56个项目，涉及45家企业，签约规模为7095亿元。但成功落地项目只有10个，涉及金额为734.5亿元，占签约规模的10%左右。从目前签约项目看，集中在钢铁、煤炭等产能过剩较突出的领域。从操作层面看，债转股存在以下突出问题。

一是债转股目标企业选择。不应对正常类企业实施债转股，也不能对僵尸企业实施债转股。应选择符合国家政策导向、具有市场前景，眼下仅因负债率高、财务压力大而暂时困难的企业。在贷款质量形态上，主要选择正常和关注类贷款。

二是债转股资本占用和资金利用。债转股直接减少银行低风险权重贷款，增加高风险权重的股权投资，降低银行资本充足率，从而严重影响银行的积极性。银行通过附属公司实施债转股，也面临资金筹措困难，投资债转股周期长、风险高，社会资本参与意愿不强等问题。

三是债转股退出渠道。银行债转股的退出渠道有限。到证券市场首次公开发行成功率较低；到产权交易所挂牌交易一般要预先找好接盘者，否则很难成交；赎回条款对企业实际控制人的财务能力要求高，赎回资金也较难落实。

四是"一企多债"问题。当债务人在多家银行及非银行债权人处都有负债时，若仅由部分银行对债务人实施债转股，则可能出现已实施债转股的银行被动"掩护"未转股银行或非银行债权人撤退的情形。

4. 对策建议

第一，坚持稳中求进原则，发挥金融监管部门的作用。不急于求成，不设置事实上的规模要求。做好试点工作。在试点期间，不设规模和数量目标，而是结合各参与主体的意愿和能力，成熟一家、实施一家，待总结经验后再推广。

第二，加强政策沟通和协调，完善配套的市场化债转股实施细则。国资委应做好顶层设计，在债转股名单、具体标准、程序、分类、作价方法、资产评估、优先股等方面进行明确。

第三，发挥商业银行的作用。加强政策研究，完善本行债转股业务实施细则。配套制定本行开展债转股的管理要求、操作流程，指导本行依法合规开展债转股工作。

第四，合理界定地方政府的参与度。对地方政府的角色进行规范。建立完善的沟通协调机制，保证地方政府在债转股过程中能够适当参与。

第五，建立健全投资项目资本金制度，硬化企业预算约束，在清产核资基础上，明确产权归属和风险承担主体，改变无人承担风险的现状，杜绝企业过度负债的制度条件。

第六，推动国企债务重组，因企施策。对严重资不抵债，没有重组希望，产业重要性低的企业，依法实施破产；对资产负债率高，管理水平低，但有重组希望的企业，实施兼并重组；对企业经营情况一般，资产利润率较高，因注资不足而导致资产负债率过高及亏损的企业，通过债转股、职工持股等优化资本结构。

第七，与资本市场对接。发展风险投资、私募股权基金，帮助债转股企业引进战略投资者；完善多层次资本市场体系，对企业上市提供专业辅导，鼓励企业上市或被上市公司并购。

第八，深化国企改革，完善公司治理。加快推进混合所有制改革。健全国企资本金制度，硬化企业预算约束。加强企业内部管理，转换经营机制，提升盈利能力。

（五）互联网金融风险防控

1. 互联网金融发展现状、新特点与新趋势

互联网金融属于新兴金融，主要借助支付、云计算、社交网络与搜索引擎等互联网工具，为投资者提供资金融通、支付与信息中介等业务，具体模式有第三方支付、互联网理财、网络借贷平台（P2P）、互联网消费金融、互联网银行、互联网众筹等。其中，第三方支付交易规模在2017年上半年为60万亿元；互联网理财在2016年规模增长至2.6万亿元，预计到2020年将达到16.7万亿元；全国P2P网贷的贷款余额在2017年11月末达到1.68万亿元，创历史新高；互联网消费金融整体交易规模在2017年有望达到8933亿元；现金贷规模已超万亿元，2017年全年总成交量为去年的6倍；互联网银行虽然快速增长，但规模相对传统银行仍过小，资产规模和利润均不足传统商业银行的1%。

2017年是互联网金融行业迎来全面监管的第二年，我国互联网金融行业整体生态环境明显改善，累积风险已得到控制和治理，渐渐趋于合规理性。未来，行业将继续深度洗牌，打造优质资产端，提高平台风险定价能力成为趋势，且

金融科技将注重拓展应用的深度和广度，可以预见行业正走向健康有序化发展，将有效弥补传统金融的不足，有望承载普惠金融的重任。

2. 互联网金融的主要风险

一是法律和监管风险。互联网金融在中国发展创新迅猛的一个重要原因是法律和监管体系尚不完善，大量的互联网金融产品创新、交易方式创新游走于"灰色"地带，缺少法律和监管制约。

二是互联网金融放大了流动性与市场风险。互联网金融企业不受期限配置和缺口管理制度约束，加上比商业银行更有优势的实时交易业务，导致其实质性流动性风险更大。大量同质化互联网金融产品也会增加市场变动的趋同性，一旦发生小概率的流动性风险事件，市场恐慌情绪传染蔓延的速度也会更快。

三是信用风险在互联网金融领域更加隐蔽。互联网金融往往面临征信信息不全、不透明的问题，无法让投资者有效辨识借款人的信用或者项目的安全程度，无法落实有效的担保等，其信用风险不可小觑。

四是互联网金融数据安全风险。金融平台的用户认证信息是黑客攻击的重要目标，包括交易数据、资产数据、信用卡、身份信息等，既可以卖给诈骗团伙用于洗钱，还可以卖给竞争对手进行购买力和潜在客户的分析。

五是数字货币、ICO 与区块链金融风险。数字货币及区块链金融在技术上存在漏洞而容易受到黑客攻击，在法律上存在着发行合法性问题等风险，还极易被用来进行洗钱、违法赌博等犯罪活动。此外，伴随比特币在 2017 年火起来的加密货币 ICO，绝大多数都是骗局，其中蕴含的风险更大。

六是普惠金融、消费金融发展过程中潜在的风险，比如现金贷等个别消费金融产品超越法律红线的高利率，逼迫借款人多头借贷引致较大信用风险，游走在法律边缘的暴力催收。

3. 互联网金融风险产生的原因

一是监管不到位。金融监管模式大幅滞后于金融创新的实践，无法切实推动金融改革和创新的进程。"一行三会"四大金融监管机构虽各有分工，但仍然存在责任不清的问题，使得金融创新在现行监管体制下容易出现监管重置、监管套利和监管真空等监管不到位的现象。

二是征信体系不完善。当前央行在我国个人征信市场一家独大，而 P2P 等互联网金融企业尚不能接入央行征信系统，造成互联网企业在甄别借款人风险方面的数据来源有限。而且 P2P 借款人逾期信息没有进央行的征信系统，借款人违约也没有实质性的信用惩戒机制。

三是投资者不够理性。一方面，投资者不一定能充分认识投资失败对个人的影响；另一方面，个体理性也不意味着集体理性。一旦投资者因为货币市场出现大幅波动而赎回资金，可能会导致货币市场基金遭遇挤兑。

四是刚性兑付问题。我国针对投资风险的各种隐性或显性担保大量存在，风险定价机制在一定程度上是失效的。

五是互联网金融机构欺诈和非理性行为。金融机构可能开发和推销风险过高的产品，消费者可能购买自己根本不理解的产品。

4. 应对措施

一是做好问题平台清理整治工作。持续推进P2P风险专项整治，做好校园网贷和现金贷业务活动的清理整顿工作。

二是持续加强监管。监管机构应构建灵活的、具有针对性与弹性的监管体系，既要弥补监管缺位，又要避免过度监管。充分加强行业自律监管，用行业准入制度来代替政府的行政审批。通过加强行业协会的作用，助推行业的规范化发展。

三是将P2P等互联网金融企业建接入信用征信系统。目前虽然存在阻碍，但未来P2P平台相关信息接入征信系统是大势所趋，毕竟P2P的业务模式越来越趋于成熟，在金融领域的影响也越来越大。只有做到整个金融系统中信用信息充分共享，才能从根本上提高效率、降低风险，让造假者无处遁形。

四是培养理性的个人投资者。政府既要进行合理监管，做好政策法规的制定，又要通过舆论加强宣导，创造良好的理性投资环境。互联网金融企业不仅要自觉遵循各类规章法则，同时也要积极加强对项目风险的审核，保证所推出的产品符合监管要求。投资者也要在实践中自觉养成理性思维。

五是打破刚性兑付。投资者在选择理财、P2P等投资产品时必须重点考虑风险因素，不能仅仅看收益率水平的高低。

六是通过针对性监管等控制区块链金融风险。首先，国家应积极探索法律、法规、监管政策，设立研究部门、监管部门，在没有把握的情况下应不予认可比特币具有货币的法律地位。其次，加强对比特币的监管和消费者保护。最后，金融企业在积极投入、应用区块链技术的同时，也应该看到其可能产生的风险，并防范风险。大家共同营造一个健康的金融生态环境，积极稳妥地推进区块链技术的应用和发展。

（撰稿人：徐洪才、欧阳航、孙晓涛、林江、李莉、王磊、李婧婧，2017年中国国际经济交流中心课题"当前及今后一个时期金融风险防范研究"主报告，课题主持人：徐洪才）

四、2017年前三季度经济形势与2018年经济形势展望

2017年,经济运行总体保持稳中向好态势,具体表现为:经济增长超预期;物价基本稳定;就业形势持续向好;国际收支趋于平衡,进出口快速增长;投资增速回落,但是结构优化;消费对经济增长的拉动力增强;第三产业对经济增长的贡献上升;供给侧结构性改革取得新进展;财政收支结构优化;金融运行总体稳定。展望2018年,支持经济平稳运行的积极因素增多,经济运行可望继续保持稳中向好态势,但也要有效应对新的挑战和潜在风险。

(一)经济运行继续保持稳中向好态势

1. 经济增长超预期

前三季度,国内生产总值(GDP)增长6.9%,三季度增长6.8%;预计四季度增长6.7%,全年平均增长6.8%。先行指标表现亮眼。1~10月,中国制造业PMI一直在51%以上,特别是制造业小企业PMI向好;非制造业商务活动指数持续高位运行,10月为54.3%。工业运行稳中向好。1~10月,规模以上工业增加值累计增长6.7%,高于去年同期0.7个百分点。1~9月,工业企业利润累计增长22.8%。老百姓收入增长超过经济增长,1~9月,城乡居民可支配收入增长7.3%,领先经济增长0.4个百分点。

2. 物价基本稳定

消费价格稳定。10月CPI同比上升1.9%,环比上升0.1%;1~10月,CPI累计同比上升1.5%。全年平均预计在1.6%左右。居民基本物质消费相对稳定,且稳中有降,但服务业价格上升。工业价格高位波动。10月PPI同比上升6.9%,环比上升0.7%;1~10月,PPI累计同比上升6.5%,预计全年平均在6.4%左右。PPI去年9月是拐点,结束了54个月的负增长;今年年初冲高回落,近几个月反弹。主要原因是上游黑色金属、有色金属价格上涨较多,能源和原材料价格上涨较快。受基数抬升影响,加上煤炭、钢材涨价空间有限,预计未来PPI将逐渐回落,PPI与CPI的"剪刀差"收窄。

3. 就业形势持续向好

1~10月,新增城镇就业人数累计为1191万人,预计全年新增城镇就业人数仍可以突破1300万人。更重要的是,今年以来城镇失业率温和下降,三季度

城镇登记失业率为3.95%,创下近10年来历史新低。主要原因是经济结构优化、双创活动积极推进,增加了就业机会。

4. 国际收支趋于平衡,进出口快速增长

三季度,经常账户顺差占GDP比重为1.2%,比去年同期下降1.3个百分点。最近两个季度资本账户顺差,结束资本大量流出。1~10月,出口金额按美元计价增长7.4%,进口增长17.2%。主要原因是人民币对美元升值有利进口,原油、铁矿砂等价格上涨也拉动进口金额上升。去年上半年外贸负增长,下半年逆转,因此预计未来外贸增速趋于回落。1~10月,贸易顺差为3347.7亿美元,比去年同期减少922.3亿美元。连续8个月外汇储备增加,达到3.1万亿美元。1~10月,实际利用外资为6787亿元,同比增长1.9%;非金融类对外直接投资为863.1亿美元,同比下降40.9%,与去年形成鲜明对比。

5. 投资增速回落,但是结构优化

1~10月,全国固定资产投资(不含农户)为51.8万亿元,同比增长7.3%,增速比1~9月回落0.2个百分点。其中,国有控股投资增长10.9%,民间投资增长5.8%。分产业看,第一产业投资同比增长13.1%;第二产业投资增长2.7%,其中制造业投资增长4.1%;第三产业投资增长10%。基础设施投资同比增长19.6%;高技术制造业投资增长16.8%,增速快于全部投资9.5个百分点。高耗能制造业投资同比下降2.2%,投资增速回落的主要原因:一是房地产投资回归理性,1~10月,房地产开发投资累计增长7.8%,过去曾出现20%以上的高速增长;二是民间投资、制造业投资和外商直接投资增长乏力,1~10月,民间投资增长5.8%,制造业投资增长4.1%,外商直接投资增长1.9%。

6. 消费对经济增长的拉动力增强

1~10月,社会消费品零售总额增长10.3%,和去年同期持平。前三季度,最终消费支出对GDP增长贡献率为64.5%,对经济增长的拉动力增强。与此同时,消费也出现结构性变化。传统汽车消费和住房消费增速回落。1~10月,汽车销售为2293万辆,增长4.1%;商品房销售为10.3万亿元,增长8.2%。1~10月,实物商品网上零售额增长28.8%,比去年同期上升3.9个百分点。新兴消费快速增长,旅游、信息、文化、养老、体育等新兴消费快速增长,对经济增长拉动作用增强。

7. 第三产业对经济增长的贡献上升

1~10月，全国服务业生产指数同比增长8.2%，比上年同期加快0.1个百分点。其中，信息传输、软件和信息技术服务业，租赁和商务服务业保持两位数增长。1~9月，规模以上服务业企业营业收入同比增长13.6%，比1~8月加快0.1个百分点；规模以上服务业企业营业利润同比增长31.4%，比1~8月加快8.6个百分点。1~3季度，第三产业对经济增长贡献率为58.8%，与去年同期相比上升0.3个百分点。今年以来，服务业PMI一直处于景气区间，10月服务业PMI为53.5%。1~9月，服务贸易累计金额达3.45万亿元，同比增长9.2%。与此同时，服务贸易逆差扩大。1~9月，服务贸易累计逆差为1.35万亿元，同比上升16.4%。随着服务业对外开放的扩大，服务贸易逆差可能还会扩大。

8. 供给侧结构性改革取得新进展

去产能、去库存成效突出。钢铁、煤炭去产能年度目标超额完成，1.4亿吨"地条钢"产能出清。10月末，商品房待售面积同比下降13.3%，降幅比上月末扩大1.1个百分点。去杠杆、降成本稳步推进。9月末，规模以上工业企业资产负债率为55.7%，比上年同期下降0.6个百分点。前三季度，规模以上工业企业每百元主营业务收入中的成本为85.56元，比上年同期减少0.23元。短板领域得到加强。1~10月，生态保护和环境治理业、公共设施管理业、农业投资同比分别增长24.1%、23.4%和17.6%，分别快于全部投资16.8、16.1和10.3个百分点。新动能培育方面，1~10月，高技术产业和装备制造业增加值同比分别增长13.4%和11.5%，分别比规模以上工业快6.7和4.8个百分点；工业机器人产量同比增长68.9%；新能源汽车生产51.7万辆，同比增长45.7%；运动型多用途乘用车（SUV）增长14.1%。前三季度，战略性新兴服务业、生产性服务业和科技服务业营业收入同比分别增长17.5%、14.8%和14.6%。

9. 财政收支结构优化

首先，财政收入增长较快，改变了去年财政收入严重下滑的局面。1~10月累计，全国一般公共预算收入同比增长9.2%。其中，中央一般公共预算收入同比增长8.7%，地方一般公共预算收入同比增长9.7%。全国一般公共预算收入中的税收收入同比增长11.9%，非税收入同比下降3.4%。同时，支出情况总体保持稳定，支出结构优化。1~10月，全国一般公共预算支出同比增长

9.8%。其中，教育支出增长11.5%，科学技术支出增长19.4%，文化体育与传媒支出增长9.9%，社会保障和就业支出增长19.2%，医疗卫生与计划生育支出增长12.5%，节能环保支出增长28%，城乡社区支出增长10.3%，农林水支出增长4.3%，债务付息支出增长27.6%。支出结构优化有利于促进产业结构优化。

10. 金融运行总体稳定

一是货币信贷稳定。今年以来，广义货币供应量M2增速明显下降，已连续数月徘徊在9%左右。主要原因是金融降杠杆取得成效，银行同业业务减少。与此同时，M1与M2剪刀差收窄，资金流到实体经济的比重上升。1~9月，新增人民币贷款为11.2万亿元，同比多增1万亿元，资金流入实体经济并未减少。前三个季度社会融资规模为15.7万亿元，同比多增2.2万亿元。二是证券市场总体稳定。截至11月17日，上证综指收盘3382.91点，相对去年年底上涨9%，期间没有出现剧烈震荡。三是汇率保持稳定。9月之前，人民币对美元汇率升值6%以上，人民币对欧元贬值7%，但盯住一篮子货币保持温和贬值。今年以来，美元指数总体贬值。主要原因是欧元对美元出现大幅升值，这是对过去几年大幅度贬值的修正。展望未来，人民币对美元、对欧元、对一篮子货币可望保持相对稳定。四是房地产市场回稳，一线城市过热得到抑制。10月，70个大中城市中一线城市新建商品住宅和二手住宅价格环比分别下降0.1%和持平。

（二）2018年中国经济形势展望

1. 外部环境依然复杂，但积极因素越来越多

一是全球经济开启新一轮复苏周期。新周期一般在9年左右，上半场3~4年会往上走，有利我国扩大出口、深化国际合作。二是美国内政、外交政策思路变得清晰，中美经贸合作空间扩大。三是欧洲不确定性下降。马克龙上台和默克尔很可能连任总理，都有利于欧洲稳定，有利于深化中欧合作。四是美联储加息，导致新兴经济体货币和外汇市场出现剧烈震荡的可能性很小，全球金融安全网已今非昔比。五是中国"一带一路"倡议得到国际社会广泛响应，新一轮经济全球化仍在曲折中前进。六是地缘政治冲突多点爆发成为一种常态，但也坏不到哪里去，和平与发展仍是当今时代的主题。

2. 国内积极因素越来越多

一是中国经济发展韧性好、潜力足、回旋余地大，内需强劲、对经济增长贡献稳步上升；特别是消费需求保持稳定，近年来老百姓收入稳步增长，消费

对经济拉动作用增强；固定资产投资保持相对稳定，明年增长 8% 左右是能够办到的；外贸进出口保持和经济增长大体同步问题不大。二是积极有效的财政政策和稳健灵活的货币政策将对宏观经济平稳运行起到积极保障作用，同时也有助于推动各项改革事业稳步推进。三是随着供给侧结构性改革不断深化，创新驱动和新动能培育效果将进一步显现。

3. 2018 年中国经济展望

2018 年将延续 2017 年稳中向好的发展趋势。预计全年经济增长 6.5% 以上，CPI 比今年稍微高一点，为 1.8% 左右，原因不是货币扩张，而是成本推动，这是必然趋势。新增城镇就业岗位为 1300 万个，固定资产投资增速不低于 8%，消费稳中略降，预计社会消费品零售总额增长 10% 左右，未来可能进入 9%~10%，这也是合理状态。以美元计价出口增长 7.5%，进口增长 8.5% 左右，外贸顺差继续收窄到 3500 亿美元左右。广义货币供应量 M2 增长保持相对稳定，不应低于 9%，也不要高于 10%，以满足实体经济发展对货币的合理需求，同时维护金融体系的稳定。人民币贷款增加 10%~11%，名义利率保持不变，要以静制动。汇率方面，到明年年底 1 美元兑人民币保持在 6.7 的水平，比现在温和贬值，这是比较理想的状态。

（三）挑战与政策建议

1. 挑战

（1）投资增速下滑。目前，我国经济下行压力仍然很大，对此应有清醒认识。去年外贸净出口对经济增长贡献为负，今年开始转正。"一正一负"，差异十分明显。如果剔除外需拉动这一影响因素，今年经济增速实际是下滑的。10 月，固定资产投资增速只有 7.3%，创下历史新低。因此，稳定投资仍然是一项重点工作。要加大相关政策落实力度，调动民间投资和外国投资的积极性，进一步优化投资结构，提高投资效率。

（2）培育经济增长新动能。近年来，美国、德国等发达经济体都在积极推进结构性改革、发展高端制造业，未来国际竞争将日益激烈。我国经济开始从高速增长转向高质量发展阶段，要实现新旧动能转换，必须加快建设创新型国家，到 2025 年实现制造业强国战略目标，提升创新能力是关键。因此，要进一步加大研发投入，推进创新创业活动，很多改革都要进一步落地，如科研管理体制和国企改革等。

（3）脱贫攻坚和老龄化社会来临。未来几年，脱贫攻坚任务仍然十分繁重，能否彻底消除贫困人口，关系到全面建成小康社会目标的实现。与此同时，老龄化社会渐行渐近。人口老龄化将导致储蓄率下降，影响投资增长和经济发展后劲。特别是，最近几年我国居民加杠杆速度太快，未来空间有限，存在潜在风险。目前，我国还没有建立与老龄化社会相适应的产业结构和社会保障体系，与养老服务、健康消费相关的生活型服务业的发展仍然是短板，这将直接影响到人民群众的生活质量。

（4）金融风险隐患。美联储加息和缩表可能会引起国际资本流动的大幅波动，金融科技、互联网金融和影子银行领域的风险可能反弹，不能掉以轻心。在一些监管真空地带，仍存在监管套利机会，亟待加强监管协调，特别在金融服务实体经济和小微企业方面，需要通过加快发展直接融资、鼓励金融创新来推动实体经济的发展。宏观调控方面，让价格型调控机制充分发挥作用还任重道远。货币政策和宏观审慎政策的双支柱正在建立，但还不完善。而且，货币政策一直存在结构性问题，公开市场操作的灵活性未能得到很好发挥，原因是我们缺乏一个合理的国债期限结构，财政政策和货币政策之间不能很好配合，未能形成连续、光滑的国债收益率曲线。另外，市场主体改革不到位，国企和地方政府行为扭曲变异，对利率信号反应迟缓。

（5）农村城镇化。与农村城镇化相关的基础设施投资需求缺口很大，社会保障面临挑战，特别是富余劳动力人口转移是最大挑战。大量流动人口和大学生毕业没有钱买房子，但是房屋租赁市场发展刚刚起步，还存在很多困难。土地制度、户籍制度和社会保障体制等方面，也都面临大的挑战。

（6）生态环保。生态文明建设是"五位一体"战略部署的内容之一。党的十九大报告进一步把绿色发展和生态环保放在更加突出的位置。随着我国经济的进一步发展，能源资源消耗必然进一步增加，这与减少温室气体排放存在冲突。

2. 政策建议

2018年经济工作，应坚持稳中求进的工作总基调，实施积极有效的财政政策和稳健灵活的货币政策。围绕加快建设现代化经济体系，坚持质量第一、效益优先，以供给侧结构性改革为主线，推动经济发展质量变革、效率变革、动力变革，提高全要素生产率，加快建设实体经济、科技创新、现代金融、人力资源协同发展的产业体系，构建市场机制有效、微观主体有活力、宏观调控有度的经济体制，增强经济创新力和竞争力。

（1）实施积极有效的财政政策。充分发挥好财政政策在稳增长、惠民生、调结构、促改革、防风险等方面的积极作用。一是继续实施积极有效的财政政策。当年财政赤字控制在 GDP 的 3% 以内，促进实现经济增长预期目标。二是提高财政资金的使用效益。调整优化支出结构，加大财政支出优化整合力度，保障重点领域支出，培育经济增长新动能，促进产业结构调整，统筹盘活财政存量资金。三是高度关注美国税制改革的外溢效应，进一步实施减税降费政策，降低企业税费成本。四是深入推进财税体制改革，加快现代财政制度建设。五是加强预算执行管理，确保完成年度预算任务。六是加强地方政府性债务管理，确保财政可持续，防范财政风险。

（2）实施稳健灵活的货币政策。把为实体经济服务作为出发点和落脚点，全面提升金融服务效率，把更多金融资源配置到经济社会发展的重点领域和薄弱环节。一是实施稳健灵活的货币政策。M2 增速保持在 9%～10%，与名义 GDP 增速大体一致；新增人民币信贷资金和社会融资规模在 10% 左右，维护流动性基本稳定。二是优化货币政策工具，适应货币供应方式新变化，多种政策工具混合使用，以增强货币政策的灵活性。三是发挥信贷政策的灵活性作用，促进经济结构调整和转型升级。四是推进利率市场化改革，发挥价格型调控作用。疏通货币政策向实体经济的传导渠道，缓解小微企业融资难、融资贵问题。五是在增强汇率弹性的同时，人民币汇率在合理均衡水平上盯住一篮子货币保持基本稳定，探索跨境资金管理新模式。六是严加防控金融风险，主动处置一批风险点，提高和改进监管能力，守住不发生系统性金融风险底线。七是发展直接融资，完善多层次资本市场体系。八是增强财政政策与货币政策的协调。

（3）推进供给侧结构性改革。把发展经济的着力点放在实体经济上，以提高供给体系质量作为主攻方向，显著增强我国经济质量优势。加快建设制造强国，加快发展先进制造业，推动互联网、大数据、人工智能和实体经济的深度融合，在中高端消费、创新引领、绿色低碳、共享经济、现代供应链、人力资本服务等领域培育新增长点、形成新动能。支持传统产业优化升级，加快发展现代服务业，瞄准国际标准提高水平。促进我国产业迈向全球价值链中高端，培育若干世界级先进制造业集群。加强水利、铁路、公路、水运、航空、管道、电网、信息、物流等基础设施网络建设。坚持去产能、去库存、去杠杆、降成本、补短板，优化存量资源配置，扩大优质增量供给，实现供需动态平衡。激发和保护企业家精神，鼓励更多社会主体投身创新创业。建设知识型、技能型、创新型劳动者大军，弘扬劳模精神和工匠精神，营造劳动光荣的社会风尚和精益求精的敬业风气。

（执笔：徐洪才，中国国际经济交流中心"中国宏观经济形势跟踪分析课题组"，2017 年 10 月）

五、新旧动能转换和防控风险可圈可点

10月10日，国务院新闻发布会显示，2013—2016年中国国内生产总值年均增长7.2%，高于同期世界2.6%和发展中经济体4%的平均增长水平，平均每年增量为44413亿元（按2015年不变价计算）。中国对世界经济增长的平均贡献率达到30%左右，超过美国、欧洲和日本贡献率的总和，居世界第一位。"成绩巨大，来之不易。"谈及对过去五年中国社会经济发展成就的评价时，中国国际经济交流中心副总经济师徐洪才感慨道。

（一）"L形"经济走势未变

时代周报：2017年前三季度世界经济形势如何？

徐洪才：全球经济总体上出现明显的复苏迹象，主要表现在：首先，发达经济体——美国、欧洲、日本经济明显复苏，上半年美联储加息两次，加息频率较高，而国际货币基金组织今年连续四次上调了世界经济增长预期，最近一次上调到3.6%。美国、欧洲的通胀率都接近2%，已接近其政策目标，日本最近一年也摆脱了通货紧缩的局面。

其次，今年以来世界经济的复苏实际上是去年的延续，去年表现最为突出的就是国际石油价格大幅度飙升，从年初的28美元/桶，涨到年底的50美元/桶以上。今年以来，油价总体上稳定在50美元左右，油价上涨有利于摆脱通货紧缩的局面，不光是发达国家，新兴经济体也出现了复苏。

最新一期国际货币基金组织的《世界经济展望报告》显示，今年全球75%以上的经济体都出现了明显的复苏增长。外部强劲经济复苏信号拉动了贸易和投资活动的活跃，因此今年可望结束过去连续五年世界贸易增长低于世界经济增长的局面。这也说明，过去八年多的时间，国际社会共同应对全球金融危机采取的货币政策、财政政策和结构性改革政策取得了积极效果。

总体来看，与过去几年相比，未来几年中国面临的国际合作机会增加，外部环境改善，世界经济正处在新一轮增长周期的起点上，经济增长动力增强，目前已经形成良好的发展势头。国际金融危机的阴霾正在离去，蓝天白云显现，春天回来了。

时代周报：今年上半年，中国国内生产总值同比增长6.9%，增速连续八个季度稳定在6.7%~6.9%的区间。国家统计局将于10月19日发布三季度经

济数据。结合多家研究机构和经济学家的判断，三季度 GDP 增速大约为 6.7% 或 6.8%，中国人民银行行长周小川在国际货币基金组织的会议上预测下半年中国经济增长将会达到 7.0%。您的预判是多少？

徐洪才：6.7%。因为 8 月和 9 月的一些经济数据已经表明，短期内中国经济增长将会放缓。

第一，投资明显下降。8 月全国固定资产投资增速低于 8%，增长力度减弱，一个重要原因是房地产投资增速下降，虽然 8 月 7.9% 的数值仍然高于经济增长速度，但跟近几年相比是不给力的。基建投资通过 PPP 的形式来吸引社会资本参与，效果也不尽如人意。民间投资增速去年一度回落，但在鼓励政策的推动下，民间投资自去年年底开始温和回升，今年上半年回升势头不错，但三季度又有回落迹象。制造业投资形势较好，但总体而言，固定资产投资增速是回落的。

第二，消费保持基本稳定，但也出现回落。主要是传统的两大消费增速下降，一是汽车消费，不再有去年那种 9% 以上的增长，受税收政策的影响，去年又透支了今年的消费；二是住房消费，这跟房地产市场调控政策有关。新兴消费相对活跃，其中旅游消费最明显，信息、文化、养老、体育及健康等消费总体势头也良好，但毕竟块头没那么大。传统消费回落和新兴消费增长相互抵消，导致消费仍有下降。

第三，外贸出口出现回落。上半年外贸对经济增长是正的贡献，但上半年那种 15% 以上的强劲增速显然不可持续。其中一个重要原因是在"去产能"政策的作用下，煤炭、钢铁等相关产品供不应求，价格大幅上涨，导致这些产品的进口增长。此外，基数效应也会起作用，去年上半年外贸是负增长的，基数较低，到下半年恢复正增长，在此基础上，下半年中国外贸同比增速回落将是必然现象。

当然还有别的原因，广义货币供应量 M2 增长连续几个月低于 9%，这在过去是少有的，会抑制经济增长。

时代周报：应当如何看三季度的经济增速？

徐洪才：6.7% 是一个比较好的结果。

第一，比较稳，从上半年的 6.9% 下降到 6.7%，波动幅度不大。

第二，总体经济走势还是呈现"L 形"，趋势并未改变。国际货币基金组织预测今年世界经济增长 3.6%，明年是 3.7%，往上走。美国今年经济增速是 2.2%，明年是 2.3%，也是往上走。也就是说，目前世界经济整体处在上升周期，而中国经济今年增速是 6.8%，明年是 6.5%，说明国际货币基金组织也认同中国经济总体下行的趋势。这也符合中国经济发展进入新常态的特征。

（二）不刻意追求高速，有利于优化结构

时代周报：自党的十八大以来，中国经济的主要发展脉络是怎样的？

徐洪才：五年来，中国经济发展脉络大体是经济新常态特征越来越明显了。党的十八大总结了过去30多年改革开放的经验，同时对未来经济发展趋势做出科学判断：认为中国经济将逐步进入新常态。这个科学判断形成的科学理论体系，对政策制定和经济运行有着重大影响。

经济进入新常态体现在：第一，经济增长从过去高速增长到目前中高速增长。第二，结构优化，向全球产业链的中高端迈进。第三，增长动能转换，创新成为第一推动力。要适应经济新常态、引领新常态，所以有时候经济速度下来一点也是我们主动调整的，不刻意追求高速，有利于优化结构，培育新动能。中国经济实际发展脉络大体是按照这个思路演进的，经济增速总体降低了，但经济结构优化了，可持续发展基础更坚实了。

时代周报：在稳中求进的总基调下，这五年中国经济是如何调整、怎样闯关的？

徐洪才：新旧动能转换，换挡、衔接比较好。政府部门制定科学发展规划、产业政策、区域发展政策、增加就业政策、促进创新政策等形成合力，推动新动能的培育。比如开展双创活动增加就业；简政放权改革增强微观主体活力；扩大政策优惠力度，支持民间投资，吸引外资；"一带一路"倡议、长江经济带、京津冀协同发展等战略规划的实施，对促进区域经济一体化、资源合理配置、生产要素有效流动，是非常有益的。

防控风险方面也是卓有成效，主动化解了一些局部性风险。第一，通过国企改革、降杠杆等措施，混合所有制改革稳步推进，现在国企的总体风险是下降的。第二，银行体系风险也是下降的，国有银行的风险和国企改革密切相关，国企成功去杠杆，帮助银行降低了风险，银行业自身也做了努力，比如同业业务去杠杆，过去一年效果明显。第三，股市曾出现异常波动，风险也被成功化解。近年来中国证监会建立新股发行的常态化机制，有利于促进企业的直接融资，增加企业股本金，降低企业杠杆率，证券市场总体保持了平稳。第四，外汇市场经受住了剧烈波动的考验，现在保持相对稳定，汇率形成机制改革逐步完善，货币政策、宏观审慎政策和微观监管政策之间形成合力，在7月全国金融工作会议之后，成立了国务院金融稳定发展委员会，旨在加强部门协调，补齐监管短板。总体来看，外汇市场风险下降，出现连续七个月外汇储备上升。

第五，互联网金融的风险也得到妥善处置，对P2P、ICO和虚拟货币市场进行了管控整顿，在互联网移动支付体系、金融基础设施建设方面有长足进展。第六，一线城市房地产泡沫风险下降，对一线城市及热点城市房价进行针对性调控，同时着力于建立房地产市场平稳健康发展的长效机制，针对不同城市出台不同政策，比如土地供给制度改革、扩大租赁市场、扩大保障房供给，多管齐下，整个房地产市场非理性价格上升势头被遏制住了，5月以来房屋销售、房地产开发投资都出现回归理性的迹象。我们在以上六个方面，砥砺前行，趋利避害，取得了显著的效果。

总体而言，在新旧动能转换和防控风险方面，可圈可点，这也是供给侧结构性改革成果的具体体现。

（谢江珊，《时代周报》，2017年10月17日）

六、中国宏观经济仍存下行压力

费兆奇博士做了一个很有挑战性的工作。做经济金融研究的人都知道，预测是费力不讨好的事情，用高频数据进行短期预测有很大的风险。但从目前两个主要指数得出的结论来看，与实际趋势基本上相符。中国宏观经济目前仍然存在较大下行压力，从金融层面看也是下行的。

去年中国经济增长6.7%，今年1~3季度是6.9%，好像上涨了。但去年外需拉动是-0.5%，今年是正的，这一正一负，显然反映内需明显下降。最直观的数据就是消费保持稳定，1~10月社会消费品零售总额增长10.3%，但10月当月同比下降0.3%。今年，汽车消费和住房消费下降，但新兴消费如文化消费、旅游消费、信息消费、养老消费、健康消费上升。固定资产投资在1~10月累计同比增长7.3%，创下历史新低。首先是民间投资下降到5.8%，去年8月为最低点2.2%，制造业投资增长乏力，现在不到4%。另外，基建设施领域主要采取PPP形式。国有及国有控股企业投资增速已经回落到13%左右，去年是18%以上。下一步，PPP项目监管会进一步加强，相信这一块还要继续回落。高科技、高端制造业和现代服务业吸纳资金有限，原因在于技术还不行、不配套。没有技术，光有钱是不行的。所以，一些私募基金大佬，动辄管理几十亿甚至几百亿元的资金规模，但这些私募基金难以找到好项目，普遍存在资产荒。

在吸收外资直接投资方面，1~10月以人民币计价增长1.9%，但以美元计价是负增长的。如何调动民间投资的积极性是很大的问题。今年以来，国家又出台了一系列鼓励民间投资的政策，但是政策落地效果不尽人意。外商投资抱怨较多，如欧盟驻华商会等。现在国内资金走出去的政策收紧，去年我国海外直接投资达到1700亿美元，今年回落到1100亿美元多一点；去年增长43%，今年1~10月下降44%，这与政策变化密切相关。对当前美国税制改革，影响肯定是有的，会产生虹吸效应，把全球资本、产业、技术、人才吸引到美国，美国本身在海外的投资也会进一步回流。但从短期来看，会增加美国财政赤字，会有一定财政压力；资本回流美国，利率上升，美元有升值压力，对其出口不利。另外，也要看到中美之间的直接产业竞争不可避免，人家成本下降，影响是不言而喻的。美国实施宽松的财政政策，必然会选择紧缩的货币政策相配套，加息节奏肯定会加快。因此，12月美联储第三次加息可能不会出现意外，对全球资本流动的影响应引起高度关注。

相应地，今年以来我国流动性收紧，前所未有。李克强总理在年初政府工作报告中讲，广义货币M2的政策目标是增长12%左右，但实际执行是9%，我们总是说货币金融环境宽松、适度、稳健，但利率水平不断上升，无论是隔夜拆借利率、七天回购利率，还是十年期国债利率水平都在上升，目前资金面总体偏紧。我们对金融变量主要考虑利率、汇率和股票价格指数，挑战在于，影响这些变量的因素太多。现在大家看到，宏观调控要更多着力于微观主体行为，而中国市场的主体，一个是国有企业，一个是地方政府，对利率敏感性较弱，行为扭曲。党的十九大报告提出健全货币政策和宏观审慎政策"双支柱"调控框架，其实过去逆周期调控也是有的。这次提出宏观审慎，但从全球看，并未形成统一框架，着力点是金融机构行为，货币政策影响面更宽。从微观审慎来看，金融机构有很强的顺周期性，极易产生集体谬误，即个体正确行为加在一起错了。例如，在经济处于下行时，金融机构倾向于收紧信贷，这有利于控制风险，是理性选择，但所有金融机构都这么干，则极有可能导致系统性风险，因此需要政府部门进行逆周期调控。

我国央行货币政策和财政政策之间一直缺乏协调性，今年好一点，短期国债在发行，但是央行的政策缺乏有深度、有容量的公开市场操作的市场空间，因此政策工具受到很大限制。前些年人民币升值，为对冲外汇占款发行央票，现在主要是逆回购，还有中期借贷便利和常备借贷便利等，很难和财政政策形成协同。美联储不是这样的，美国财政部每个星期都会发行国债，财政政策和货币政策是联动的，我们是隔离的。

关于外汇储备是否要按照国际惯例并到财政部的资产负债表，我个人觉得，从中长期看，财政部和央行之间应该进行大的资产负债结构调整。财政部发行特种国债，央行认购，财政部再用这些钱购买外汇储备，一进一出对冲掉了，并不影响市场流动性，但整个结构进行了调整，有利于纠正央行资产负债表的货币错配。央行货币政策工具也应该优化。关于明年的货币政策，我的观点是要稳健、灵活。比如，历史形成的法定存款准备金率仍然居高不下，现在大银行是16.5%，资金锁定在央行，体现为央行对金融机构负债高达23万亿元，同时金融机构又对央行负债11万亿元，中间重叠了。去年3月降准一次，之后就再也没有降准，主要是搞七天逆回购，滚动操作。后来撑不住，再搞十四天逆回购。央行提供短期资金，不利于商业银行发放长期贷款支持实体经济发展。去年中央经济工作会议讲得很清楚，货币供应要适应货币投放形式的新变化。商业银行存在央行的法定存款准备金利率是1.62%，而从央行借钱的七天逆回购利率为2.5%，中间相差了0.9百分点，这对商业银行来说是不必要的成本，对央行则是不当得利。

还有，我国财政收支一直存在缺口，财政部发行国债，由央行购买。但现在财政部门在央行资产负债表上有4万亿元闲置资金，从央行角度看，基础货币发出去了，但实际上又回来了，空转了一把。我国央行基础货币或资产规模超过美国、欧洲，是有特殊原因的。中间哪些货币真正支持了实体经济？值得深入思考。

从金融市场来看，今年以来股票市场是慢牛行情，指数上涨8%，略高于经济增长，但是70%的股票赔钱，20%的股票跌了30%甚至50%以上。新股发行明显加快，而市场整体市盈率水平上升，上升幅度超过股指，说明有投资价值的股票市盈率整体上升，市场风险加大，而创业板、小盘股的整体价格大幅度下跌，出现明显的结构性变化。因此，采用上证综合指数衡量就很大问题。前面讲到利率也有问题，再加上汇率，去年和今年走势大相径庭。去年一年，人民币对美元贬值7%，今年1~8月升值6%，最近几个月有波动。今年盯住三个篮子货币汇率总体稳定，有微弱贬值，数据加权平均之后很好看，但这种情况不可持续。今年美元指数大幅下跌，主要靠欧元对美元大幅升值帮忙，明年就不会再现这一情况了。欧元对美元大幅升值的原因是欧洲经济向好，也是对前几年欧元大幅贬值的修正。目前，美国、欧洲、日本经济都在向好，我国去年9月摆脱通货紧缩局面。国际石油价格从去年年初的30美元/桶，年底涨到50美元/桶，近期接近60美元/桶，未来进一步上冲的空间很小。大宗商品价格变化，如煤炭、钢铁、有色金属价格大幅上涨，与供给侧结构性改革、落后产能市场退出密切相关。政府一声令下，去产能是做减法，可以立竿见影，而培育新动能做加法，是市场机制发挥作用，这就需要时间，因此导致价格大幅波动。但是，未来进一步上涨空间有限。

1-11月，我国出口增长10%以上，进口增长20%以上，顺差急剧收窄。今年人民币对美元升值，但人民币对欧元大幅贬值，抵消一部分，这里有运气成分，明年不会有了。从中期视角看，人民币对美元双边汇率有贬值压力。今年外汇储备一直在3万亿美元以上，每个月小步前进，增长100多亿美元。实际上欧元对美元升值，我们持有1万亿欧元，换算成美元显然是增值的。近年来，我国经常账户顺差在GDP中的比重一直在下降，目前为1%左右。未来顺差减少，外汇储备还要进一步下降。企业在全球配置资产是难以阻止的，与此适应，必须加快税制改革，理顺中央和地方的财税关系，建立现代财税体制，要按既定方针分三步走，稳步推进。虽然全球范围内不太可能出现竞争性减税浪潮，但是我国也要顺势而为，做出相应调整。

无论是未来宏观经济还是金融走势，都是呈现下行趋势。宏观经济下行，符合经济进入新常态的实际。从中期角度来看，全球新一轮周期从2015年年底开始，2016年真正启动。2015年年底美联储加息是标志，"十三五"未来几年，全球经济肯定往上走。近期，央行提出新金融周期的概念，其实金融周期过去一直就有，利率周期、汇率周期都是金融周期的具体体现。但是股市有自己的特殊轨迹，不以善良人的意志为转移。如果将股指作为金融变量，我认为是干扰变量，因为它很任性。不过，这匹放荡不羁的野马最近几年被控制住了，好多股票涨了百分之四五十，结构性慢牛走势开始出现。明年财政政策要坚持积极有效。费兆奇博士指出，中国的一个特点，就是固定资产投资累计65万亿元，去年是60万亿元，而资本形成只有30多万亿元，今年可能到33万亿元，实际投资效率下降。但是应该看到一些方向性的东西，金融结构在变化，这对未来周期会有深刻影响。

加快多层次资本市场建设，发展直接融资，资产结构变化对货币会有影响，因此现在大家感觉M2不灵了。我国的资本市场、金融市场和美国大不一样，直接比较中美M2就很牵强。横向比较，日本最典型，日本货币M2和GDP的比率最高，中国第二，韩国也比较高。欧盟的金融体系和美国也有很大差异。但是一个不争的事实就是，我国金融效率确实有待提高。尽管大家看到，我们的金融业的增加值达到9%以上，超过了美国，好像我们金融很牛了，但实际意味着金融服务成本很高，实体经济、产业部门得到的支持反而下降了。如果结合中国国情，对指数产品做具体分析，就更有现实意义，对微观主体和宏观决策者都有参考价值。

我国 GDP 规模占全球近 15%，贸易占 12%，人民币在特别提款权中占 10.92%，但是人民币在国际储备货币中还不到 2%，这种状态亟待改变。应该沿着"一带一路"建设，形成一个人民币货币区，推动人民币国际化，这是一个抓手，机遇就在眼前。

综上所述，我觉得杨涛博士的研究团队勇于迎接挑战，做了一件有意义的事，而且指数符合实际情况，给大家提供了一个公共产品，我要表示衷心感谢。谢谢各位。

（根据徐洪才在中国社科院国新指数系列——高频宏观经济先行指数和金融形势指数发布会上的演讲整理，2017 年 12 月 9 日）

七、发展"熊猫债"市场，支持"一带一路"建设中的融资

2017 年 9 月 21 日，西安市政府主办、新华社瞭望智库支持的 2017 欧亚经济论坛"一带一路"设施联通峰会在陕西宾馆陕西大会堂咸阳厅召开。国家发展改革委原副主任张国宝，国务院发展研究中心副主任王一鸣，中国国际经济交流中心副总经济师徐洪才等参加了此次峰会。

在名为"充分发挥人民币在'一带一路'建设中的作用"的演讲中，中国国际经济交流中心副总经济师徐洪才表示，2016 年年底开始，全球经济已经站在了新一轮经济周期的起点上，美国、欧洲、日本的经济复苏也拉动了中国经济的短周期的、微弱的、温和的反弹，2017 年中国经济增长将达到 6.7% 以上。

徐洪才表示，去年 10 月 1 日人民币成功地加入国际货币基金组织特别提款权货币篮子，人民币在特别提款权中的占比为 10.92%，而中国在全球贸易当中占的比重大概是 15% 左右，经济规模占比是 14% 左右，而实际上在国际储备货币中发挥的作用只有 1% 多一点，不到 2%，显然和中国的经济地位不相适应。

徐洪才认为，要充分发挥人民币在"一带一路"建设中的作用，要做到以下几点：第一，要发展以人民币计价的债券市场，即境外的机构在我们中国境内发行以人民币计价的债券，也就是熊猫债券。亚太金融体系有一个致命的短板是债券市场发展滞后，发展以人民币计价的熊猫债券市场，把蛋糕做大，可以支持"一带一路"建设中的融资需求。

第二，调整金融结构，把发展直接融资放在更加突出的位置。可喜的是，最近几年国内企业上市数量增加。另外，各地私募股权基金发展势头良好，是

重要的金融改革和创新形式。支持国际板企业开拓"一带一路"建设的相关业务，可以允许其在上海发行人民币计价股票，进行二次上市。通过国际板市场发展，提升上海的国际金融中心地位。

第三，发挥开发性经营机构的积极作用。开发性金融机构在弥补市场的缺陷以及商业金融的不足方面有不可替代的作用，同时也可以弥补政府功能的不足，发挥杠杆作用。

第四，发挥政府的引导和主导作用。政府应积极发挥作用，弥补市场的缺陷，带动私人资本的积极介入，最典型的形式就是PPP的合作模式，调动各方积极性，建立风险分担、利益共享的合作机制。

第五，在金融服务体系方面，发挥区域性金融中心的作用。通过区域性金融中心的建设，推动"一带一路"建设中资金密集型基建项目融资落地。这种项目的特征是投资规模巨大、建设周期很长、投资直接回报比较低，但辐射效应大，对经济可持续发展有带动联动辐射效应。因此要建立以区域金融中心为主的风险分担和利益补偿机制，此类区域性金融中心要差异化定位，建立利益共同体。

第六，发展全球性的离岸人民币网络体系。目前，香港集中了境外人民币70%以上的资金，但全球资本市场都愿意和中国合作。应当通过与"一带一路"沿线国家合作，建立服务"一带一路"建设的金融网络体系。

徐洪才表示，要通过推动人民币的国际化，通过金融的创新，来服务实体经济。创新要坚持稳中求进的指导原则，在市场化、法制化的前提下来稳步推进，未来中国作为世界大国，作为经济强国，离不开人民币的国际化，离不开一个强大的金融体系的建设和完善，在推动"一带一路"建设的过程中，我们可以推进世界经济的可持续发展，同时也为自身利用两种资源两个市场创造有利的平台。

(徐洪才，《21世纪经济报道》，2017年9月21日)

八、2017年一季度中国经济形势分析

一季度经济运行延续去年年中出现的"稳中有进、稳中向好"趋势，市场预期持续改善，微观活力继续增强，市场用工需求回暖，就业相对稳定，产业结构持续优化，外需整体改善。特别是规模工业企业利润和财政收入增长较快，经济增长的质量和效益提升。还有一些相关实物指标和先行指标也出现回升向

好趋势，比如社会用电量同比增长6.9%，铁路货物运输增长15.3%，3月中国制造业PMI为51.8%并且连续6个月保持在51%以上等。这些都印证了当前中国经济确实是回升向好。

去年四季度GDP增长6.8%，当时很多人担心经济"L形"拐点可能还没有到，不知道经济什么时候能触底，大家的认识有分歧。实际上拐点已经悄然来临，一季度出现超预期的6.9%的GDP增速，是否意味着短期内经济反弹周期来临了呢？我感觉已经来临，但反弹高度有多高，持续时间有多长，值得关注。我的观点是，可能一季度即最高点，不可能再往上冲，时间也很短暂。一季度GDP增长超预期，有外部需求拉动的原因，有库存周期的原因，也有供给侧结构性改革的原因，都是短期因素；从中长期看，经济可能还要往下走。

（1）中国经济增长稳中有升。一季度经济同比增长6.9%，但环比增长只有1.3%，去年四个季度GDP同比增长分别为6.7%、6.7%、6.7%、6.8%，但二季度环比增长为1.9%，三季度为1.8%，四季度为1.7%，今年一季度是1.3%，显然是环比增长往下走，缺乏强劲的上涨动力，这是一个判断。从第一产业、第二产业、第三产业的增长速度来看，一季度第三产业增长7.7%，但相对去年四季度增长8.3%，第三产业增速下降；第二产业速度有点上升，与制造业、房地产以及工业企业经济效益改善相一致。但是第三产业对经济增长的贡献率上升，拉动经济增长4.3%，去年四季度是3.9%，也就是说第三产业本身增速下降，但对经济增长的贡献上升，是否意味着第三产业结构优化和经济增长质量上升呢？这有待观察。一季度，一、二、三产业对经济增长的贡献分别是2.4%、34.9%和62.7%，特别是第三产业，去年一到四季度是58.4%，今年一季度是62.7%，增加4.3个百分点，第三产业贡献率明显上升，但可持续性有待观察。根据国际经验，靠第三产业拉动经济增长的国家，经济增速都不会太高。另外，一季度消费对经济增长贡献是77.2%，去年是64.2%，消费对经济增长的贡献也在上升，一季度上升幅度还很大，能否持续也有待观察。

从微观层面上看，3月中国制造业PMI是51.8%，已连续半年时间超过51%，非制造业商务活动指数为55.1%，也创下了历史新高。2月"克强指数"为20.54%，这个数据相当高，去年年底是11.97%，前年年底只有1%。实际上，从2016年年初到现在共五个季度，"克强指数"连续快速上升，包括工业用电量、铁路货物运输量，长期信贷资金也有增长，反映工业生产增长动力很足。从工业企业的财务指标也能看到，1~2月收入和利润增长都是相当可观的，主营业务收入增长13.7%，利润同比增长31.5%，特别是国有控股企业增长非常惊人，利润几乎增长100%，下游制造业利润增长26.7%。但是，电力、热力、燃气、水生产、供应业等中游行业，由于原材料价格上涨，利润下降33.5%。现在很多煤电企业的情况比较糟糕，有很大的经营压力，这与成本上升有关系，也与价格体系没有理顺有很大关系。一季度工业增加值增长非常明显，1~3月累计同比增长6.8%，但去年是6.0%，一个季度上升了0.8个百分点。在这方面，涨价因素对六大行业利润增长有很大贡献，与历史基数低也有关系。

（2）居民消费价格相对稳定，工业生产价格冲高回落。一季度CPI波动较大，1月为2.55%，2月为0.8%，3月为0.9%，但是核心CPI相对稳定。1月核心CPI为2.2%，2月为1.8%，3月为2.0%。而1月PPI同比增长6.9%，2月为7.8%，3月为7.6%，也印证了前期预期2月是高点，后面将逐渐回落的判断。主要是基数原因，去年CPI一路回升，但是近期看，全球大宗商品价格横盘整理，未来也将保持这一趋势。从环比数据来看，1月PPI上涨0.8%，2月为0.6%，3月为0.3%，说明PPI短期增长平稳。再看一下几个代表性数据，截至4月7日，中国煤炭价格指数是157.8%，去年年底是157.7%，保持基本稳定。英国北海布伦特原油现货价格为51.46美元/桶，去年年底是53.59美元/桶，也是保持基本稳定，当然今年2月有较强劲反弹，近期出现回落。4月7日，螺纹钢价格为3566元/吨，去年年底的时候是3206元/吨。总体上看，能源和基础工业原材料价格短期内是相对稳定的。这就决定了未来PPI同比数据肯定会一路向下。

（3）就业形势较为稳定。一季度，城镇新增就业334万人，比去年同期多增了16万人。从调查失业率来看，3月末，全国城镇调查失业率和大城市城镇调查失业率比2月末都有回落，特别是大城市城镇调查失业率低于5%。

（4）国际收支平衡有所改善。最近两年，资本与金融账户出现大量资本流出，今年1月以后得到缓解。从近期看，经常账户顺差减少，资本账户逆差也在减少，国际收支平衡得到改善。去年一到四季度，经常账户顺差总体是减少的，到四季度是118.1亿美元，资本与金融账户四季度甚至出现几百亿美元的资本流入。经常账户顺差占GDP比重比较好，出现明显回落。去年三季度为2.44%，四季度只有0.38%，接近平衡状态。资本账户逆差占GDP比重也在减少，去年三季度最高，为4.62%，四季度为3.34%。总体来看，国际收支平衡是改善的，因此，近期汇率也保持稳定。从银行结售汇情况来看，虽然结汇和售汇规模总体扩大，但是差额部分减少。今年2月，银行结售汇差额是100亿美元，去年12月是463亿美元，说明年初以来汇率预期管理和资本流出监管政策行之有效。与此相关的，还有外债水平。最近两年，人民币对美元贬值，从负债角度看，一些企业主动减少负债，因此外债余额下降。去年年底，中国外债余额为1.42万亿美元，其中短期外债为0.87万亿美元，短期外债占全部外债的61.3%，相对于1.8万亿美元对外净资产（资产6.47万亿元、负债4.67万亿元），以及3.01万亿美元的外汇储备，我国短期外债风险是可控的。

（5）投资增长速度有所回升，结构有所优化。去年固定资产投资增长只有8.1%，当时大家感觉压力很大，但是今年一季度投资增长了9.2%，其中国有及国有控股单位增长13.6%，民间投资增长7.7%，这是最亮眼的地方。去年年底同期民间投资增长3.17%，8月是最低点，只有2.2%，说明去年下半年以来我们鼓励民间投资、加大改革和对私有产权保护等政策取得了效果。去年国有及国有控股部门投资增速很快，去年年底是18.7%，大家觉得不可持续，从今年情况看，结构有所优化，投资增速有所下降，趋于合理，民间投资增速上升。一季度，房地产投资累计同比增长8.9%，创下一个新高。2015年年底触底以后，去年下半年一路上升。去年国庆节前后一直到现在，对一线城市房地产的针对性调控力度加大，但房地产投资增速依然较快。制造业投资同比增长4.3%。基础设施投资继续"挑大梁"，增长保持在21.26%的高位。相比之下，2016年房地产投资增长6.9%，制造业投资增长4.2%，有温和回升。特别是基础设施投资去年增长15.71%，今年一季度增速比去年高，因此对经济增长、就业、农民收入增加、外贸恢复正增长都有正面影响。一季度，中央和地方投资增长出现严重分化，应引起关注。其中，中央投资负增长7.1%，地方政府投资增长9.9%，相比之下，去年地方政府投资增长8.3%，中央政府投资增长是4.9%。应该说，4.9%也是偏低的。从第一产业、第二产业、第三产业投资增长情况看，第一产业温和下降，第二产业上升，第三产业上升比较明显。特别是去年第三产业投资增长10.9%，今年一季度增长12.2%。

（6）财政收入增长比较快。过去几年，在收入结构调整过程中，如：降成本、结构性减税过程中，财政税收下降。但是，今年一季度出现强劲反弹。3月，一般公共预算收入同比增长12.2%。其中，财政支出也快速增长，支出增速快于收入增长。一般公共预算支出增长25.4%。另外，全国政府性基金收支情况也比较好，这直接反映房地产行业景气程度，1~3月，累计政府性基金收入同比增长27.5%，这种情况出乎意料，另外，支出同比增长18.6%。但是大家应该看到，这种税收和基金收入增长其实也是"双刃剑"，有没有可持续性，还有待观察。另外，这种情况可能在一定程度上会挤压企业利润空间，也可能挤压居民收入。

(7) 房地产市场总体回稳，特别是一线城市过热得到抑制，房地产泡沫得到一定程度的抑制。1~3月，全国房地产开发投资名义增长9.1%，增速比1~2月温和增加0.2个百分点。其中住宅投资增长11.2%，增速提高了2.2个百分点。住宅投资在整个房地产投资中占2/3左右，为67.3%。另外大家看到，1~3月房地产开发企业施工面积增长3.1%，面积增长相对少一点，增速有所回落。房屋新开工面积增长11.6%。1~3月，房地产开发企业土地购置面积同比增长只有5.7%，而土地成交价格价款增长16.7%。这里面反映出什么问题呢？有人认为，定向调控政策的效果将逐步显现出来，有人预期5月或6月以后房地产行业的拐点会来临，因为土地成交金额上升速度和面积之间不同步，这一方面反映土地成本推动，地方政府对土地财政的依赖并未得到根本改变。另一方面，也看到未来后劲不足，去年四季度以来的强劲增长势头，在今年二、三季度以后可能会减弱。近期价格也是逐步回落的，尽管商品房销售面积、销售金额增长速度依然较高，但有回落迹象，跟去年同期比，去年一季度房屋销售金额增长50%以上，现在基本上不到25%，增速回落十分明显。

另外，房地产开发企业资金到位情况比较好，同比增长11.5%，增速有所提升。从供给角度，现在房地产开发企业资金到位有保障，意味着未来一到两年房子供给比较充足。这是抑制价格上涨的积极因素。从一线城市和三线城市的价格对比来看，70个大中城市新建住宅价格从去年一季度开始逐渐回落，从环比数据来看，回落最为明显，特别是一线城市，1、2月环比只有0.1%、0.4%的增长，同比出现惊人的回落，预示着未来房价拐点可能会来临。

(8) 人民币汇率恢复相对稳定。去年四季度，大家都很担忧，有人觉得人民币将会发生很大的贬值。但是今年元旦以后，政府加强资本流出监管，现在看来行之有效。到3月底，在岸市场人民币对美元、欧元、日元和英镑的汇率，总体保持相对稳定。其中，美元对人民币贬值0.5%，对欧元升值0.9%，对日元升值3.7%，对英镑升值1.2%，总体是波澜不惊的，2月底，国际清算银行人民币实际有效汇率指数和名义有效汇率指数，相对去年年底分别贬值0.6%和1.0%。总体保持相对稳定。

总之，当前中国经济运行积极因素逐渐增加，但在主动引领经济新常态、适应经济新常态，保证各项政策精准到位和改革稳步推进的过程中，也蕴含着一些不利因素，需要引起高度关注。从中长期看，解决供给侧和需求侧不匹配的问题是重点任务，但短期内恐怕难以彻底解决。要继续观察外部的不确定性，当然，也要努力改善外部环境，比如改善中美、中欧之间的经贸关系等。

从自身来看，短期中国经济面临五个方面问题和挑战。

（1）居民可支配收入下降。一季度情况令人欣喜，全国居民人均可支配收入跑赢 GDP，名义增长了 8.5%，实际增长 7.0%，但能否稳定还有待观察。特别是农民名义收入增长 8.4%，实际增长 7.2%，是否可持续？去年年底，中央经济工作会议提出加大农村供给侧结构性改革，但农民收入增加来自何方呢？可能来自服务业，也可能跟房地产复苏有很大关系。很多农民工在装修以及建筑行业挣钱了，并非农业本身提高了收入或者科技进步。另外，应关注城镇居民收入实际增长只有 6.3%，特别是去年全国居民实际可支配收入增长 6.3%，低于经济增长，今年一季度城镇居民收入增长仍是 6.3%。未来消费增长及其对经济增长支持的可持续性还有待观察。供给侧结构性改革要降成本，这对工资增长会有一定的抑制。随着加强金融监管和风险防范，无论是在股市、债市，还是房地产市场方面，总体上看，都不能对财产性收入寄予奢望。在这种情况下，居民收入增加来自何方？特别是农民收入未来的可持续增长还有待观察。

（2）总体来看，今年一季度流动性偏紧，目前最大的潜在风险是流动性风险，应保持高度关注。为什么？因为今年 3 月，广义货币 M2 余额为 160 万亿元，同比增长 10.6%，首次低于 11%。狭义货币 M1 增速，2 月回落以后，M1 和 M2 之间的剪刀差收窄是好事。但是 3 月强劲反弹，狭义货币 M1 增长 18.8%。经济增长 6.9%，广义货币增长 10.6%。这可能偏离了稳健中性货币政策的方向，从微观层面企业感受来看，流动性可能偏紧。

与此同时，去年以来央行加大宏观审慎评估体系实施，金融去杠杆和国有企业去杠杆同步推进。从中国的特殊国情来看，金融同业业务过去几年放大较多，是有其特殊体制背景的。目前，工农中建交几大国有银行总体上是撤出资金，有很多闲置资金，而中小银行、股份制银行，特别是城市股份制银行和农村股份制银行缺少资金。因此，出现内部盘活资金存量，小银行从大银行借钱，然后去支持小微企业、中小企业发展，而大银行在支持小微企业发展方面是没有积极性的。现在笼统地加大去金融体系的杠杆，我觉要慎重。在一定意义上，国有银行和小银行之间的垂直分工有其合理性，将资金有效引导到小微企业和"三农"领域对实体经济是有益的。如果把握不好金融去杠杆的节奏，很有可能出现短期流动性紧张，对实体经济是不利的。大家看到，M2 和 M1 之间的剪刀差居高不下，意味着企业在银行有很多活期存款，意味着企业对信贷资金的现实需求不足。与此同时，潜在风险增加，比如企业债市场的风险，从根本上降低这种违约风险，需要推进地方政府融资平台的建设和国有企业改革。

另外，现在外汇市场好像是波澜不惊，但是美国经济加快复苏，加上特朗普将采取积极的财政政策，美联储可能会加息，会对全球资本流动和外汇市场产生影响。过去一年，央行更多采取公开市场操作，跟2015年形成鲜明对比，2015年货币政策主要采取降准降息，去年3月降准一次，后来再也没有降，实际是通过央行扩张资产负债表，使基础货币发行快速上升，但货币乘数保持不变。我认为，货币政策可适度降低存款准备金率，与公开市场操作混合交替进行。美国的公开市场操作有一个重要基础条件，就是财政政策和货币政策是协调的，每个星期定期发行短期国债，而中国没有短期国债工具，央行只能孤军深入，自己创造了一套7天、14天、28天的逆回购，再加上常设借贷便利、中期借贷便利等工具，让人眼花缭乱，这不利于降低金融体系成本，对实体经济也不利。

大家看到，货币市场利率和理财产品预期利率上升，民间借贷利率下降，但下降幅度有限。过去几年，温州民间借贷综合利率水平大体为18%~20%，远远超过实体经济的投资回报率。现在已经下降到16.17%，但是整个短期市场利率，比如7天回购利率总体是上升的。这里面，中国人民银行进行宏观审慎评估操作，采取锁短放长策略，锁定短期资金、放开长期资金，类似美联储的扭转操作，从动机来看是对的，短期资金成本上升可以抑制金融机构同业业务扩张，而长期资金利率下降有利实体经济发展。但是应该看到，国有企业对利率敏感性较差，而金融机构和居民对利率敏感性较强。因此，金融降杠杆应该审慎，不能一刀切。企业降杠杆是另一回事。今年可能大面积推开市场化、法制化债转股，去年做了准备，未来能否保证债权人的合法利益，能不能通过债转股让企业"脱胎换骨"，赢得好的企业经营机制，优化治理结构，调整产业结构，创新商业模式，我觉得都有待观察，应该关注改革内涵，增强政策的效果。

（3）1~2月消费增速下降很厉害，首次跌破10%，只有9.5%，3月又上升。一季度社会消费品零售总额增长10%。但总体来看，汽车销售放缓对居民消费有很大拖累。比如，乘用汽车销量累计同比增长4.6%，低于去年10.3个百分点。另外，商品房的住宅销售金额同比虽然很高，是36.1%，但跟去年同期相比增速下降15.9个百分点。因此，考虑未来几个月房地产市场的拐点可能来临，下半年住房消费和汽车消费对经济增长的负面影响可能比较大。因此，一季度经济增长6.9%，大家不要忘乎所以，可能就是个高点，二季度可能是6.8%，三季度可能是6.7%，四季度可能是6.6%，可能还要一路下去。总体呈现下滑趋势，下行压力不可低估。

（4）外贸增长超预期，但对经济增长直接贡献减弱，间接贡献增加。无论是进口30%以上增长，还是出口大幅度增长，对投资消费都会有很大拉动。但是贸易顺差明显减少。今年一季度，贸易顺差是 656 亿美元，去年一季度是 1098 亿美元，前年是 1222 亿美元。显然，今年一季度贸易顺差大概只有前年的 1/2。顺差减少的重要原因是进口大幅度上升，是价量齐升，但是量的上升幅度小，主要是价格上升。去年年初，石油价格是 28 美元/桶，2015 年年底是 26 美元/桶，现在是 52 美元/桶。去年我国进口石油 4.2 亿吨，一年下来可能因价格上涨多支付近 2000 亿美元。有一些进口产品价格弹性比较小，是必须进口的，要引起关注。还有一点，在 2005—2013 年期间，在人民币兑美元升值的背景下，当时出口增长很快，中间可能有热钱流入，现在加大热钱流出监管，是否有人蒙混过关，以正常进口形式把美元输送到国外？也要引起高度关注。去年以来，外贸对 GDP 的拉动都是负的，去年一季度外贸对经济增长贡献是 -1.4%，二季度是 -0.7%，三季度是 -0.5%，四季度是 0.5%。今年一季度，外贸顺差是收窄的。

（5）吸收外资和对外投资双双快速下跌，这与去年对外投资超常增长形成鲜明对比。去年对外直接投资金额同比增长 44.1%，但是今年 1~2 月实际利用外资同比下降 8.05%。对外直接投资金额下降更多，为 55.1%。几乎是直线下降，要引起关注。

总体来看，一季度情况超过预期，稳中有进，稳中向好，延续了去年下半年的趋势，出现了结构优化，积极因素也增加了。因此，我们可以从容地把供给侧结构性改革的工作做好，这将影响未来中长期的发展。与此同时，从短期来看，要保持战略定力，"稳健中性货币政策＋积极有效财政政策"不要改变。但要增强政策的针对性和灵活性。比如，货币政策，要保证金融市场流动性合理充裕，不要出现人为的资金紧张。继续降低企业融资成本，疏导货币政策传导机制和渠道。财政政策要促进结构调整和改革，社会政策要兜底，继续促进创新创业，提高"三去一降一补"改革政策效果。下半年，经济增长可能会慢一点，但实现政府工作报告提出的 6.5% 左右的政策目标是有把握的。要把更多精力放在促进供给侧结构性改革上，也要把防范金融风险放在重要位置。

（根据徐洪才在中国国际经济交流中心第 94 期"经济每月谈"上的演讲整理，2017 年 4 月 17 日）

九、未来十年中国经济将发生十大变化

对党的十九大之后，或者说未来 5~10 年中国经济的走向，我有两点基本

判断：第一，仍然是战略机遇期，和平、发展、合作仍是当今世界的主题。如何把握这个战略机遇期？我觉得，必须通过扩大开放倒逼改革。眼下改革进入深水区，剩下的改革多是难啃的骨头，如何攻坚克难，将改革事业进行到底？我认为，通过扩大开放倒逼改革是现实可行也是无奈的选择。第二，随着中国经济的发展及其在世界经济中地位的提升，中国经济将出现十个方面的重大变化。在座的各位，我们将共同见证这些变化，我希望大家共同努力推进这些变化早日实现。

第一个变化，就是在 2030 年前后，中国经济（GDP）规模超过美国经济（GDP）规模，位居世界第一，美国退居世界第二。在这一时期，中国经济继续表现为"新常态"，经济增速重心持续缓慢下移，即潜在经济增长率下移。在 2020 年之前，中国经济增速保持在 6.5% 左右；2025 年回落到 5% 左右；2030 年可能只有 4%，然后在 3%~4% 稳定较长一段时间。按照这一"L 形"走势，到 2030 年中国经济总量超越美国，成为世界第一，是非常有可能的。在实现这一目标之前，中美两国战略摩擦和博弈加剧，因此，双方都需要自觉管控冲突风险，避免掉进"修昔底德陷阱"里。

第二个变化，在 2025 年前后，中国人均收入超过 1.3 万美元，进入世界银行认可的高收入国家行列，或者说届时中国将成功地突破"中等收入陷阱"。2016 年，中国人均收入已经超过 8000 美元；未来几年，只要老百姓收入增长与经济增长基本同步，这个目标就可以实现。当然，大家可能更关心中国经济能否实现可持续、包容性增长，或者说中国社会各阶层收入和财富两极分化能否有效缩小。应该看到，未来在促进经济效率提升的同时，如何有效兼顾公平，让更多中国老百姓分享到经济发展和改革红利，确实存在很多挑战。

第三个变化，到 2020 年，中国进入创新型国家行列。中国经济进入新常态之后，创新驱动正在成为经济增长的第一推动力。但是，国有企业创新动力不足和科研体制僵化这些老问题，仍然束缚着中国生产力发展潜力的充分发挥，深化国企改革和科研体制改革势在必行。2016 年，中国政府发布《"十三五"国家科技创新规划》（以下简称《规划》），提出到 2020 年，国家综合创新能力世界排名进入前 15 位，迈进创新型国家行列；科技进步贡献率从 2015 年的 55.3% 提高到 60%；知识密集型服务业增加值占 GDP 比重达到 20%，专利申请量较 2015 年翻一番，全社会研发投入强度达 2.5%。《规划》还提出建设高效协同的国家创新体系，从培育充满活力的创新主体、系统布局高水平创新基地、打造高端引领的创新增长极、构建开放协同的创新网络、建立现代创新治理结构，以及营造良好的创新生态六方面提出总体要求，以形成创新驱动发展的实践载体、制度安排和环境保障。如果《规划》能够得到有效执行，进入创新型国家行列的目标应该可以实现。

第四个变化，到2025年，中国将从制造业大国转变成为制造业强国。最近两年，中国政府力推《中国制造2025》战略。当前，中国制造业规模世界第一，上下游产业链比较完整，在某些局部领域，如航空航天、高铁、核电、高压电输送等，已经达到世界领先水平，但也存在大而不强、创新能力不足、生产模式粗放、资源利用率低等问题。在推动中国制造业转型升级的过程中，要处理好服务业与制造业的关系，以生产性服务业发展推动制造业转型升级。要处理好"硬件"与"软件"的关系，重点攻破薄弱环节。要处理好政府与市场的关系，将政策发力点集中在基础共性和战略性领域。按照促进大中小企业协同、上中下游产业合作的方向，聚焦智能制造，抓好创新人才和"工匠精神"培育，加快推动中国制造业优化结构和转型升级。其中，提升自主创新能力尤为关键。

第五个变化，中国互联网产业或数字经济取得世界领先地位。2016年，中国网民数量已达7.31亿，其中95%的网民通过手机上网。以腾讯和阿里巴巴为首，市值合计超过5000亿美元，中国互联网科技企业已位居世界互联网企业前十行列。腾讯业务范围覆盖网络游戏、通信等多项业务，显然是行业翘首。腾讯以微信平台，推出网上支付等业务。近年来，阿里巴巴一直在积极实施多元化经营战略，将触角伸向互联网市场、金融服务等领域。随着中国每年出境游人次达1.2亿，支付宝迅速成为全球化程度最高的网上支付服务之一。不久前，在德国汉堡召开的G20峰会把数字经济作为拉动全球经济增长的重要引擎。中国正在实施"互联网+"战略，对传统产业进行改造，发掘传统行业的发展潜力。我认为，在互联网领域，中国最有希望实现弯道超车，成为世界第一。

第六个变化，中国经济对外保持基本平衡。长期以来，中国经济对外失衡，特别是对美国存在巨额贸易顺差。未来中国外贸顺差将呈现逐渐收窄趋势，最近几年已初现端倪。随着服务业扩大对外开放，中国服务贸易逆差扩大，整体外贸顺差收窄。中国经济实现再平衡，包括解决中美贸易不平衡问题，需要通过扩大中国服务贸易逆差，对冲货物贸易顺差来解决。中国资本账户开放的趋势不可逆转，但必须遵守稳中求进的原则，坚守不发生系统性金融风险的底线。随着"一带一路"国际合作的稳步推进，中国企业将加快走出去，中国经济将进一步融入全球经济。在这个过程中，人民币将面临一定的贬值压力。从外部环境看，目前美联储已进入加息周期，美元也进入升值周期。过去十几年，中国人民银行发行的货币总量较大，在资金池相对封闭的情况下，超量发行货币对人民币汇率影响不大。但是，进一步扩大开放，人民币汇率贬值压力将增加。当然，随着中国综合国力的增强，人民币的国际需求将持续增加，因此也会促进人民币升值。综合各方面影响因素，人民币对"一篮子货币"汇率将保持相对稳定，进而促使中国经济对外保持基本平衡。

第七个变化，人民币加快国际化，开始在国际货币体系中发挥与中国经济地位大体一致的作用。目前，在中国对外贸易中，人民币结算达到30%左右；对外投资直接使用人民币的规模也在扩大。2016年人民币加入国际货币基金组织特别提款权货币篮子，是一个标志性事件，标志着国际社会期待人民币成为世界第三大储备货币。随着人民币的国际化，特别在"一带一路"沿线进行产业布局的过程中，人民币应该发挥更大作用。要以上海国际金融中心建设为抓手，充分发挥香港作为"一传手"的角色，同时发挥其他传统国际金融中心的"二传手"的作用，形成覆盖全球的人民币离岸业务网络体系。充当"二传手"的城市包括：欧洲的伦敦、法兰克福、卢森堡、巴黎，美国的纽约，还有亚太地区的新加坡、悉尼。人民币走进非洲可以考虑三个"点"，一个是毛里求斯的路易港，一个是摩洛哥的卡萨布兰卡，再就是南非的约翰内斯堡，形成辐射"大三角"，将人民币输送进非洲。到2025年，人民币在国际货币储备中发挥10%的作用非常值得期待。随着人民币的国际化，中国将从金融大国迈向金融强国。

第八个变化，中国加速进入老龄化社会，将面临一系列经济和社会问题。根据2000年11月底的第五次人口普查数据，中国65岁以上老年人口已达8811万人，占总人口的6.96%，60岁以上人口达1.3亿人，占总人口的10.2%，以上比例按国际标准衡量，均已进入了老年型社会。未来十年，中国加速进入老龄化社会，生育率低、人口结构老化、社会保障制度落后、养老服务短缺等问题变得日益突出。随着人口老龄化，储蓄率下降和劳动力不足等都会对潜在经济增长率产生负面影响。近年来，事关老年人的各个方面话题正在成为社会关注的热点。不仅要满足老年人的物质生活需求，满足其精神和心理层面的需求也不可或缺。然而现实中，不少老人虽有休闲娱乐意愿，却面临公共服务不足的尴尬。对企业来讲，市场空间巨大，但不知从何处切入；对社会而言，各个阶层似乎都对未来充满焦虑；对政府来讲，工作抓手并不多。面临挑战，必须提前谋划，果断行动，加快改革，补齐短板。

第九个变化，城镇化进程继续稳步推进。到2030年，中国城镇化率达到70%，算是基本完成城镇化任务。在这个过程中，将会发生深刻的经济体制变化，比如，土地制度、户籍制度、社会保障和医疗卫生制度改革等，城市先进生产要素将与农村资源（如土地）进行深度融合，推动土地兼并和农业现代化。以产业化为核心，以新型城镇化为依托，推动产业化和新型城镇化"良性互动"，将有利于实现产业和城市的和谐统一，也是加快推进统筹城乡一体化的根本途径。2016年国家发改委发布《关于加快美丽特色小（城）镇建设的指导意见》（发改规划〔2016〕2125号），文件中提出鼓励国家三大政策性银行和其他金融机构加大金融支持，促进特色小镇发展。今年，住建部又发布《关于做好第二批全国特色小镇推荐工作的通知》，第二批特色小镇推荐数量扩大到了300个。全国特色小镇建设如火如荼，进展很快。中国特色产业化和城镇化的同步发展，将促使中国二元经济结构发生翻天覆地的变化。

第十个变化，中国经济开放度进一步提高。目前，国际社会出现一股逆全球化的潮流。中国提出"一带一路"倡议，是在"共商、共建、共享"原则下，与所有"一带一路"建设参与者开展平等合作。这是为国际社会提供了一个新的合作平台，为全球治理提供了一个新的公共产品，也为新一轮经济全球化提供了一个新的方案。不像西方主导的老的全球化版本，会带来很多副产品，如财富两极分化、恐怖主义猖獗、颜色革命、社会动荡等。开弓没有回头箭，建立开放型世界经济趋势不可逆转。以2016年9月G20杭州峰会为标志，中国高举新一轮经济全球化旗帜。新一轮经济全球化的特点是以投资拉动，而不像老的全球化以贸易拉动。加大基础设施投资、促进世界经济可持续发展是联合国提出的目标，G20成员国正在带头落实。2001年中国加入世贸组织之后，对外贸易快速增长成为经济增长的主要动力之一。最近几年，中国对外投资规模不断扩大。去年年底以来，中国进出口恢复快速增长，主要原因是发达经济体开启新一轮经济复苏。我们要研究当前全球经济出现的新特点，把握历史机遇，通过扩大对外投资，拉动贸易增长，实现互利共赢。党的十九大之后，我们应该做几件标志性事情，提振大家信心，向国际社会释放中国扩大开放的信号。比如，未来几年中国将批准设立几家外资控股或独资金融机构等。到2020年，我们将形成六亿人口的中产阶层，这是巨大的消费市场，可以与世界各国分享。再比如，中国愿意扩大进口美国高科技产品，同时也会扩大对美国投资，帮助美国搞基础设施建设等，这对调整中美经贸不平衡有好处。现在中国外汇储备还有三万亿美元，大家不必担心将来外汇储备不够。随着人民币的国际化，人民币可以直接在国外使用，外汇储备需求必然减少。人民币走出去，可以扩大中国对外投资，在全球范围优化产业布局，中国经济在全球经济中的地位自然会提升。

总而言之，未来10年甚至到2030年之前，对中国而言仍将是一个和平、发展与合作的战略机遇期，中国要通过扩大开放，促进体制改革创新，实现经济可持续发展。但是，如果走封闭的老路，很多改革可能落不了地，中国也可能与战略机遇期擦肩而过。

（根据徐洪才在清华大学中国与世界经济研究中心
内部讨论会上的发言整理，2017 年 8 月）

十、新消费培育新经济

目前，世界经济复苏迹象明显，但主要是周期性因素在起作用，经济增长动力仍然不足。所以，世界各国都把结构性改革当作工作重点，推动供给的质量和效益提升，从而满足需求侧的多样性需求。从全球视角来看，当前世界经济处于新一轮周期的起点上。这个周期从 2015 年年底美联储加息开始，2016 年大宗商品价格上涨，美国、欧洲、日本主要经济体明显复苏，美国和欧洲通胀接近 2%，日本也摆脱了长期通货紧缩困扰。在这个背景下，中国今年前三季度经济增长率为 6.9%，主要是受益于外部需求的拉动。去年经济增长 6.7%，但是外需的拉动贡献是负的 0.4%。今年前三季度外需拉动是 0.2%。

总体而言，今年中国经济维系了稳中向好的发展态势，四季度经济增速预计是 6.7%，全年 GDP 增长率会达到 6.8%。我国经济开始从过去的高速增长转向高质量发展的新阶段，所以要把供给侧的结构优化、质量改善、效益提升放在重中之重。当然，目前我国正深入推行供给侧结构性改革，产业结构得到优化调整，经济创新动力日益强劲。但也应看到消费对经济的拉动作用正在日益增强。到 2020 年，中国将形成六亿人口的中产阶层，这是巨大的消费市场。目前消费对经济拉动作用接近 70%，未来十年消费对经济的拉动作用会越来越强。传统消费包括住房消费、汽车消费等出现温和下滑，但是文化消费、信息消费、旅游消费等新消费风生水起。不要指望社会消费品零售总额的增长超过 10%，这是难以持续的。更重要的是，要从结构优化的角度来看消费变化。新兴消费成为经济增长新亮点。消费拉动经济不仅表现在消除企业库存、增加企业销售收入方面，我们要从长期可持续发展的视角来看，它会引领投资结构优化。如何通过增量投资的结构调整，满足人们新的消费需求，进而带动产业结构优化和转型升级，是需要我们深入研究的重要课题。

预计明年国家仍会实施积极的财政政策和稳健的货币政策，货币政策要更加灵活或具有针对性。目前，我国固定资产投资增长乏力，资本形成大概只有固定资产投资规模的1/2，投资效率太低。建议未来投资方向做出调整，围绕新的消费增长，展开新的投资布局，优化投资结构，提高投资效率。在政策引领方面，财政政策要更多关注补短板。在民生领域、基础设施领域加大投资，同时，在一些高科技、代表未来产业发展方向的领域加大投资引领。但未来应更好地调动民间投资的积极性，通过深化改革，推进混合所有制改革，打破自然垄断和行政性垄断，扩大对内开放，降低企业运行成本，综合施策，促进经济效率的提升。

美国的减税政策是目前各方关注的焦点。很多人认为是坏消息，我的看法相反。一方面，美国的减税政策可以让企业轻装上阵，降低居民消费成本，从而增加对我国进口的需求；另一方面，外部环境变化将倒逼国内改革，释放庞大的消费潜力，为未来经济增长注入新动力和活力。中美之间的竞争出现新情况，减税只是其中一个变量，未来还会有很多其他的变化。由于现在中国扩大开放金融服务业，中国服务贸易逆差可能会加大。同时，美方也希望调整中美之间的货物贸易不平衡。今年以来人民币对美元大幅度升值，美国总统特朗普很高兴，但对中国经济有负面影响。未来，中美经济"你中有我，我中有你"的总体分工格局会强化。但是，中国的制造业过去是在垂直分工结构下，美国在中上游，中国在中下游。如果未来形成正面的产业竞争，中国将有很大压力。如果国内财税体制不改革、税负水平不下降，特别是体制机制不转变，制度成本居高不下，则中国将很难保持在某些领域的竞争优势。

在此过程中，我们应瞄准新的消费需求，培育新的经济增长点，提供新的投资机会，调整产业结构。在消费拉动经济的过程中离不开金融服务的支持。近年来，互联网现金贷等消费金融业务非常火。12月1日晚间，互联网金融风险专项整治、P2P网贷风险专项整治工作领导小组办公室下发《关于规范整顿"现金贷"业务的通知》，要求暂停发放无特定场景依托、无指定用途的网络小额贷款，逐步压缩存量业务，限期完成整改。未依法取得经营放贷业务资质，任何组织和个人不得经营放贷业务等。这次监管部门重拳出手，未雨绸缪，及时化解了潜在金融风险，也给现金贷行业带来了严峻考验。

近年来，互联网金融领域暴露了不少问题，但对市场自发形成的金融创新，我认为应进行疏导和规范，而不是一刀切、全部封杀。因为现金贷服务弥补了传统金融服务的不足，满足了特定人群的消费需求。比如蚂蚁金服，致力于打造开放的金融生态系统，为个人消费者提供普惠金融服务，通过大数据和金融科技手段推动产品创新，这也是金融服务实体经济的具体表现。从国际经验看，针对这种消费信贷资产，通过证券化手段提高其流动性和使用效率，推动了实体经济稳健发展，应予以肯定。我国应加快普惠金融发展，弥补金融服务的短板。

总体而言，未来十年是中国经济发展的黄金十年，也是消费经济发展的黄金十年。在消费强大引擎的驱动下，通过政策创新和金融创新，引导产业结构优化，推动发展方式转变，提升经济发展质量，具有巨大的潜力。

（徐洪才，《全球商业经典》杂志，2018 年第 1 期）

十一、推进供给侧结构性改革，让经济"L 形"走势更平缓

当前，经济运行中的突出矛盾和问题，有周期性、总量因素，但根源是供给侧出现了重大结构性失衡。2008 年金融危机以来，有效需求不足是世界经济运行中的重大难题。表面上，我国经济运行也存在有效需求不足的问题，但实质上是供给侧质量不高、供给结构不能适应需求结构，导致需求受到压抑和外溢。供给侧质量不高，表现为有效供给不足，不能满足国内日益增长的消费升级需要，导致海外购物成为消费时尚；同时，也表现为僵尸企业难以市场退出，长期创造无效供给，进而消耗宝贵资源，导致金融风险聚集。供给侧质量不高，已经影响到经济转型升级，阻碍了内生经济增长动力的形成。供给侧质量不高的根本原因是市场机制对微观经济主体行为缺乏应有约束，扭曲的市场信号引发道德风险和逆向选择。部分企业面对盈利空间收窄，不主动转型，不积极创新，而坐等政府救助和提供优惠政策，都在一定程度上削弱了企业培育核心竞争力的动力；大量低廉商品充斥市场，对精品制造形成冲击；资产泡沫非理性膨胀，不仅催生了投机之风盛行，也毒化了创新创业空气。

2016 年，我国围绕"三去一降一补"五大任务展开供给侧结构性改革。但是钢铁、煤炭去产能表现为"前紧后松"，原因是三季度之后，钢铁、煤炭价格持续上涨。在价格快速走高的情况下，企业去产能意愿下降，部分暂停设备悄然重新开工，如河北、江苏、山东等钢铁大省粗钢产量增长较快，陕西、新疆、内蒙古、山西等产煤大省煤炭产量也加速增长。在利益驱动之下，行政性去产能做法是难以奏效的。问题是，一些人把"去产能"简单理解为"去产量"，实际上在"产能过剩"和"开工不足"的情况下，行政性减产并无实际意义，当产量下降导致价格上涨时，落后产能必然要死灰复燃。政府的作用在于制定能源资源消耗、污染物排放和安全标准，在标准面前人人平等，对不达标企业一律关门走人，真正做到市场退出，让市场的优胜劣汰机制发挥作用。

当然，政府也要帮助企业做好员工安置工作。

在2016年固定资产投资中，国有企业发挥了主力军作用，降杠杆和扩大投资存在一定的矛盾。目前市场化、法制化"债转股"刚刚起步，要依法保护债权人的利益，同时也要转变企业经营机制、优化公司治理结构。否则，把"债转股"视为"优惠政策"，隔几年来一次，企业机制照旧，将会失去此项改革的意义。企业微观上"降杠杆"，需要政府宏观上"加杠杆"，实际是发生杠杆转移。否则，在经济下行过程中，降杠杆可能加剧经济下行风险。2016年房地产去产能效果显著，一线城市存量房化解80%以上，但是"按下葫芦浮起瓢"，同时引发一二线城市房价高涨，促使20多个热点城市在国庆节之后紧急出台限购限贷调控政策；与此同时，三四线城市房地产去库存依然任重道远。目前，企业融资、物流、用能、用地、交易成本等尚未降到位，严重制约了制造业的转型升级；很多短板领域仍存在建设资金不足的问题，制约了经济发展的协调性和质量提升。

因此，下一步推进供给侧结构性改革，第一，应着力提高供给的质量，减少无效供给，扩大有效供给，提高供给结构对需求结构的适应性。减少无效供给，就是发挥市场机制的作用，优胜劣汰，自发地实现市场出清，让僵尸企业关门走人；同时压缩劣质供给的生存空间，加强产品质量监管，严厉打击市场中的伪造、仿冒、以次充好等行为。扩大有效供给，就是大力发扬工匠精神，引导企业培育核心竞争力，通过创新驱动发展，提高产品和服务质量，形成比较优势，加强品牌建设，培育"百年老店"。值得注意的是，在供给侧结构性改革过程中，行政手段、政府主导往往有意无意地被强化，行政手段见效快，用起来顺手，但缺乏市场机制的约束，一阵风过后就会强劲反弹。推进供给侧结构性改革是一项系统性工程，需要方方面面的协调配合和全社会的共同努力，既要发挥顶层设计的作用，又要鼓励基层创新和探索。

第二，推进供给侧结构性改革要防止"用新瓶装旧酒"。因为供给侧结构性改革是新提法，必须科学理解、把握它的内涵。从过去两年的实践来看，很多同志习惯于用传统行政性手段，使"三去一降一补"操作简单化。比如说去产能，把去产能的过程简单地理解为减少产量。实际上，"去产能"不能简单地理解为减少产量。一年365天应该连轴转，如果强行要求只能生产280天，产量下去了，价格也上去了。市场供求影响价格，价格信号引导企业自主经营决策。企业生产多少产量，应根据自身生产经营情况、市场情况做自主决策。政府的行政命令让企业层层分解指标，可以提前实现目标。但实际上，在产能过剩的条件下，形式上减少了产量，实质上并没有实现结构性改革目标。我们有12亿吨的钢产能,产量为8亿吨,国内消化7亿吨,还有1亿吨出口。真正去产能是让落后产能退出市场,把厂子关门,不能让它死灰复燃。换言之,就是在市场退出过程中建立优胜劣汰的机制,在目前市场机制不完善的情况下,政府要发挥引导作用。简单运用行政化办法,立竿见影,任务完成快,但只停留在表面,达不到结构性改革的目的。而且,也很难体现公平。很多人抱怨,让民营企业去产能较为容易,而国企去产能难度就很大,因为国企存在员工再就业、下岗分流问题,因此破坏了公平竞争原则。结果,产量一下降,价格就反弹,很多原先关停的落后产能,马上死灰复燃,这有违政策初衷。要做到公平性,政府就要找好定位,制定规则,如安全标准、质量标准、节能减排标准,通过法制化手段强制执行,一视同仁。供给侧结构性改革一定要培育市场机制,让市场在资源配置中发挥决定性作用,而不是回到传统的行政干预。宏观调控直接干预微观经济事务,运用起来会得心应手,很多人有这方面的丰富经验,但在处理复杂经济局面时这种方式并不科学。

第三,供给侧结构性改革应该寻求重点突破,而不是"撒胡椒面"。总体上,中国经济形势的未来走势呈L形,这是基于目前的国情和现实经济做出的科学判断。但是,推进供给侧结构性改革释放改革红利有很大潜力。例如,由于质量不好,造成大量农产品库存积压,而每年要花一两千亿美元进口,自己生产的粮食自己不吃,要从美国进口;自己生产的牛奶自己不喝,要喝澳大利亚、新西兰的牛奶。原因就在于产品质量不好、安全性不高。如果在质量、安全性标准方面有所提高,产品质量提升了,就可以少进口一点。去年GDP增长6.7%,其中包括2015年年底放开二孩政策,每年多出生400万新生婴儿,拉动GDP增长0.2个百分点。如果少进口100亿美元,这在每年进口农产品的一两千亿美元当中占比并不高,就可以拉动GDP增长0.1个百分点,少进口500亿美元,就能多增长0.5个百分点。再比如,在重化工、精细化工领域,我们的产品质量不好,需要大量进口,每年要花五六千亿美元进口,比如PX项目,在国外很多发达国家是安全、环保、绿色的项目,但是一到中国马上就爆炸、污染、没办法落地。要上PX项目,可能游行示威就来了,还是因为我们技不如人,缺乏工匠精神,因此需要大量进口。光每年芯片进口要花掉2000亿美元左右。现在我国的GDP是11万亿美元,美国的GDP是18万亿美元,美国GDP的增长速度是2%,每年新创造的价值不到4000亿美元左右,我们每年新创造价值7000亿美元左右,而且还有很大潜力。如果我们在供给侧领域有所突破,短期内经济走势很可能不是往下走,可能会上来一点,然后再水平地走。经济周期性波动是客观规律。金融危机以来的这一轮周期,八年时间都是往下走,虽然结构性问题是主要的，但也有周期性问题，应该反弹一点，反弹之后再水平地走。供给侧结构性改革可以让水平线走得更平缓一点。引领经济发展新常态，向全球产业链中高端迈进，就应该在供给侧某些重点领域有所突破。

第四，着力采用市场化、法制化手段推进"三去一降一补"。推动债转股操作，微观层面降杠杆，将受到宏观因素的制约。未来经济增长要保持中高速，货币供应量就不能太紧，须保持稳健中性，2016年广义货币M2增长11.5%左右，跟2015年相比下降1.5个百分点。预计2017年M2增速不低于11%。经济增长和M2增长"双速增长"，意味着整体经济杠杆率是上升的，稳增长使杠杆率必然上升，因此存在矛盾，这就涉及杠杆转移。从宏观层面，公共部门、政府要加杠杆，从微观层面，居民也要加杠杆。另外，通过把债权变成股权，同时引进新的战略投资者，优化产权结构、公司治理结构，进而转变企业经营机制，包括建立中长期激励机制，推进混合所有制改革，鼓励骨干员工持股，这些机制建立起来，企业的主体作用就能得到发挥。

第五，供给侧结构性改革不只局限于"三去一降一补"，还有振兴实体经济，推进农业供给侧结构性改革，建立房地产市场健康平稳发展长效机制，等等。一些重点领域的改革也要有所作为，比如国企改革，电力、石油、天然气、铁路、航空、军工等，要打破垄断、推进混改，激活国企创新动力和活力，给民营资本提供参与投资运作的空间，形成公平竞争的市场环境；同时优化产业组织结构和公司治理结构，包括产权多元化、转变企业经营机制。

总之，要防止将传统行政干预微观经济事务视为供给侧结构性改革。在目前市场机制还很不完善的情况下，政府应积极引导、培育市场机制，解决供给结构不合理和供给质量较低的问题，但最终落脚点还是要让市场在资源配置中发挥决定性作用。从中长期看，中国经济将保持L形走势，但从短期来看，中国经济质量和效益的提升还很有潜力，不应放弃努力。

（徐洪才，2017年3月）

第六章
中国金融改革、开放与风险应对

一、深化金融体制改革,增强服务实体经济能力

2019年9月27日,国务院金融稳定发展委员会(以下简称"金融委")召开第八次会议,研究深化金融体制改革、增强金融服务实体经济能力等问题。

经济运行总体稳定,意味着主要宏观经济指标,如经济增长、物价、就业、国际收支等都在合理范围内波动。新旧动能转换势头良好,结构性改革稳步推进。产业结构优化,经济转型升级,比如高科技产业、现代服务业的增加值在上升,消费对经济的拉动作用增强。

金融风险趋于收敛,是指总体风险可控,而且最近两年主动化解了局部性风险,守住了不发生系统性金融风险的底线,整体风险水平在降低。

(一)政策性金融机构的主要职能是弥补政府职能的不足

我国政策性金融机构主要有三个,都是1994年成立的,分别是国家开发银行、中国进出口银行和中国农业发展银行。这三家银行分别肩负着不同的职能,有着各自的专业定位,主要任务是弥补政府职能的不足。

商业性金融机构在金融资源配置当中要发挥决定性作用,但是当市场失灵的时候,政府要弥补市场缺陷,这时政策性金融机构就应该发挥作用,替代政府弥补商业性金融的不足。从目前情况看,政策性金融机构总体运行比较好,但也存在激励机制不够、公司治理还有待优化等问题。政策性金融机构是金融机构,而非政府机关。其在承担特殊使命的同时,也要遵循金融机构自身经营管理的规律,提高经营的效率。通过促进绿色发展,包括民生领域短板等,弥补商业性金融机构的不足,进而发挥自身应有的作用。一些短板领域,可能是商业性金融机构不愿意干的,可以让政策性金融机构填补其空白。

另外,政策性金融机构能够弥补财政政策的不足。在推进我国经济国际化、融入国际社会等方面,政策性金融机构也有其重要作用,比如中国进出口银行、国家开发银行,过去多年来在推动贸易融资、基础设施投融资建设等方面都发

挥着重要作用。

(二) 产权多元化、分散化以及资金来源的社会化是商业银行资本补充的大方向

过去多年，商业银行资本金的补充一直面临着很大的挑战。传统方法是增发股票，但是大规模增发股票对二级市场有一定影响。近几年，有一些金融工具创新，比如发行可转债永续债等。总体来看，创新方式有限，未来要拓宽融资渠道。产权的多元化、分散化以及资金来源的进一步社会化，是一个大的方向，比如引入私募股权基金。现在有很多规模大的私募股权基金、产业基金找不到好的投资渠道，可以给予准入机会。特别是对于中小金融机构而言，通过引入新的战略投资者，可以优化产权结构，进而完善公司治理。这样就把改革和提升风险管控能力以及市场竞争力有机结合起来，引导资金有序流动，特别是支持小微企业、民营企业以及"三农"领域的发展。引入私募基金主要是以股权的形式，也可以有一些特殊安排，比如有一定期限的回购条款等。

总之，传统金融机构（商业银行）融资规模太大，对二级市场的冲击是不可避免的，所以要想办法分散风险，减少这种冲击，融资渠道不能像过去那样单一，而是要多元化，多条腿走路。

(三) 特别强调补充银行长期资本的目的是提升商业银行机构的抗风险能力

提升资本充足率，显然是对商业银行业务扩张的重要支撑。随着经济的发展，商业银行资本金不足的问题变得日益突出。

多年来，商业银行的投资回报率其实是很高的，有人抱怨银行利润过厚，实际上银行没有进行现金分红，虽然有利润，但趴在账上。这属于内源融资，成本很低，有利于银行自身发展，但是投资者感觉没有得到实实在在的回报。所以，现在需要建立长效机制，鼓励银行分红，但这和补充资本金又存在矛盾，需要解决这个问题。

(四) 利率市场化改革能打通金融体系流动性向实体经济的传导渠道

近期央行推出贷款基础利率形成机制的改革，是卓有成效的，但是利率传导仍然不通畅。

应该看到微观主体改革还不到位，比如国有企业、地方政府对于利率的敏感性比较差。因此，解决金融市场的公平竞争问题仍然任重道远。现实中，小

微企业融资难、融资贵的问题总是解决不了,而一些大型国有企业账上有很多闲余资金花不掉,这些都需要通过深化改革来完成。

(根据徐洪才连线中央人民广播电台
《经济之声》节目整理,2019 年 9 月 30 日)

二、加强货币政策与财政政策的协调

我想就优化货币政策工具结构以及加强货币政策与财政政策的协调和大家分享五个方面的看法。

第一,稳健的货币政策,具体含义就是广义货币供应量 M2 增长速度要和名义 GDP 增长速度保持一致,但 7 月 M2 增速回落到了历史低点,只有 8.1%。2017 年 7 月开始结构性降杠杆以来,M2 增速从过去的 12%~13%,骤然降到只有 8% 多一点,过去两年 M2 增速一直低于名义 GDP 增速。这种状况显然不可持续。去年以来出现的流动性风险与此是密切相关的,现在央行进行逆周期调节,有必要适度提高 M2 的增速。

第二,要疏通货币政策传导机制,降低融资成本,不仅体现在央行降低短期资金利率上,因为现在短期资金利率很低,上海银行间同业拆放利率、七天回购利率都很低,但是国债收益率曲线是陡峭的,也就是长期利率水平一直居高不下,因此企业实际融资成本很高而美国国债收益率曲线扁平化甚至是倒挂的,因此企业融资成本比较低。我国长期利率高企与传导机制不畅是密切相关的。在这种情况下,进一步下调短期资金利率,将会带来很大麻烦,会引发资金外逃,影响汇率稳定。

第三,优化央行货币政策工具。为了支持经济发展,央行需要主动投放基础货币,过去几年主要是采取回购操作,也包括使用常备借贷便利、中期借贷便利等。实际上,现在央行资产负债表存在严重的结构失衡。一方面,负债侧有将近 20 万亿元法定存款准备金,这一块要支付给银行机构 1.62% 的利息,是商业银行的资产。但另一方面,商业银行又要从央行借钱,利息是 2.5% 以上。因此,商业银行要多支付利息,而在这个过程中,央行是挣钱的,这是不合理的。优化货币政策工具结构,要从源头上降低企业融资成本。

第四,微观市场主体改革要到位。央行推行利率市场化,但是微观主体,如国有企业、地方政府对利率的敏感性比较差,降息实际对它们不起作用。与此同时,国有企业和民营企业在资金可得性上是不公平的,现在有大量闲置资金趴在国有企业账上,而很多民营企业找不到钱,是冰火两重天。

第五,在当前经济下行压力比较大的情况下,尤其要加强财政政策与货币政策的协调。有人又在抱怨,上半年财政赤字达到 GDP 1.6% 的水平,全年控制在不超过 2.8%,因此下半年财政政策进一步加码的空间比较小。这时,货币政策如果依然过于保守,未来会很麻烦,稳增长可能很难。我国国债市场有一个很大的缺陷,就是国债期限结构不尽合理,尚未形成连续光滑的国债收益率曲线,国债发行也没有常态化。美联储的公开市场操作主要是调控国债市场,而我国主要是调控商业银行之间的资金往来。这对中国这样的大型经济体来讲显然是不合适的。我们不同于欧洲央行,欧盟没有统一的财政政策,没有统一的国债市场。我们必须加强两大宏观经济政策的协调,央行与财政部不应该互相抱怨。

(根据徐洪才在中国人民大学"2019 中国宏观经济与债券市场发展论坛"上的发言整理,2019 年 9 月 23 日)

三、全球金融市场走势点评

(一)明晟公司增加 A 股权重的意义

从去年 6 月开始,明晟指数把 A 股上市公司纳入其中,本身是对 A 股市场质量提升的充分肯定。今年计划分三步走,将 A 股大盘股在指数中的权重,从 5% 提升至 20%,实际是提升了 A 股市场上市公司的投资价值。

过去近 30 年,中国资本市场快速发展,大家有目共睹。中国上市公司的质量逐步提升,资本市场运行也比较稳健,得到了国际社会的普遍认可。最近几年扩大金融开放,大量国际资本流入中国,我们通过多种改革创新的手段,比如深港通、沪港通、沪伦通、QFII 等各种通道,让境外各种机构投资者进入中国资本市场,分享中国上市公司和经济发展的红利,与此同时也有利于改善资本市场的投资人结构。

过去散户过多,现在伴随着机构投资者的进入,价值投资、理性投资的理念被引进来。自 2018 年 6 月 A 股纳入明晟指数以来,已经引入境外 400 多亿美元资金,未来外资流入还会进一步增加。大量境外投资者参与到中国资本市场中,有利于资本市场对外开放,有助于金融体系稳健发展,这是重大的利好消息。展望未来,将有更多优质上市公司纳入明晟指数当中,会进一步提升中国金融体系的国际地位。

（根据徐洪才做客 CCTV-13《新闻直播间》节目整理，
财经头条，2019 年 8 月 8 日）

（二）全球金融市场开启剧烈动荡模式？

美国东部时间周一，美股全线下挫，道指一度下跌超过 900 点。截至收盘，道指跌 2.90%，纳指跌 3.47%，标普 500 指数跌 2.98%。本周以来全球金融市场出现剧烈动荡，直接导火索是几天前美国总统特朗普发推文，宣称将于 9 月 1 日起对 3000 亿美元中国输美产品加征 10% 的关税。但从根本上讲，还是全球经济增长动力不足。

上周美联储启动降息，释放了一个信号，就是美国经济前景不妙，改变了市场预期，当日美国股市不涨反跌。与此同时，也应该看到，过去十年，美国股市一直走牛，积累了巨大的泡沫，需要进行技术性的调整。近日全球金融市场动荡是短期表现，还是长期趋势？未来全球金融市场是否开启了动荡模式？现在下结论为时尚早。

近期上海科创板顺利推出，开启中国资本市场新一轮的制度创新。中国货币政策保持稳健，货币金融环境总体稳定，经济基本面良好，体现出了极大的韧性，经济发展保持稳中有进、稳中向好的趋势。虽然中国金融市场不可避免地受到外部环境剧烈变化的负面影响，但总体上会保持相对稳定，中国股市很可能会走出独立行情，因为过去十年中国股市基本没有涨，而美国股市涨幅惊人。

近日，人民币对美元汇率出现较大幅度的贬值，这是市场对美国宣布将对中国加征关税的自然反应，并非受到中国人民银行"操纵"。今天早上，美国财政部指责过去多年中国一直在操纵货币，故意压低人民币汇率，以谋求贸易出口的优势，显然缺乏事实依据。因为中国人民银行一再表示，要保持人民币汇率在合理均衡水平上的基本稳定，中国不希望人民币汇率大幅度贬值。

试想一下，如果不是中国人民银行正确引导，而是放任市场自行决定，人民币汇率贬值幅度很可能更大。在这方面，美国财政部不仅不应该指责中国，相反应该感谢中国。令人欣喜地看到，近年来中国金融主管部门逐渐走向成熟，中国金融体系抵抗外部风险冲击的能力在增强，这对全球金融稳定是重大利好。

美国金融市场出现剧烈波动，提醒人们注意，任何系统重要性国家，其宏观经济政策决策必须慎重，因为这对全球金融体系和世界经济都会产生巨大影响。下一步，如果美国坚持对中国 3000 亿美元进口商品加征 10% 的关税，必然会推升美国消费者的生活成本和生产者的经营成本,进而推动美国通胀加剧,这让美联储如何做到继续降息呢?不仅会两败俱伤,而且还会伤及无辜。

最后,面对全球性共同挑战,大国宏观经济政策协调至关重要。未来全球金融市场走势是恢复稳定,还是加剧震荡、愈演愈烈?大家拭目以待。

(徐洪才,财经头条,2019年8月6日)

(三)中国上榜《财富》世界500强企业首超美国

2019年《财富》世界500强排行榜发布,中国企业在世界500强排行榜中上榜数量大幅增加,首次超过美国,而且很多头部企业排名大幅度提升,这是中国经济实力增强的集中表现。去年,中国GDP规模首次超过90万亿元,经济体量已达美国的2/3,而且未来十年很可能会超过美国,成为世界第一。随着中国产业结构的调整和转型升级,中国企业在全球价值链和分工体系中的位置也在不断提升。这也反映出上榜企业的行业特点。

中国企业的传统优势在房地产、建筑业、能源、金融业,制造业等方面,这些方面的实力都是名列前茅的,所以在这些领域中的上榜企业也比较多。而且这些年中国的大型企业发展较快,科技企业,如互联网企业,也脱颖而出,紧追着美国。今年世界500强排行榜一共有25家新上榜和重新上榜公司,其中新上榜的中国公司有13家,占总数一半以上。比如格力电器、小米集团这次都是首次上榜,小米更是成为2019年世界500强中最年轻的公司。因此,从整个上榜企业的数量和表现来看,确实令人自豪。但也要看到自身差距,销售额大不等于企业的盈利能力强。从盈利水平看,中国企业的盈利能力还没有达到世界500强的平均水平。与美国企业相比,存在的差距则更加明显。

在高科技领域以及与人的生命、健康和生活密切相关的产业等领域上榜的企业还比较少,跟美国相比,也还有一定的差距。即便是服务业(如金融行业),从我们上榜企业在境外取得的营业收入占全部营业收入的比重来看,还是比较低的,也就是中国企业的全球化、国际化水平还有差距。

总的来说,今年中国在世界500强中上榜数量首次超过美国是一个里程碑!展望未来,还要奋发图强,中国经济总体实力跟美国相比还有相当大的差距。未来十年,中国要突破"中等收入陷阱",向高收入国家行列迈进,同时整体经济规模想要超过美国,要经过不懈努力,所以希望世界500强企业能发挥模范带头作用,在创新方面开拓进取,做出榜样。

(徐洪才,财经头条,2019年7月22日)

(四) 流动性充裕，但金融机构融资意愿不足

中国人民银行近日与证监会召集六家大行和业内部分头部券商开会，鼓励大行扩大向大型券商融资，支持大型券商扩大向中小非银机构融资，充当流动性供给桥梁。从近期短期资金利率走势看，利率水平是下降的，这意味着现在流动性很充裕。

央行之所以要对大型券商提供短期融资支持，结合前期对一些中小银行提供定向资金支持，以及从央行的政策意图来看，显然要缓解金融机构同业之间流动性不足的问题。但利率水平低，似乎是矛盾的，主要是由金融机构融资意愿不足造成的，一个原因是出于防控风险的考虑，不愿意扩张自身信用，另一个原因是金融机构的客户融资意愿也不足。央行此举，将增强市场信心，引导市场预期。

央行的政策是否影响券商股的价格，有待观察。券商股的价格主要取决于券商自身业绩的变化。此外，券商行业未来的发展受很多因素的影响，其收入来源是多元化的。例如，行情好时，有佣金收入；行情不好时，可以从事资产重组、提供财务顾问等业务。因此，不能简单地认为央行的这次政策调整与券商未来业绩有什么因果关联。

（徐洪才，财经头条，2019年6月19日）

(五) 近期利率分化源于市场割裂

从近期国内金融市场利率的走势来看，总体上平稳，但短期利率有走低趋势，而长期利率相对稳定。上海银行间同业拆放利率近期明显走低，可以理解为央行在释放政策信号：支持金融机构之间相互拆借资金，维护市场流动性合理充裕。从原因来看，可能是因为最近两个月中国制造业PMI走低，且工业企业利润、规模以上工业企业增加值增长放缓，经济下行压力加大。因此，央行释放边际宽松政策信号，以稳定市场预期和支持经济增长。

近日外部环境缓和，人民币出现了升值。这种情况也为央行边际放松货币，或者说为短期利率走低，创造了有利条件。由于世界经济下行压力加大，近期美联储已经释放宽松的政策信号，其他各国央行纷纷采取降息行动。在这种情况下，国内短期资金利率走低，符合国际主流央行的政策取向，实际上也有助于稳定市场情绪、维护金融市场的稳定。

央行货币政策要维持利率相对稳定，更多采取定向调控手段，数量型政策工具将继续发挥主导作用。要保证流动性合理充裕，广义货币供应量、社会融

资规模的增长速度，大体与名义 GDP 增长速度相匹配，这是基本要求。当然，央行调控利率还有其他手段，比如常备借贷便利、中期借贷便利等，也可以适当调整，但目前没有必要，因为交易所七天逆回购利率相对稳定，说明市场需求稳定，不必通过价格调整来刺激经济增长。

另外，非银行金融机构融资仍然很困难，这是市场的理性选择。银行间利率水平偏低，而一些非银行金融机构，特别是中小非银行金融机构比如证券公司融资很难，利率水平出现分化，这很正常，金融机构会根据融资对象的信用风险情况，做出自己的选择。

综上，利率分化的重要原因是，银行间市场和交易所回购市场是分割的。现在市场分化差异很大，AAA 级债券质押融资很容易，利率水平很低，但 AA 级债券质押融资很难，因为它的风险大，市场利率走势须遵循自身的客观规律。

（徐洪才，财经头条，2019 年 7 月 2 日）

（六）上市公司重大资产重组管理新规解读

2019 年 6 月 20 日，中国证监会就修改《上市公司重大资产重组管理办法》向社会公开征求意见，市场反响积极。我认为，创业板资产重组的规则不断地根据新情况予以修改与完善，有利于简化操作。同时，提供的配套的融资将产生协同效应，利于产业转型升级，促进技术进步。

上市公司重大资产重组管理新规，对创业板是个好消息。资产重组、IPO 都是资源配置的一种方式，企业可以有不同的选择，并形成有序竞争。对于创业板的一些小盘绩差股，投资人也应该要深入理解规则，不要投机，否则将来风险很大。

此次修改与完善主要是体现在四个方面：第一，净利润的要求。一些公司弄一点关联交易，就可以实现。第二，累计期限。以前要五年，时间太长了，现在缩短到三年，有利于简化操作。第三，对装入壳公司的资产提出了严格的要求。集中在那些符合战略性新兴产业，符合技术标准、行业发展潜力比较大的优质资产上。第四，提供配套融资将产生协同效应。这更加有利发挥资产重组的功能，促进产业的转型升级、技术进步。

目前科创板采取注册制，有利于拓宽融资渠道。其实，资产重组和 IPO 都是资源配置的具体方式。企业可以有不同选择，也利于有序竞争，这样对创业板、科创板都是好消息。

（徐洪才，财经头条，2019 年 6 月 21 日）

(七)黄金、商品与债券市场走势

中国人民银行公布,6月中国黄金储备为6194万盎司,环比增加33万盎司,连续7个月增持。对此,财经头条首席经济学家徐洪才教授表示,不要夸大这一情况,不要以为各国央行会形成大规模购买黄金的势头,这都是不现实的。各国央行增持黄金,并非黄金的货币属性有明显增加。黄金在工业上的实用价值比较小,它只具有财富的象征性意义。所以,各国央行只是战略性持有黄金。尤其是最近几年,外部环境不确定性增加,因而央行增持黄金的意愿有所增强。

一般来说,央行不会在二级市场上,或者说不会在零售市场上去购买黄金,而是直接从定点工厂中采购,对黄金价格的影响是间接的。央行增持黄金意愿有所增强,但黄金在央行外汇储备中所占比重非常低,因此不要夸大央行增持黄金的意愿,各国央行不会一哄而起,大幅度地增加黄金持有水平,央行是顺势而为而已。近期国际金融环境有利于黄金价格走高比如美元利率下降、美元贬值、石油价格上涨,以及外部不确定性增加导致避险需求有所上升等。

国际货币体系绝对不可能回到"金本位"。黄金作为特殊商品,供给能力是非常有限的,每年开采量增长乏力。黄金作为一种奢侈品,或者作为财富的象征,随着老百姓收入的增长,消费需求总在上涨,具有一定刚性。另外,就是黄金具有价值储藏功能。从这个意义上说,央行增持黄金,不仅能保值增值,还可以优化外汇储备结构,分散风险。

近期商品市场原油价格大跌,而农产品价格整体性上涨,是结构性问题,主要受各自供求关系的影响。同时石油价格的下跌有利于工业生产经营成本的下降,农产品价格的上涨会导致工业生产经营成本上升,两者有一定的对冲作用,对CPI也会有一定的助推作用。原油价格与农产品价格的背离只是短期内的波动,是否会形成中期趋势,有待观察。

近期国债价格上涨(对应的是国债利率下跌)意味着市场实际利率是下降的,反映了市场的预期。同时,美国国债利率以及美元指数也是非常重要的参考。若美元指数进一步走高,会对金融市场有一定影响。而最根本的问题还是实体经济层面,从短期看,中美之间的贸易摩擦暂时还看不到明显缓解的转折迹象。同时,中美两国领导人将在日本大阪的G20峰会上会面,这对市场预期和信心也有一定的影响。

(徐洪才,财经头条,2019年6月6日)

四、科创板是增量改革，注册制未来有望普及

中新经纬 3 月 20 日电，科创板业务细则相继出炉，3 月 18 日，上海证券交易所科创板股票发行上市审核信息披露网站上线，距离科创板的正式开板交易或已不远。中新经纬客户端就此对中国国际经济交流中心副总经济师徐洪才进行专访。

（一）注册制不代表降低要求

科创板制度设计的最大亮点之一无疑是注册制。证监会发布并实施《科创板首次公开发行股票注册管理办法（试行）》（以下简称《管理办法》）明确科创板试点注册制的总体原则，新股发行上市的硬条件有所放宽，科创板试点注册制允许没有盈利的企业上市。

对此，徐洪才表示，注册制不代表标准降低，实际上对发行人、保荐人、投资者的要求都有所提高。

《管理办法》明确发行人作为信息披露第一责任人，对发行人的信息披露有明确要求。除要求发行人依法充分披露真实、准确、完整的信息外，还对发行人披露盈利预测做出严格规定。这要求发行人充分考量企业核心技术、未来技术研发和创新能力、商业模式稳定性，特别是主营业务的核心竞争力。《管理办法》对发行人的要求尤为突出，并制定了明确的处罚措施。

"过去二级市场炒作之风屡禁不止，有一个因素是发行人素质不高，一些上市公司高管、股东走短期行为，想'捞一把'，新股发行的炒新就有这个特点。"徐洪才表示，科创板注册制条件下对发行人要求的严格，使这种投机空间变小。

在交易制度方面，根据《上海证券交易所科创板股票交易特别规定（征求意见稿）》规定，科创板新股上市后，前五个交易日不设涨跌停限制，之后每日限制涨跌幅不超过 20%。这意味着相比 A 股，科创板股票波动幅度会增大，风险会相应加强。"中介机构特别是保荐人的责任更加重要了，需要把具有成长性，能代表未来战略性新兴产业的潜在龙头企业推向市场。"徐洪才说。

（二）市场化竞争不可避免

科创板实行市场化的发行承销机制，在试点注册制中，新股发行价格、规

模及发行节奏都要通过市场化方式决定。科创板本身也在经历与创业板、新三板甚至国际资本市场的一场市场化竞争。

徐洪才表示,要从两个方面理解科创板与其他板块的竞争。一方面,国内不同板块之间的竞争是一直存在的,科创板是竞争的一部分,也是多层次资本市场组成的重要部分。对 A 股来讲,科创板的制度是创新的、先进的,但风险也是存在的,应充分发挥鲶鱼效应和示范效应,带动现有主板、中小板、新三板等多层次资本市场体系的改革创新,为它们施加一定的压力。

另一方面,科创板在国际市场上的竞争也是不可避免的,竞争的主要目标还是境内企业资源。由于市场制度原因,过去有一些有发展潜力的企业只能到境外上市,给我们造成了损失,如今如果能够回来,我们也持欢迎态度。

徐洪才认为,未来 A 股的大方向是走市场化的注册制,当前科创板试点是一次增量改革,未来市场还有很大空间,将为投资人提供更多的风险管理工具和手段,在适当的时候,会推出 T+0 交易。

(记者张芷菡,中新经纬,2019 年 3 月 20 日)

(三)科创板开板,为投资者带来新的投资机会

财经头条 6 月 19 日讯,从华兴源创的招股书来看,参考多家券商的评估,PE(市盈率)约为 40 倍,财经头条首席经济学家徐洪才认为,这个估值相对于成长型高科技企业来说不算高,但也不便宜。从短期来看,前几批科创板企业上市,市场供不应求,新股上市大涨的可能性较高,对打新一族来说,风险较小,但是考虑到场外资金量大,所以中签率可能不高。另外,对于投资者来说,应当警惕短期爆炒追高,在高位接盘,长期套牢,这在过去屡见不鲜。特别是当前并不确定首批上市多少家,若上市数量较少,则爆炒的可能性较大,有关部门应当做好风险防控。

科创板开板,对市场来说,无疑是注入了新鲜血液,高成长、高科技含量的公司上市,为投资者带来新的投资机会。对参与的保荐机构、跟投机构及发行人来说,应加强责任意识,呵护科创板的持续发展。而科创板实行注册制以后,对发行人信息披露的要求更高,企业管理层责任重大,高管团队应当兢兢业业,规范经营,对得起投资者的信任。

(财经头条,2019 年 6 月 19 日)

五、"稳"字当头,打赢金融开放"硬仗"凭什么?

中宏网北京 1 月 24 日电据新华社消息,中共中央总书记、国家主席、中央军委主席、中央全面深化改革委员会主任习近平 1 月 23 日下午主持召开中央全面深化改革委员会第六次会议并发表重要讲话。他强调,要对标到 2020 年在重要领域和关键环节改革上取得决定性成果,继续打硬仗,啃硬骨头,确保干一件成一件,为全面完成党的十八届三中全会部署的改革任务打下决定性基础。

2018 年 6 月 28 日,发改委、商务部发布了《外商投资准入特别管理措施(负面清单)(2018 年版)》,在金融、汽车、船舶、铁路、农业、矿产、电网等领域推出 22 条开放措施。

作为国民经济的血液,金融开放是对外开放总体布局的重要组成部分,对于形成实体经济全面对外开放格局具有重要的支撑作用。因此,有关金融领域放宽外商持股比例的新举措尤其引发关注,也不乏批评、质疑的声音。

那么,在中央经济工作会议将"六稳"提到突出位置,在保持经济持续健康发展和社会大局稳定的前提下,如何稳中求进,向改革要动力,正确把握稳金融与扩大开放的平衡与节奏?中宏观察家、中国国际经济交流中心副总经济师徐洪才日前接受了中宏网记者的独家专访。

以下是访谈实录。

中宏网记者:中央经济工作会议强调"六稳",您能否结合 22 条有关金融领域扩大开放的举措为我们谈谈如何处理好"稳金融"与矢志不移推进金融开放之间的辩证关系?

(一)防控重大系统性金融风险形势严峻

徐洪才:金融是市场经济的核心,金融不稳定,整个经济就不稳定。过去几年,我们把防控金融风险、不发生系统性金融风险作为底线,作为重要工作来抓。去年一年,在内外各种因素的作用下,中国金融体系总体稳定,但也出现了一些局部性风险,比如,一批 P2P 公司崩盘,上半年一些国有企业债券违约,包括全年股市震荡,上证综指跌了 25% 左右,深沪两市上市公司市值缩水 13 万亿元,全年 GDP 增加部分也就 8 万亿元,不足以弥补股市亏损。对老百姓消费、对企业投融资都有负面影响,所以这次中央经济工作会议强调"稳金融",是去年 7 月 31 日中央政治局会议提出的"六稳"之一;金融服务实体经济是金融的本职,是在 2017 年第五次全国金融工作会议提出的。金融有其特殊规律,有脆弱性,金融风险有传染性,加上中国金融体系、资本市场不成熟,投资者也不成熟,结构不尽合理,我们的资本市场中小散户占主导,存在羊群效应,所以防控系统性风险的形势更加严峻。

(二) 扩大开放不足以撼动内资主导地位

徐洪才:要正确处理扩大开放、维护金融稳定和促进金融服务实体经济间的辩证关系。应当看到,从 2001 年中国加入 WTO 以来,金融服务业是逐步扩大开放的。银行、证券、保险、基金、期货、信托等金融机构的外资持股比例也是逐步扩大的。最近,发改委扩大开放 22 条提出将证券公司、基金管理公司、期货公司、寿险公司的外资股比放宽至 51%,2021 年取消金融领域所有外资股比的限制。未来外商独资的各类金融机构也将在境内市场开展业务,从而在真正意义上实现金融业对外开放,实现外商与境内金融机构的公平竞争。因此,有人担心,基于金融业的特殊性,会不会因此威胁到国家金融安全呢?

从过去的经验看,一些新兴经济体曾出现因过度开放而导致金融安全受到威胁的教训。但相比较而言,我国总体上还是采取了审慎开放原则。为什么这样讲?因为现在不论是银行体系还是资本市场、保险市场,外资对整个金融体系还不足以产生举足轻重的影响。内资特别是国有资本仍然占据主导位置,基本格局未变。在未来相当长的时间里,相信内资特别是国有资本的主导地位仍不会动摇。

(三) 把握扩大开放与稳定发展的辩证关系

徐洪才:去年以来,我国股市剧烈调整过程中出逃的主要是中小散户,也有机构,进场的是外资,有人说外资抄底。实际上,这恰恰说明外资看到了中国市场的潜力,以及中国上市公司的投资价值。但是,目前还没有产生示范效应。未来,伴随 22 条等扩大开放举措的实施,这种以价值投资为理念、以机构投资者占主导的成熟资本市场的做法引入之后,将产生积极的示范效应,不仅不会威胁到国家金融安全,相反会更好地维护金融稳定。

另外,外商投资的金融机构进场以后,也不必担心其会一哄而起,洪水猛兽般地对我们构成巨大冲击,因为金融有风险,金融和风险打交道,外资必然会采取审慎态度。外资进场后,在风险管理、产品和服务创新方面,都值得我们学习和借鉴。我们与狼共舞,共同开发市场。鼓励竞争,也有助于国内金融机构的改革创新,从而打破一潭死水的局面。

扩大开放产生的鲇鱼效应，将激活微观主体的创新活力和动力。这对促进我国金融服务实体经济，提升金融服务效率，降低金融服务成本，特别是解决民营企业、中小企业融资难、融资贵的问题产生积极影响。通过扩大开放，倒逼金融业改革与创新，是现实和理性的选择。

(王镜榕，中宏网，2019年1月24日)

六、我国金融业对外开放：回顾及展望

(一) 改革开放以来，我国金融业对外开放历程回顾

今年是改革开放40周年。40年来，我国金融领域进行了大刀阔斧的改革，金融服务从单一到多样，金融工具从简单到复杂，取得了举世瞩目的成就。与此同时，我国金融业开放也取得了长足进展。以银行业为例，2017年年末外资银行在中国的营业性机构总数为1013家，相比2002年的180家年均增长13%；总资产从2002年年末的3000多亿元，增长到2017年年末的3.24万亿元，年均增长超过15%；2017年累计实现净利润相当于2002年的10倍……40年来，金融业对外开放的相关经验值得好好总结。总体来看，改革开放40年来，金融业对外开放可大体分为四个阶段。

第一阶段：从1978年改革开放到1992年邓小平南方谈话。这一阶段是我国金融业对外开放的起步阶段。1978年是我国改革开放的起点。当时，我国缺乏引进先进技术设备的资金，但劳动力供给充足，因此从对外贸易起步，利用劳动力成本优势进行来料加工。为配合对外贸易发展，我国金融业对外开放开始起步。那时我国还没有独立的商业银行，只有附属于中国人民银行的中国银行开展外汇业务。这一阶段的标志性事件：一是1980年日本输出入银行和东京海上日动火灾保险株式会社在北京设立代表处。二是1980年在深圳、珠海、汕头、厦门设立经济特区，并允许外资金融机构在特区设立营业机构，开展外汇业务。三是1990年上海浦东获准引进营业性外资金融机构。

总体来说，20世纪80年代金融业对外开放领域风平浪静，其快速发展是从1990年国家决定开发上海浦东新区开始的。1991年花旗银行、美洲银行、渣打银行、汇丰银行等多家外资金融机构在上海设立分行；1992年美国友邦保险在上海设立分公司。这一阶段，外资金融机构主要是通过代表处投石问路，通过市场和政策调查，了解我国金融市场的实际情况。

这一时期，我国资本市场也开始起步。1990年和1991年分别设立了上海、深圳两个证券交易所；1991年年底B股开始试点，证券业也开始对外开放，也有企业走出国门，到境外市场发行股票、债券融资。

第二阶段：从1993—2001年加入世贸组织之前。这一时期是我国金融业对外开放加速发展的阶段。这一阶段有以下标志性事件：一是1994年汇率形成机制改革推动了金融业改革开放。人民币官方汇率与外汇调剂价格正式并轨，开始实行以市场供求为基础的、单一的、有管理的浮动汇率制。此后外汇管制有所放松，但实行强制性结售汇，从而增加外汇储备，维持人民币汇率的稳定。二是1994年《中华人民共和国外资金融机构管理条例》颁布，对外资金融机构的市场准入和监管要求等进行了规定，为外资金融机构在我国经营提供了法律规范。三是根据国际货币基金组织的要求及我国经济发展的具体需求，1996年经常项下人民币自由兑换基本实现。四是1996年发布《上海浦东外资金融机构经营人民币业务试点暂行管理办法》，允许部分符合条件的外资金融机构在上海浦东开展人民币业务。五是1999年放宽外资银行设立分支机构的区域限制，外资银行可以在我国所有中心城市设立营业机构。

从1996年开始，外资银行与国内银行在存款、贷款和结算三大传统业务领域逐步展开竞争。1998年后试点范围扩大到深圳，1999年进一步放宽外资银行设立分支机构的区域限制，并允许其进入我国银行间拆借市场。2001年年底，国内外资银行营业性机构达到177家，资产规模达到450亿元。1997年亚洲金融危机期间，我国加强了资本流动管制，承诺人民币不贬值。危机提醒我们夯实基础，资本账户开放不能匆忙，必须坚持稳中求进，谨慎考量资本项目可兑换的路径选择与时间安排。

此时由于证券交易所成立时间不长，证券业发展相对缓慢，证券业对外开放还没有大的进展。仅有1993年境内企业开始试点在香港上市和2001年年初允许境内投资者投资B股两个重要事件。

这一时期保险领域对外开放步伐更大一些。这一阶段中国保险监督管理委员会成立，出现了首家外资入股保险公司和首家中外合资保险公司，分别是平安保险引入摩根士丹利与高盛两大战略投资者；中化集团与加拿大宏利人寿保险合资设立中宏人寿保险公司。

第三阶段：2001年加入WTO到2017年年底。这一阶段是我国金融业对外开放稳步发展的阶段。2001年加入WTO是我国对外开放的里程碑。按照入世承诺，我国要在5年过渡期内逐步取消对外资金融机构的限制，实现金融业全面对外开放，这对我国银行、证券、保险业自身的改革发展提出了较高的要求，督促我国金融业进行市场化改革，以适应国际金融业的竞争。

这一阶段，具有标志性意义的事件就是我国四大国有银行的股改上市，为银行业进一步对外开放奠定了坚实基础。加入WTO后，我国银行体系改革的目标是走向市场化。2004年年初，中国建设银行和中国银行被确定开展国有商业银行股份制改革试点，此后，四大国有商业银行逐步进行债务剥离、资产重组、注资、吸引战略投资者等。2005年10月，中国建设银行率先正式在香港主板市场上市。2006年6月，中国银行在香港成功发行上市，一个月后又成功在上交所发行A股，成为第一家在A股挂牌的国有商业银行。2006年10月，中国工商银行A+H股在上交所和香港联交所成功上市，成为首家A+H同股同价的上市公司。2010年7月，中国农业银行两天内分别在上海和香港两地上市。至此，四大国有商业银行全部实现上市，这为我国商业银行练好内功、提升国际竞争力做了良好铺垫。需要指出的是，四大国有商业银行上市的步骤有微妙的不同：中国建设银行先发行H股，两年后再发行A股；中国银行先发行H股，一个月后即发行A股；中国工商银行A+H股同步发行；中国农业银行上市时先发行A股，一天后发行H股。上市步骤的差别是基于国内A股市场承受能力综合考虑的，开始时尽可能减少大盘股上市对境内股市的冲击；伴随着证券市场的逐步成熟，再分别进行调整，直至中国农业银行先在A股上市。同时，股改之初，中国建设银行和中国工商银行先在H股上市，其公司治理、信息披露、内部经营管理等都按照国际标准严格要求，对其整体实力的提升具有促进作用。与此同时，这一阶段还新设了多家股份制银行、城市商业银行等，并进行了农村信用社的系列改革。随后，引入外资金融机构参股、允许外资设立独资银行与走出国门结合成为国内扩大银行业对外开放的主要方式。

第二个标志性事件是汇率制度改革。2005年，我国废除单一盯住美元的汇率制度，改为以市场供求为基础，参考一篮子货币进行调节、有管理的浮动汇率制度，汇率市场化程度进一步提高，释放了人民币升值压力，为金融业对外开放奠定了良好的基础。2015年8月11日再度调整人民币对美元汇率中间价报价机制，做市商参考前一天银行间外汇市场收盘汇率，向中国外汇交易中心提供中间价报价，汇率形成的规则性、透明度和市场化水平进一步提升。

第三个标志性事件是中国主动推进人民币国际化。在2001—2008年国际金融危机前，外资金融机构纷至沓来；2008年后，特别是2010年后，我国金融机构主动走出去的步伐进一步加快。2008年国际金融危机后，作为应对危机、规避汇率风险的重要手段，中国人民银行陆续与19个国家和地区的货币当局签署货币互换协议，涉及规模20062亿元。2009年中国人民银行公布《跨境贸易人民币结算试点管理办法》，倡导在贸易结算中直接使用本币。2015年年底开始组建亚洲基础设施投资银行，为推动"一带一路"建设、推动国际产能合作、推动人民币国际化提供了平台。人民币国际化和"一带一路"建设相辅相成，"一带一路"贸易投资业务量快速上涨，人民币币值相对稳定，成为相关国家和企业规避汇率风险的首选。2016年人民币加入国际货币基金组织的特别提款权货币篮子，权重为10.92%，位列第三，跻身国际权威机构认可的国际储备货币和"可自由使用货币"。截至目前，我国对外贸易中人民币结算比重接近1/3；在全球范围看，人民币作为支付货币排在第五位。在伦敦、巴黎、纽约等主要金融中心建设了人民币清算行，香港成为最有影响力的离岸金融中心。

这一阶段我国证券业进一步开放，允许外资金融机构参股国内券商，或成立中外合资券商。在保险业领域，2004年年初我国放开外资非寿险机构设立公司形式的限制，进入我国的外资保险机构增多；而中国人寿保险股份有限公司、中国人民财产保险股份有限公司与中国再保险（集团）股份有限公司也先后在纽交所、港交所等境外市场挂牌上市。截至2017年年底，共有来自16个国家和地区的境外保险公司在我国设立了57家外资保险公司，下设各级分支机构1800多家，世界500强中的外国保险公司均进入了中国市场。12家中资保险公司在境外设立了38家营业机构。

2002年我国开始实施QFII，外国机构投资者可以投资我国的债券、股票以及其他金融资产，并实行额度配给制；2006年国内开始推行QDII，2011年、2014年又分别推出了RQFII、RQDII。2014年、2016年沪港通和深港通分别启动，2017年7月香港与内地"债券通"上线，资本市场的开放进一步深化，与国际金融市场的互动、互联、互通不断深化。

第四阶段：2018年以来。在2018年4月的博鳌亚洲论坛上，习近平主席宣布，中国将大幅放宽包括金融业在内的市场准入。中国人民银行行长易纲指出，将遵循三条原则推进金融业对外开放：一是准入前国民待遇和负面清单原则；二是金融业对外开放将与汇率形成机制改革和资本项目可兑换进程相互配合，共同推进；三是在开放的同时，重视防范金融风险，使金融监管能力与金融业对外开放度相匹配。6月，银保监会宣布拟取消中资银行和金融资产管理公司外资持股比例限制，实施内外资一致的股权投资比例规则，中外资适用统一的市场准入和行政许可办法。6月1日，A股正式纳入明晟新兴市场指数。6月12日，中国人民银行、国家外汇管理局宣布对QFII、RQFII实施新一轮外汇管理改革，取消QFII每月资金汇出不超过上年末境内总资产20%的限制；取消QFII、RQFII本金锁定期要求；明确合格机构投资者外汇风险管理政策，允许

QFII、RQFII 对其境内投资进行外汇套保，对冲其汇率风险。沪伦通也有望于 2018 年开通。今年以来的这些重磅举措，彰显了我国进一步扩大金融业对外开放的决心。

（二）下一步金融业对外开放的重点

金融业对外开放是一个复杂的系统工程，尽管改革开放 40 年来我国金融业对外开放取得了举世瞩目的成就，但仍存在明显问题。例如，加入 WTO 后我国对外资金融机构在持股比例、业务范围、市场准入等方面有严格的限制，包括银行单一境外机构持股比例不超过 20%，多个境外金融机构持股比例合计不得超过 25%；外资银行分行经营人民币业务需在华开业一年以上；拟设外商独资银行和合资银行的申请人提出申请前一年年末总资产不少于 100 亿美元，拟设外国银行分行的申请人提出申请前一年年末总资产不少于 200 亿美元等。部分国家外资银行很难满足这些约束条件要求。外资证券机构只能以合资形式进入我国，境外股东持股比例或者在外资参股证券公司中拥有的权益比例累计不得超过 49%，而且只能从事承销、外资股票经纪以及债券经纪等少量业务。我国对外资保险公司也有严格的牌照审批和数量限制，这些要求导致外资金融机构资产占比偏低，一直在 2% 左右徘徊，近年来还进一步下降，2016 年降至 1.29%。又如，人民币的对外贸易计价结算功能、交易功能及储备货币功能依然弱化。根据环球银行金融电信协会（SWIFT）的统计，截至 2017 年年末，以美元计价的贸易结算份额占全球的 39.9%，欧元占 35.7%，英镑和日元分别占 7.1% 和 2.9%，人民币占 1.6%，仅排在第五，与我国 GDP 位居世界第二、约占全球 15% 的经济体量和排名世界第一、占全球 13% 左右的贸易总额不相称。2016 年全球债务融资余额超过 21 万亿美元，其中发行币种为美元的融资工具占比约 39.5%，为欧元的融资工具占比约 32.1%，人民币标价的国际债券余额仅占 0.5%，低于英镑、日元、瑞士法郎、加拿大元和澳大利亚元。

我国金融业对外开放不是一蹴而就的，要坚持稳中求进的基本原则。下一步，金融业对外开放应当从以下方面着重推进：

第一，按照既定方针稳步放开市场准入。当前，外国投资者投资证券、基金管理、期货公司的投资比例限制已放宽至 51%，且三年后投资比例将不受限制；2018 年以来，中国银保监会已就"取消中资银行和金融资产管理公司外资持股比例限制""放开经营人身保险业务的合资保险公司，外资比例不得超过公司总股本的 51%"等征求意见。可以预见，未来 5~10 年外资金融机构市场份额会逐步上升，但我国将有效控制这一节奏，其所占比重不会大幅飙升，而且占比不超过10%的前提下，不必过于担心其风险。

第二，资本账户开放继续坚持稳中求进，对资金跨境流动保持高度警惕。当前已经取消QFII每月资金汇出不超过上年年末境内总资产20%的限制；取消QFII、RQFII本金锁定期要求，这些措施将进一步激发境外投资热情，促进资本市场进一步双向开放。但是资本账户的开放要与国内金融市场发展、与汇率市场化改革等相适应、相配套，采取渐进式改革，不能过快放开。

第三，加速推进人民币国际化。人民币国际化在未来10年将是我国最大的红利。当前人民币币值相对稳定，中美息差收窄，近两年国际收支状况明显改观，经常项目顺差占GDP的比重在1%左右，资本项下也基本趋于平衡。将来可能出现短时期的经常账户逆差，有助于推动人民币国际化。"一带一路"倡议也为人民币国际化提供了历史机遇。一是要发挥开发性金融的引领作用。"一带一路"的基础设施建设具有很强的正外部性和辐射力、带动力，但周期长、投资回报比不高、风险相对比较大，开发性金融机构应在其中发挥引领作用。二是推动商业银行开展网络化合理布局。金融发展需要集聚效应，商业银行应在产业基础雄厚的地区合理布局，沿着"一带一路"建设形成网点网络化布局。三是发挥人民币在"一带一路"建设中的作用，鼓励我国企业到海外投资时直接使用人民币买国内商品拉动出口，降低换汇成本，维护金融稳定。我国在货币互换、交易、人民币清算行和人民币跨境支付方面已做了很多有益尝试，还应继续扩大相关业务。四是建设人民币离岸中心网络。尝试在与我国贸易往来频繁的国家、合作开展金融市场业务的国家建设人民币离岸中心，把人民币输送出去，形成一个网络体系。把乌鲁木齐建成西部金融中心，与阿斯塔纳形成呼应，服务中亚和西亚地区的经济合作。与此同时，利用毛里求斯路易港、摩洛哥卡萨布兰卡和南非约翰内斯堡等金融中心，形成"三点辐射"，将人民币输送到非洲市场。

第四，金融开放和金融改革创新同步推进，利用扩大开放的契机倒逼国内改革，适应金融业对外开放的需要。从金融方面看：一是进一步降低融资成本。近年来，金融去杠杆卓有成效。《资管新规》的出台也有利于我国金融机构"塑身"，减少不必要的中间环节，压缩金融服务链条，实现穿透式监管，打破刚性兑付，这有利于降低无风险收益率，进而降低融资成本。二是治理金融乱象，补齐制度短板。近年来，逆周期调控对金融机构的顺周期行为产生了抑制，再加上微观监管加强，无序发展时代已经过去，金融机构和企业都必须规范经营。《资管新规》不仅要求金融机构实现风险隔离，还要让投资者明白投资是要承担风险的。国务院副总理刘鹤近期在讲话中指出："要使全社会都懂得，做生意是要有本钱的，借钱是要还的，投资是要承担风险的，做坏事是要付出代价的。"这四句话实际是为金融业正本清源，为金融业务未来规范化经营指明了方向。三是优化政策结构。2017年下半年以来M2已经回落到8.3%，低于名义GDP增速0.6个百分点，未来几年M2增速应和名义GDP增速基本保持一致，先稳住宏观杠杆率，然后逐步降低宏观杠杆率。今年以来，金融机构和工商企业都真切感受到政策调整导致的流动性压力。目前，我国金融体系是以间接融资为主，融资渠道和手段都比较单一，结构性降杠杆要把握好政策实施的节奏和力度，在强监管态势下，体现政策的灵活性、针对性、前瞻性。近期央行定向降准1个百分点，就是政策灵活性、针对性的体现。当前大型商业银行法定存款准备金率是16%，中小银行是14%。这部分资金存入央行，利率是1.62%。而商业银行使用中期借贷便利等工具从央行借钱，利率一般是2.5%以上，商业银行多支付了大约0.9个百分点的利息，导致额外的资金成本。4月定向降准1个百分点释放约4000亿元资金，对冲掉了商业银行部分额外的资金成本。6月底央行决定再降准0.5个百分点，是一场及时雨。未来降准还有很大空间，通过降准对冲替代中期借贷便利，根据市场对资金的合理需求，做存量和结构调整，将有助于增强货币市场的稳定性，从源头上降低企业融资成本。四是发展直接融资，优化金融结构。当前我国IPO已经实现常态化，但是退市制度、资产重组等领域还有很大的优化空间。应着力做强做大股权资本市场，使其更好地服务于产业结构转型升级，同时更好地保护投资者的合法权益。与"一带一路"建设相关的上市公司，可优先考虑回归A股，以人民币计价。未来应扩大这个通道，最终走向完全开放。应着力做大债券市场，围绕"一带一路"建设，近年来熊猫债券获得较快发展，目前估计在上海银行间市场托管和境外机构托管的债券规模，以人民币计有近1万亿元，但相对整个债券市场规模还是太小。五是加强金融监管。在放宽外资准入和业务范围的时候，依然要按照相关法规对各类所有制企业进行一视同仁的审慎监管。通过加强金融监管，有效防范和化解金融风险，维护金融稳定。

另外，也要发挥财政政策的协同效应。一是增加短期国债发行。当前我国国债品种和期限结构不合理，长期国债多，不便于央行进行公开市场操作。短期债券发行常态化有助于形成货币市场基准利率，形成连续、光滑的国债收益率曲线。二是地方政府和国有企业的预算硬约束应当加强。当前这些主体对利率调整还缺乏敏感性，一定程度上影响了货币政策效应的发挥。三是在条件成熟时，财政部通过向央行发行特种国债，用于购买外汇储备，进而实现央行和财政部间的资产负债结构调整。此举既符合外汇储备由财政部主管这一国际主流,又从根本上解决了我国央行资产负债表中的币种错配问题,并为央行开展以短期国债买卖和以价格型调控为主的货币政策创造有利条件。

(徐洪才,《金融发展研究》杂志,2018年第9期)

七、完善全球治理体系,防控系统性金融风险

今年是2008年国际金融危机爆发十周年。跌宕十年,世界格局已是地覆天翻。全球经济遭受系统性冲击,但目前已出现明显复苏,开始摆脱危机阴影;同时,主要经济体的债务率创下新高,各种"黑天鹅事件"频发,单边主义、保护主义愈演愈烈;全球分工格局加速重构,新技术革命仍在孕育,金融动荡此起彼伏,经济全球化面临新的挑战……

这场带给世界经济、政治、社会等各个层面深刻影响的大危机,引发我们哪些反思?如何防止金融危机再次发生?如何平衡金融创新和金融监管之间、金融与实体经济之间的关系?对此,《中国发展观察》专访了中国国际经济交流中心副总经济师徐洪才。

中国发展观察:回顾历史,2007年年初发端于美国的次贷危机,最终引爆了毁灭全球50万亿美元财富的国际金融危机。这场源自美国的金融浩劫造成哪些全球性影响?当前又面临着怎样的国际经济形势?暴露了全球金融体系的哪些问题和隐患?

徐洪才:今年是2008年国际金融危机爆发十周年,在这个关键时间点,关于金融危机的讨论引起了社会各界的广泛关注。根据过去的经验,每十年会爆发一次国际金融危机,这一魔咒是否已被打破?目前,很多人仍持怀疑态度。

从国际经济形势来看,当前世界经济总体处于复苏但动力不强的阶段。根据国际货币基金组织的最新预测,2018年世界经济将增长3.9%,2017年是3.6%,2016年是3.2%。2017年世界经济出现重大变化,就是全球贸易增长超过经济增长,达到4%,结束了2016年以前连续五年世界贸易增长低于经济增长的局面。

2017年中国实现经济增长6.9%,整体看,中国经济增长比较稳健,但低于危机以前的增长速度。2016年年底、2017年年初,人们很担忧中国经济中长期将是"L形"走势,但"L形"拐点在哪里还不清楚。其实,拐点已悄然来临。2016年全球大宗商品价格大幅度上升,石油价格从年初将近30美元1桶到年底50美元1桶,最近突破70美元1桶,说明全球需求上升。但是,随着美

联储继续加息,美国十年期国债收益率持续上升,以及石油价格上涨和美元指数升值,新兴经济体和发展中国家面临新的考验。

当前,全球贸易保护主义愈演愈烈,特别是美国搞单边主义、保护主义,中美两大经济体之间的贸易摩擦成为影响全球经济增长和金融稳定的最大潜在风险。自2015年美联储启动加息以来,加息周期还要持续几年,今年预期加息至少三次。同时,美国去年推出大规模减税政策,全球资本和产业总体回流美国等发达经济体。从近期看,个别新兴经济体的金融体系已经出现剧烈震荡,如阿根廷、俄罗斯、土耳其。

从全球角度看,世界经济复苏基础不牢,金融体系还充满不确定性。特朗普执政一年多来,逐一兑现他在竞选总统时的承诺,但还剩下其中最重要的一条就是放松金融管制,废除《多德-弗兰克法案》。下一步,美国将加大减税和扩大基础设施投资,必然会加重美国联邦政府财政支出压力,这很有可能促使特朗普铤而走险,兑现放松金融管制的承诺,进而引起全球金融动荡。美国作为世界重要经济体,其宏观经济政策的负面溢出效应非常大。自金融危机以来,在G20层面上,各国一直在呼吁加强大国宏观经济政策的协调,但效果不理想。

在这样的大背景下,世界金融体系仍然面临很大的不确定性,美元独霸的国际货币体系没有实现根本性改变,多元化的储备货币格局基本未出现。国际贸易、投资和金融交易活动中过多地依赖美元,世界经济过多地受制于美国的宏观经济政策。这是导致2008年美国金融危机波及全球的病根所在。

过去九年,美国、欧洲、日本等主要经济体实行超级宽松的货币政策,积累了巨大的资产泡沫。今年以来,美国证券市场已经开始剧烈调整,并波及全球金融市场。从宏观经济政策层面和金融市场层面来看,国际金融体系的不确定性、潜在风险非常大。

中国发展观察:这场历史性金融危机给中国带来了哪些影响?哪些领域和行业受创严重?

徐洪才:这场金融危机给中国带来了较大的冲击。从经济增长来看,2007年年初美国出现次贷危机,2008年9月向外蔓延引发国际金融危机。2008年中国经济增长速度是9.7%,比2007年下滑了4.5个百分点,从此开始进入增速下降通道。2009年我国GDP增长9.4%,经过"四万亿计划"刺激之后,2010年创下10.6%的短暂新高,随后一路下跌,几乎没有反弹。

股市是国民经济的晴雨表,中国股市受到重大冲击,2007年年底上证综指是5261.56点,2008年年底是1820.81点,跌幅高达65.39%,2009年反弹了点儿,直到现在还是在3000多点左右徘徊。股市的跌宕挫伤了投资者信心,对居民财产造成很大损失。

同时,2009年中国进出口贸易也受到冲击。2008年外贸进出口增长17.87%,出口增长17.4%,进口增长18.48%。到了2009年,全年外贸进出口出现负增长为-13.88%,出口增长-16.01%,进口增长-11.18%。仅从出口方面看,这一年就掉了33.41个百分点,外贸受到重挫,农民工大多卷起铺盖回家。当时中国主要依赖外贸拉动经济增长,尤其是劳动密集型的加工贸易,而出口从正增长17.4%转为负增长16.01%,影响太大。首当其冲的是加工贸易,导致整体经济下滑,在需求坍塌后,各行各业都受到不同程度的冲击,包括基础原材料、铁矿石、水泥、钢材、平板玻璃、房地产行业等。

中国发展观察:以史为鉴,由历次全球危机我们能得到哪些经验和教训?

徐洪才:2008年国际金融危机催生了2009年的G20走向全球治理前台。各国领导人同舟共济,共同应对全球性挑战。各国政府统一行动,实行宽松的货币政策、积极的财政政策,刺激内需,拉动经济增长,增加就业。与此同时,改革国际货币体系、完善全球治理问题也提上了议事日程。

中国发展观察:百年一遇的国际金融危机也引发了金融理论思考,如何防止金融危机再次发生?如何改进金融监管和改革全球货币体系?

徐洪才:维护世界经济和全球金融体系的稳定发展,首先,需要加强大国之间经济政策的协调。2008年9月金融危机爆发之后,美国、欧洲、日本和中国等主要经济体都采取宽松货币政策和积极财政政策,并推进结构性改革,这对有效应对金融危机产生了积极影响。其次,加强金融监管,共同建设全球金融安全网。危机爆发之后,各国都加强了对系统重要性金融机构的监管,以解决"大而不倒"的问题。在此背景下,各国政府开展"逆周期"宏观调控,就建立"宏观审慎政策框架"达成广泛共识,这是一项重大政策创新。

经验告诉我们,金融机构、工商企业等微观主体都有"顺周期"的特点,不能对市场放任自流。市场经济具有周期性剧烈波动的特点,尤其是金融体系具有传染性和脆弱性,一旦薄弱环节出现问题,城门失火殃及池鱼,造成的危害就比较大。因此,要加强金融监管和对金融机构"逆周期"调控。

经过几年的实践探索,2017年我国开始提出建立和完善货币政策、宏观审慎政策"双支柱"框架,加强金融监管及金融监管协调,同时建立金融危机预警机制和早期干预机制,补短板,补漏洞,做好预案,一旦危机发生,央行要发挥最后贷款人的作用。

中国发展观察:随着科技的迅猛发展和金融创新的快速变化,包括影子银行、互联网金融、区块链金融等领域较快发展,这些金融创新的背后隐藏着哪些风险?如何平衡金融创新和金融监管之间、虚拟经济与实体经济之间的关系呢?

徐洪才:影子银行和金融科技在服务实体经济的发展中发挥着独特、不可替代的积极作用,不能"一棒子打死",但也要防止其在业务扩张过程中的潜在风险。如何把握好度?我认为,政府应主动作为,创新金融监管。

第一,对金融创新活动进行前瞻性研究,超前引领,动态监管,建立和完善相关法律法规,坚持稳中求进的指导原则。金融体系具有脆弱性,金融风险具有传染性,牵一发而动全身,不能掉以轻心。实事求是地讲,过去几年很多金融创新服务于实体经济,促进了投资、消费及普惠金融的发展,但是也曾出现互联网平台野蛮生长,一些平台公司跑路的现象,这些风险已经充分暴露,并得到妥善处理。

第二,在现金贷业务并没有出现金融风险的时候,监管部门主动出手。这也预示着监管理念和监管方式已悄然发生变化,在不发生系统性风险的前提下,未雨绸缪,主动化解。2017年7月,第五次全国金融工作会议指出,服务实体经济是金融的天职,并对监管部门提出新的要求:有潜在风险没有发现,就是渎职行为;发现潜在风险没有及时妥善处理,就是失职行为。

中国发展观察:日前,千呼万唤的《关于规范金融机构资产管理业务的指导意见》(以下简称《资管新规》)终于出台,宏观层面关系到国家金融稳定、防范金融风险;中观层面关系到百万亿元规模的资管行业;微观层面关系到几千家机构未来生存转型之道。一时间,其受关注程度不言而喻。《资管新规》主要带来哪些重大改变?是否意味着金融风险防控又上了新的台阶?

徐洪才:近年来,金融机构表外业务快速膨胀,最初动机一方面为了规避资本监管,在表内必须符合资本充足率要求,业务扩张要有相应的资本与之配套,因此,金融机构有逃避监管和逐利的内在冲动。另一方面从需求角度看,广大居民对这种低风险、中等收益率的金融资产有强烈需求。银行存款利率偏低,投资股市风险又偏大,这与居民对资产保值增值的需求不相匹配,促成金融机构进行产品创新。

过去积累了100多万亿元的资管业务,基本都采取刚性兑付,预期收益由金融机构兜底,到期时,消费者认为有隐性担保,势必抬升全社会无风险收益率水平,投资者不承担风险却得到较高的投资回报,进而抬升全社会的融资成本,特别是小微企业、三农企业的融资成本。由于资金链条越来越长,中间环节越来越多,终端消费者融资成本居高不下,民间借贷年化利率达20%以上,超过实体经济的实际投资回报率,因而形成潜在的金融风险。为了主动化解风险、降低融资成本,必须加强金融机构的表外业务监管,形成全国"一盘棋",维护整体金融稳定。

但是,《资管新规》的实施也需要考虑金融机构的实际承受能力,把握好政策执行的力度和节奏。近年来,我国金融去杠杆效果显著。去年下半年以来,广义货币 M2 供应量增速回落到名义 GDP 增速以下,只有 8% 略多一点,这有利于稳定宏观杠杆率,但对固定资产投资和消费增长产生了负面影响,对微观市场主体的生产经营活动也产生了一定的流动性压力。

今年一季度,股票市场两次出现 400 多只蓝筹股上市公司股价"闪崩"的现象,流动性风险已初显端倪。近期阿根廷、俄罗斯、土耳其金融市场出现异常震荡,说明全球金融体系存在很大的潜在风险。这些都应该引起高度关注。

总之,未来应该继续坚持稳健中性的货币政策,但也要密切注意国际国内金融市场的新变化,在保持政策稳定性、连续性的同时,充分体现政策的灵活性、针对性和前瞻性,守住不发生系统性金融风险底线,为实体经济稳定发展创造良好的货币金融环境。

(高妍蕊,"金融危机十周年"专访,《中国发展观察》杂志,2018 年 5 月 30 日)

八、推进人民币国际化的路径选择

推动人民币国际化可以沿着两个路径展开:第一,与传统国际金融中心展开深度合作。过去将近 10 年,我们跟主要经济体的央行进行货币互换,现在互换人民币规模已经达到 3 万亿元的水平。要深化伦敦和上海之间的合作,进一步巩固香港作为境外人民币离岸中心的枢纽地位,我们利用外资 70% 通过香港这个管道,人民币在境外资金池规模的 70% 也是在香港,所以未来香港作为离岸金融中心的作用,只能加强不能削弱。

第二,深化与亚太地区和"一带一路"沿线国家的金融合作。在亚太地区,我们跟主要的经济体,如日本、韩国、澳大利亚都有贸易逆差,这是输出人民币的有利条件,可以在东京、首尔、悉尼建设人民币离岸市场。跟中东欧之间的合作,可以发挥卢森堡的作用;跟中亚地区的合作,比如阿斯塔纳,还有阿布扎比这些新兴金融中心,可在产能合作、能源合作等方面加大人民币结算,推动金融创新,通过创新来推动"一带一路"合作。沿着海上丝绸之路,发挥香港、新加坡还有科伦坡、孟买等金融中心的作用。向非洲辐射可采取三点辐射模式：一是针对南非的约翰内斯堡这样的传统金融中心，可在金砖合作机制上进一步挖掘新的内涵。二是印度洋东南角的毛里求斯路易港。三是非洲西北角的卡萨布兰卡，也有发展金融中心的潜力。海上丝绸之路的终点就在丹吉尔港，是一个科技创新中心，可与卡萨布兰卡形成互动。

总之，加快人民币国际化是提升中国国际地位的客观需要，也是促进全球金融稳定和中国承担更多国际责任的表现，可沿上述两条路径同步推进。

（根据徐洪才在"2019亚信金融峰会——推动亚信金融务实合作"上的演讲整理，2019年11月16日）

九、巴菲特再发股东信，如何解读投资宝典

大家好，这里是《财经观察家》。我是中国国际经济交流中心的徐洪才。今天讨论的话题是一年一度的巴菲特致股东信。

总体来看，去年巴菲特的投资回报率超过了标准普尔500指数收益率，跑赢了大市。可以把标普指数基准股价走势和伯克希尔资产管理公司的净值做对比，去年巴菲特管理的资产收益走势一直在标普上方，反映巴菲特的投资理念战胜了市场。其中一个重要因素就是特朗普税改新政导致上市公司业绩上升，净值增加了290亿美元，坏消息是巨灾保险支付带来近30亿美元的损失。同时巴菲特还持有1160亿美元的现金和债券，显示投资仓位并不重，空仓比较多。在去年这样大的牛市，特别是过去九年的大牛市中，巴菲特为何要空仓这么多？

巴菲特投资苹果公司获利73亿美元。十年前，他和对冲基金立下一个对赌协议，就是他认为基金经理、对冲基金等专业投资者采取积极选股的策略，其最终收益率从长期看不会跑赢大市，比不过被动投资指数的收益率。实际情况怎么样呢？从2008—2017年的十年时间，大家看一下ABCDE这五类基金，对比标准普尔市场基准收益率，标普总收益率是125.8%。而ABCDE五类基金总体收益率，其中最高的C类是87.7%，最低的D类是2.8%。十年大牛市，总共只赚了2.8%！巴菲特的十年赌约得到了检验，事实印证了巴菲特的判断是正确的。

伯克希尔·哈撒韦公司持有价值约1705亿美元的股票，持仓排名前15的公司分别为富国银行、苹果公司、美国银行、可口可乐、美国运通、Phillips 66、美国合众银行、穆迪公司、西南航空、达美航空、高盛集团、纽约银行梅隆公司、Charter、比亚迪和通用汽车。来自中国的比亚迪成为其投资组合中市

值前 15 中的唯一一家外国企业。在这 15 项投资中，回报率最高的是穆迪公司，累计收益率高达 1368.55%，可口可乐则以 1312.78% 的回报率紧随其后。巴菲特在信中说：来自我们赌约的最后一个启示是，坚持重仓投资绩优股，轻松决策，避免频繁交易。这是巴菲特长期价值投资理念的最新诠释。

从巴菲特的投资组合来看，主要是秉承了他一贯坚持的价值投资理念，长期持有某种股票，特别看重公司的现金分红能力，尤其是自由现金流，这非常关键。比如可口可乐公司是他长期持有的，去年一年涨幅迅猛，涨了 18% 左右，从 42 美元涨到 48 美元。苹果公司也是典型案例，原来他主要投资银行股等传统产业股票，苹果公司的股票去年上涨 36%。巴菲特在后来仓位调整过程中，分享到了投资收益，反映他的投资策略有一定的灵活性。从其投资组合看，大盘蓝筹股近期波动剧烈，但全年依然保持平稳上涨走势。从伯克希尔公司的主要持仓结构可以看到，从持仓最多的美国运通公司、苹果公司、美国银行，然后一直到美国富国银行等，也包括穆迪公司和高盛集团，都是大盘蓝筹股，特点是有稳定投资回报，同时二级市场交易活跃，不存在流动性风险。

巴菲特将自己的投资哲学概括成三句话。第一句话是："投资有两大基本原则。投资的第一个原则是千万不要亏掉你的本金。投资的第二个原则是千万不要忘记第一个原则。"第二句话："只有当潮水退去的时候，才能够看清楚谁在裸泳。"也就是说，涨潮时看不清楚，牛市时看不清楚，只有熊市才能看清楚谁是真正的赢家。实际上，20 世纪 90 年代，当高科技公司股票、纳斯达克指数一路上扬时，巴菲特秉持传统行业价值投资理念。在他的持仓结构里，很难看到新型高科技公司。很多人嘲笑巴菲特不能与时俱进，老态龙钟、落伍了。但实际上，到 2000 年 3 月纳斯达克指数泡沫破灭，昔日的英雄好汉"灰飞烟灭"，这时候巴菲特还健在。他讲道："当众人都贪婪的时候，你要恐惧一点；当众人都恐惧的时候，你要贪婪一点。"这就是他讲的第三句话。

2008 年 9 月 15 日，雷曼兄弟出事，百年一遇的金融危机爆发了，当大家都惊慌失措的时候，巴菲特显得异常得贪婪。他不仅增持了美国 GE 公司的股票，还增持了比亚迪汽车的股票。到年底，伯克希尔资产管理公司净值缩水 9.6%。这时候有人嘲笑巴菲特终于栽了一个大跟头，实际上，2008 年标准普尔 500 指数、纳斯达克指数以及道琼斯指数统统下跌了 45%，这时巴菲特股票只跌 9.6%，说明巴菲特是最后的赢家。为什么？因为巴菲特增持的 GE 公司、摩根公司的股票，并不是普通股股票，而是可转换优先股。也就是，每年优先分配股息，固定股息回报率为 8%，雷打不动。但是来年，当公司业绩超过 8%，对不起，我摇身一变，成了普通股股东。巴菲特一定是最后的赢家。

从巴菲特致股东信的第三点看到,巴菲特去年依然持有 1160 亿美元的债券和现金,仓位比较轻,当股票下跌时他会抄底,越跌越买,当所有人把子弹都打光了,巴菲特还有最后一颗子弹!巴菲特始终留有部分现金,显得很从容,可规避风险。巴菲特有很多成功投资案例,但也有失败、失足的地方。1966 年巴菲特曾以 1200 万美元买入 HK 百货公司,由于利润不断缩水,三年以后,他不得不以 1100 万美元割肉斩仓。这次其实亏损不大。亏损比较大的是在 1989 年,美国航空公司给他提供了一次优先股投资机会,整个投资标的为 3.58 亿美元,但后来亏损 75%。1993 年他以换股形式收购德克萨斯特鞋业公司,亏损也不小。还有在 2006 年,石油价格大幅下跌给他造成了很大的亏损。

对比一下最近两年中国 A 股市场的走势。从创业板指数来看,今年春节前后出现剧烈震荡,尤其最近几天创业板股票强劲反弹,但是并没有改变长期趋势。再看一下上证 50 指数,也就是大盘蓝筹股公司股票走势,近期波动也很剧烈,但从中长期看,2015 年 7 月以来,是非常强劲的牛市形态。特别是去年一年,大盘蓝筹股、白马股投资收益率达到 40%~50%。实际上证综指去年涨幅非常小,不到 9%,甚至低于 GDP 增速。上证 50 代表蓝筹股公司,白马股未来的成长性不一定比得上高科技股或者小盘股,但它现金分红稳定,业绩相对平稳,因此得到了投资者的青睐。其中最牛的股票就是贵州茅台了,股价从最初不到 100 元钱涨到 700 元块钱一股。在这个过程中,有多少投资者自始至终坚持了巴菲特的投资理念?我看是很少的。最典型的反面案例是乐视网,2017 年亏损近 120 亿元,因此它的长期走势肯定不乐观。如果投资者长期持有,可能会长期套牢、血本无归。

从巴菲特的投资理念中,可以得出两点启示:第一,一定要有丰厚的投资回报,市盈率要低。第二,长期持有,不受短期波动干扰,要看准基本面。没有坚实基础的股票,千万不要碰。

(根据徐洪才做客《财经观察家》节目整理,2018 年 3 月 2 日)

十、现金贷监管落地,行业如何洗牌

大家好,欢迎来到《财经观察家》,我是中国国际经济交流中心的徐洪才。今天和大家讨论的话题是现金贷相关业务的监管。

2018 年 12 月 1 日晚,互联网金融风险专项整治、P2P 网贷风险专项整治工作领导小组办公室下发《关于规范整顿"现金贷"业务的通知》(以下简称

《通知》），暂停新批设网络小额贷款公司，暂停新增批小额贷款公司跨省（区、市）开展小额贷款业务。已经批准筹建的，暂停批准开业。暂停发放无特定场景依托、无指定用途的网络小额贷款。禁止发放或撮合违反法律有关利率规定的贷款。银行业金融机构不得以任何形式为无放贷业务资质的机构提供资金发放贷款，与第三方机构合作开展贷款业务的，不得将授信审查、风险控制等核心业务外包。不得直接投资或变相投资以"现金贷""校园贷""首付贷"等为基础资产发售的（类）证券化产品或其他产品。《通知》还强调，"不得向无收入来源的借款人发放贷款。"《通知》发布后，趣店的股价从11月30日的13.6美元跌至12月5日的11.85美元，跌幅近13%。

现金贷作为互联网金融领域的新业务，过去一年里呈爆发式增长。关于现金贷，《通知》里做了明确定义，是指无场景依托、无指定资金用途、无客户群体限定、无抵押等特征的现金贷业务。实际上，贷款金额比较小，以现金形式发放。它有四个特点，即没有特定的人、物、场景和故事。另外，资金使用用途不明确。客户群体是方方面面的人都有，没有固定客户，同时是信用贷款，没有抵押，也无担保。传统信贷业务忽略了这一市场需求。最近几年，现金贷的发展弥补了传统金融服务的不足，但也暴露了一系列问题。目前总体来看，还未出现大规模的系统性风险，但是监管部门未雨绸缪，主动化解。

从《通知》内容来看，主要是针对三类服务机构提出具体规范和要求。第一，对小贷公司的相关业务进行清理整顿，提出三点要求。一是小额贷款公司监管部门暂停审批新设相关牌照。二是严格规范网络小贷业务管理。对没有场景依托、没有指定用途的网络小贷业务，要暂停、压缩规模，同时前期暴露出来的校园贷以及首付贷等现金贷产品，现在一律停止甚至封杀。三是对小贷公司的资金来源实行审慎管理。

第二，规范银行等金融机构参与现金贷业务。一是银行金融机构不得以任何形式为无放贷业务资质的机构提供资金发放贷款。二是不得将授信、审查、风控等核心业务外包给第三方中介机构。

第三，在P2P网络借贷方面，也提出了四点具体要求。一是不得采取撮合或变相撮合形式对接资金供给和需求。二是不得将客户信息采集、甄别、资信评估、开户等核心业务外包。三是不得撮合银行金融机构资金参与P2P网络信贷业务。四是特别强调在校学生，还有一些没有还款能力的人，也不能向他们提供这种撮合业务。

从风险防范角度，针对这三类机构，《通知》做了六个方面的规定，就是现金贷业务规范开展必须坚持六大原则。第一个原则，要依法准入，任何人没

第六章
中国金融改革、开放与风险应对

有得到监管部门牌照，不允许从事此项业务。第二个原则，利率必须执行法院、中国人民银行有关民间借贷利率的规定。第三个原则，相关机构应该做到了解客户信用情况。第四个原则，各类机构要坚持审慎经营原则，对一些信用记录不完整、多头借款、有欺诈行为的，要对其采取谨慎的风险控制。第五个原则，在催收方面，不得动用第三方机构，不得采取暴力、粗暴、诽谤、恐吓等不当方式，对社会稳定造成危害。第六个原则，在信息安全保护方面，不得以大数据为名，侵害个人隐私权。

过去几年，现金贷发展非常快。从2016年年初开始，出现了井喷式发展。主要在上海、北京、广东、浙江，还有华东、沿海地区等发达省会城市，一些低收入群体的个人消费需求是非常旺盛的。

相关风险有这么几类：第一，违约风险，即信用风险。借了钱，本金、利息还不了，借贷人没有还款能力。第二，经营风险。现金贷平台公司进入门槛比较低，有人钻空子，在张三、李四王五等不同的平台公司借款，导致风险积累。在全国范围内，目前大概有2800多家相关机构，实际拿到牌照的只有28家。因此多数是以信息中介服务的名义介入相关业务的。总体来看，这里分成三大类，第一类是小贷公司，现在借用互联网平台来拓展业务空间。第二类是P2P公司转型开展消费信贷业务。第三类是银行信托及其下属消费金融公司。

小贷公司主要是运用自有资金发放消费信用贷款，但也通过拆借方式，从银行借钱提供这种金融服务，因此撬动了金融杠杆。

P2P公司通过网络发行P2P产品，吸引有闲余资金的投资者购买，同时把资金用于发放现金贷客户。有些P2P公司也会通过中介机构、商业银行、金融机构拆借资金，其中最大的是蚂蚁金服。这种庞然大物作为新型金融机构，它是有牌照的。但它在金融创新方面更进一步，一方面有自有资金，可满足市场个性化、小额信用消费贷款需求；另一方面，它又把一堆资产打包，发行有价证券，即所谓资产证券化。这个资产证券化在美国金融市场上很流行，规模很大。在海外，像汽车信用贷款，包括信用卡贷款等，都是非常好的资产证券化基础资产。蚂蚁金服证券化的金融产品达到上千亿元规模。金融机构是资产证券化的主要投资人，这个跟通过银行拆借资金是类似的，都是从机构投资者那里借钱。平台公司本身有经营风险，如果风险控制不力，就可能超越自身风险承载能力。另外，金融消费者也有道德风险，有人故意钻空子，从不同平台公司重复借贷。当出现违约风险，平台公司就动用第三方催收机构，通过轰炸通讯录，使用"呼死你"软件等暴力手段。再一个，利率水平偏高。通过所谓大数据分析，了解客户征信水平，因此也涉嫌侵害借款人隐私，存在潜在金融风险和社会风险。

毫无疑问,对违法违规机构要进行妥当处置。因此短期冲击不可避免,但最终将回归理性。现金贷业务属于普惠金融范畴,既然市场有需求,从供给侧来看,金融机构和监管部门都有责任创造相应的金融服务,前提是控制住风险,规范运作。

(根据徐洪才做客《财经观察家》节目整理,2017年12月6日)

十一、加快建设现代金融体系

现代金融体系是现代化经济体系的核心。习近平总书记在中国共产党第十九次全国代表大会报告的第五部分"贯彻新发展理念,建设现代化经济体系"中明确指出,"要着力加快建设现代金融",同时"深化金融体制改革,增强金融服务实体经济能力,提高直接融资比重,促进多层次资本市场健康发展。健全货币政策和宏观审慎政策双支柱调控框架,深化利率和汇率市场化改革。健全金融监管体系,守住不发生系统性金融风险底线。"这些论述,为今后我国金融改革和发展提供了理论指导。

第一,要从实现"两个一百年"奋斗目标、实现中华民族伟大复兴中国梦的历史高度,来认识建设现代化经济体系和金融改革发展。金融是国之重器,也是国民经济的血脉。为实体经济服务是金融的天职,是金融的宗旨,也是防范金融风险的根本举措。要把为实体经济服务作为出发点和落脚点,全面提升服务效率和水平,把更多金融资源配置到经济社会发展的重点领域和薄弱环节,更好地满足人民群众和实体经济多样化的金融需求。要不断增强金融服务实体经济的可持续性,着力强实抑虚。把握好服务实体经济、防控金融风险、深化金融改革"三位一体"的金融工作主题,把服务实体经济作为根本目的,把防范化解系统性风险作为核心目标,把深化金融改革作为根本动力,促进经济与金融的良性互动。

第二,健全货币政策和宏观审慎政策"双支柱"调控框架。继续实施稳健的货币政策,保持货币信贷适度增长和流动性基本稳定,改善对实体经济的金融服务。目前,我国货币政策正在从过去单独运用数量型政策工具,逐渐向同时使用数量型工具和价格型工具过渡,由直接调控向间接调控转变。货币政策的最终目标将转向以价格型政策工具为主、数量型政策工具为辅。要完善基准利率体系,逐步形成连续、光滑的国债收益率曲线,加快疏通货币传导机制。

货币政策继续保持稳健，但要充分体现灵活性、前瞻性和针对性。要优化货币政策工具，避免过度使用单一工具，保证经济发展对货币的合理需求。加强宏观政策国际协调，与市场保持有效沟通。密切关注国内和国际两个方面的影响，及时准确把握境内境外人民币需求，减少货币政策负面溢出效应。同时，不断完善宏观审慎政策体系，克服市场主体顺周期行为影响，有效阻止跨市场的风险传染。通过实施双支柱调控框架，保持币值稳定和金融系统稳定。不断探索货币政策和宏观审慎政策相结合的方式，完善宏观审慎评估体系，引导和约束金融机构的行为。特别要强化对跨境资金流动的监控，完善"因城施策"的差别化房地产调控政策，加强"一行三会"及各金融机构之间的协调。

第三，稳步推进金融改革。注重金融改革的战略性、整体性、系统性和协调性。坚持市场化改革方向，发挥市场在金融资源配置中的决定性作用，同时发挥好政府监管部门的作用。处理好政府和市场的关系，完善市场约束机制，提高金融资源配置效率。加强和改善政府宏观调控，健全市场规则，强化纪律性。优化金融机构体系，完善国有金融资本管理，深化利率和汇率市场化改革。增加债券交易品种，完善国债期限结构。完善现代金融企业制度，完善公司法人治理结构，优化股权结构。建立有效的激励约束机制，避免短视化行为。完善风险管理框架，强化风险内控机制建设，推动金融机构真实披露和及时处置风险资产。加强外部市场约束，增强会计、审计等机构自律性、公正性和专业化水平。优化金融结构，完善金融市场、金融机构、金融产品体系。坚持质量优先，引导金融业发展同经济社会发展相协调，促进融资便利化、降低实体经济成本、提高资源配置效率、保障风险可控。

第四，改善间接融资结构，优化金融资源空间配置，大力发展中小金融机构和民营金融机构。推动国有大银行实现战略转型。转变服务重心，深挖客户潜在需求。围绕国家产业结构调整方向，降低对"两高一剩"和"僵尸企业"贷款比重，支持产业转型升级和企业并购重组。加快产品创新，从传统单一的存贷汇、类授信产品和有形服务，转向提供适应产业跨界竞争的顾问式解决方案服务，满足客户资产负债管理、财富管理、资本运作、创新孵化、产业链组织和交易管理、行业解决方案、数据分析、信息技术服务等多样性金融服务需求。扩大资产证券化。提升银行国际竞争力。充分运用互联网、物联网、大数据时代的先进技术成果，全面提升互联网金融和物联网金融服务能力；在商业模式上，建设综合金融、产业协作服务平台，提高专业服务能力，提供行业针对性和客户适配性的个性化解决方案，支持产业链、金融服务链分工协作。建设适应市场需求和监管要求、具备灵活机制和协作能力的管理架构、快速反应和协同机制。培养一批专业化人才队伍，完善一体化的营销服务模式，建立高效决策协调机制、专业规划引领机制、正向考核激励机制和业务保障体系。在产品创新、内控管理、技术运用等方面加快与国际先进银行和监管标准接轨，实现转型升级。发展一批中小金融机构，如村镇银行、小贷公司、融资租赁公司、融资担保公司等，与商业银行形成协作、协同和配套。

第五，大力发展直接融资，形成融资功能完备、基础制度扎实、市场监管有效、投资者合法权益得到有效保护的多层次资本市场体系。增强资本市场服务实体经济功能，积极有序发展股权融资，提高直接融资比重。通过培育风险投资、私募股权投资，捕捉有发展潜力的新兴产业发展机会，培育上市公司。推动新三板市场制度创新。规范发展区域性股权交易市场，促进区域经济协调发展。加快推出国际板市场，提高上海证券市场的国际化水平。丰富直接融资工具。发展项目收益债及可转换债券、永续票据等股债结合产品，推进基础设施资产证券化，规范发展网络借贷。简化境内企业境外融资核准程序，扩大企业到国际资本市场融资。完善证券市场制度。稳步推进新股发行注册制，发挥市场供求作用，促使企业和投资者回归理性。对上市公司设置法定现金分红要求，引导价值投资。实施严格的退市制度。采取新老划断政策，历史原因引起经营亏损的，要求大股东注资，限期扭亏为盈；新上市企业符合退市条件的，实行直接退市制度。完善两融制度、期现交易制度、IPO制度、大股东减持制度、增发配股制度、信息披露制度、市场交易行为监管制度和违规惩戒制度。完善股市平准基金运作机制，维护市场平稳运行。提高上市公司质量，制衡大股东、庄家操纵股价及相互勾结的内幕交易行为，鼓励长线投资，阻断银行信贷资金短期内涌入股市的通道。保护中小投资者的合法权益。全面构筑保护中小投资者合法权益的制度体系，保障其知情权、健全上市公司股东投票和表决机制、完善中小投资者赔偿制度。建立保护中小投资者合法权益的有效立法、司法和执法制度。

第六，促进保险业发挥长期稳健、风险管理和保障的功能。"长期稳健""风险管理"和"保障"是保险业的价值根基和方向指引。保险是现代金融的重要支柱之一，保险市场稳定与健康直接关系金融安全乃至国家安全。近期，中国保监会陆续出台一系列文件，加强监管、维护行业稳定健康发展，打击违法违规，整治市场乱象，支持实体经济发展，弥补监管短板，构建严密有效保险监管体系。要坚决筑牢风险防控防线，提高防范和化解风险的能力，坚持"保监会姓监"，强化保险监管专业性、统一性、穿透性，积极化解存量风险、严控增量风险，筑牢风险防线、守住风险底线，切实维护国家金融安全。保险资管机构要坚持服务保险主业的方向不动摇，不断提升专业能力，为保险资金长期投资、价值投资、多元投资发挥主力军作用。

第七，支持经济发展新动能培育，建设普惠金融体系。加强对创新驱动发展、新旧动能转换、促进"双创"支撑就业等金融支持。做好对国家重大发展战略、重大改革举措、重大工程建设的金融服务。改进对战略性新兴产业、高端制造业、现代服务业、高科技、新业态、新商业模式和创业群体的金融服务。发挥风险投资、私募股权基金、创业板市场和区域股权资本市场对创业企业和高成长企业的金融支持作用。加大对居民生活服务的信贷支持，大力发展消费金融，深挖各类客户的个性化需求，提供高适配性的金融服务，创造新供给，释放新需求。加快建设普惠金融体系，有效、全方位地为社会所有阶层和群体提供金融服务，尤其要关注农村地区、城乡贫困群体、微小企业，改善对农民、农户的小额信贷服务。加强对小微企业、"三农"和偏远地区的金融支持，推进金融精准扶贫，鼓励发展绿色金融。在风险可控的前提下，加快发展金融科技，支持利用互联网平台拓展金融新业务。

第八，扩大金融开放，稳步推进资本账户开放，加快人民币国际化。坚持自主、有序、平等、安全的方针，稳步扩大金融业的双向开放。逐步扩大外汇市场参与机构类型，拓宽市场深度和广度。有序推进境内人民币利率、汇率与境外利率、汇率接轨。适当扩大债券市场参与主体范围。吸收国际开发金融机构和符合条件的商业银行及其他金融机构进入上海银行间市场。加强对跨境资本流动的监管，抑制短期资本跨境频繁流动。完善跨境资本流动风险监测预警指标体系，改进外债和跨境资金流动管理。加强上海和香港金融市场的合作。鼓励经贸伙伴使用人民币，在全球范围内扩大金融机构布点，形成离岸人民币市场网络，扩大人民币直接交易货币种类，加快香港人民币离岸市场枢纽建设。

第九，加强金融监管，补齐监管协调短板，提高防范化解金融风险能力。要主动防范化解系统性金融风险，早识别、早预警、早发现、早处置，防范化解重点领域风险，完善金融安全防线和风险应急处置机制。积极推动经济去杠杆，执行稳健货币政策，处理好"稳增长、调结构、控总量"的关系。把国有企业降杠杆作为重中之重，处置好"僵尸企业"。严控地方政府债务增量，终身问责，倒查责任。坚决整治严重干扰金融市场秩序的行为，严格规范金融市场交易行为，规范金融综合经营和产融结合，加强互联网金融监管，强化金融机构防范风险主体责任。加强社会信用体系建设，建立健全符合国情的金融法治体系。加快相关法律法规建设，完善金融机构法人治理结构，加强宏观审慎管理制度建设，加强功能监管，更加重视行为监管。筑牢市场准入、早期干预和处置退出的三道防线，把好风险防控的一道关，健全金融风险责任担当机制，切实保障金融市场稳健运行，有效处置金融风险点，防范道德风险，坚决守住不发生系统性风险的底线。增强金融监管协调的权威性、有效性，强化金融监管的专业性、统一性、穿透性，对金融业务实施监管的全覆盖，及时有效识别和化解风险，整治金融乱象。坚持中央统一规则，压实地方监管责任，加强金融监管问责。加强对金融改革发展稳定的法治、信用、人才和政治保障，创造优良的金融生态环境。加强金融监管协调、补齐监管短板。发挥好国务院金融稳定发展委员会的领导和协调作用，强化中国人民银行宏观审慎管理和系统性风险防范职责，落实金融监管部门监管职责，强化监管问责。

第十，加强党对金融工作的领导。坚持党中央对金融工作的集中统一领导，确保金融改革发展的正确方向。加强金融系统党的建设，国有金融机构领导人要增强党的意识，党的领导要与国有金融机构公司治理相结合，促进形成良好的现代公司治理机制。要增强党领导金融工作的能力，各级领导干部特别是高级干部要加强金融知识学习，加快建设一支宏大的德才兼备的高素质金融人才队伍。

总之，习近平总书记的十九大报告是新时代引领全党全国人民创造新辉煌的战略纲领，也是新时代引领金融改革发展取得新成就的行动指南。我们要以党的十九大精神为指引，贯彻新发展理念，把握新发展机遇，围绕服务实体经济、防控金融风险、深化金融改革三大任务，加快建设现代金融体系，谱写金融改革发展的新篇章。

（根据徐洪才在中央党校的演讲整理，2017年10月）

十二、稳中求进，金融稳定是首位

12月18～20日，党的十九大后的首次中央经济工作会议在北京举行。作为中国经济的风向标，今年中央经济工作会议确定的经济工作基调和重点，为中国经济开出的"新药方"，将影响2018年乃至之后中国经济发展的走向。继十九大报告后，此次会议重申了"我国经济已由高速增长阶段转向高质量发展阶段"的判断，并以"推动高质量发展"为中心，对2018年经济工作做了全方位部署。

在中国特色社会主义进入新时代，中国经济发展也进入新时代之时，2018年的中国经济将如何发展？高质量发展的具体内涵又是什么？中国国际经济交流中心副总经济师徐洪才就此接受了《时代周报》记者的专访。

(一) 内涵与国际社会指标体系相一致

时代周报：根据 2017 年 1~11 月的经济数据，您怎样看 2017 年中国经济市场的总体情况？

徐洪才：2017 年依旧保持稳中向好的发展趋势。第一，从需求侧来看，消费需求总体上趋于稳定。今年 1~11 月，社会消费品零售总额为 331528 亿元，同比增长 10.3%。

第二，投资增长下滑确实令人担忧。今年 1~11 月，全国固定资产投资（不含农户）为 575057 亿元，同比增长 7.2%，增速比 1~10 月回落 0.1 个百分点。此外，基础设施投资增速较去年 17.4% 的增速回落明显。其中，房地产投资回归理性，今年 1~11 月，全国房地产开发投资额为 10.04 万亿元，同比增长 7.5%，增速相对 1~10 月下降 0.3 个百分点。制造业投资为 176299 亿元，同比增长 4.1%，增速与 1~10 月持平。与此同时，第三产业对经济增长的贡献上升，消费对经济的拉动作用在增强。虽然总体速度下降，从投资结构看，高科技、战略性新兴产业、现代服务业资金流入增长速度上升，结构在优化。相应地，新经济、现代服务业等领域的增加值优于传统产业。今年 1~11 月，全国规模以上工业增加值同比增长 6.6%，高技术制造业投资为 23638 亿元，增长 15.9%，说明结构优化质量提升。

第三，外贸进出口出现回落，回归理性。今年快速增长是有特殊原因的，一是受周期性因素影响，世界经济在复苏；二是去年上半年外贸进出口是负增长，所以基数很低，今年也是前高后低。

所以，整个 2017 年经济发展稳中向好，经济总体上是平稳的，质量和效益是上升的，符合经济发展进入新时代的基本特征：我国经济已由高速增长阶段转向高质量发展阶段。

时代周报：十九大报告做出了"我国经济已由高速增长阶段转向高质量发展阶段"这一论述，能否解读一下高质量发展的内涵？

徐洪才：高质量发展可以从微观和宏观两个层面来分析。从微观上讲，大家直观上感觉吃得放心、喝得放心、用得放心，体现在企业的产品质量、服务质量上的提升，过去粗放经营，发展速度很快，但粗制滥造，出现食品安全、服务质量不高等问题。

从宏观上讲，一方面是增长的包容性，过去两极分化，提出要一部分人先富起来，有一些低收入群体特别是弱势群体得不到保障，未来几年，必须打赢这场脱贫攻坚战。另一方面，从绿色发展的角度，在低碳、绿色、环保、生态等方面要提出更高的标准。过去先发展后治理的落后理念，显然不符合新的时代要求。

发展是硬道理，最终是要以人民为本为核心。我觉得高质量发展的本质就是，通过发展解决过去的一些遗留问题，提升老百姓的生活质量，要让老百姓过上好日子，有获得感和幸福感。

时代周报：高质量发展是否已经建立起了指标体系？

徐洪才：高质量发展是经济进入新时代的基本特征，过去高速增长的发展方式是高投入，要素驱动、投资驱动，高能源资源消耗显然不符合现在的实际。

最近几年我们在多样化指标体系方面做了一些探索，包括就业、老百姓收入增加和经济发展同步，还有生态环境等，保证就业就有收入，有收入就有消费，因此经济发展可持续，同时老百姓可以得到更多的实惠。从国际社会来看，以 G20 为主的国际组织，着力推动落实联合国 2030 年可持续发展目标（SDGs），这里的指标体系有 17 项，共有 300 多项分项指标，是很细的，实际上我国"十三五"发展规划里面，很多都跟国际社会的指标体系相一致。

但总体来看，体系目前还在探索。未来我觉得要体现发展的包容性和可持续性，同时把新发展理念，特别是绿色发展理念贯彻其中，这些还需要再细化，不断完善。

（二）稳和进是辩证关系

时代周报：党的十八届三中全会以来，中国经济进入新常态，您认为政府在宏观调控方面有哪些重要经验？

徐洪才：最重要的经验是宏观调控有度，具体体现在坚持稳中求进的总基调和总原则，而且落实得较好。

稳和进是辩证关系。第一，政策需要稳定性，比如积极的财政政策和稳健的货币政策，这是多年一直在坚持的。同时，在此过程中进行结构性优化，比如在控制风险的前提下，对财政政策支出结构的优化。再比如落实《预算法》、社会政策兜底、脱贫攻坚、财税政策引导、产业结构优化、供给侧改革，在这些方面进行了很多探索。

第二，货币政策要稳健，但更加突出中性，也就是把握好"度"。今年以来，广义货币供应量 M2 增长 9% 左右，这个"度"把握得就比较好，过去几年都是在 12% 以上。年初政府工作报告讲还是 12%，现在下来了，原因是同业业务收缩了。同时，到企业和实体经济中的信贷资金投放和社会融资规模增速，保证在12%~13%,说明脱实向虚问题得到有效缓解。

总体来看,贯彻稳中求进的指导原则和总基调,整个宏观经济和金融保持相对稳定。

时代周报:2018年和过去几年面对的形势有什么差异?

徐洪才:差异有三个方面,首先,今年以来,世界经济出现强劲复苏的势头,应对危机时的艰难已经过去,外贸进出口好转,对经济增长的拉动起到正的作用,明年还会延续这样一个势头。今年美联储加息三次,明年可能还要加息三次。

其次,全球主要经济体的政策发生改变,全球都在进行产业结构调整,美国、欧洲、日本经济都出现好转,回归正常化的货币政策,资本的流动性格局会出现变化。总体来看,流动性是收紧的。过去没加息,太宽松了,未来可能还要降一降杠杆。

另外,全球贸易投资保护主义、民粹主义比过去更严重,未来摩擦会增加,要有充分的估计。

总而言之,全球产业、分工体系会发生深刻的变化。我们要顺势而为,坚定既定方针,深度融入新一轮经济全球化发展的过程当中去,在激烈的竞争中找准自己的位置。

时代周报:过去几年一直都提稳中求进,您如何看2018年的稳中求进?

徐洪才:我认为,今年提出要打好防范化解重大风险、精准脱贫、污染防治三大攻坚战,金融是前提,没有金融,高质量发展无从谈起。所以金融稳定是首位,防控风险是重中之重。然后是政策要稳,总体上不出现大的波动。

同时,改革的政策力度要加强,"三去一降一补"、结构性调整等方面要加大力度,某些领域的对外开放不妨加快步伐。

总体上看,明年的经济增长会比今年有所回落,L形经济走势大体不会被改变,但质量和效益会提升。体现在就业情况不错、老百姓收入增加等方面,比经济增长的速度要快一些。

(徐洪才解读2017年中央经济工作会议,《时代周报》,2017年12月26日)

十三、建设服务"一带一路"的区域性金融中心

"一带一路"倡议从2013年提出至今,得到国际社会的广泛响应。今年5月中旬,我国成功召开"一带一路"国际合作高峰论坛,29个国家元首或政府

首脑以及130多个国家政要参会，达成一系列共识，共同发布联合公报，并取得了270多项成果，可谓举世瞩目。

当前，贸易投资保护主义盛行，经济全球化阻力加大。在此背景下，我国提出"一带一路"倡议将为新一轮经济全球化提供更好的样板和实践。通过深化"一带一路"沿线国家和地区的金融合作，将进一步推动这些国家和地区在其他各方面的深入合作。考虑到近年来全球外汇市场剧烈波动和美联储货币政策进入了加息周期，有声音呼吁"一带一路"沿线国家和地区扩大人民币使用。近日，中宏网记者专访了中国国际经济交流中心副总经济师徐洪才，就人民币如何服务"一带一路"建设、如何更好地推动"人民币国际化"发表看法。

（一）人民币国际化势在必行

徐洪才认为，目前人民币在国际货币体系中的作用与我国经济在世界经济中的地位极为不相称。加快促进人民币国际化是提升我国经济和金融国际竞争力的内在需要，也是我国作为一个负责大国承担国际责任的具体体现。人民币国际化可以分担美元的责任，促进中美经济再平衡和全球金融稳定，同时还可以分散国际货币体系风险，这对我国有利，对美国有利，对全世界都有利。过去几年，"一带一路"沿线国家货币对美元贬值很多，使得参与"一带一路"建设的企业经受了巨大汇率风险。未来几年，人民币汇率对一篮子货币保持相对稳定是可以期待的，这跟我国经济基本面相一致。扩大人民币的国际使用，将有利于降低企业汇兑成本和汇率风险，从而促进"一带一路"沿线国家和地区经贸合作。

（二）熊猫债券市场将迎来大发展

徐洪才谈道，近年来，熊猫债券发展势头良好，未来几年我国熊猫债券市场将迎来加快发展的时期。目前，美联储进入加息周期，人民币对美元汇率将面临温和贬值压力，这对境外机构在我国境内发行以人民币计价债券是非常有利的。境外机构借走人民币进行投资，必将带动我国商品、资本、劳务和技术输出，促进人民币国际化，这有利于促进我国经济可持续发展和进一步融入全球化。徐洪才表示，现今我国经济进入新常态，经济增速进入中高速。未来3～5年，经济增长需要换挡，利率水平也需要体现社会平均利润率和投资回报率，利率必然呈总体向下趋势，中美之间的息差会收窄，这也有利于降低境外机构的融资成本。因此，熊猫债券的春天正在来临。

(三) 尽快启动上海国际板市场

徐洪才认为，在 2020 年之前将上海建设成为在全球有影响力的国际金融中心是一项国家战略。剩下的时间不多了，因此有必要尽快推出上海国际板股票市场，允许境外有"一带一路"背景的企业在上海证券交易所挂牌上市，发行以人民币计价的股票。对于全球金融中心来讲，缺乏有影响力的国际板市场是很难想象的。可以考虑，已在香港、纽约和伦敦上市的境外企业优先在上海国际板市场上市。这些境外企业自身具备良好的治理素质和抗风险能力，发行以人民币计价的股票，形成较大规模的资金池，方便融通资金、积极参与"一带一路"建设。"这类企业和机构，好比已在哈佛和牛津拿到了学位，现在又允许其到清华、北大再拿一个学位，必然有利于提高清华、北大的教育质量。"徐洪才如此比喻。

(四) 提升人民币在国际大宗商品定价中的影响力

据媒体 8 月 16 日消息，目前上海国际能源交易中心已完成四次全市场生产系统演练，原油期货仿真交易正式进入收尾阶段。这意味着，中国版的原油期货上市只差"临门一脚"。徐洪才指出，我国是世界第二大经济体，同时也是国际大宗商品进口大国，但在国际大宗商品定价中处于被动接受地位，这是不可思议的。必须提升人民币在国际大宗商品定价中的影响力，首推国际石油期货和国际铁矿石期货交易产品。"人民币在石油、铁矿石这些大宗商品方面，要发挥应有的作用。"徐洪才以为，一个国家货币能否走出国门，最终是由这个国家的经济实力、国际贸易、投资和金融在全球经济中的影响力决定的。应加快上海国际金融中心建设，弥补短板，完善金融要素市场功能，加快推出以人民币计价的国际金融衍生产品。未来几年，是将上海打造成为与纽约、伦敦"三足鼎立"的国际大宗商品定价中心的极佳时机。

(五) 打造"一带一路"区域性金融中心

"应在新疆建设一个服务于'一带一路'的区域性金融中心，比如在乌鲁木齐，或者在喀什。"徐洪才对中宏网记者表示，应加快建立一个以人民币计价，服务于"一带一路"建设的西部金融中心，使之与上海形成东西呼应，并让香港与上海这对"双子星座"形成南北呼应，以此促进我国金融资源在更大范围内的合理有效配置。

徐洪才认为，加快人民币国际化势不可挡。"一带一路"合作拓展到哪里，人民币就应该流向哪里，我国金融机构和金融服务就应该及时跟进到哪里。人民币国际化有利于促进"一带一路"国家和地区的贸易投资合作，"一带一路"建设也为人民币国际化创造了难得的机遇。

（王镜榕，中宏网，2017 年 8 月 31 日）

十四、我国银行体系三大潜在风险及其应对

近年来，在守住不发生系统性金融风险底线的前提下，主动处置一些金融风险点，中国人民银行和中国银监会出台了一系列加强银行体系风险防控的政策措施，开展了将表外理财业务纳入宏观审慎评估体系考核，治理违法、违规、违章的"三违反"行为，查处监管套利、空转套利、关联套利的"三套利"业务，整治不当创新、不当交易、不当激励、不当收费的"四不当"现象等工作，取得了积极效果，使得银行表外风险得到了有效控制，跨行业、跨市场的复杂同业业务的快速增长势头得到了有效遏制。但是，目前我国银行体系仍存在一些较为严重的风险隐患，主要表现在不良贷款居高不下、债券市场承压和资管业务交叉三方面。

（一）不良贷款居高不下，导致银行资金难以流向实体经济，未来形势不容乐观

目前，银行不良贷款持续恶化的势头得到了一定程度的遏制，但绝对水平仍处在高位。2017 年一季度末，我国商业银行不良贷款率为 1.74%，与前一季度持平，连续 20 个季度持续攀升的势头得到了遏制，但不良贷款余额仍高达 1.58 万亿元，同比增长 13.5%，绝对值和增速均处于高位。2017 年一季度末，关注类贷款余额为 3.42 万亿元，为不良贷款的 2.2 倍。从工、农、中、建四大国有银行的关注类贷款迁徙率来看，2016 年分别为 23.5%、24.86%、19.39% 和 21.23%，仍处于高位，其中农行和建行分别比 2015 年提高了 6.6 个百分点和 1.6 个百分点。总体来看，我国商业银行不良贷款未来仍面临较大的上升压力。

处置不良贷款支出增加，侵蚀了银行利润。我国这一轮银行不良贷款问题从区域性爆发迄今已有 5 年，期间企业经营状况始终未能得到根本改善。在此情况下，不良贷款率得以维持在目前 1.74% 的水平，且持续恶化的势头得到一定程度的遏制，实属来之不易。客观地讲，监管部门加强监管和银行大力处置

不良贷款起到了积极作用。但银行也为此付出了代价。其中，打包转让和核销等处置方式实际造成银行利润直接损失，而维持当前178.8%的平均拨备覆盖率也大幅压缩了银行当期利润空间。

不良率高间接影响银行资金流向实体经济。出于趋利避害的考虑，在目前不良贷款居高不下的情况下，银行普遍加大了风险控制力度，主动避免涉足较高风险行业。目前，我国制造业和批发零售业是不良贷款高发区。以中国工商银行为例，2016年年末不良贷款率为2.2%，其中制造业和批发零售业分别为4.3%和9.3%，分别比2015年年末提高了1个百分点和2.7个百分点。与之相比，政府类项目、房地产项目、个人消费贷款等信贷需求规模较大、不良率较低，因此成为银行积极营销的对象，但是在遭遇信贷调控政策变化后，此类业务便出现大幅调整，促使银行利用通道业务，将表内资产搬到表外，导致银行潜在风险上升。同时，不良贷款率居高不下还导致传统贷款业务萎缩，迫使部分中小银行更加依赖金融同业业务。

（二）银行资金大量流入债市，部分机构采取高杠杆操作，增加了市场的脆弱性

银行资金大量流入债市，增加了银行的经营风险，其中小型银行尤为突出。同业存单、同业理财、委外机构、债券投资等形成了银行资金流入债券市场的业务链条，各类银行根据自身特点寻找合适位置，赚取相应收益。具体表现为，小型银行发行同业存单和同业理财投资，或委托外部机构投资于债券市场，大型银行通过存款和非同业类理财产品募集资金投资小型银行发行的同业存单和同业理财产品，也存在较大银行通过同业存单募集资金投资于较小银行的同业理财产品。从相对风险来看，小型银行面临的风险更大一些。一是由于小型银行处于业务链条末端，直接承受债券市场风险，充当了大型银行的风险缓冲。二是业务链条的不断膨胀使得小型银行承担与自身规模不相适应的较大风险敞口。以同业存单为例，2017年1~6月，同业存单余额新增1.72万亿元，是政策性金融债的5倍，其中城商行和农村合作金融机构等小型银行发行余额占比为55%。三是期限错配严重，流动性风险突显。一般而言，银行的流动资产应以投资短期债券为主，但为了提高资产端收益，现在银行投资债券的到期期限被拉长到两年左右，而负债端的同业存单和同业理财期限通常为半年，受连续发行同业存单、同业理财面临利率走高和同业理财忠诚度不高的影响，小型银行面临较大的流动性风险。

高杠杆操作推高债券市场风险。部分金融机构采用高杠杆博取高收益，回

购交易和分级模式被普遍采用。从数据来看，证券公司和基金类机构在银行间市场用已有债券抵押，融入资金后再购买新的债券，2014年通过回购操作净融入资金合计为14.8万亿元，2015年和2016年分别达到34.3万亿元和50.6万亿元，增速为131.2%和47.5%。2017年上半年，虽然证券经营机构通过回购操作融入资金有明显下降，但仍然高达20.2万亿元。高杠杆操作增加了金融机构自身的脆弱性，容易造成债券市场利率风险和流动性风险的叠加，从而形成系统性风险。

未来企业类债券到期量较大，对市场形成压力。2014年以来，我国企业类债券发行规模快速增长，期限以5年期居多，3年期次之，未来一段时间到期数量将大幅增加，中期票据、公司债（不含私募债）、企业债三者的总偿还量将由2016年的11400亿元上升至2017年和2018年的14600亿元和15500亿元。大量到期的发行债券企业需要再融资，将对债券市场造成较大压力，会抬高利率水平，同时高利率也会增加企业再融资成本。

（三）规模庞大、业务交叉、创新不断，资管业务风险突出

传统金融领域的资管业务规模庞大，且存在大量交叉。目前，我国传统金融领域的银行、证券、保险等均衍生出相应的资管机构。2016年年末，可统计的管理资金高达102.7万亿元（未排除业务交叉导致的重复计算），同比增长31.2%，资金管理规模达到银行总资产余额的44.6%，资管业务在传统金融体系中的重要性越发突出。而且，资管机构间存在大量业务交叉，从资金来源方至资金最终使用方之间链条过长、业务环节过多，加之不同类型机构对资管产品存在或明或暗的担保责任，业务过于复杂，增加了金融系统的脆弱性。

类金融领域的资管业务创新不断、监管不足。随着资管行业的发展，各类机构纷纷涉足。一是互联网金融公司。网贷公司线上募集资金、线下寻找项目，互联网消费金融公司线上推销消费贷款、线下寻找资金，目前网络借贷公司（P2P）管理资金规模已突破1万亿元。二是线下财富公司。整个行业良莠不齐，几乎未受到应有的金融监管。三是区域性金融资产交易所。理财产品大量通过线上进行代理销售，且借助自身平台优势投资相关项目，业务创新不断，目前我国通过地方金融办批准成立的区域性金融资产交易所有30家左右。类金融机构的资管业务依靠互联网大幅提高了受众面，使其业务更便捷地向传统金融业务靠拢，但类金融机构自身实力有限，抗风险能力严重不足，其资管业务资金募集和使用缺乏有效监管，风险问题突出。其受众面广，易导致风险事件难以处理。

（四）应对建议

一是坚持全面监管原则，对金融创新业务实行全覆盖。所有金融活动都要纳入监管范围之内，所有信息监管机构都要能看得到，避免监管套利和监管真空。对于新出现的金融业态和业务，监管部门要主动了解其运作机制，及时给出监管红线，引导市场健康发展；并根据业务发展情况逐步更新监管红线和相关规则，达到金融创新与金融监管的平衡。

二是优化央行货币政策工具结构，从源头上降低融资成本。在当前银行利差持续收窄的情况下，央行要优化货币政策工具结构，有效降低银行资金成本，提高银行服务实体经济的能力。目前银行的大量资金以存款准备金形式被"锁定"在央行，从央行得到1.62%的利息；但银行通过回购操作从央行借入资金的利息为2.5%左右，因此银行多支付了大约0.9个百分点的成本。建议央行通过逐步下调金融机构法定存款准备金率替换公开市场逆回购操作，从源头上降低银行资金成本，引导银行为实体经济提供长期资金，同时也缓解央行公开市场滚动操作的压力。

三是强化功能监管，形成资管业务统一监管规则。我国金融监管应由以机构监管为主向以功能监管为主转变，以适应金融机构混业经营的发展趋势，避免监管真空和监管过度。应明确集团内部各金融功能相互独立，对资管业务等已成型的金融功能进行必要的拆分，成立子公司独立运营。充分发挥刚刚成立的国务院金融稳定发展委员会的协调领导作用，建立包括综合统计、业务规则、监督检查在内的资管业务统一监管框架。

四是深化体制机制改革创新，提升银行抗风险能力。减少对银行信贷规模、信贷投向、贷款利率、不良贷款率的行政干预，提高银行在处理不良贷款方面的自主权，更多利用财政政策和客观审慎评估体系考核等逆周期调控手段引导银行业务发展，提升银行化解风险的能力。在风险可控的前提下，有序打破刚性兑付，使信用风险溢价真正得以体现，进而优化金融资源配置效率。

五是强化同业业务监管，引导同业存单市场健康发展。继续支持同业存单业务发展，充分发挥其公开、透明、高流动性的特点，将其打造为银行同业业务的主力产品。为避免同业存单业务发展过快，造成部分银行机构主动负债水平过高，加大市场风险和流动性风险，建议将同业存单和同业理财共同纳入现有同业业务管理体系，即单家银行同业融入资金余额不得超过该银行负债总额的1/3。

（徐洪才、孙晓涛，中国国际经济交流中心《研究报告》，2017年第34号，2017年8月17日）

十五、当前我国突出的金融风险点及其防范

近日，中国国际经济交流中心"当前及今后一个时期金融风险与应对研究"课题组召开专家座谈会，分析当前我国面临的金融风险。会议由课题负责人、中国国际经济交流中心学术委员会副主任、国家统计局原局长李德水主持。参会的外部专家包括：中国工商银行原行长杨凯生、证监会原副主席范福春、中投公司研究院院长陈超、证监会中证金融研究院副院长马险峰和民生证券研究院院长管清友等。各位专家围绕当前我国突出的金融风险点及防范措施进行了深入探讨。

（一）当前我国突出的金融风险点

一是金融监管不完善导致风险累积。杨凯生指出，认识和防控金融风险首先需解决指导思想问题，近几年我们的金融监管指导思想出现了一定偏差，把放松监管视为支持金融创新。互联网金融中的问题，股市震荡和影子银行问题或多或少与指导思想的偏差有关。

范福春认为，只要有金融市场和金融产品就有风险，但金融风险爆发大多由人为引起，不受监管的创新可能成为引爆金融风险的导火索。金融监管部门要健全法规，先于金融创新产品的推行，否则一旦形成燎原之势，再进行整治难度更大。

陈超认为，金融危机往往和金融监管缺失有关系。一方面，我国目前的金融监管存在真空，典型地体现在互联网金融领域。虽然互联网金融总体规模有限，但对社会稳定影响较大。2007-2008年我国出现互联网金融，2010年开始引起学术界关注，由国务院出面协调建立了初步监管框架。另一方面，我国金融监管存在父爱主义、旋转门现象，甚至"一家人"问题。监管机构认为自己对被监管机构负有责任，在对被监管机构进行监管时，对一些出了问题的被监管机构进行保护、对问题予以容忍，导致金融领域问题越来越多。

二是影子银行规模膨胀，加大资产泡沫风险。杨凯生认为，银行表内业务受资本充足率约束，不会无节制地扩张，但表外业务消耗资本比较少，有的甚至不消耗资本。管清友认为，目前所有金融风险点均与2012年后影子银行的大规模膨胀有关，导致非金融机构存款大幅增加，影子银行的大量资金在不同资产间的配置，形成了局部资产泡沫风险。

三是债券市场高杠杆操作，流动性风险较大。马险峰认为，债券市场存在流动性问题，其中，刚性兑付尤为突出。陈超认为，2015年股票市场大幅下行之后，资金大量向债券市场集中导致形成债券市场泡沫。目前，债券市场的杠杆率很高，券商资管、保险资管、公募基金、部分私募基金通过分级模式委托了大量银行委外资金，信托产品和私募基金等也广泛采用分级和伞形架构模式，加之融资、回购操作等，机构杠杆率不断提高。公募债券基金可以达到债券收益率的两倍，专户产品和理财产品等的收益率更高。高杠杆操作成为目前债券市场波动的重要原因，价格的小幅下跌就会引发多米诺骨牌效应，部分高杠杆机构的平仓，导致价格进一步下跌并形成恶性循环，2016年年底债券市场价格大幅波动期间便出现因规模过大而无人接手的情况。

四是企业高杠杆低回报，债务问题突出。杨凯生认为，由于长期以来企业融资比例不合理，指导思想有偏差，宏观经济靠投资拉动等因素的存在，我国企业负债特别是国有企业负债较高，如果这一问题不解决，信用风险将成为我国最主要的金融风险，市场和企业经营出现的波动将使银行首先受到冲击。陈超认为，近年来，我国国有企业预算软约束问题始终没有得到根本解决。国有企业授信额度高，借贷成本低，在主营业务收入有限的情况下，大量借贷资金用于投资。近几年，国有企业债券市场违约事件不断出现，涉及规模庞大的银行信贷资金。目前，债转股难以真正实现市场化，常用行政手段干预，这些方式只是将已有债务加以转移或拉长期限，造成整个金融体系负重前行。

五是对跨境资金的控制能力下降，资本流出仍面临压力。管清友认为，相对2016年，当前人民币贬值和资本流出的风险已有所减缓，真正的风险来自于外商资金汇出，集中表现在近两年我国外汇储备的消耗上。陈超认为，历史上，每次美元加息都会造成部分国家汇率大幅波动。与2016年相比，我国仍面临较大的人民币贬值和资本流出的潜在压力，对资本流动的控制能力也在下降。近年来，随着互联网金融快速发展，地下钱庄跨境转移资金的手段更加多样。第三方支付、P2P、比特币、境外保险等资本管制漏洞虽被监管部门逐一处理，但我国开放金融体系的建设还很不完善，未来检测漏洞的能力和监管成本都对我国资本监管提出了更高要求。

（二）防范措施

一要转变指导思想，全面落实依法监管。杨凯生认为，要坚持依法监管和全面监管的理念，积极完善和坚决执行涵盖金融体系全部领域的法律法规、规章、规范性文件等不同层次的制度。即使为了支持特定金融产品创新要适度放松监管力度，甚至对个别企业给予特殊豁免，也需要体现在具体的规章制度上，如果时间和条件不允许，至少也要形成文件。坚决禁止存在制度规定的情况下，由监管主体自主决定是否进行监管，由市场主体自主决定是否遵照执行。

马险峰认为，在目前金融产品跨机构、跨市场层出不穷，金融机构多元化经营突飞猛进，遇到越来越多新问题的情况下，要坚持把所有的金融活动置于监管之下，所有的信息监管机构都能看得到，所有的金融行为都能监管得到。

二要深化国企改革，控制企业杠杆率。杨凯生认为，需切实控制国有企业杠杆率，打破国企经营状况随市场波动不断反复，避免国企信用风险反复对银行体系造成冲击，使国家反复承担化解国企债务问题的职责。需建立国有企业资本金定期或不定期注入的机制。监管者要分门别类确定企业的杠杆率标准，既对企业经营层形成约束，又对企业出资人形成约束。监管者有责任防止企业杠杆率超标，对杠杆率超标的企业考虑是否继续持有，如果继续持有，则需要考虑采取现金或其他形式注入资本，以保持企业资本充足率维持在合理水平。要以资源的有效配置作为国企改革的重要内容，考虑国家是否有足够的财力注资来保持国企稳定的资本充足率，避免摊子铺得太大，战线拉得太长。要将建立国有企业资本约束制度作为推进国企改革的重要抓手，有限的国有资本只能投到国家必须掌握、必须做大做强的企业，其他领域可以考虑采取混合所有制或者退出。

三要有选择地打破刚性兑付。杨凯生认为，在保持稳定和数量可控的前提下，需有选择地打破一些刚性兑付。涉及金融犯罪等问题时，无论是销售过程，还是产品设计过程，甚至是金融系统中的内外勾结，都要切实追究责任。以此为契机，严肃市场纪律，教育金融从业人员，教育市场投资者。通过打破刚性兑付，使金融市场建立合理的风险溢价，有效降低金融体系的系统性风险，为深化利率市场化等方面的改革创造条件，加快货币市场和资本市场走向成熟。

四要加强舆论正确引导。范福春认为，防范金融风险需要更加重视舆论引导。完善宣传教育系统，把握住舆论管控，增强定力，避免片面舆论成为金融风险的推手。在关注舆论对私营部门影响的同时，加强对各级经济工作领导干部的宣传，形成对形势的统一认识，明确未来发展方向。对我国外汇储备问题，也需要给出舆论引导的尺度，避免在外汇储备达到两万亿美元之前认为储备太多，而在跌破三万亿美元时又认为储备太少，出现社会舆论前后矛盾的情况。

（徐洪才、林江、孙晓涛，中国国际经济交流中心《要情》，2017年第10期，2017年4月5日）

第七章
世界经济形势与全球经济治理

一、推动国际货币体系与全球治理改革

2019年11月22日,国家主席习近平在北京人民大会堂会见国际货币基金组织总裁格奥尔基耶娃。习近平指出,近年来,中国和国际货币基金组织在加强共建"一带一路"国家能力建设、提升软环境方面开展了很好的合作。中方愿同国际货币基金组织不断深化合作。近日,中宏观察家、中国政策科学研究会经济政策委员会副主任徐洪才就相关话题接受本网专访。

(一)国际货币基金组织亟待结构性改革

中宏网记者:格奥尔基耶娃表示,当前,个别国家挑起贸易争端,世界经济处于艰难时期,愿对国际货币基金组织进行与时俱进的改革,提升新兴经济体的分量。您对此怎么解读?

徐洪才:国际货币基金组织成立于1945年年底,是第二次世界大战结束以后重建国际经济秩序的产物,是由美国牵头、西方国家主导的国际组织。它的宗旨就是要促进全球货币金融的合作,保障全球金融体系稳定,促进国际贸易活动,特别是解决国际收支不平衡的问题。国际货币基金组织一般通过对危机国家提供技术和资金援助来维护金融稳定,同时,通过主要经济体的货币政策,特别是汇率政策的协调,促进国际收支平衡,维护全球资本流动和汇率的相对稳定。另外,定期对成员国的财政、金融的潜在风险提供分析和咨询,促进各国采取稳健的财政货币政策,减少潜在金融风险。

从第二次世界大战以来的实际运行情况看,国际货币基金组织在全球经济金融治理过程中发挥了独特作用。在应对金融危机等共同挑战,解决经济发展不平衡等问题方面发挥了重要作用。2008年国际金融危机爆发之后,二十国集团(G20)登上历史前台,国际货币基金组织和世界银行以及WTO等多边机构配合G20在应对全球共同挑战方面发挥了重要作用。

坦率地讲,国际货币基金组织发挥的作用是有限的,甚至在一些关键时刻

帮了倒忙，发挥了错误的作用。比如，20世纪以来，每一次新兴经济体和发展中国家出现金融危机，国际货币基金组织一般都会伸出援助之手，但通常是姗姗来迟，且在提供救助方式背后附加政治条件，提供解决问题的方法常常药不对症，反而使得这些国家的经济发展深陷泥潭。

当然，应该充分肯定国际货币基金组织在最近十年发挥的作用，特别在应对2008年金融危机方面，在促使大国宏观经济政策协调、共同应对危机方面是不遗余力的。由于它拥有的政策手段不多，其实只是发挥了顾问或者智库的作用。每年国际货币基金组织都要在春季和秋季对世界经济存在的问题进行分析，对未来趋势进行展望，同时，定期对成员国的财政金融运行进行评估，指出潜在风险，进而为该国未来政策制定提供参考。

当前，国际货币基金组织在全球经济治理中发挥作用也面临一系列严重挑战。一个关键性问题就是美国"一股独大"，或者说"一美独大"问题。美国拥有一票否决权，这个固有缺陷一直没有得到解决。最近十年，欧洲成员国让出了一些份额，以中国为代表的新兴经济体和发展中国家的份额和地位有所提升，但是并未动摇美国"一票否决权"这个底线。而且，国际货币基金组织的重大决定需要得到美国参众两院批准，是非常不合理的。

（二）政策协同致力于应对全球共同挑战

中宏网记者：在当前贸易保护主义抬头之际，您对以国际货币基金组织为代表的国际机构，如何积极应对这些新挑战有何建言？

徐洪才：美国以国家主权凌驾于多边机构之上，凌驾于全球治理之上，这个问题一直得不到解决。但是，客观地讲，国际货币基金组织还是力求公道公正地处理国际事务的。比如，在今年8月，美国无端地指责中国操纵汇率。这个动议在国际货币基金组织并没有得到支持，反而受到了国际社会的广泛批评。另外也要看到，在应对2008年国际金融危机过程当中，国际货币基金组织提升中国等新兴经济体的份额，特别是在2016年10月1日吸收人民币加入特别提款权（SDR）货币篮子当中，人民币权重为10.92%，这也是顺应全球经济结构变化的理性选择。

随着中国等新兴经济体对全球经济贡献的增加，及时增加这些国家在国际货币基金组织中的份额势在必行。这也是反映发展中国家的合理利益诉求，顺应全球经济格局多元化的发展趋势。

当前，世界经济增长动力严重不足，贸易投资增长乏力，保护主义、单边主义甚嚣尘上，特别是个别大国单方面挑起全球贸易争端，给世界经济增长增加了潜在风险。未来全球经济治理亟须凝聚更多共识，国际货币基金组织在协调大国宏观经济政策，特别是反对各种形式贸易保护主义方面应该发挥更大作用；要高度关注系统重要性国家宏观经济政策的外部溢出效应，尽可能减少负面影响，尽量消除潜在风险因素，对于危机处理也要及时有效。

国际货币基金组织要与世界银行、世界贸易组织发挥协同效应，与此同时，充分尊重新兴经济体和发展中国家的合理利益诉求，在维护全球金融体系稳定，促进世界经济秩序更加合理、更加平衡，经济增长更加强劲等方面主动作为，发挥独特作用。

（三）推动国际货币体系多元化，助力共同繁荣

中宏网记者：您对中国与国际货币基金组织的合作如何展望？

徐洪才：过去国际货币基金组织与中国的合作总体良好，未来要进一步深化合作。特别是在全球治理层面促进贸易投资便利化，促进人民币国际化，促进国际货币体系改革以及共同维护全球金融稳定，推动国际货币体系多元化，特别是解决"一美独大"问题，解决国际储备货币过度依赖美元的问题。国际储备货币过度集中于美元身上，实际是一种潜在的系统性风险。美国宏观经济政策对世界经济金融体系的影响太大了，适度地分散风险，对美国、对世界经济都是有利的。

因此，国际货币基金组织应该扩大 SDR 的使用范围，加强自身能力建设，在处理国际事务方面，应该更多地与 G20 加强协同，提升自身应对危机、处理国际问题的能力。国际货币基金组织要与更多的多边机构合作，完善全球金融稳定安全网；也要加强与主要经济体的合作，特别是要促进"南北合作""南南合作"和"一带一路"国家的合作，解决世界发展两极分化、严重不平衡的问题，带头落实联合国提出的《2030 可持续发展议程》，与各成员国一道共同推动世界经济实现强劲、平衡、可持续、包容性增长。

同时，国际货币基金组织也要加强内部的体制机制改革，摆脱官僚主义，提高工作效率。未来要创造条件进一步推进份额改革，及时适当增加中国及其他新兴经济体的份额，提高其地位，以反映世界经济格局发生的新变化，维护发展中国家的合理利益，进而促进世界各国共同繁荣发展。

（王镜榕，中宏网 2019 年 11 月 25 日：https：//www.zhonghongwang.com/show-94-159438-1.html）

二、RCEP 取得重大突破正当时

日前，区域全面经济伙伴关系协定（RCEP）15 个成员国在泰国曼谷举行的东亚合作领导人系列会议期间，结束全部文本谈判及实质上所有市场准入谈判，明年正式签署协议。对此，外界一致认为，这是区域经济一体化取得的重大突破性进展。

接受《中国经济时报》记者采访的中国政策科学研究会经济政策委员会副主任徐洪才也认为，RCEP 的这一进展，是相当了不起的成就，将给全球经济复苏带来新的活力，也是对逆全球化思维的当头棒喝，而对于我国的有益之处，则将在贸易方面率先显现。

（一）"当头棒喝"逆全球化思维

国务院总理李克强出席当日会议并表示，这标志着世界上人口数量最多、成员结构最多元、发展潜力最大的自贸区建设取得重大突破。

各方也给予积极评价：东盟轮值主席国泰国总理巴育认为，这将对世界经济发展至关重要；印尼总统佐科提出，过去几天各国谈判官员成功找到了"中间地带"；新加坡总理李显龙则表示，这是历史性的时刻；而在澳大利亚总理莫里森看来，"这是重要的胜利"。

事实上，RCEP 的进展带来的意义远不止于此。徐洪才表示，当下全球的市场分工体系、产业链都遭到人为破坏，贸易摩擦也给全球贸易带来了不确定性因素，RCEP 的重大突破不仅有利于产业链的修复，也将成为亚太地区市场合作的成功案例。

"还将加强合作。"他强调，我国与东盟贸易规模是 5000 多亿美元，与日本是 3000 多亿美元，与韩国是 2000 多亿美元，加起来就是 1 万多亿美元的合作。RCEP 将会让这些合作得以加强、稳固。

国际货币基金组织公布最新《世界经济展望》，预测 2019 年全球实际经济增长率为 3.0%。受到贸易摩擦影响，今年全球经济增速降至 2008—2009 年金融危机以来最低。在这种背景下，要促进贸易自由化，各国都渴望贸易规模能够快速增长，而亚太地区的合作将为世界经济的增长注入新动力、新活力，因为这对于降低市场准入门槛、便利化程度提高都有好处。

此外，徐洪才还认为，这将树立一个好榜样。最近几年保护主义、单边主义甚嚣尘上,我国一直推动多边合作,推动开放型亚洲经济、开放型世界经济,这也符合各国共同利益。RCEP 就是考虑到各国共同利益的需求,为各方带来好处,树立起一个榜样。

"这毫无疑问是对逆全球化思潮的当头棒喝,对下一步推动 WTO 改革、建立全球经济新秩序有着促进作用。"他说。

(二)早加入早享受红利

尽管 RCEP 目前的进程让各方都很满意,但也有一个插曲,即印度政府在最后一刻退出了 RCEP 决定,引起舆论关注。

对此,《印度快报》网站不久前的报道称,这些利益攸关方包括全国志愿者组织、小型和边缘性奶农及印度企业界。以印度国大党为首的在野党阵营称,鉴于经济增长放缓,RCEP 协定不合时宜。印度国大党主席索尼娅·甘地说,该协定将给农民、中小企业和店主们带来巨大苦难。她对本党领导人说:"我们负担不起成为产品——包括来自其他国家的农产品——倾销地的代价。"

业内人士表示,归根到底,印度退出谈判的举动仍是其站在国家利益角度权衡利弊的结果。印度缺乏竞争力的产业结构和较为低下的国家能力,决定了印度难以像中国那样"以开放促改革"。

徐洪才给出的看法更为简单明了:"印度退出有自己的小算盘。印度的产业竞争力、制造业不强,工业基础比较薄弱,一旦开放的话,担心境外的商品冲击境内市场,印度还没准备好。"他也强调,印度的这一决定不会对大局产生影响。"毕竟 15 个国家都同意了,这已经是个了不起的成就了。将来印度准备好了还可以加入;不过早加入,就能早享受相关红利。"

(三)贸易增长改善明显

各国将因 RCEP 达成而受益。

徐洪才分析,亚太地区原来存在很多双边、多边的体制,RCEP 将这些整合成一个统一的大市场,将大大降低交易成本。

之前我国尚未跟日本等国达成过 FTA,在签署协议后,中国可以跟这些区域大国缔结自由贸易协议,这对我国的出口会有较大的促进作用。

"从进口的角度说,中国从日本进口的产品,很多是上下游的零部件和优质消费品等。在签署协议之后,这些领域的自由贸易化水平也会得到显著提升。"有专家指出,通过 RCEP,中国可以第一次通过 FTA 形式获得进入日本市场的机会,同时,在广大东盟地区也可以通过这样的谈判获得进入新市场准入机会。

对此，徐洪才表示："未来5~10年，中国和日本合作的蜜月期到了。"

近两年，我国的贸易遭遇到了很大挑战，这既有客观原因，也有主观原因。

徐洪才表示，我国制造业在全世界来看还是属于中低端位置，竞争力不强，同时，自身成本上升、创新力不强，再加上贸易摩擦的升级，让原本加工贸易占主导的发展模式丧失了优势，因而出现产业转移——有转移到东南亚地区的，也有从国内沿海地区转移到中西部地区的。"在这种情况下，亚太地区市场一体化，对于我国来说是机遇。"

"再者，我们以前在美国、欧洲市场的投入，可以分散到亚太地区一些。如此，当贸易再次出现不确定性因素时，可以增强我们的抗风险能力，抵御外部冲击的能力也将增强。"徐洪才说。

（张丽敏，《中国经济时报》，2019年11月8日）

三、提升新兴经济体话语权，是改善全球治理的必由之路

近日，第40届国际货币与金融委员会（IMFC）会议在美国华盛顿召开，央行行长易纲在会上表示，中方对于第15次份额总检查未能就增加份额和调整份额比重达成一致，深感失望。对于央行行长的这个表态，徐洪才2019年10月21日在接受中央人民广播电台《经济之声》连线时做出以下解读。

（一）如何看待IMF第15次份额总检查未能就增加份额和调整份额比重达成一致

徐洪才表示，他对于IMF第15次份额总检查未能就增加份额和调整份额比重达成一致，感到非常失望。IMF份额总检查五年审查一次，这五年来，各国的经济表现和力量对比发生了深刻变化。按照IMF本身有关份额计算的公式，我国是经济大国，最近几年经济开放度也是越来越大。另外，我国外汇储备世界第一，是贸易大国、投资大国，但目前的份额还在日本之后，与美国差距非常大，这完全不合理。

（二）IMF份额总检查到底指的是什么，为什么要进行这样的检查

通俗地理解IMF份额，就相当于股东在股份公司中的股权比例。目前美国是第一大股东，占股高达17.407%，日本是第二大股东，占股6.464%，中国是第三大股东，占股6.394%。

在 IMF 中份额比重越大，就意味着可以从 IMF 得到的贷款规模越大，同时投票权也越大。实际上，这是一个权利和利益分配问题。

作为第二次世界大战结束前夕由美国牵头成立的国际组织，在过去 70 多年时间里，IMF 在全球经济金融治理体系中，在维护全球经济秩序方面发挥了重要作用，但是近年来越来越有点力不从心，在应对金融危机、解决国际收支不平衡、协调宏观经济政策和处理经济纠纷等方面的能力不够，其权威性、代表性、合法性越来越受到国际社会的质疑。在这种情况下，大家呼吁提升发展中国家、新兴经济体的份额比重。根据当下情况的变化，需要与时俱进，做出相应调整。但是现在的结果令人失望。

（三）IMF 改革为什么难以推进，原因在哪里

主要原因是美国从中阻挠。美国一股独大，维护其一票否决权，它拥有 17.407% 的份额。但是任何一项重大决策都需要 85% 以上份额投票权同意，这意味着只要美国不同意，任何重大决策都完不成。而且即便 IMF 做出决策，但如果美国国会不批准，那也是一张废纸。美国将国家权力凌驾于 IMF 之上，在这种情况下，调整起来确实很难。

在过去五年的调整中，中国份额有所提升，主要是欧洲国家让出了一些份额，但美国坚决不让。所以现在大家呼吁，要改变目前这种不合理的状况，同时新兴经济体也要积极发声，但目前也存在分歧，未能形成合力，利益分化也比较大。因此，要建立一个权威性、代表性、公正合理的全球经济治理体系，还任重道远。

（四）为什么说提升新兴经济体的话语权是改善全球治理的必由之路

现在，新兴经济体在全球经济体系中发挥的作用越来越大，而且未来世界经济的可持续发展，潜力最大的地方就是新兴经济体和发展中国家。另外，国际规则体系对新兴经济体的一些合理利益诉求也多有忽视，因为规则是由发达国家牵头制定的，新兴经济体必须提升话语权，否则其合法权益将得不到保护，同时全球治理也很难做到公正公平合理。

（五）如何看待市场预期明年全球经济增速的回升

IMF 对今年全球经济增长最新的预测是 3%。去年是 3.6%，前年是 3.7%，出现了大幅度下降。当然，现在预测明年增长是 3.4%，但实际上这个预测过于乐观，它是寄希望于各国能够采取积极的财政政策，刺激经

济增长，扩大就业。但是各国情况差异较大，财政能力都十分有限，有些国家债台高筑，已有很大的财政风险，所以在目前全球经济下行过程中，存在很大的系统性风险。

究其原因，主要还是技术创新跟不上，未能对全球产业转型升级形成强有力的支撑。另外，全球分工、价值链遭受严重破坏，贸易投资保护主义、单边主义甚嚣尘上，新的规则还没建立，老的规则已经被打破。所以大家呼吁，IMF、世界银行、WTO以及联合国的改革都要提上议事日程，但各方意见分歧很大。在这种情况下，世界经济面临巨大的不确定性。希望IMF牵头加强各国宏观经济政策的协调，主要大国要负起责任。

（六）中国将在全球经济发展中发挥更大的作用

毫无疑问，中国是当前及今后一个时期世界经济增长的重要引擎，在全球经济增长放缓的情况下，中国的贡献相对上升。过去几年，全球新增GDP中，中国大概贡献了30%左右；在2008年国际金融危机后的两年，中国贡献最大，接近50%。实际上，中国一如既往地扩大开放深化改革，推动经济全球化，这和各种保护主义、单边主义形成了鲜明对比，中国是一个负责任的大国。未来我们还是要力所能及地贡献自己的力量，推动全球经济实现强劲、平衡、包容和可持续发展，做出我们应有的贡献。近年来特别是去年4月习近平主席在博鳌亚洲论坛发表演讲以来，中国扩大开放的四项政策举措都在一一落实，可以说我们自身是受益匪浅，同时也让世界搭上中国发展的便车，实现平等合作、共同繁荣发展。

（根据徐洪才连线中央人民广播电台《经济之声》
节目整理，2019年10月21日）

四、将中印、中尼睦邻合作提升到新水平

中宏网北京10月11日电（记者 王镜榕）据新华社消息，国家主席习近平11日乘专机离开北京，应印度共和国总理莫迪和尼泊尔总统班达里邀请，分别赴印度出席中印领导人第二次非正式会晤、对尼泊尔进行国事访问。

国家主席习近平11日在金奈会见印度总理莫迪，畅谈中印各自国内发展，交流治国理政经验，双方一致认为，中印要相互尊重、相互学习、相互借鉴，携手实现共同发展繁荣，实现中印两大文明伟大复兴。

此访是在隆重庆祝中华人民共和国成立70周年后,习近平主席首次出访,也是中国国家主席时隔23年再次访尼,将为中印、中尼乃至中国同南亚关系的发展注入新动力,为世界和平与繁荣做出新贡献。

日前,中宏观察家、中国政策科学研究会常务理事徐洪才就相关问题接受本网独家专访。

中宏网记者: 您怎么看待这个23年的时间节点及其历史意味?

徐洪才: 在当前世界经济下行压力很大,中美关系日趋复杂化的背景下,这次习近平主席访问印度和尼泊尔具有十分重要的现实意义。这两个国家都是中国邻国,远亲不如近邻,而且印度也是新兴大国。我们在G20以及金砖国家合作平台上都有广泛合作。

目前,世界格局出现严重分化,"去中心化"或者说多极化发展趋势日趋明显,我们作为发展中国家,加强合作和改善关系有现实的迫切需要。特别是稳定周边外交,对于我们赢得良好的外部环境也有着特殊意义。长期以来,我们坚持与邻为善,以邻为伴,坚持睦邻、安邻、富邻,突出"亲、诚、惠、容"的理念。这些周边国家山水相连,有着天然的亲近感,中国和印度、尼泊尔有着上千年的交往历史。而且中印都是人口大国,经济互补性很强,合作潜力很大。中印合作应该多层次和全方位展开,特别是在稳定周边外交关系,为我国赢得良好的外部环境方面有着特殊意义。

中宏网记者: 在金奈期间,习近平主席将同莫迪总理继续纵论天下大势,把脉龙象共舞,就事关中印关系发展的全局性、长期性和战略性问题深入沟通,您对此如何解读?

徐洪才: 近年来,中印合作在多层次、多方面、全方位地展开,最近两年发展势头总体良好。中印作为两个大国在亚洲地区的和平稳定、繁荣发展过程中都扮演着重要角色,这次高访可以凝聚更多共识,将双边合作提升到更高水平。我们一向坚持共商、共建、共享的原则,促进互联互通,深化经贸合作,在贸易、投资、文化、旅游、技术、医药、节能、环保等领域推进重点项目落地。

印度最近这些年在国际舞台上很活跃,未来将加快经济发展作为主要战略目标,想尽快进入5万亿美元的经济体行列,把经济发展作为第一要务,这与我国发展战略具有一致性。有了这个基础,双方就可以找到利益交汇点,扩大合作空间,消除分歧,挖掘合作潜力。

中宏网记者: 习近平主席此访将同莫迪总理为下一阶段中印关系发展确定基调、指明方向,向世界发出中印一致声音,为当前充满不确定性的世界提供稳定性、注入正能量。您对中印关系的共同战略利益及其实现有何看法？

徐洪才：坦率地讲，过去这些年中印之间，无论是经贸合作，还是其他领域合作层次都有待深化，2017年还出现边境对峙。印度对"一带一路"合作保持谨慎，特别是对我们促进周边国家互联互通、加强经贸合作心存戒心。另外，印度周边关系比较复杂，需要跟中国搞好合作，也希望赢得一个良好的和平发展环境，所以，双方有共同的利益诉求，应该推进务实合作。

双方不仅有强烈的合作愿望，还有坚实的合作基础。过去这些年，高层互访不断，双方领导人经常见面沟通，形成很多共识。特别是在经济合作方面潜力非常大，印度在信息技术等领域有优势，中国在制造业以及基建方面的能力也是有口皆碑的，我们可以在制造业、农业、高科技、现代服务业、文化旅游等领域展开务实合作。

另外，中国和印度金融合作的潜力非常大。一是发挥好金砖新发展银行的作用，加强其与亚洲基础设施投资银行的合作。二是扩大两国央行货币互换规模，推出人民币与卢比直接交易，促进本币在双边贸易投资中的使用。三是加强资本市场合作，印度上市公司的治理水平是有口皆碑的，资本市场对外开放也有经验，都值得借鉴。四是加强上海、香港和孟买三大金融中心的合作。五是重点推动贸易融资和科创型企业融资合作。六是扩大双边金融开放，特别是加强银行体系的合作，完善支付结算等金融基础设施。总之，金融合作空间巨大。

中宏网记者：尼泊尔是中国山水相连的友好邻邦，也是中国在南亚方向推进"一带一路"合作的重要伙伴。您怎么解读中国与尼泊尔之间互利合作典范的当下意义？

徐洪才：尼泊尔是一个内陆高山国家，有着悠久的历史。中国和尼泊尔之间有着近千年的交往历史。坦率地说，尼泊尔自身经济发展相对落后，所以，借力中国"一带一路"倡议，通过建设跨喜马拉雅山立体的互联互通交通体系，加快中尼合作，带动和促进尼泊尔经济实现较快发展，这是良好契机。特别是我国提出建立新型国际关系，构建人类命运共同体，周边国家很重要，两国可以共同创造一个平等合作的典范。

中尼合作典范的意义体现在中国一贯倡导的"和平共处五项原则"基础上的平等合作。国家不分大小，不分先进落后，一律在平等和互利共赢原则的指导下合作，其示范效应有着重要的现实意义。

总之，当今世界政治经济格局正在出现大的分化，特别是在保护主义、民粹主义、单边主义甚嚣尘上，全球经济增长动力不足的背景下，中国、印度和尼泊尔都是发展中国家，展开南南合作，携手提升合作层次，这让各方都从中受益，同时也为世界发展做出积极贡献。

（王镜榕，中宏网，2019年10月11日，
https：//www.zhonghongwang.com/show-275-155626-1.html）

五、南美"欧元梦"看上去很美？

据阿根廷媒体报道，阿根廷与巴西两国财长表示，南方共同市场国家间统一货币已经迈出第一步。阿根廷、巴西、巴拉圭、乌拉圭四国将成立特别小组，评估未来四国统一货币的可能性。

南方共同市场国家一直希望将该区域打造成类似欧盟的一体化区域，联合各国力量以推进区域和各国的经济发展。此前，南美洲国家联盟（Unasur）和美洲玻利瓦尔联盟（ALBA）都曾试图创立统一货币，但是均没能实现流通。有分析人士称，目前，南方共同市场的单一货币仍是"海市蜃楼"。

最新消息就是南美洲南方共同市场的四个成员国财政部部长准备统一货币。这是全球范围内的大新闻。不久前，西非15国准备统一货币，而且有日程表，在明年年初完成。相比之下，南方共同市场提出的这个动议，没有时间表和路线图。

为什么在当下提出统一货币？最近几年，全球经济复苏跌宕起伏，特别是去年下半年以来，世界经济增长明显放缓了。

经济下行压力大，保护主义、单边主义甚嚣尘上，因此各国准备抱团取暖。特别是美国单方面挑起了全球贸易战，对世界经济、全球供应链、产业分工体系、价值链以及创新链都产生了巨大破坏。在这种情况下，拉美国家要共同应对。近期，美联储降息了，未来国际资本流动以及汇率的波动性会明显加大。

从历史上看，拉美国家都曾在美国宏观经济政策急剧变化的背景下出现金融危机，或者出现金融体系震荡。拉美地区共有33个国家，可大体分成三大块。一块是巴西和阿根廷作为核心国，牵头成立南方共同市场，属于大西洋的范畴。另外一块是以墨西哥牵头的太平洋联盟。中美洲属于相对独立的模块。拉共体33个国家，经济发展差异性较大，非常不平衡。

实际上，南美国家传统意义上属于欧洲领地，最大的贸易伙伴是欧洲。目前，为了应对经济下行压力和贸易保护主义，大家抱团取暖，特别是受到西非共同体推出共同货币的启发，不甘落后，提出统一货币，但现实条件不具备。

南方共同市场已经存在近 30 年,但其经济发展不协调、不平衡非常突出。巴西是大国,国土面积 854 万平方公里,人口 2.1 亿。第二是阿根廷,4000 多万人口,国土面积也不小。实际上,它们都是发展中国家,人均 GDP 收入都在一万美元左右。

100 年前,阿根廷属于发达国家阵营;但自 20 世纪 90 年代以来,墨西哥、阿根廷都曾深陷债务泥潭,出现金融危机。除了巴西的经济基本面好一点,总体上都较弱。过去一年,经济表现最好的是巴西,但失业率高,利率水平高。阿根廷通胀率高达 47.6%,失业率 9.1%。最突出的问题就是汇率波动大。每一次全球性政策变化,阿根廷、墨西哥等金融脆弱性国家的汇率、金融体系波动都比较大。一个根本原因,或者说其最大问题就是国际收支严重不平衡,债台高筑,大量对外负债,外汇储备规模小。另外,经常账户和资本账户长期双赤字。一有风吹草动,汇率就剧烈波动,金融体系受到冲击,实体经济受到负面影响。

拉美国家还有一个通病,就是社会政治不稳定,同时受到美国的打压。美国向来把拉美作为后院,对各国分而治之。尤其近几年,欧盟在拉美的地位上升,而中国"一带一路"合作在拉美也有市场,因此冲击了美国在拉美的利益。作为第三方,拉美成为各国竞争之地,包括美国、日本、中国以及欧洲和东盟这些外部力量对拉美这种脆弱性经济产生了深刻影响。另外,各国经济差异性、不平衡性突出。乌拉圭和巴拉圭是小型经济体,失业率高,通胀率高,对外经济依存度大。巴西经济相对稳定,但政治不稳定,社会也不稳定。

整体而言,拉美国家社会治理水平偏低。南方共同市场提出统一货币这一战略目标,不仅满足于关税联盟、自由贸易区以及共同市场,更重要的是要统一货币,形成类似欧元区这样的经济体,促进经济一体化。与此同时,西非国家也在加紧推进统一货币。但与欧元区相比,南方共同市场缺乏像欧盟这样的政治支持,加上四国经济实力薄弱,统一货币一定会面临巨大挑战。

统一货币,好处十分明显。首先,南方共同市场内部交易成本下降,汇率波动、风险减少。由于规则、政策统一,一致对外,对于贸易、投资、金融合作,以及生产要素有序流动、形成统一市场都非常有利。对外可以借力抱团,保护自身利益。对全球金融稳定也是好消息。因为每一次美联储降息、全球资本流动变化,总是冲击一些欠发达国家。像阿根廷、土耳其,还有东南亚的某些脆弱性国家,这些国家国际收支严重失衡,国内经济增长动力严重不足,经济结构存在固有缺陷,经常受到冲击。

应该看到,南方共同市场的现实条件和当年欧盟没法比。即便是欧盟,其核心国德国和法国经济基本面强劲，依然经历长期磨合，从1969年提出统一货币，花了近30年时间才完成历史使命。近期，非洲55个国家和地区积极推进自由贸易区建设，西非15国启动统一货币。西亚、北非总体上属于法国的势力范围，西非法郎与欧元长期保持汇率稳定，经济发展和分工体系差异较小。南美情况不同，经济差异性、不平衡性大，特别是个别国家金融体系脆弱性明显。理想很美好，现实很骨感，要完成这一历史使命，任重道远。

最近几年，中拉对话机制、协调机制常态化，"1+33"对话机制和拉共体的合作势头良好。特别是中国跟主要经济体如巴西、阿根廷的贸易、产业、金融合作稳定，和拉美地区整体贸易规模近3000亿美元，介于中韩和中日贸易规模之间，大于中非贸易规模。从单个国家来看，中国和巴西的贸易额达到989亿美元，中国有300多亿美元逆差；相比之下，中国和阿根廷的贸易规模只有几百亿美元，也有逆差。近年来，中拉合作开始纳入"一带一路"合作框架，中拉经贸合作呈现多元化的发展趋势。

展望未来，中拉合作面临一定挑战，主要来自于欧洲和美国，事实上欧美都把中国作为重要竞争对手，中拉合作冲击了欧洲利益。美国把拉美作为后院，后院起火，对美国的全球影响力也产生影响。实际上，中拉是南南合作，发展中国家自然有很多共同利益。但也要看到，中拉之间也有竞争，未来要求同存异，做大蛋糕，挖掘合作潜力。

（根据徐洪才做客《财经观察家》节目文字整理，2019年8月7日，

https：//mp.weixin.qq.com/s/eA9JaqpZK2F9JilJ-ukHmg）

六、解码"处在十字路口"上的中国解决方案

中宏网北京11月30日电 11月27日至12月5日，国家主席习近平对西班牙、阿根廷、巴拿马、葡萄牙进行国事访问并于今天出席在阿根廷布宜诺斯艾利斯举行的二十国集团（G20）领导人第十三次峰会。在当前贸易保护主义、民粹主义、单边主义为世界经济增长蒙上阴影之际，习主席此行备受关注和期待。

日前，中宏观察家、中国国际经济交流中心副总经济师徐洪才接受中宏网记者独家专访，为我们解读习主席这次出席G20的特殊使命与深刻意义，"十字路口"上的中美关系将何去何从？以及"一带一路"倡议又将如何乘风破浪、有序推进？解码蕴含其中的中国思维和解决方案。

中宏网记者：您怎么解读这次习主席出席G20的特殊使命与深刻意义？

徐洪才：G20 峰会诞生于 10 年前的金融危机，是典型的危机驱动型的国际协调机制，旨在将 G20 国家领导人集聚在一起，以面对共同挑战。在应对危机的过程中，G20 逐渐发展成为全球治理与开展经济合作的主要平台，其地位举足轻重。

2016 年 G20 杭州峰会是新的起点，在后危机时代，G20 国家逐渐认识到，要做出榜样，带头实施联合国提出的 2030 可持续发展议程，因此 G20 也就从过去应对风险的短期机制，逐渐转向促进世界经济可持续发展的长效机制；并在促进世界经济强劲、可持续、平衡发展基础上加上了"包容性"发展，"包容性"被提高到新的高度。这显然是针对当下世界经济发展动力不足，不够强劲，不可持续，且极不平衡，南北差距扩大，严重两极分化，包容性不足这个现实。

世界经济以及全球治理正处在"十字路口"，在这个关键时刻，恰逢国际金融危机爆发 10 周年、G20 峰会诞生 10 周年，这次会议至关重要。尤其在当下贸易保护主义、民粹主义、单边主义甚嚣尘上，特别是近年来美联储加息、美元升值，导致全球资本流动的波动性加剧，新兴经济体货币汇率大幅贬值，我国人民币对美元汇率也出现了相当大的贬值压力。国际金融市场跌宕起伏，风声鹤唳，美国股市过去 9 年大牛市的好日子也似乎到了头，纳斯达克、纽约道琼斯股指剧烈调整，未来怎么办？大家有点迷茫。关键时刻，大家一起来讨论以凝聚更多共识，促进世界经济强劲、平衡、可持续和包容性发展，共同反对贸易投资保护主义、单边主义，特别是维护多边贸易体系的权威性。所以，这次 G20 峰会的一个重要任务就是讨论世界贸易组织改革问题。

中宏网记者：您怎么看待世贸组织改革所面临的紧迫课题以及当前的形势和任务？

徐洪才：目前，关于世贸组织改革发出的声音不少，美国还没有提出系统性方案，欧洲已经提出来了。不过，美国和欧洲、日本的共同声明里面已包涵了美国的价值导向。我国商务部也提出关于世贸组织改革的三大原则和五点建议。应该注意到，发展中国家和发达国家的利益诉求明显分化。那么，如何找到最大公约数，尤其是当前世贸组织面临深刻的危机，其中，最关键的议题就是争端解决机制。目前，7 个大法官只有 3 个，分别来自中国、印度和美国，到明年年底只剩下 1 个，涉及中美之间的贸易争端就没法解决了，因为中美法官要回避，只剩下印度一个法官，这个争端也就没法裁决了。可以说，WTO 争端解决机制到了岌岌可危的地步。

我们有责任维护多边贸易体系的权威性，发挥其在全球经济治理中的主要作用。因此，这次会议将对世贸组织改革问题进行深入讨论。当然，不会在这个会议上解决世贸组织改革问题,最终还是要在12月12日世贸组织的理事会上进行讨论。关于世贸组织改革,中国始终坚持这样的态度:第一,要维护多边贸易体系的权威性;第二,要考虑到发展中国家合理的利益诉求,尊重发展的差异化,不能一刀切;第三,要反对贸易投资保护主义、单边主义,促进贸易投资的便利化,促进规则的公平性。同时,我们也强烈呼吁,这种公平性不能搞双重标准,要揭露一些发达国家滥用国家安全条款的做法,并反对有人对国有企业采取歧视性态度。我们认为,以单边主义代替多边主义,动辄采取贸易制裁,设置关税壁垒,都是有违世贸组织多边主义规则的。

另外,面对新的挑战,比如数字经济、网络安全,以及跨境电商等新的经济现象,亟待建立新的规则。这些新老问题,都可能在本次峰会上讨论。对于这次会议,我个人寄希望能够凝聚更多共识,抛弃狭隘的利己主义与偏见,更多体现"包容性",特别是对发展模式的包容性。目前世界各国的发展模式具有很大的差异性,不能简单地一刀切,更不能将自己的意愿强加于人。同时,我们也希望把中国一贯倡导的"共商、共建、共享""平等合作、互利共赢"这些基本理念,以及过去10年G20在应对金融危机中的"担当、责任、奉献、合作"这些宝贵精神发扬光大。所以,本次会议令人期待。这次峰会还有一个特殊背景,此前召开的APEC会议上没有发布共同声明,主要是中美之间在认知上存在分歧,大家不希望类似的一幕在G20峰会上重现。大家希望求同存异,能够发表共同声明,共同应对挑战。

中国将一如既往地向世界敞开开放的大门。在今年4月召开的博鳌论坛上,习主席向世界宣布的4个方面扩大开放的举措正在一一落实。中国主动扩大开放,包括服务业开放,不久前成功召开了首届进口商品博览会,未来还将进一步深化改革,扩大开放,明年是中国改革开放再出发的元年,值得大家期待。应该说,中国正在以实际行动,为世界树立一个榜样。我们主动下调进口商品关税,从9.8%下调到7.5%;主动扩大相关领域开放,未来还将进一步营造优质的营商环境,让不同市场主体能够公平竞争,加大保护知识产权力度等,朝着国家开放包容的发展方向前行。正如习近平主席所言:中国对外开放的大门只会越开越大,这是既定方针。我们希望能够与世界在开放合作中实现互利共赢,共同打造人类命运共同体。

中宏网记者:结合当前形势,您对中美关系的走势怎么看?

徐洪才:今年3月以来,特朗普单方面挑起贸易争端,中美之间的贸易摩擦逐渐升级,目前已是剑拔弩张,而且美方近期还扬言,要对从中国进口的2000亿美元商品加征关税到25%。美国采取贸易制裁大棒,威吓压迫中国就范,这种做法本身就很不地道。中美之间的产业链、价值链分工关系不是一天形成的,现在要强行打破,打碎这个分工体系,其危害性不仅是双边的,对中美双方的负面影响都已经看到了,对全球经济也在产生深刻影响,所谓"城门失火,殃及池鱼"。

下一步,如果升级,对美国自身的影响将会进一步显现。美国的通胀会上升,CPI 和 PPI 都会有上升的压力;物价上升会促使美联储进一步加息,对经济增长产生负面影响。现在特朗普和美联储主席鲍威尔出现了矛盾,特朗普显然不希望加快加息的节奏,最近美国股市出现剧烈调整,这是特朗普不愿看到的。实际上,中美贸易争端对美国的负面影响已经显现。如果特朗普继续一意孤行,显然,美国的投资和消费以及整个金融体系的稳定都将受到负面影响。当然,对中国也有进一步的影响。

虽然我国目前进出口表现还不错,但存在贸易放缓的影响因素。如果贸易争端升级,明年上半年负面影响会显现。对股市的影响是不言而喻的,尤其是对信心的冲击,包括增加人民币贬值压力等。当然,中国是负责任的,现在人民币对美元汇率维持在 7 以内。汇率稳定、金融稳定跟双边贸易有密切关联,并直接影响经济增长与就业。我们当然不希望争端进一步升级,特朗普执政团队应该也有这个愿望。所以,坐下来谈符合双方共同利益。先将加征关税停下来,就此打住,重启谈判,逐步解决分歧,然后逐渐化解矛盾,朝着好的方向调整。同时,我也希望美方能够看到,今年以来中方做出的积极努力,包括主动扩大开放,主动降低关税,主动进行改革,不仅符合我们自身利益,也有助于化解中美分歧。

我认为美方对国有企业的指责可能夸大了。希望美方对中国国有企业与外资企业和民营企业一视同仁,不能对国有企业有歧视性做法。当然,国有企业也要深化改革,减少补贴。作为发展中国家,在某些产业领域实行补贴符合世贸组织的精神,并不是违规行为。但是,随着未来的发展要逐步减少补贴,也符合我国自身发展的要求。另外,要不断加强知识产权保护,加大违法违规的成本。同时呼吁,既要保护外商企业在华的知识产权,中资企业在国际市场的知识产权同样也要得到保护。

在这些方面,我们与国际社会存在共同的利益与目标。美方提出"三零"方案,即零关税、零补贴、零壁垒,我个人认为,可以讨论,应采取包容的态度。也就是要促进在未来适当的时候完全实现"三零"的目标,但如何实施要考虑到合作伙伴的特殊情况。比如,美国自身在农业方面就很难做到。美国对农产品的补贴最多,这是有目共睹的。其实,美国农产品的竞争力非常强。但美国还要对农产品进行大量补贴，显然是不合理的。因此扭曲了相关价格体系。这种价格体系也损害了发展中国家包括中国农民的利益。同时，美国跟欧洲，特别跟法国、日本这些贸易伙伴之间，在农产品贸易方面也很难做到零关税。在汽车贸易方面，美国跟日本、欧洲也有不同的利益诉求。所以，美国应尊重广大发展中国家还处于发展中的现实，作为大国应该勇于担当，而不应采取一刀切的办法。现在有一个新的提法：开放性多边主义，即对一些重大议题不一定需要全体通过，或一票否决，只要有相当一部分国家通过，可以自愿选择遵守此规则，其他不同意的国家可以不参加。

采取开放灵活的多边主义是现实选择。现在，双边、多边、区域、次区域的自由贸易体系，都体现了这种灵活性，是对世贸组织多边贸易框架的有益补充。未来将建立一个开放型亚太自贸区，这是 APEC 一直倡导的远景目标。实际上，中国以身作则，一直在不遗余力地推进此项工作。希望美国也用务实态度开展平等合作，在重大问题上积极协商。中国产业转型升级包括技术的进步，势头恐怕谁也挡不住。不要专门针对中国制造 2025 肆无忌惮地打压中国。

当下全球经济增长动力不足，需要大家齐心协力共同面对。中美在创新领域可以开展合作，而不是互相封闭。经验表明，美国在高科技产品领域对中国实行封锁，结果美国失去了一些机会。中国和德国、日本、法国、英国这些国家合作，从它们那里进口大量高科技产品，美国失去了这个市场。近期由于双边贸易摩擦升级，中国反制美国，美国的大豆卖不掉，损害了美国农民的利益，特朗普政府只能实行补贴，美国农民不希望失去中国市场。我个人觉得，特朗普的做法有点粗暴。希望特朗普政府迷途知返，悬崖勒马，重新回到谈判桌上来，心平气和地谈。最近美国贸易顺差不但没有缩小，反而继续扩大，美国已经吃了苦头。

中国自身贸易顺差则明显收窄。去年我们有 4200 亿美元的贸易顺差，今年估计要减少 700 亿美元左右，国际收支状况明显改善，而美国国际收支不平衡却扩大了。其根本原因就在于，这种贸易顺差更多是由美国内部原因造成的。而采取这种贸易制裁方法，美国自身受损也很大。如果双方坐在谈判桌上，心平气和地谈判，解决贸易分歧，问题其实不难解决。如果操之过急，单方面提出时间表和路线图，强制提出要求，这不是平等合作的态度，且难免南辕北辙，适得其反。

（王镜榕，中宏网，2018 年 11 月 30 日，https：//www.zhonghongwang.com/show-94-117409-1.html）

七、亚投行"四两拨千斤",助力亚洲互联互通

亚洲基础设施投资银行理事会第四届年会日前在卢森堡举行,亚投行理事会经过审议,批准吸收贝宁、吉布提、卢旺达为亚投行第九批新成员。亚投行成员数量增加到100个。在加入亚投行申请正式通过之后,新成员代表纷纷表示期待与亚投行合作,这为本国基础建设的发展以及未来亚洲、欧洲和非洲之间的互联互通带来了更多机遇。

第一,在全球经济面临不确定性的背景下,亚投行"朋友圈"再次扩容说明了市场资金需求确实很大,存在很大的供求缺口,各国都想参与,搭上亚投行的便车,促进互联互通和自身经济的发展。第二,亚投行起步高,本着"高效、廉洁、绿色"的理念,其项目治理水平很高,产生了示范作用,把经济效益、生态效益、社会效益有机结合。特别是关注当地民生,关键性项目着力拉动当地经济发展,让老百姓得到实惠,它的出色表现得到了国际社会的高度认可。

亚投行不是将旧体系推倒重来,而是弥补不足,形成有益补充。坦率地说,世界银行、亚洲开发银行、非洲开发银行等现有多边机构,提供资金的能力是不足的,有很大缺口。大家对多边机构抱怨比较多,如现有布雷顿森林体系中的世界银行、国际货币基金组织等,未能充分体现发展中国家的利益诉求,而且效率较低,官僚主义较严重。亚投行由中国这样的发展中国家牵头,力图能更多地反映发展中国家的利益,采取高效、廉洁、高标准的公司治理,从而带动多边体系的改革和完善。

亚投行主要定位在促进亚洲基础设施投资和互联互通,但亚欧大陆是一体的,"一带一路"通向欧洲和非洲。近年来,欧盟"荣克投资计划"已和"一带一路"进行对接。实际上,选择卢森堡,不仅因为它是国际金融中心,有影响力,更重要的是,卢森堡是第一个加入亚投行的欧洲国家。欧洲的一些重要金融机构,像欧洲投资银行、欧洲稳定机制的总部都在卢森堡。而且卢森堡对中东欧市场有辐射力。选择卢森堡,是考虑到亚投行业务发展和合作需要,同时也彰显了亚投行的全球影响力。亚投行"朋友圈"扩容是一个里程碑,突破100个成员国,仅次于世界银行,比亚洲开发银行成员还多,体现了亚投行的代表性、权威性和领导力。

总体来看,亚投行起步稳健,它追求质量,不贪求数量和规模,它产生的

是示范效应，或者说是发挥了"四两拨千斤"的作用。因此它更多的是要充分调动各方面的积极性，让地方政府以及其他商业性金融机构、私人部门等共同参与。从它的贷款规模来看似乎不大，但它体现了带动作用和辐射作用，也反映了亚投行内部治理水平是一流的。它发行的是 AAA 级信用债券，能获得低成本融资。同时，在它的经营管理中凸显多边机构特色，淡化中国色彩，因此它具广泛国际代表性，在国际金融体系中的威望获得迅速提升。

亚投行不能单兵突进、孤军深入，仅靠自身资本金和提供融资支持能力是杯水车薪。从市场需求来看，要发挥"四两拨千斤"的作用，就要和当地政府合作，由政府引导和主导，同时与其他多边开发银行合作，比如和亚洲开发银行、欧洲复兴开发银行合作提供"联合融资"。而且要调动私人部门的积极性，引导私募股权基金、资本市场、上市公司等积极参与，建立和完善多元化、多层次的融资体系，推动金融创新。可沿着"一带一路"推动人民币国际化。目前使用美元，未来可以发行人民币计价的熊猫债券。另外，要从当地经济发展的客观需要出发，同时优化产业结构，保护生态环境，为经济可持续发展奠定坚实基础。

最后，亚投行最重要的还是要坚持高质量、高标准，只有这样，才能够在全球范围内发挥应有的积极作用。

（根据徐洪才连线中央人民广播电台《经济之声》
录音整理，2019 年 7 月 15 日）

八、欢迎西非单一货币 ECO 的诞生

近年来，非洲大陆自由贸易区建设进程加快，经济一体化稳步推进。近日，西非经济共同体 15 个国家首脑一致同意，计划在 2020 年元月推出单一货币 ECO，这是非洲经济一体化进程中的一个重要里程碑。西非统一货币区将涵盖 15 个国家，包含 2.84 亿人口，其影响不可小视。西非经济共同体此举实际是期望通过货币统一来降低金融服务的成本，促进跨境贸易、投资和产业合作，进而推动非洲统一市场的形成。

毫无疑问，西非经济共同体统一货币 ECO 的诞生，将是国际货币体系发展过程中的一件大事。从历史上看，欧盟统一货币——欧元区诞生到今年正好 20 年，总体来看是成功的。不仅推动了欧洲一体化进程，形成了统一市场，实行统一规则，还降低了生产要素流动成本，市场效率大大提升。而且，形成了统

一的金融市场，降低了金融风险，有力提升了欧洲经济的整体竞争力。但是，在欧元发展过程中，也出现了一系列问题，北欧、南欧之间经济发展不平衡，核心国和非核心国之间产业分工差异很大，再加上各国财政不统一，各自为政。统一的货币政策与分散的财政政策之间存在内在矛盾，影响了整个货币政策的效果。为了解决这一矛盾，近年来欧盟加大了成员国财政政策的协调力度。此外，在外交、贸易和投资政策方面，也加强了成员国之间的统一。总体来看，欧洲一体化是在曲折中不断前行的。

但是，非洲情况与欧盟不同，有其特殊性。在西非经济共同体中，除了尼日利亚，其他国家经济体的体量都比较小，经济发展很不平衡，产业分工、资源禀赋差异非常大。因此在统一货币过程中，一定会遇到更多困难。西非国家统一货币，并非今天突发奇想，实际已有25年历史。之前不断地被延期，这次是否再次延期还有待观察。西非共同体推出统一货币也有其优势，第一，可以借鉴欧元的成功经验和做法。第二，西非经济共同体的若干个国家已有统一货币——西非法郎。这些国家跟法国有千丝万缕的联系，汇率跟欧元挂钩。这些都为统一货币奠定了基础。希望西非经济共同体统一货币ECO能够顺利诞生。因为它的诞生，不仅有利于非洲经济一体化，还有利于全球国际货币体系的多元化，同时对于促进中非之间的贸易、投资和金融合作也是有利的。

中非之间的经济合作有很大潜力。整个非洲大陆有12亿人口，市场规模很大，虽然经济发展不平衡，整体上产业基础比较薄弱，但是潜力很大。应利用西非统一货币诞生的契机，推进中非之间的合作，尤其是金融合作。随着统一货币机制的形成，中国人民银行应主动与其签订互换协议，以实际行动支持ECO的诞生。当然，也应以此契机推进人民币在非洲大陆广泛使用，推进"一带一路"建设和中非经济合作。中资商业银行也应积极配合，率先使用ECO用于贸易投资结算。由央行牵头，商业银行积极参与，在金融市场上推出ECO与人民币直接交易。同时，也应推动上海、香港和非洲新兴金融中心的战略合作。

总之，ECO作为西非共同体推出的统一货币，是一个新生婴儿，对其诞生我们持欢迎态度，将拭目以待。

（根据徐洪才做客《财经观察家》视频节目整理，2019年7月5日，http：//webapp.feheadline.com/article/7769785/5490967）

九、抓住"一带一路"机遇，促进中韩经贸合作

2017年以来，中韩经贸合作开始走出持续萎缩阴影，明显增长。2019年，

中韩经贸合作延续良好发展势头。3月29日,中韩在北京举行FTA第二阶段第四轮谈判,旨在创造更加自由和便利的服务贸易和投资环境。这种良好发展势头能否延续?两国经贸合作中还存在哪些不利影响因素?在当前复杂多变的国际背景下,又该如何进一步推进中韩经贸合作?

(一)中韩经贸合作的历史与现状

1992年中韩两国正式建交。1992年中韩贸易额仅为50亿美元,当时中国为韩国第六大贸易伙伴。2004年中国上升为韩国第一大贸易伙伴,成为韩国最大进口国和出口国。2008年中韩建立"战略合作伙伴关系"。近十年来,中韩贸易占中国对外贸易的比重基本维持在7%左右。目前,中国是韩国第一大贸易伙伴国和第一大出口、进口市场,韩国是中国第三大贸易伙伴国。这得益于中韩经济关系出现的明显改善。

根据韩国海关统计,2018年中韩双边货物进出口额为2686.4亿美元,增长11.9%。其中,韩国对华出口1621.6亿美元,增长14.1%;自中国进口1064.8亿美元,增长8.8%。韩国与中国贸易顺差556.8亿美元。机电产品、化工产品和光学医疗设备是韩国对华出口主要产品,2018年出口额分别为880.4亿美元、223.3亿美元和136.2亿美元,分别增长19.2%、14.1%和-6.3%,合计占韩国对华出口总额的76.5%。

韩国自华进口前三位商品是机电产品、贱金属及制品和化工产品,2018年进口额分别为504.1亿美元、121.7亿美元和114.6亿美元,分别增长10.3%、-6.1%和26.4%,占韩国自华进口总额的47.4%、11.4%和10.8%。在纺织品及原料、家具这类劳动密集型产品上,中国产品继续保持优势。2018年,在全球跨国投资增长为-19%的情况下,中国利用外资逆势增长——全年实际使用外资折合1350亿美元,增长3%。其中,韩国对华直接投资46.7亿美元,增长24.1%,名列对华投资国第四位,排在英国、日本、德国和美国之前。2019年一季度,韩国对华投资增长79.6%。近年来,中国在电气电子、机械装备、精密仪器、医疗器械、金属、金属加工等领域对韩国投资增长迅猛。2018年中国对韩投资27.4亿美元,同比增长238.9%。中国对韩投资额占全体外商的10.2%。

韩国到中国投资经历了从劳动密集型的中小企业投资到大企业引领投资的过程。改革开放初期,中国经济水平和产业结构水平都较低,中韩产业分工以垂直分工为基础。近年来,中韩商品贸易、服务贸易以及整体贸易形态升级,呈现出了一些新的特点:中国正在从制造大国向制造强国转变,中韩优势企业加强了新一代信息技术产业、数控机床和机器人、新材料领域的合作;与此同时,韩国劳动密集型产业甚至大型支柱企业产能开始向东南亚转移。随着中国经济水平的提升和产业结构的转型升级,中韩产业结构趋同,由垂直分工转向水平分工,中韩经贸合作出现了互补性与竞争性共存的格局,中韩贸易结构也趋于平衡。

(二)存在的不利影响因素

目前,中韩经贸关系开始转暖,但还不稳固,仍存在以下不利影响因素。

第一,韩国贸易保护主义突出,尤其在农产品进口方面。中韩商品贸易涉及门类较多,服务贸易领域扩大,利益冲突时有发生,特别在某些敏感部门。中韩出口商品都以制造业产品为主,常因争夺原料、能源市场而产生摩擦。随着两国产业结构趋同,竞争趋于激烈。

第二,中韩存在政治安全上的脆弱性。萨德问题曾经恶化中韩政治关系,造成两国经贸大幅下滑,且对双方民意影响较大。随着中国经济的快速发展和国际地位的提升,韩国滋生了对中国的警惕。韩国存在一定的反外资情绪,尤其怕造船、钢铁、汽车等产业被外资控制。

第三,朝鲜半岛局势不稳,威胁地区稳定。在朝核问题上,中美坚持半岛无核化,而韩国把南北统一摆在优先位置。当前朝核问题出现缓和,美朝都有意愿对话,但朝鲜希望以有核国家身份谈判,因此仍有可能发生局部冲突和战争。

第四,美国是影响中韩合作的重要因素。美韩是盟国,在很多问题上立场一致。美国对中韩关系的影响是双重的:韩国对华政策一般都要看美国眼色,同时美国对华做的事情也会波及韩国。在对待美国特朗普贸易保护政策上,中韩有共同利益,也有不同的政治诉求。

到目前为止,美国特朗普保护主义已经对全球经济和中韩经贸合作带来影响,但也给中韩推进区域自由贸易安排带来回旋余地,中韩可以在推动区域全面经济伙伴关系(RCEP)谈判中发挥积极作用。

(三)抓住"一带一路"机遇,促进中韩经贸合作

一是开展"一带一路"合作,共同开发第三方市场。欢迎韩国参与"一带一路"建设,共同推动"一带一路"倡议同韩国"新南方"和"新北方"政策的对接,积极探索互利共赢、共同发展的合作模式。近年来,中韩企业在国际市场上出现了一些竞争。开拓国际市场,需要竞争,更需要合作。竞争带来

效率提升,而合作做大市场蛋糕。目前,中韩产业仍有互补性,发挥各自比较优势,共同开发第三方市场,将产生"1+1+1>3"的效果。

二是从传统领域合作转向新兴领域合作。结合中韩两国产业发展方向,推动人工智能、大数据、氢能源、生物科技等战略新兴产业合作,从传统制造业合作向高端制造业、制造服务业、现代服务业转变。应重点拓展高端制造及研发领域的合作,对接韩国三星电子、LG显示、现代机器人等企业,以及碳纤维新材料、海工装备等新技术,推动数字经济、节能减排、环境保护、低碳技术、循环经济等领域的合作。

三是开拓中国服务市场。中国服务贸易需求潜力巨大。随着中国个性化、高质量服务需求增长,双方可推动服务业合作,推进政策制度上的相互借鉴,开展具体项目务实合作。中国应学习韩国在医疗健康、养老、零售业和流通业方面的成功经验,促进中韩在跨境电商、物流领域的合作。在医美健康领域,与三星生物医药、柳韩洋行等领军企业开展合作。在商贸流通领域,对接新世界、现代、CJ大韩通运等大企业,促进海陆空铁联运等领域的合作。

四是推动区域经济一体化,维护亚洲金融稳定。统筹亚太地区多边经贸协定安排,考虑不同国家发展阶段实际情况,探索务实的过渡性方案,逐步向高水平经贸规则靠拢。加快推进中日韩 FTA 谈判,推动中日韩 FTA、RCEP 和 CPTPP 的合作。当前,美联储政策充满不确定性,全球金融市场动荡不定,有必要加强中日韩金融合作,共同完善"清迈倡议"下的亚洲金融安全网,防止金融危机卷土重来。

五是加强中韩地方政府在农业、工业、科技创新、城市管理等领域的合作。目前,中韩、中日和日韩之间已有数百对友好城市,但整体合作水平不高,有待由双边扩大到三边合作。如韩国釜山与日本福冈的市长会议机制已经开展了 14 年,建议将中国上海等合适城市纳入进来,定期举办三方市长会议。相比产业园区合作方式,中韩产业合作应上升至城市或省级层面。中国东北三省与韩国的合作意愿强烈,韩国对此也非常重视,建议加强中国东北三省与韩国的经贸合作。

六是加强中韩金融合作。加强首尔和上海两大金融中心的战略合作。加快制定相关政策,扩大本币在双边贸易、投资中使用。欢迎更多韩国金融机构,如大宇证券、三星生命保险、新韩银行等来华设立分支机构,开展金融业务。多年来,韩国对华贸易一直保持较大顺差,这是将首尔建设成为人民币离岸市场的有利条件,应优先发展人民币债券业务,建立人民币回流中国机制,共同防范美元汇率波动风险。

七是加强政策对接,扩大文化交流。发挥政策对接和政府引导作用,营造优良的营商环境。通过留学、旅游、培训等方式,扩大人员交流。发展会展经济,推进在首尔、釜山等地举办会展,欢迎韩国企业来华举办商品博览会。完善中韩智库间"二轨对话"机制,两国共同举办专题研讨会、经济论坛等交流活动,开展共同研究,加强政策沟通,形成更多共识,营造良好的合作氛围。

(徐洪才在"2019 丝绸之路国际合作首尔论坛"上的演讲,首尔,2019 年 6 月 28 日)

十、中国是促进亚太和世界经济稳定发展的积极力量

"2018 美国与中国,东亚的和平与未来"国际研讨会 5 日在韩国首尔新闻中心举行,中国国际经济交流中心副总经济师、著名经济学家徐洪才教授出席会议,就东亚和平及韩中经贸合作前景发表了主题演讲,并在会议结束后接受本报记者专访,针对当前中美贸易争端出现的转机进行解读。

徐洪才指出,萨德问题、朝核问题及美国均是影响中韩经贸合作的不确定因素。对于未来中韩经贸合作发展方向,徐洪才给出七点建议。第一,将中韩经贸合作从传统领域转向新兴领域。第二,韩国可以积极打入中国服务业市场。当前中国正推动经济结构转型升级,预计到 2020 年中国服务进出口总额将达到 1 万亿美元。第三,提升区域经济一体化水平,加快中日韩自贸区谈判进程,推动早日达成"区域全面经济伙伴关系协定"(RCEP)。第四,韩国可以利用中国"一带一路"等平台,共同开发第三方市场。第五,加强两国地方政府合作。第六,加强两国经济金融合作,尤其是密切两国金融中心首尔和上海之间的联系。第七,加强民间交流,给予两国智库更多的权利和自由。

对于 G20 峰会上中美就贸易争端达成的共识,徐洪才进行了分析和解读。他首先介绍道,在 G20 峰会期间,中国国家主席习近平和美国总统特朗普进行了良好的沟通,双方达成共识,认同中美关系的重要性。美国同意暂时不再增加对中国商品增税,不会在明年 1 月 1 日把关税提高至 25%,现正被征关税的产品会继续维持 10% 的税率,双方将进行三个月的谈判。徐洪才认为这反映出加征关税有违双方意愿和利益,会导致两败俱伤,双方领导人有强烈的意愿改善现状,中美贸易争端出现转机。

徐洪才认为,中国首先可以先扩大对美国农产品和能源的进口,让特朗普感受到中国的变化。下一步可以探讨开放问题。通过扩大开放、深化改革,促

进中国经济的可持续发展，这是中国的既定方针。若两国关系继续改善，中国会继续秉持这一原则，对美国扩大开放。此外，中美双方还可以继续探讨关税下调、知识产权保护、国有经济过度保护等问题，通过协商将分歧各个击破。近来美方已经看到中国的努力，中美关系有所好转，可谓柳暗花明又一村。只要双方平等合作，互利共赢，不搞零和游戏，做好加法，一加一大于二，中美会在深化合作中共同受益。

徐洪才强调，中国是促进亚太地区和世界经济稳定和平发展的积极力量。数据显示，中国对世界经济增长的贡献率在30%以上，这一比率甚至高于美国。而中美关系的稳定则有利于世界经济稳步发展，尤其是金融和股票市场受中美贸易争端影响较大，目前中美两国达成越来越多的共识，这让大家看到了希望。中国人口多，市场空间大，未来中国经济发展具有可持续性，有韧劲。即便在美联储加息、中美贸易摩擦不断的情况下，中国吸引外资依然保持稳定，并且未有大量外国资本流出。关于东亚地区的稳定与和平，徐洪才表示，亚太地区是全球最有活力的地区，战略重要性日益增加。中国坚决支持朝鲜无核化，未来东北亚地区的发展还需要各方共同努力，抛弃偏见和以自我为中心的利己主义，发挥各自优势，共同营造和平稳定的国际环境，这有利于大家共同繁荣发展。

今年是中国改革开放四十周年，对此徐洪才表示，未来中国将坚定不移地朝市场化、法制化方向迈进，打造良好的营商环境，让国有企业、民营企业、外商企业都能公平竞争。中国坚定不移地坚持改革开放，愿意通过扩大开放，将发展的红利和世界共享，如举办进口博览会、提倡"一带一路"等。徐洪才介绍道，"一带一路"是开放性的国际合作平台，近来日本和欧洲都有意和中国共同合作，开发第三方市场。中国作为大国，勇于担当、敢于负责，愿意本着共商共建共享三个基本原则，平等合作，促进互利共赢。

（曹慧，《亚洲日报》，2018 年 12 月 10 日）

十一、贡献中国智慧，推动全球治理变革

"以前我们要学好英语，掌握这门国际语言，是为了了解世界；现在学好英语，是为了向世界介绍中国。"中国国际经济交流中心副总经济师、研究员徐洪才在接受《中国经济时报》采访时说道，"最近这些年，在中国召开的各种高端国际会议非常多，中国迎来八方来客，他们都来倾听中国的声音，想借鉴中

国过去40年快速发展的经验。"

这种现象在2010年后更为常见,徐洪才回忆,世界各国官商学三界精英都来中国开会,想了解中国,特别是对中国改革开放40年快速发展的奇迹感兴趣。

中国逐渐成为世界关注的焦点,反映了中国在全球治理体系当中的话语权和影响力的提升。"得益于我国改革开放的国策。"徐洪才认为,改革开放就是我们与世界的互动,由封闭型经济走向开放型经济,中国不断融入世界中。

(一)从旁观到参与

改革开放40年,中国发生了翻天覆地的变化,不仅在经济领域一跃成为全球第二大经济体,在参与全球治理和提高国际影响力方面也取得了巨大进步。这一切开始于中国2001年加入世界贸易组织(WTO)。

"进入21世纪以来,我国积极拥抱全球化,积极融入全球经济一体化当中。2001年加入世界贸易组织是我国参与全球治理的开端。"徐洪才表示,首先要加入进来,借此机会参与全球分工,充分发挥中国劳动力低成本的比较优势,并为国际社会做出贡献。

对于处于成长期的中国来说,WTO为中国经济提供了和平发展的平台和保障机制,使我国对外贸易迅速发展,并带动整个经济体量的不断扩张。中国也在加入WTO之后逐步走近世界舞台中心,成为全球治理的重要建设者和贡献者。

将时间退回到2008年,国际金融危机爆发,凸显出全球治理问题。此时,中国作为负责任的发展中国家,开始越来越频繁地加入国际合作平台,积极向国际社会提出中国方案和做出中国贡献。特别是作为二十国集团(G20)的创始成员,中国在应对金融危机方面发挥了重要作用。

徐洪才认为,2008年国际金融危机以后,G20由最初的财长和央行行长会议机制升格为领导人峰会。在共同应对金融危机的过程中,我国积极参与G20活动,为世界经济摆脱危机的影响做出了重大贡献。特别是在2009年、2010年做出4万亿元投资计划来刺激经济,对世界经济增长的贡献率超过了50%以上。"没有中国这个'定海神针、压舱石',世界经济无法很快摆脱金融危机的影响。"他说道。

在2008年国际金融危机之后,中国认识到了全球治理的重要性和紧迫性。但现行全球治理规则多由发达国家掌握话语权,国际体系等级化明显,发展中国家的代表性和发言权严重不足。虽然我国综合实力不断增强大大提高了我国的国际话语权,但由于霸权主义的存在,我国的话语权在国际竞争中依然十分有限。

2013年,国家主席习近平提出"一带一路"国际合作重要倡议,以适应新型全球化发展的现实需要,同时提出以"共商共建共享"的全球治理观,对全球治理体系和能力现代化进行探索与实践。五年过去了,"一带一路"国际合作不断推进,使我国不仅在众多领域提升了话语权、国际影响力,还为国际社会提供了一个开放性的合作平台。

习近平总书记在2016年的新年贺词中指出,"世界那么大,问题那么多,国际社会期待听到中国声音、看到中国方案,中国不能缺席。"经过多年参与全球治理实践,中国对全球治理规则的认识形成了自己的理论,提出一系列具有鲜明中国特色的全球治理观,诸如和平发展道路、合作共赢理念、新型大国关系、正确义利观、发展观、合作观、安全观、全球化观等,创新和丰富了全球治理理念。

徐洪才认为,中国政府在2016年全面阐述了全球治理体系改革,提出要推动人类命运共同体,促进全球治理更加开放、包容、公平。而且在2016年,我国在杭州成功举办了G20峰会,中国促成了G20成员国把落实联合国"2030年可持续发展议程"作为重要历史使命,也促成了G20从过去短期的应急危机的机制转向了促进世界经济可持续发展的长效机制。此次峰会是G20发展的转折点,也直接证明了我国推动全球治理的能力。

此后,参与全球治理成为我国对外交流的重要组成部分。2017年1月17日,国家主席习近平出席世界经济论坛2017年年会开幕式,并发表题为《共担时代责任共促全球发展》的主旨演讲,为世界经济把脉开方,展示出中国在全球化发展中的责任和担当。

参与并推动全球治理体系变革,是实现我国经济可持续发展的必然要求,也是国际社会对中国的热切期待。在全球治理体系变革这样关乎人类前途命运的重大问题上,中国以实际行动证明,中国将继续做全球治理体系变革进程的参与者、推动者,推动国际秩序朝着更加公正合理的方向发展。

(二)团结各方共同推进

世界经济发展最近几年出现了周期性的复苏,但是复苏的势头正在减弱。而且单边主义、贸易保护主义的抬头,使世界经济和全球治理的发展进程处于十字路口,虽然我国还在一如既往地推动,但单兵作战的战斗力比较薄弱,还需要各个国家、经济体共同面对。

因此，中国未来还应坚定团结发展中国家，努力推动以联合国为核心的多层次的全球治理体系的不断完善和改革。以联合国五大常任理事国之一的身份，在多边合作框架下做出积极贡献，与各国共同发挥积极作用。

徐洪才表示，目前的当务之急是要积极推动 WTO 改革。WTO 体系正面临变革，争端解决机制陷于瘫痪。我国有责任维护多边贸易体系的权威性，发挥其在全球经济治理中的主要作用。目前关于 WTO 改革发出的声音不少，商务部提出"三大原则、五点建议"，始终坚持维护 WTO 的权威性，继续积极推进贸易投资便利化、自由化，促进规则的公平性。

从中国自身来说，还要坚定不移地推进改革开放。徐洪才认为，习近平主席在博鳌亚洲论坛主旨演讲时提出在四个方面扩大开放的政策举措，且言而有信，都在一一推进和落实。比如举办进口博览会，扩大制造业和服务业开放，扩大市场准入，修改外商投资企业负面清单等。

"总而言之，中国过去 40 年的改革开放实际是逐步融入经济全球化的动态过程。在这个过程中，我国一面学习国际规则，从中受益；一面促进世界经济发展，促进全球治理体系不断完善和改革。"徐洪才表示，我国作为常任理事国，在维护联合国在全球治理体系中的核心地位方面尽了最大努力，可以说是勇于担当。未来将一如既往，按照习近平主席提出的促进开放型世界经济方向发展，打造人类命运共同体。

"明年是改革开放再出发元年，我们有相对稳定的货币政策和财政政策，对未来中国与世界的良性互动，我寄予很大期待。"徐洪才说道。

（王丽娟，《中国经济时报》，2018 年 12 月 13 日）

十二、中国是世界和平稳定、合作发展之锚

多维：习近平主席曾经三度出席博鳌亚洲论坛，并在论坛上发表演讲，他的讲话中有几个关键词是被提到最多的，比如发展、开放合作、和平安全、命运共同体。这些年在中国以及亚洲范围内，这几点得到怎样的体现与实践？

徐洪才：从过去几年博鳌亚洲论坛的主题来看，符合时代发展潮流，是要解决当时亚太地区所面临的合作和发展的障碍和困难，以问题为导向，主要弘扬正能量。中国作为大国，有责任和担当，首先要促进自身可持续发展，同时推动亚太地区可持续发展。所以，习近平主席一直讲，中国通过改革开放，推动建立一个开放型中国经济，同时致力于推动开放型亚洲经济和开放型世界经

济。这对大家都有好处，也是大家的共同利益、关切和呼声。

中国是亚太地区和平稳定、合作发展之锚，稳定之锚。中国不光自己发展，还要带动周边地区发展，推动世界经济发展。每次都围绕当时的时代主题、国际形势、共同挑战展开，发出中国声音，提出中国主张。

多维：围绕现在的形势，您觉得习近平主席会提出哪些新的东西呢？

徐洪才：我觉得从今年的主题来看，首先是世界经济发展需要大家合作，尤其是创新方面的合作。世界经济现在虽然出现周期性复苏，但还不强劲，动力不足。今年世界经济增长率可能会达到3.9%，去年是3.6%，但仍然没有恢复到金融危机前的平均水平，说明动力还不足。现在贸易保护主义甚嚣尘上，愈演愈烈，所以中国有责任进一步呼吁大家扩大开放，深化合作，反对各种形式的保护主义、单边主义，推动新一轮全球化。

世界经济发展需要大家合作，亚太地区也一样。亚太地区的各种合作机制是碎片化的，存在诸多不稳定因素。经贸合作方面仍是基础，亚太地区是世界上最有潜力、最有活力的地区。近期来看，东北亚地区出现回暖、向好迹象，中日、中韩关系得到改善，朝核问题也有向好迹象，来之不易。所以中国要抓住机会窗口，推动亚太地区和平稳定、合作发展。

特别是亚太自贸区（FTAAP）建设任重道远，这是远期目标。近期来看，要加快区域经济合作伙伴关系（RCEP）谈判进程。在"一带一路"框架下，推动亚太地区的合作是全球化的概念，也是包容、开放、合作的概念。"一带一路"秉持"共商共建共享"三大原则，符合时代发展主流。"一带一路"沿线国家底子比较薄，农村城镇化、工业化任务还没有完成，这也是未来世界经济发展最有潜力的地区，加强在这个地区的合作，对于推动开放型世界经济可持续发展有重要积极意义。联合国提出2030年可持续发展议程（SDG），这是大家的共同任务，G20在积极推动这件事情，亚洲地区的合作需要倡导"丝路精神"，打造人类命运共同体，这些都是习近平主席一贯倡导的。对于全球治理的框架、格局，中国一直是积极的推动者、贡献者，所以他可能也会讲这些。

怎么合作呢？就是通过创新，为发展注入新的动力；通过结构性改革，释放改革红利。改革和创新是推动合作、发展的重要手段。各国要根据自己的实际情况，推动结构性改革。中国不遗余力地围绕供给侧结构性改革主线展开各项工作，提高供给侧的效率，优化供给的结构，最终要满足人民对美好生活日益增长的需要。中国在搞结构性改革，同时也倡导各国搞结构性改革，大家展开改革合作。G20在推动这件事，其他国际组织也在推动。博鳌亚洲论坛也一样，致力于推动改革、推动创新。

而新一轮技术革命现在还处于黎明前的黑暗,在很多领域,比如能源、新材料、生物工程、环境保护方面,都需要大家共同攻关才能获得成就。首先要谋求推动技术的革命,然后通过技术革命带动产业革命。现在全球分工体系正在重组,过去已经形成的产业分工体系不完全合理,现正在重组、优化。技术革命推动产业变革,最终推动生产、经营活动效率的提升,推动经济发展,最终要让老百姓分享发展成果,所以还要倡导发展的可持续性、发展的包容性。

要解决两极分化的问题,目前收入、财富分配严重不公。两极分化是老问题,现在不仅没有解决,还在加剧,有加重的趋势。发展的可持续体现经济发展与资源环境之间的关系,要妥善处理好。中国五大发展理念里有一条就是"绿色发展",所以经济效益、社会效益、生态效益要有机统一、协调起来。片面发展经济破坏生态环境,片面发展经济损害公平,都不可取。

所以习近平主席肯定会在这些方面发声,尤其是目前中美贸易摩擦面临严峻的挑战,其现实意义就更大。中国一直是负责任的发展中大国,会做出表率,不会以自己利益优先、不顾大家利益、破坏国际规则。所以,习近平主席的演讲还会围绕会议主题,特别是围绕当前国际社会面临的共同挑战来展开。他的演讲每次都是务实、接地气、以问题为导向的,反映大家的共同呼声,维护人类社会的共同利益。

多维:今年达沃斯经济论坛上,代表中国出席的中共中央政治局委员刘鹤透露,中国准备在纪念改革开放40周年的时候推出新的改革开放措施。对于具体措施,刘鹤称"中国政府正在研究,可能有些措施超出国际社会的预期"。王毅在4月3日的吹风会提出,习近平主席将在博鳌亚洲论坛上就中国如何扩大推动对外开放、深化改革再出发提出一系列新的重要举措。那么这次中国预计将推出哪些改革措施?

徐洪才:第一,今年是海南建省30周年,未来海南岛的建设也在十字路口,很可能会提出把海南岛建成自由贸易岛或者自由贸易港的战略规划。过去中国打造开放型经济新体制,搞了很多自由贸易区,十九大报告里提到要探索自由贸易港建设,把整个海南建设成自由贸易港。未来朝这个战略目标走,是更高水平、更大力度的开放,以彰显中国进一步改革开放的决心。

第二,扩大服务业对外开放,这是中国的既定方针。肯定会总结中国加入世贸组织(WTO)17年来的成果,中国超额完成当时加入世贸组织的承诺,言而有信,答应过的事情都完成了。未来中国还要进一步降低关税,扩大开放,尤其是服务业开放。

第三,肯定要提"一带一路",因为"一带一路"是中国为了促进全球合作提出的方案，利用"一带一路"合作平台推动开放，不仅"一带一路"相关国家之间会合作，全球参与"一带一路"建设的所有国家之间都可以展开平等合作。

第四，深化改革，扩大开放，特别是对内开放。在两会前，三中全会上提到党和国家的机构改革。中国通过内部更大规模的改革来促进开放，来适应新的开放形势。核心问题是理顺政府和市场的关系，让市场在资源配置中发挥决定性作用。今年恰逢改革开放40周年，总结过去的经验，中国还存在体制、机制上的诸多障碍，通过改革来破除这些障碍，促进经济社会发展，促进对外开放，促进国际合作。改革、开放、发展之间形成良性互动。最后，他还要提振大家对发展的信心。首先，对中国未来发展有信心，中国会朝着既定方针坚定不移地发展下去。其次，中国还要号召世界各国合作，与保护主义、单边主义、民粹主义、孤立主义做坚决的斗争。

多维：近年来贸易保护主义崛起，中美之间的贸易摩擦也在不断升级，4月3日，美国宣布要对中国1300多项产品征收关税。而在美国行动前，它在亚洲的盟友印度和日本也已经分别宣布对中国智能手机零部件和钢铁征收关税。中国应该如何应对现在这一局势？这次博鳌论坛所释放的开放信号，是否会对中美进一步贸易谈判起到一定作用？

徐洪才：首先，对于美国及其盟友的挑衅，中国要做坚决回应，做对等反制，这是毫不含糊的，要维护国家的核心利益。美国一提出来征收关税清单，中国立刻做出快速反应是维护国家尊严和核心利益的必要行动。

但是，谈判的大门永远是敞开的，中国还是希望能够回到谈判轨道上来。对抗没有出路，一定会两败俱伤。如果美国一直坚持下去，那么中国将奉陪到底；美国如果改变态度，那么中国也欢迎它回到谈判轨道上来，目前双方只是摆出一个开打架势，但贸易战还没有打起来，只不过双方都在提出要价；如果要价不合理、不平等，也是不能接受的。

多维：这次博鳌论坛的举办时间是4月8日到11日，而在4月5日到11日中国在南海举行大规模军事演习，两个事件在时间与地点上高度重合，这一安排有何用意？习近平主席会不会登上辽宁舰检阅军队？对外将释放怎样的信号？

徐洪才：这个情况我没有做深入研究，具体细节不清楚。但我觉得中国在自己的海域搞军事演习是正常现象。中国作为负责任的大国，维护地区和平稳定，是分内之责。习近平主席是否会登上辽宁舰检阅，我觉得他想登就登，是天经地义、无可非议的。国家领导人登上自己国家的航空母舰，检阅慰问官兵，太正常不过，没有什么可以过多解读的。

南海地区的稳定，包括东海、黄海、海峡两岸，尤其近期美国针对两岸关系出台了所谓的"台湾旅行法"，还有一系列行动，显然是对中国的很大挑战，是制造地区不稳定的做法。维护国家主权的独立完整是中国的核心利益，是底线，任何国家、任何人不能挑战这个底线。两个事件是时间上的巧合。

多维：因为这次军演的同时，美国把罗斯福号航母从中东调到亚太地区，这样等于整个亚太地区会有美国的三个航母战斗群，是不是这次军演就有更多的用意是针对美国的？

徐洪才：这种可能性是有的。美国即使有三个航母战斗群，但也不能有不正常的行为。这反映了由美国挑起的中美贸易摩擦，背后隐藏着特朗普政府对中国崛起的担心，另外他所主张的"美国优先"的执政理念，破坏了自由贸易的国际规则，在国际社会树立了不好的榜样。他不愿意对话，对美国不会有好处，当然也会损害中国的利益，对全世界都没有好处。中国希望能够通过对话解决问题，但谁要对抗，中国也不怕。任何国家、任何人如果有挑战中国国家领土主权完整、挑战中国底线的行为，中国都会予以坚决反击。

（在博鳌亚洲论坛召开前夕，徐洪才接受《多维新闻》采访，2018年4月9日）

十三、为推动构建人类命运共同体做出应有贡献

"构建人类命运共同体"是新时代中国特色社会主义思想的重要组成部分，同时也是新时代坚持和发展中国特色社会主义的基本方略之一。

在世界多极化、经济全球化、社会信息化、文化多样化深入发展的今天，"构建人类命运共同体"对于全球以及我国的发展具有怎样的意义？作为负责任的大国，我国又将在此过程中如何发挥作用？对此，《中国经济时报》专访了中国国际经济交流中心副总经济师徐洪才。

（一）各国应同舟共济共促发展

中国经济时报："推动构建人类命运共同体"的提出基于怎样的背景？

徐洪才：和平与发展是当今时代的主题。随着经济全球化的不断加深，世界各国日益相互依存、荣辱与共，更加成为你中有我、我中有你的命运共同体，在面对逐渐凸显的全球性重大问题时，各国更需要同舟共济，共同维护和促进世界的和平与发展。

当前，全球经济复苏乏力，内生增长动力不足，"逆全球化"思潮和贸易保护主义等也为全球经济发展前景带来了不利影响，这些都是世界各国所共同面临的难题。在今年5月举行的"一带一路"国际合作高峰论坛上，习近平总书记对全球经济格局的内在矛盾进行了深刻分析，并指出："和平赤字、发展赤字、治理赤字，是摆在全人类面前的严峻挑战。"其中，发展是解决所有问题的基础和关键。在此背景下，中国提出了推动建设人类命运共同体的目标与"一带一路"倡议，旨在为全球提供开放性、包容性的国际合作平台，推动新一轮的经济全球化，加快建设开放型的世界经济。

同时，新兴市场国家和广大发展中国家的快速崛起也对重新构建全球治理理念和模式提出了新的要求。过去经济全球化存在的最大弊端就是包容性不足，而这也导致了各国在全球化进程中受益不平衡。一直以来，西方国家推行的普世价值观和经济政治发展模式并不能"放之四海而皆准"，难以适应新的国际格局和时代潮流。为此，我国着力推动人类命运共同体建设，提出构建更加公正合理的国际体系和秩序，引导经济全球化朝着更加开放、包容、普惠、平衡、共赢的方向发展。

中国经济时报："人类命运共同体"具有哪些方面的深刻内涵？

徐洪才：党的十九大报告指出，"建设持久和平、普遍安全、共同繁荣、开放包容、清洁美丽的世界"。这意味着，要从政治、安全、文化、经济、生态等五个方面来对"人类命运共同体"进行标识。特别是在经济领域，要促进贸易和投资自由化便利化，加强全球经济治理，推动建设开放型世界经济。

同时，"人类命运共同体"也是利益共同体、命运共同体和责任共同体的统一，中国作为负责任的大国，也将勇于承担与我们自身能力相适应的国际责任，为推动人类社会的发展做出应有贡献。

（二）与世界共享发展机遇

中国经济时报：具体来看，在推动构建"人类命运共同体"的过程中，中国应该发挥哪些方面的作用？

徐洪才：在多边合作层面，我们要推动完善以《联合国宪章》的宗旨和原则为核心的全球治理体系，并在G20、WTO等多边合作框架下积极作为，为全球经济发展注入正能量。

在区域合作层面，我们要积极推动"一带一路"倡议，进一步深化全方位对外开放格局，把"一带一路"与构建人类命运共同体更加紧密结合起来。同时，要深入推进区域经济一体化进程，全面系统推进并最终实现亚太自贸区，共同构建和平、稳定、活力、联动和繁荣的亚太命运共同体。

在双边合作层面，我们要积极努力构建新型国际关系，推动与各国在经贸合作、人文交流、战略安全等方面的沟通合作。特别是在经贸领域，要以更加开放的姿态推进与各国的合作，促进国际贸易和投资自由化、便利化，实现互利共赢。

此外，过去五年，我国在扩大开放、深化改革方面也取得了长足进展，实行了准入前国民待遇加负面清单的管理模式，开放型经济新体制正逐步健全，这些都为未来更高水平的开放与合作奠定了基础。

中国经济时报："人类命运共同体"的形成将对我国产生怎样的影响？

徐洪才：一方面，中国的发展离不开世界。中国改革开放以来所取得的巨大成就离不开世界的支持，而未来和平稳定的外部环境也将是我国进一步发展的重要保障。另一方面，世界的发展也离不开中国。中国有责任也有能力同各国分享发展机遇，我们要继续坚持建设开放型经济，谋求创新增长，加强互联互通，增强经济发展的包容性，让世界各国民众共享发展成果。

（三）为全球治理贡献中国智慧

中国经济时报：您认为，未来中国还应在哪些方面作出努力，提升参与全球经济治理的能力？

徐洪才：一是要进一步深度参与全球经济体系治理和改革，秉持共商、共建、共享的全球治理观，推动完善以联合国为核心的全球治理体系，稳步推进多边、区域、双边的务实合作，不断为完善全球治理贡献中国智慧和力量。

二是要持续推进"一带一路"建设，把"一带一路"与构建人类命运共同体、落实《2030年可持续发展议程》紧密结合起来，弘扬和平合作、开放包容、互学互鉴、互利共赢的丝路精神，加强与沿线国家的政策沟通、设施联通、贸易畅通、资金融通、民心相通，打造国际合作新平台。

三是要着力增强文化交流等软实力建设。党的十八大以来，党和国家事业发生了一系列历史性变革，中国特色社会主义进入了新时代，拓展了发展中国家走向现代化的途径，给世界上许多既希望加快发展又希望保持自身独立性的国家和民族提供了全新选择。未来要充分发挥智库作用，不断推动各国治国理政经验交流，为全球治理贡献中国智慧、分享中国经验、提出中国方案。

（曹方超，《中国经济时报》，2017年11月24日）

十四、金砖合作机制可考虑适当扩容

自 2009 年中、俄、印、巴四国领导人在俄罗斯叶卡捷琳堡首次举行正式会晤以来,金砖国家峰会已经举行了八次。今年 9 月 3 日至 5 日,金砖五国领导人将齐聚厦门,为金砖机制下一个"黄金十年"的合作指明方向,设立目标,制订计划。

在全球局势错综复杂,地缘政治冲突频发,以及贸易投资保护主义、逆全球化趋势抬头的背景下,金砖机制亟待解决哪些问题?未来将如何发展?徐洪才围绕金砖机制如何开启下一个十年、合力解决全球"三大赤字"以及"金砖+"等三个方面进行解读。

(一)金砖机制下一个十年将面临什么

自 2009 年中、俄、印、巴四国在俄罗斯叶卡捷琳堡首次举行正式会晤以来,金砖机制取得丰硕成果,被称为"黄金十年"。十来年,金砖国家的经济总量占全球经济的比重已从 12% 上升到 23%,贸易总额比重从 11% 上升到 16%,对外投资比重从 7% 上升到 12%,对世界经济增长的贡献率超过 50%。

金砖国家在合作机制上建立了金砖国家新开发银行、金砖国家应急储备安排、金砖国家工商理事会和金砖国家智库理事会等。在经贸合作上,2016 年五国间贸易总额近 3000 亿美元。今年前 7 个月,中国对其他金砖国家进出口 1.15 万亿元,比去年同期增长了 32.9%,高于同期中国外贸整体增速 14.4 个百分点。

(二)结束一个"黄金十年"后,下一个"十年"又将如何开启

在今年 5 月中旬召开的"一带一路"国际合作高峰论坛上,国家主席习近平指出,当前国际社会面临"和平、发展和治理"等"三大赤字"。在一定意义上,"一带一路"国际合作旨在解决全球"三大赤字",金砖国家也应该围绕解决全球"三大赤字"推进务实合作。

不同于上个十年,金砖成员国都处于快速发展时期,当下金砖机制面临新的形势和挑战。从内部来看,中国正面临结构性转型和供给侧结构性改革等问题,俄罗斯、巴西、南非的资源出口面临供大于求等问题,印度经济面临两极分化等问题;从外部来看,贸易投资保护主义和逆全球化的趋势有所抬头,世

界各国自 2008 年国际金融危机以来出现了越来越明显的经济复苏态势，但是，全球系统重要性国家的宏观经济政策变化产生的负面溢出效应给新兴经济体和发展中国家带来诸多新的挑战和潜在风险。

2008 年国际金融危机之后，金砖国家整体承受住了全球经济放缓的压力。但与中国和印度的发展态势相比，巴西、俄罗斯、南非的经济表现仍较为逊色，因此国际社会出现了所谓"金砖褪色论"。

"现在站在新一轮经济复苏周期的起点上，有机遇也有挑战。比如，2016 年全球大宗商品价格强劲反弹，使得巴西和俄罗斯等资源出口依赖型的经济体受益匪浅。另外，贸易投资保护主义盛行，各种逆全球化甚至反全球化的思潮甚嚣尘上，各种地缘政治冲突此起彼伏，都为金砖机制的发展带来新的挑战。"徐洪才说，"在这种背景下，金砖国家更加迫切需要携手合作，共同应对全球'三大赤字'，及时创新合作机制，今年举办的首次金砖国家外长会就是一个突破。"

（三）合力解决全球"三大赤字"

徐洪才认为，首先要解决和平赤字，推进政治安全合作。中国提出的"一带一路"倡议是推动新一轮经济全球化的"中国方案"，建立在"共商共建共享"理念基础之上，旨在打造全球利益共同体、命运共同体和责任共同体。而且，促进文明互鉴、尊重道路选择、坚持合作共赢、倡导对话和平的"丝路精神"，与开放、包容、合作、共赢的"金砖精神"相一致。"期待金砖国家做出表率，创造一个和平发展的国际环境。我们都是发展中国家，谈判、对话才是解决分歧的根本途径。"

其次，要解决发展赤字，推动世界经济可持续发展。当前，世界经济已经进入复苏轨道。市场预期 2017 年年底美联储缩表是板上钉钉，今年可能再加息一次，欧洲央行将在 2018 年开始削减 QE。"这会使全球资本流动面临挑战和不确定性。过去的经验表明，每一次美联储进入加息周期，资本回流发达经济体，新兴经济体都会受到负面影响，也曾出现过金融危机。在目前全球经济及其政策出现严重分化的背景下，金砖机制迫切需要加强政策沟通和协调。"徐洪才说。

在今年 8 月举办的金砖国家经贸部长会议通过了《金砖国家投资便利化合作纲要》，此举措被看作是"真金白银"。"投资是推动新一轮经济全球化和经济可持续发展的重要引擎。促进五个国家间的贸易投资便利化是基础，尽可能消除各种不必要的关税壁垒和非关税壁垒，建立起五个国家海关信息共享的网络,打通运作,创造条件建立金砖国家 FTA。"徐洪才对凤凰财经表示。

在具体产业合作方面,徐洪才认为基础设施产业、制造业、高科技产业、服务业等很多领域的合作都可以加强。发展中国家最缺少的就是基础设施投资,以及能源、资源的有效利用,通过合作可以做到优势互补。他举了不少合作例子,"比如在巴西的水电、新能源行业,俄罗斯的石油、天然气、矿产资源、基础设施领域,南非的能源和金融等领域,都和中国开展了良好的合作。"

中国和印度的合作也在积极推进。比如,在产能合作方面,三一重工目前在印度设立了首家海外工厂,成为全球混凝土机械装备和建筑机械装备的领头羊。在新兴产业方面,近两年,包括 BAT 在内的中国互联网企业纷纷在印度建立桥头堡。专注于科技产业的国内投资机构,更是不约而同地将重金"押注"印度。

"中国和印度还有很大的合作空间,尤其是基建领域。"徐洪才说。印度作为人口大国,与其他新兴经济体相比,基础设施比较薄弱,比如印度首都新德里到周边城市阿格拉近 200 公里,相当于北京到天津的距离,开车要多花好几倍的时间。中国在基建方面有着丰富的投资经验和技术优势,目前中国高速公路的增长速度与美国 20 世纪 50 年代相差无几。

2016 年,金砖国家新开发银行在所有成员国中批准了 7 个项目,共 15 亿美元的贷款,为新兴国家基建"保驾护航"。"金砖国家新开发银行还要逐步拓展,首先要和当地政府合作,还要和当地政策性银行、商业性金融机构、资本市场,尤其是工商企业展开合作,政府起引导作用,把更多私人资本的积极性调动起来。"徐洪才说。

同时,徐洪才建议扩大金融合作,包括扩大本币互换规模,五国应扩大主权货币的直接交易范围。目前,新开发银行使用的货币还是美元,这不仅增加了汇兑成本,也增加了汇率风险。因此,他强调金砖国家金融市场的合作,比如中国的上海可以和巴西的圣保罗、印度的孟买、南非的约翰内斯堡、俄罗斯的莫斯科等金融中心形成联动机制。可借鉴上海和伦敦、上海和香港的合作经验,比如发行本币债券等。从金融市场、金融机构、金融业务、金融监管等四个层面深化金融合作。

与此同时,也要注意防控金融风险。在经历 1997 年亚洲金融危机和 2008 年国际金融危机的巨大冲击后,新兴市场和发展中国家越来越重视金融风险防控问题。2013 年,金砖峰会决定设立金砖国家应急储备安排,2014 年峰会签署条约。徐洪才认为,这个储备库还要扩大规模,进一步做实,提升应急处置能力。另外,在反洗钱、金融犯罪、金融监管规则等监管层面也要加强合作、相互借鉴、分享经验。比如南非的证券交易所、印度孟买资本市场交易所的监管水平、上市公司治理等都是有口皆碑的，值得其他成员国学习和借鉴。

徐洪才强调，金砖机制要解决全球治理赤字，推进全球治理机制的改革和完善。金砖国家要加强合作，协调立场，代表新兴经济体和发展中国家的利益，在联合国、G20等国际平台上共同发出声音，并提供全球治理的公共产品。2016年G20杭州峰会上，把推动国际社会落实联合国"2030可持续发展议程"作为G20成员国的重要使命，金砖国家也要率先垂范，通过政策协调、深化改革和加强合作，为世界经济实现强劲、平衡、可持续和包容性增长做出应有的贡献。

（四）建立"金砖+"合作机制

今年5月，首届"一带一路"国际高峰论坛成功举办，形成了76大项、270多项有代表性的成果，同中国签署"一带一路"相关协议的国家及国际组织总数达到68个。

同时，未来三年，中国将向参与"一带一路"建设的发展中国家和国际组织提供600亿元的援助，向南南合作援助基金增资10亿美元，向有关国际组织提供10亿美元。此次在厦门召开的金砖峰会被认为是"一带一路"的延伸，为"丝路"倡议铺上"金砖"。厦门作为海上丝绸之路重要的节点城市受到了极大关注。

"'一带一路'是一个开放性、包容性的国际合作平台，共商共建共享三大原则其实和金砖精神'开放、包容、合作、共赢'相通，具有内在一致性，金砖国家的合作与'一带一路'倡议相结合是大势所趋，可实现更广泛、更包容、更多样性的合作。金砖成员俄罗斯和印度目前都在推进'一带一路'框架下的战略对接，实现互利共赢、共谋发展。"徐洪才说。

徐洪才认为，应该与时俱进，及时创新机制，思考在"一带一路"框架下如何进一步发挥金砖作用。现在越来越多的发达国家，如英国、法国、德国，都明确表示愿意和中国合作共同开发第三方市场，美国总统特朗普还派专员参加"一带一路"峰会。金砖机制不只是五个国家的事情，还可考虑吸收其他国家加入，以扩大金砖机制的国际影响力，这就是所谓"金砖+"。

自2013年开始，历届金砖国家领导人的会晤都由东道国邀请一些非金砖国家进行对话交流。今年8月30日，中国外交部长王毅在外交部举行的金砖国家领导人第九次会晤和新兴市场国家与发展中国家对话会中外媒体吹风会上表示，金砖国家不是封闭的俱乐部，金砖合作的影响也远远超出五国范畴。金砖机制不仅成为新兴市场和发展中国家加强团结合作、维护共同利益的重要平台，也在对国际和平与发展事业发挥着日益重要的作用。今年，中方总结以往的成功做法，提出"金砖+"模式。这一模式一经提出，就受到了很多新兴市场和发展中国家的欢迎。

王毅强调，"金砖+"的理念是开放包容、合作共赢，这与金砖精神高度一致。"金砖+"的宗旨是加强金砖国家同其他新兴市场和发展中国家的对话合作，推动建立更为广泛的伙伴关系，促进更大范围的共同发展和繁荣。

（张园，凤凰网财经频道，2017年9月1日）

十五、促进中法共同开发第三方市场的合作

（一）建议将马作为中法非三方合作的优先国家

近日，中国国际经济交流中心副理事长赵进军、副总经济师徐洪才等一行4人赴马达加斯加（简称"马"）调研。期间，与我驻马大使馆、马公共工程部部长、国家行政学院、总统特别顾问、水利部秘书长、中资企业、塔那那利佛大学和法国驻马大使馆等，就中法合作共同开发非洲市场的相关问题进行了座谈。

1. 中法在马开展非洲市场第三方合作前景广阔

首先，马具有重要的地缘战略价值，经济发展潜力巨大。马位于非洲东南部，扼守莫桑比克海峡，是南大西洋、西南部非洲到波斯湾的咽喉要道，与好望角同样成为联通大西洋与印度洋的战略要地，也是亚太地区、印度洋沿岸各国、西欧和北美各国大型油轮的必经之道。马国人口约2489万，面积62.7万平方千米。矿产资源丰富，铁、铜矿主要分布在西北部，石墨、镍、锆、铬、金矿集中在中东南部，其中石墨储量最大，质量为世界一流。2016年，国内生产总值（GDP）约合100亿美元，人均GDP为417美元，近三年GDP年均增长3.52%；吸引外资存量68亿美元，集中在金融、采掘、电信等行业。经济以农业为主，农业人口占总人口80%以上，工业基础薄弱，经济发展潜力巨大。

其次，中马有良好的合作基础，经贸关系发展较快，双方合作意愿不断增强。目前，我国为马第一大贸易伙伴、第一大进口来源国。2016年，马外贸总值为50亿美元，进口29亿美元，出口21亿美元。中马贸易额为11亿美元，占马外贸总额的21.9%；我方出口9.43亿美元，进口仅1.59亿美元。我国对马投资规模还较小，2013年为1187万美元，主要集中在制造业、采掘业和公共工程等领域。我驻马大使杨小茸表示，今年马政府与中国大使馆沟通密切，希望加强与中国的合作。3月马总统访华，明确表示要加强与我国的全方位合作，并派包括6名部级官员在内的15名马方人员到我国学习借鉴治国理政经验。

最后，我国是全球第一制造业大国，法国是马原宗主国，马劳动力资源丰富，中法马优势互补。马 1896 年沦为法殖民地，1960 年 6 月获独立。目前，马约 65% 的直接投资来自法国，法在马拥有 500 多家企业，侨民约 3 万人，在马文化、教育、卫生等领域影响较大。法国作为马原宗主国，在马有深厚的人脉与全方位的合作关系。马人口素质较好，工作认真，效率较非洲大陆其他国家高。制造业人均月工资仅 500 元左右，发展制造业具有明显的比较优势。我国内蒙古鹿王集团在马投资建厂，吸纳 5000 人就业，成为中马合作成功案例。我国是全球制造业大国，产业配套能力强，可输出技术和产品较多。中法共同在马进行三方合作，可发挥各自优势，实现合作共赢。

2. 中法在马开展第三方市场合作面临的挑战

第一，中法马出于各自利益考量，对三方合作的态度较复杂。一是马对华合作意愿较前明显增强，但又不愿失去从法得到的传统好处。二是法国对我国影响力日益上升有担忧和戒心，与我国共同开拓马市场的态度较复杂。三是中法企业存在竞争。中国企业家认为，中法马三方合作并非必选，有些项目，中国企业能主导和较好把控的，就不必与法企合作。法方态度亦相类似。但客观地看，中法如一味竞争，可能两败俱伤；若联手合作，发挥各自优势，则可能互利共赢。实践表明，中法马已有成功合作案例，我国在马的糖业公司将原本由法方经营的木伦达瓦糖厂扭亏为盈，给当地带来 1 万多人就业，受到法方和马方的好评。

第二，马基础设施落后，需要较长的投资周期。马公路、铁路、港口和机场建设均十分落后，至今无完整的高速公路，铁路基本失去运输效能，港口没有大型船舶停靠能力，能起降国际航班的机场不多。从马首都机场到市中心，是破旧不堪的土渣公路，首都市内有二三百万人口，竟没有红绿灯，交通效率低下。马缺乏足够的资金改善基础设施，即便全部依靠外资，短期内也难以改善，需要较长的投资周期。

第三，马人均收入低，政府财力和偿债能力弱，官员腐败较严重。马属于世界最不发达国家。政府债务 33 亿美元，占 GDP 的 39%。债务本金和利息占到财政收入的 76%，债务偿还能力弱，存在较大的融资风险，政府无力为国际贷款提供主权信用担保。调研还发现，当前马政府的透明度不够，存在不同程度的腐败，我国民营企业家对马长期投资信心不足。

3. 政策建议

第一，将马作为中法在非洲开展第三方合作的重点和优先国家。法属非洲殖民地二十多个国家是中法在非洲开展第三方合作的重要选择对象，马可作为合作的重点和优先国家。从政治上看，马政局稳定，与中国合作的意愿强烈；从经济上看，马虽发展水平较低，产业基础弱，但发展潜力大；从国土面积看，马相当于五个半江苏省，人口相当于江苏省的三分之一，是非洲第一大岛和全球第四大岛，也是我国沿海路通往非洲大陆最近的国家，发展空间优势明显。另外，马资源丰富，气候宜人，亚裔人种比较勤劳，适合发展劳动力密集型产业。可充分利用当地的矿产资源、廉价劳动力和港口资源，将产品直接出口到非洲大陆，这将有利于扩大我国对非洲的辐射力和影响力。加强马北部港口建设，今后可将马作为"一带一路"拓展的重要节点，作为我国开拓非洲大陆市场的加工贸易和商品出口中转基地。

第二，明确中法在马开展第三方合作的重点领域和产业。一是基础设施建设。包括建设高速公路连通机场、港口和主要城市。投资建设港口，鼓励我国企业到马打造我国通过非洲大陆的中转枢纽站。二是建立工业园区，发展出口加工。将我国工业园区建设经验复制推广到马，利用当地丰富的廉价劳动力资源，发展轻纺、水泥、钢铁、日用品、电子等产业。积极与马开发北部安齐拉纳纳省和南部省份工业园区的规划对接，将我国产能优势转移到马。三是能源资源开发。马电力匮乏，电价高、供应不足，停电是常态，可利用马丰富的水利资源，建设中小型水力发电站。四是农业渔业合作。马是农业大国，但农业生产效率低下。马正在制定农业发展规划。我国在现有与马农业合作的基础上，可加大农业机械设备和农业技术输出，扩大与马农业渔业的合作。

第三，在"非洲提出、非洲同意、非洲主导"原则下，积极发挥政府的政策协调和引导作用，鼓励我国企业在马积极开拓市场。加强合作可行性研究，特别要注重项目的财务可持续性。当前投资马的资金和技术门槛不高，可鼓励我国各类企业积极开拓马市场。政府要为企业提供咨询服务，要发挥我驻当地使领馆的作用，为当地中资企业提供指导，帮助企业排忧解难；积极与马政府沟通，推进与其发展规划对接，为中资企业争取更多优惠政策和投资便利化条件。加强与中资企业商会、协会等中介组织的联系，帮助中资企业在马抱团取暖，共同开拓生存与发展空间。

（"中法共同开发非洲市场"课题组
执笔人：赵进军、徐洪才、张影强、谈俊，
中国国际经济交流中心《要情》第 30 期，
2017 年 8 月 16 日，课题主持人：徐洪才）

(二) 深化中法摩三方经济合作的政策建议

近日,中国国际经济交流中心副理事长赵进军、副总经济师徐洪才等一行4人赴摩洛哥,就中法合作开发摩市场与摩阿玛杜斯研究所(Institute of Amadeus)、法国可持续发展与国际关系研究院(IDDRC)联合举行研讨会,与会专家一致认为,摩区位优势明显,中法合作开发摩市场能够实现三方互利共赢并发挥对非洲的辐射带动作用。课题组还与我国驻摩使馆、摩磷矿局政策研究中心(OCP Policy Center)和爱非洲(Iafrika)研究所等机构代表进行了深入交流。

1. 摩经济及中法对摩投资与贸易概况

一是摩区位优势明显,政治稳定,经济发展势头好,在非洲影响力大。摩位于非洲大陆西北角,国土面积45.9万平方公里(不包括西撒哈拉地区26.6平方公里),是连接欧洲、阿拉伯世界(中东)和非洲的枢纽,从丹吉尔经直布罗陀海峡航渡欧洲只需1小时。穆罕默德六世国王即位以来积极推进民主政治,成效显著,使摩成为非洲"稳定的绿洲"。2016年,摩国内生产总值(GDP)1040亿美元,经济总量排名非洲第6,是非洲内部第一大投资国,在非洲地区拥有广泛的影响力。

二是中摩经贸往来稳定,发展潜力大。近年来,中摩双边贸易发展稳定,我国对摩出口额稳定在30亿美元左右。2012—2015年,我国对摩直接投资规模年均增速达793%。中国驻摩大使孙树忠表示,2016年5月穆罕默德六世国王成功访华后,两国建立了战略伙伴关系,双方经贸合作环境得到较大改善,经贸规模未来有望得到显著提升。

三是法摩经贸合作稳中有进。法国以其历史、地缘、文化等优势,长期以来一直是摩最大的投资来源国,同时也是最主要的贸易伙伴国和旅游客源国。法国对摩投资的重点行业是汽车业,近年来,两国在新能源开发、职业培训等领域进行了广泛合作。

2. 中法摩三方经济合作的有利条件及挑战

(1) 有利条件

第一,中法摩政府支持三方经济合作。2015年7月,中法两国政府发表《关于第三方市场合作的联合声明》,支持中法合作开发包括摩在内的非洲市场,并由法国国家储蓄银行(CDC)和中国中投公司设立中法第三方市场合作基金,为双方共同开发第三方市场提供资金支持。目前已募集基金3亿欧元,未来有望达到 20 亿欧元。摩政府虽然更倾向于开展中摩双边合作及中摩合作开发非洲市场,但对中法合作开发摩市场持开放态度。

第二,"一带一路"建设为中法合作开发摩市场带来新的机会。中摩相距遥远,但历史交往源远流长,可追溯至 14 世纪摩著名旅行家伊本·白图泰,有观点认为"21 世纪海上丝绸之路"始于我国泉州港,终点是摩丹吉尔港。我国提出的"一带一路"倡议以"共商、共建、共享"的原则,开放、包容、共享的新合作理念而得到国际社会的热烈响应,我国驻摩大使孙树忠认为,"一带一路"倡议为摩加快实现工业化、城市化和现代化带来了新契机、新动力。为此,摩专门提出"2014—2020 工业化加速发展战略"与"一带一路"框架对接,这也为中法合作开发摩市场带来了新的巨大机遇。

第三,已有中法非合作经验可为中法摩合作提供借鉴。中法两国《关于第三方市场合作的联合声明》发表以来,中法合作开发非洲市场取得不少进展,如中石化与道达尔公司在非洲共同进行油气开发、中国水电建设集团在乌干达承建的发电站使用了阿尔斯通公司的涡轮机、中材集团与法国拉法基集团在尼日利亚共建水泥厂等,这些中法非三方合作的经验可为中法合作开发摩市场提供借鉴。

第四,摩经济发展环境较好。摩经济开放度高,已和 54 个国家签署自由贸易协定;人力成本具有竞争力,劳动者平均工资水平为 360 美元/月;法治环境好,投资友好程度高,铁路、公路、机场等基础设施也在不断完善。

(2)面临的挑战

一是摩政府规划整合能力较弱,对重大项目建设支撑不足。摩政府虽然积极采取措施改善营商环境,但规划整合能力仍不强,没有对重大项目建设形成有效支撑。穆罕默德科技城作为摩政府的重点建设项目,引入我国海特集团作为唯一参与建设的外资开发商。项目初期投入需 10 亿美元,目前仅实际到位 1 亿美元,资金缺口较大。虽然摩拥有非洲排名第 1 的卡萨布兰卡金融城,但融资瓶颈仍难以突破,卡萨布兰卡金融城也存在管理效率低下,住、学、医疗配套设施不完善等不足。

二是高税率成为吸引外资进入的瓶颈。目前,摩销售税税率为 20%,企业所得税税率为 31%,个人所得税更是高达 38%。高企的税收压缩了企业的利润空间,削弱了对外资的吸引力。

三是法摩两国摩擦渐多。随着近年来摩在非洲地区影响力的提升,法摩两国竞争日渐增多并产生诸多摩擦,比如摩在成为科特迪瓦最大投资国的过程中挤占了法国的投资空间。法摩两国摩擦增多是摩对中法合作开发摩市场意愿相对较低的重要原因。

3. 促进中法摩三方经济合作的建议

促进中法摩三方经济合作，应坚持"非洲提出、非洲同意、非洲主导"的原则，从政府和企业等多方面着手，进行多层次、多领域和全方位的交流合作，进一步挖掘摩市场发展潜力。

第一，加强中法摩三国政府的沟通与协作，为中法合作开发摩市场营造良好的市场环境。中法摩三国经济互补性大于竞争性，应加强彼此沟通，弥合分歧、寻求共识。一是敦促摩政府切实降低税率，改善营商环境，增强对外资的吸引力；二是中法摩共同建立政府间三方合作对话机制，消除经济合作障碍。

第二，加强基础设施和能源领域的合作。基础设施领域，中法摩在摩高铁领域已有合作，未来可继续发挥我国在建设、资金领域的优势和法国在项目管理、标准制定方面的优势，合作共建从马拉喀什到阿加迪尔全长300公里的高铁项目，摩南部的普通铁路项目等；能源领域，重点推动中法摩在电力、可再生能源、石油、天然气等领域的合作，帮助摩建立工业化所需要的能源供给体系。

第三，加快科技城和金融城建设。科技城可与我国深圳对接，双方建立"姊妹城市"，分享科技创新经验；整合我国内金融资源，多渠道帮助海特集团筹资，推进科技城基础设施建设及配套服务；大力宣传科技城项目，吸引更多中资企业入驻科技城。金融城可与我国上海对接，建立"姊妹城市"，分享国际金融中心建设经验，简化金融城入驻企业创建流程，完善住、学、医等配套设施；推动其与香港、巴黎对接，发挥香港、巴黎作为人民币离岸业务中心的作用，使更多人民币经由香港、巴黎进入摩，再进入非洲；鼓励中资金融机构入驻金融城，更好地服务中法摩三方经济合作。

第四，尽快实现中摩直航，便利中摩人员往来。中摩两国人员往来数量众多，但至今没有开通直航航线，通常经巴黎或迪拜中转，时间成本较大。建议尽快开通中摩两国主要城市直飞航线，如北京至摩首都拉巴特、上海至摩经济中心卡萨布兰卡等，便利中摩经济与社会事务交流。

第五，发挥智库的积极作用。一是以"地中海论坛"为平台，加强中法摩三国政、商、学界交流。"地中海论坛"作为阿玛杜斯研究所主办的区域性年度论坛，在地中海和西、北非地区拥有广泛的影响力，我国应该予以重视，并借助这一平台加强交流合作；二是加强中法摩智库的交流与合作，共同研讨中法摩经济合作中存在的问题及对策，及时向三国政府反馈；三是中法摩智库联合开展课题研究,加大对三方合作的宣传力度,扩大社会影响,营造良好的合作氛围。

("中法共同开发非洲市场"课题组 执笔人:

赵进军、徐洪才、张影强、谈俊,

中国国际经济交流中心《研究报告》第 33 期,

2017 年 8 月 16 日,课题主持人:徐洪才)

十六、"一带一路"为全球提供中国方案

(一)"一带一路"是中国创造的国际公共产品

中国向国际社会发出"一带一路"倡议,号召共建"一带一路"这一宏伟事业,符合国际社会的共同利益。这是新形势下中国经济进一步融入全球化的内在要求,是 30 多年改革开放政策合乎逻辑的延续,也是世界经济可持续发展的良好机遇。近年来,世界经济可持续发展动力不足。总体来看,"一带一路"沿线国家基础设施比较薄弱,各国经济发展不平衡、文化存在差异,这对国际合作是挑战,也是机遇。"一带一路"倡议不是谋求替代现有地区合作机制,而是打造一个包容性、开放性的合作平台,在已有合作基础上推动发展战略对接和优势互补,缩小地区差距,实现共同发展。

"一带一路"作为中国创造的国际公共产品,为全球共享机遇、共迎挑战、共谋发展提供中国方案,不仅能够满足世界经济一体化的客观要求,也契合"和平发展、合作共赢"的时代主题。中国与沿线国家的互联互通,可以整合资源,弥补缺失;可以丰富物资,提升技术;可以联络感情,化解矛盾;可以利益共享,命运共担。中国与沿线国家的发展互通,将使各国之间的经贸合作越来越紧密,对世界经济产生巨大利好。"一带一路"倡议的感召力,源于握住了发展这把"总钥匙"。通过共谋发展把各国吸引到"一带一路"建设中,通过"绿色丝绸之路""智力丝绸之路""和平丝绸之路"等创新发展理念,造福各国人民。

事实证明,"一带一路"倡议之所以深入人心,得到很多国家的高度认可和积极参与,根本原因在于它符合各国谋求发展的迫切愿望。

(徐洪才,《光明日报》,2017 年 5 月 14 日第 5 版)

(二) 推动"一带一路"绿色产能合作

推动"一带一路"绿色产能合作,既是中国经济利用国际市场和资源实现自身可持续发展的现实需要,也是"一带一路"沿线国家提升发展能力的必由之路。未来中国经济实现高质量发展,须坚持绿色发展理念,绿色发展理念也充分体现在"一带一路"倡议当中。近年来,绿色发展作为"创新、协调、绿色、开放和共享"发展五大新发展理念之一,已经成为我国经济发展方式转变、经济结构调整,实现可持续发展的国家战略。

"一带一路"倡议提出五年来,中国与100多个国家和国际组织签署了共建"一带一路"合作文件。商务部数据显示,今年上半年,中国在24个"一带一路"沿线国家在建境外经贸合作区82家,新增投资25.9亿美元,占中国境外经贸合作区新增总投资的87%。随着"一带一路"投资合作的快速推进,绿色理念和可持续发展也得到越来越多的践行。根据《推动共建丝绸之路经济带和21世纪海上丝绸之路的愿景与行动》,中国企业强化基础设施绿色低碳化建设和运营管理,加强生态环保、生物多样性和应对气候变化的合作,表现出了一个负责任大国的国际形象。

近年来,中国作为联合国常任理事国和二十国集团重要成员国,不仅推动G20把落实联合国《2030年可持续发展议程》作为重要历史任务,而且率先发布《中国落实2030年可持续发展议程国别方案》,以实际行动落实可持续发展议程,并自觉落实联合国《巴黎气候协定》,推动国家发展不断朝着更高质量、更有效率、更加公平、更可持续的方向前进。

当前,世界经济已经出现周期性复苏,但是增长动力明显不足。要实现世界经济强劲、平衡、包容和可持续发展,加快"一带一路"建设合作则是重要抓手。在聚集世界63%人口、GDP却只占全世界29%的"一带一路"沿线国家,存在大量的道路、铁路、港口、通信、能源等基建投资缺口。以能源投资为例,到2030年,"一带一路"沿线国家将新增煤电6.96亿千瓦,总装机达17.31亿千瓦;新增可再生能源装机19.6亿千瓦,总装机达28.3亿千瓦;新增油气发电装机7.68亿千瓦,总装机达15.17亿千瓦。煤电发展潜力较大的地区主要包括印度、东南亚和独联体;而可再生能源发展潜力较大的地区主要为欧洲、印度、非洲、东南亚、中东等。在这些地区,开展绿色产能合作具有巨大发展潜力。那么,如何促进"一带一路"绿色产能合作?

第一,要积极践行绿色发展理念。不能将"一带一路"合作仅仅理解为经济发展合作,而是探索通向人类命运共同体的绿色可持续发展道路。因此,国际产能合作应积极践行绿色发展理念，突出绿色开发与合作。政府部门应制定"一带一路"绿色产能合作的指标体系，包括单位能耗、电耗、各类污染物排放、碳排放、耗水等，以及其他与生态环境相关的指标，用于指导"一带一路"绿色产能合作。

第二，以优质产能作为推进国际产能合作的载体。我国有200多种工业产品的产量位居世界第一，既有钢铁、水泥等传统产业产能，也有新兴产业产能。"一带一路"绿色产能合作，要以新兴产业作为推进高质量发展的新引擎，充分发挥新兴产业在海外投资的重要生力军作用。随着中国技术、中国标准等在海外落地生根，必将更多地造福当地经济社会。随着我国服务业扩大对外开放，现代服务业通过嵌入传统产业链条，必将推动我国产能向全球价值链的中高端迈进。

第三，推进产业合理布局。因地制宜，充分考虑东道国资源现状、产业基础和经济发展的现实需要，帮助其建立相对完善的产业体系，确保相关产业培育和发展与当地需求相适应。在产业发展规划上与东道国统筹协调，相互兼容，推动各国产业发展、设施建设、物流规划等相互促进，实现联动发展，突出提升当地经济可持续发展的能力。

第四，开展科技创新合作。"一带一路"也是创新之路。要充分发挥创新合作对"一带一路"建设的支撑引领作用，形成多层次、多元化的科技人文交流机制。支持海外科学家来中国从事短期科研工作，帮助沿线国家培训科研及管理人员。鼓励高校、科研院所和科技型企业与沿线国家相关机构合作，构建长期稳定的合作关系，提升沿线国家科技创新能力。鼓励多层次创新主体与沿线国家科技园区开展创新要素对接，推动一批园区国际创新生态系统建设，依托海外科技园区为科技型企业进入海外市场拓展渠道。

第五，开展绿色金融合作。我国已经颁布《关于推进绿色"一带一路"建设的指导意见》和《"一带一路"生态环境保护合作规划》等政策法规，要注意有效执行和加快落实。金融机构要增强绿色金融意识，根据绿色融资项目投资期限长、回收慢、存在外部性的特点，加快金融产品创新，提供更多长期限、低成本的金融产品服务。与此同时，要改善风险评估，帮助企业规避"一带一路"项目风险。希望更多的商业银行能够加入赤道银行体系中，建立和完善相应的环境社会风险管理体系。

（徐洪才在"2018广东21世纪海上丝绸之路国际博览会"上的演讲，《亚太日报》，2018年10月26日）

(三)"一带一路"建设步入黄金发展期

2017年5月14日—15日,中国乃至世界进入"一带一路"时间。在北京举行的"一带一路"国际合作高峰论坛,举世瞩目;"一带一路"沿线各国代表共聚一堂,共话未来。

"一带一路"倡议自2013年提出以来,从无到有、由点及面,已然从一颗小小的种子长成了枝繁叶茂的大树。"一带一路"给中国和世界带来了哪些利好?如何看待此次"一带一路"国际合作高峰论坛?下一步还可以从哪些方面发力推进"一带一路"建设?

1. 一剂良药:提振世界经济发展信心

近几年来,世界经济一直处于深度调整期,逆全球化思潮有所抬头,经济全球化站在了十字路口。"一带一路"已成为应对逆全球化的一剂良药。"不少'一带一路'沿线国家和地区,在开放和合作中尝到甜头,得到实实在在的利益。事实胜于雄辩,逆全球化是不符合时代主流的。"

在世界经济低迷的情况下,有的国家只考虑自己的利益,各国都以自我为中心,那怎么行呢?在这种背景下,特别需要一个全球的公共产品,去进一步引领和推动经济全球化,提振世界经济发展信心。"一带一路"倡议的提出恰逢其时。

"一带一路"建设给全球经济增长增添新的动力。中国现在已经和"一带一路"沿线20个国家建设了56个经贸合作区,累计投资超过500亿美元,为东道国创造了超过11亿美元的税收和18万个就业岗位。可以说,"一带一路"为世界经济增长提供了一个着力点和突破口。

在"一带一路"合作过程中,国内的产品卖到国外去,国外有用的资源为我所用,两个市场、两种资源可以产生"1+1>2"的效应。中国国内现在供给结构和需求结构不匹配,而"一带一路"本质是提高有效供给来催生新的需求,进而拉动国内经济增长,促进国内经济转型升级,倒逼国内体制机制改革和创新,形成良性循环。所以说,改革、创新、开放,三者密不可分,是相互影响的。"一带一路"建设对中国的经济增长非常重要,但受益者远不止中国。

2. 虚实相济:从凝聚共识到达成合作

对此次"一带一路"国际合作高峰论坛,要用"虚实结合"的眼光来看。在"虚"的方面,这是一个政策沟通层面的盛会,可以营造良好的氛围,凝聚更多共识;在"实"的方面,通过这个平台的沟通,挖掘合作机会,促成更多项目。

过去国际上对于"一带一路"存在一些"中国威胁论"的声音，现在不一样了，"一带一路"在世界上反响越来越大，已经成为当今世界最有影响力、最受欢迎的国际公共产品和国际合作平台。29位国家元首和政府首脑这次来参加论坛，都希望搭乘"一带一路"的快车、便车，说明大家理解了，"一带一路"倡议符合沿线国家的共同利益，可以实现合作共赢。

在务虚的层面上，这次峰会是"一带一路"从中国倡议转变为全球共识最重要的时点。"一带一路"倡议具有很大的灵活性和包容性，"一带一路"不是一个带、一个路，而是多个带、多个路，多姿多彩；主张共商、共建、共享，没有规定路线图、时间表，也没有强制性要求达到什么目标或者构建什么样的战略框架。

在务实的层面上，各国通过这次峰会平台，达成更多合作，促成项目落地。项目落地不是"纸上谈兵，说说而已"。需要合理规划，考虑自身的商业价值和财务的可持续性，不是在地图上画一画就可以的。要务实合作，从实际出发，进行科学论证，并充分认识潜在风险。

3. 蓄势待发：稳步推进人民币国际化

空谈误国，实干兴邦。政策引领、资金引导、市场驱动，各个方面的积极性都要合理调动起来。而"一带一路"倡议核心内容"五通"中的"资金融通"是核心，发挥着人体血液般的作用。

"一带一路"中很多项目是赚钱的，但换成美元就亏了，因为该国货币对美元是贬值的。要稳步推进人民币国际化。对于更好地发挥人民币支持和服务于"一带一路"的作用，有三点建议：

第一，做大熊猫债券市场规模。熊猫债券是指境外机构在中国境内发行、约定在一定期限内还本付息、以人民币计价的国际债券。现在人民币对美元有温和贬值倾向，同时人民币和美元的息差在收窄，对境外机构而言，借人民币非常合算。随着各项监管制度的完善、评级标准的统一，熊猫债券将迎来快速发展的春天。

第二，上海建设国际金融中心是国家战略，现在还缺少一个国际板市场。"一带一路"板块的部分企业已经在纽交所等境外交易所上市，可以让这些企业来上海发行人民币计价的股票，现在是一个很好的推出时机。

第三，扩大人民币在国际大宗商品定价中的影响力，提升中国的话语权。中国是全球石油和铁矿石进口大国，如果在这些市场没有话语权，对我们的经济发展是不利的。因此，要尽快推出国际石油期货和国际铁矿石期货，对外开放这样的金融衍生品市场。

（徐洪才，《中国改革报》，2017年5月17日）

（四）民心相通是"一带一路"的"路基"

"国之交在于民相亲，民相亲在于心相通。"去年5月14日，国家主席习近平在"一带一路"国际合作高峰论坛开幕式所做主旨演讲中，这样点明了民心相通对于建设"一带一路"的重要意义。

1. 增进彼此交流方能收获信任

正在上海电视台第一财经和东方财经浦东频道热播的专题片《丝路逐梦》，从普通百姓的视角，观察和理解"一带一路"这一"高大上"的话题。无数"丝路人"的逐梦之旅吸睛无数，这恰好从"收视率的角度"印证了民心相通是"一带一路"的路基。

如果把"一带一路"比成一串珍珠，心灵相通就是串起珍珠的丝线。但要编织这根沟通人心的丝线并不容易，文化差异、宗教不同、风俗各异，都会导致相互间的误解和矛盾、分歧和争端。因此，增进彼此间的交流，成为沟通民心的重要手段。

五年来，中国政府每年向相关国家提供一万个政府奖学金名额，地方政府也设立丝绸之路专项奖学金，鼓励国际文化交流。

五年来，各类丝绸之路文化年、旅游年、艺术节、影视桥、研讨会、智库对话等人文合作项目纷至沓来，人员往来日益频繁，在交流中拉近了心与心的距离。

五年来，从巴基斯坦的瓜达尔港到希腊的比雷埃夫斯港，从非洲的蒙内铁路到东南亚的中泰铁路，中国的企业家、工程师、建筑工人、医生和教师，成为中国文化交流使者，在建设港口、铁路和医院的同时，也收获了信任和友谊。

2. 机会均等是民心相通的保障

20世纪初，美国人创造了一个词叫"中国人的机会"（Chinaman's chance），它源于1903年北美铁路修建工程。在开山凿路过程中，华工被装在篮子里，一个个被放到悬崖峭壁旁，去点燃装满炸药的瓶子。在引线燃尽之前，他们必须被拉回到悬崖上，否则非死即伤，许多华工因此失去了手脚甚至生命。这一充满血泪的过程被当时的美国人称为"中国人的机会"，而这所谓"中国人的机会"，正是中国国力之弱小、国人被剥削和欺凌的真实写照。

大道之行，天下为公。"一带一路"建设，旨在发展沿线各国经济，提升沿线各国人民福祉。中国一贯主张"平等合作，互利共赢"，要让发展更平衡，让发展机会更均等，让发展成果人人共享，就必须确保机会的公平。公平的机会，成为确保"一带一路"倡议行稳致远的压舱石。

五年来，随着"一带一路"倡议的实施，越来越多的人以"一带一路"为纽带，从中寻找到了人生发展的机会。在《丝路逐梦》中，就有许多因"一带一路"来到上海的国际友人，他们中既有投身中国教育改革的教育学家，也有专注中国大飞机研发的工程师；既有世界五百强企业的高管，也有烹调各国风味的厨师。他们的到来，给"一带一路"增添了斑斓的色彩。他们的事业发展离不开"一带一路"这一合作平台，也离不开中国与国际社会共同分享发展的机遇。

3. 以"丝路精神"为价值取向

以利相交，利尽则散；以势相交，势去则倾；唯以心相交，方成其久远。在"一带一路"倡议中，习近平主席多次强调，要发扬以"和平合作、开放包容、互学互鉴、互利共赢"为核心的丝路精神。

五年来，以"丝路精神"为导向的价值取向正在不断丰富和发展，并结出累累硕果。

——中国愿在和平共处五项原则基础上，发展同所有"一带一路"建设参与国的友好合作。中国愿同世界各国分享发展经验，但不会干涉他国内政，不会输出社会制度和发展模式，更不会强加于人。

——"一带一路"建设植根于丝绸之路的历史土壤，重点面向亚欧非大陆，同时向所有朋友开放。不论来自亚洲、欧洲，还是非洲、美洲，都是"一带一路"建设国际合作的伙伴。

——中国与沿线各国已启动"一带一路"科技创新行动计划，开展科技人文交流、共建联合实验室、科技园区合作、技术转移四项行动。

——中国致力于推动全球贸易投资自由化和建设"一带一路"自由贸易区（FTA）网络，已与多个国家签署FTA协议，并从今年起每年举办中国国际进口博览会。

丝路逐梦，绝不会一蹴而就，更不会是闲庭信步、闲云野鹤般的轻松惬意。传承丝路精神，追逐人类命运共同体的梦想，世界各国人民携手共进，一代又一代的"丝路人"永远在路上。

（徐洪才，上海《文汇报》，2018年5月14日）

第八章
美国经济与中美贸易摩擦

一、中美签署历史性的第一阶段经贸协议

主持人：环球华人，华人心声。各位听众，大家好！欢迎收听今天的环球华人节目，我是主持人高楠。近日，中共中央政治局委员、国务院副总理、中美全面经济对话中方牵头人刘鹤与美国总统特朗普在白宫签署中美第一阶段经贸协议，标志着中美双方朝着解决问题的正确方向迈出重要一步。

近两年时间，历经13轮高级别磋商，20多次牵头人电话磋商，这份中美经济贸易协议来之不易，协议以中文和英文写成，两种文本，同等作准。协议包括序言，第1章知识产权，第2章技术转让，第3章食品和农产品贸易，第4章金融服务，第5章宏观经济政策、汇率问题和透明度，第6章扩大贸易，第7章双边评估和争端解决，第8章最终条款。这份协议在相当大程度上解决了双方关切的问题，实现了互利共赢。

接下来我们就来连线中国政策科学研究会经济政策委员会副主任徐洪才，请他为我们详细解读一下这份中美经贸协议。

主持人：徐老师，对于中美签署的这份第一阶段经贸协议，您的总体评价是什么？

徐洪才：总的来说，这是一个平等互利的协议，对中国有利，对美国有利，对世界有利。

主持人：这份协议涵盖的内容非常广，首先我们看一下深化贸易领域的双边合作，其中扩大双方在农产品、制成品、能源、服务业等领域的贸易规模，对于中美相关行业来说意味着什么呢？

徐洪才：我认为这意味着合作机遇，因为中美贸易不平衡确实是一个现实挑战，贸易不平衡规模很大，但也存在结构性问题。从现在达成的协议来看，农产品、制成品、能源和服务业领域的贸易规模扩大，实际对中国是有利的。比如农产品，中国大量进口大豆、猪肉等，这些都是我们所需要的，而美国这些产品的质量不错，而且价格较公允。制成品中国也需要，特别是一些关键性

零部件、中间品。还有能源，特别是石油天然气，反正每年都要大量进口，不从美国进口，也要从别的地方进口。而服务业领域扩大开放，实际上美国占优，有顺差，通过扩大服务业开放，让美国从中国多挣一点钱，有利于抵消部分贸易不平衡，也符合中国扩大服务业对外开放的方针。

总体来看，各行各业都有机会。当然，大量进口这些产品，也要基于市场原则、商业原则，不是行政命令。同时，对国内相关行业可能也会有一定的影响，要变压力为动力，调整自身产业结构，提升产品和服务质量。

主持人：这份协议当中还有一部分内容是关于进一步放宽市场准入的，其中就包括扩大金融领域双向开放，为两国企业提供更多的市场机遇，您觉得这一点是否和中国扩大开放政策不谋而合？

徐洪才：有内在的一致性。因为扩大开放是既定方针，而且是基于公平竞争、竞争中性原则。不管是外资还是内资，是国有还是民营，一视同仁。从最近两年中国扩大开放，特别是推出负面清单管理制度和优化营商环境的实际做法来看，这本身就是我们所推行的，也是自身经济发展所需要的。特别是金融服务业扩大开放，推行的是一种双向平等开放。

坦率地讲，这方面美国有一定的优势，当然我们也有能力应对外部冲击风险。我们希望在银行、证券、保险等领域，通过引进外部竞争者，产生鲶鱼效应，激发国内金融机构的创新意识，提高金融服务质量。通过扩大开放，相互借鉴，让境外金融机构分享中国金融发展的蛋糕，同时我们也进入国际市场，在互动过程中实现互利共赢。

主持人：我们看到协议当中还有一部分内容是关于持续优化营商环境的，双方承诺要加大知识产权保护力度，鼓励基于自愿和市场条件的技术合作等。您觉得这一点对于中美双方各有什么样的影响？

徐洪才：从法律文本来看，是基于平等的表达。保护是双向的，在国内要保护境外机构的权益，中国企业在海外也应该得到同等保护。这实际有利于创新型经济的发展，中国未来经济可持续发展还是要靠技术进步。有些技术我们靠自己可能暂时还无法攻克，就要基于市场原则、平等原则来进行技术转让，但不能搞行政性的强制性转让。这样就可以在合作过程中，实现技术成果共享，同时推动产业转型升级和合作深化。

主持人：在这份协议签署之前，有人担忧在这份协议当中中国是要做出一些让步的。您在看了这份协议之后，是什么感觉呢？

徐洪才：我认为谈判是妥协的艺术。就是说双方都要做出让步，这是从形式上看。但实际上，这种让步对双方都有好处。比如说，我们承诺在未来两年时间内，在农产品、制成品、能源和服务业领域扩大进口，有一定的规模。但坦率地说，规模只有指导意义，并不是强制性命令，是要基于商业化、市场化、平等合作的原则来实施的。任何协议都会有一个预期目标，这也符合国际惯例。与此同时，要兼顾双方的核心利益，中美贸易不平衡是客观现实，是历史形成的，消化、解决这个问题要一步一步来。

要考虑到协议的可行性、可操作、可执行。协议里面着重提到双边评估和争端解决机制，从这个意义上说，这是基于平等合作的原则。就是说，双方合作必然会产生矛盾摩擦，但要基于平等合作，通过充分沟通、协商磋商的方式解决，而不是所谓的监督执行机制，否则就是不平等条约。美国要求中国扩大进口，但同时我们也要求美国在很多方面扩大出口，比如高科技产品，比如市场准入，我们也要扩大向美国投资等。所以，双方都有让步。这样就相向而行，朝着共同的目标迈进。

主持人：中美第一阶段的经贸协议已经签署，您觉得这份协议的签署有哪些重大意义？

徐洪才：首先，在当前世界经济低速增长的背景下，对全球金融市场、世界经济发展来说，稳定了市场预期，坚定了信心。过去两年，国际社会有一个共识，就是经济增长乏力，中美两个超级大国的贸易摩擦，如果不加以控制，就是一个潜在风险。实际上，全球金融市场因此遭受负面影响，经常受到一些负面消息的冲击，现在市场预期稳定了。

其次，实实在在地让双方感觉到，剑拔弩张只能是两败俱伤。基于平等原则，通过对话、沟通，把形成共识的部分通过法律形式固定下来，实际是在全球范围内树立了一个样板：两个负责任大国通过理性、平等方式来解决贸易争端和经济纠纷。

再次，双方都受益。过去一年多，美国经济受到的负面影响很大。比如，去年下半年美联储开始降息，经济增长乏力，去年跟前年相比经济增速回落非常厉害，预期2020年还要进一步下滑。美联储前瞻性地降息，但通胀压力加大，这就产生了矛盾。中国报复性加征关税，推动美国通胀。对中国来说，也有负面影响，中美双边贸易投资去年前10个月急剧下滑，但中国经济表现出了极大的韧性，总体运行平稳。

现在大家恢复理性，为第二阶段谈判奠定了基础，朝着正确方向迈出了重要一步。未来值得期待。

主持人：您预计接下来中美双方的贸易谈判会朝着哪一个方向发展？会偏重于哪些内容？

徐洪才：下一步，在进一步缩小贸易不平衡方面，还要共同努力。因此要朝着减少关税水平的方向走，要彻底撤销不合理的加征关税政策，而且还要继续降低关税水平，扩大开放，这是总的方向。但也要管控住风险，短期内一些结构性不平衡恐怕将难以消除，所以要推进结构性改革。比如从中国方面来看，美方一直担心的就是知识产权保护、国有企业补贴、市场准入公平、政策透明度等。这些方面，我们实际上一直在做。

从美国方面来看，它自身的一些结构性问题，也要引起高度重视。比如说，政府债台高筑，借钱过日子，这有潜在风险；老百姓的储蓄率很低，储蓄跟投资之间的不平衡是客观存在的。去年，中美之间贸易逆差有所减少，但美国对全球其他国家的贸易逆差是扩大的，它的整体贸易不平衡始终存在，这就反映其自身结构性问题。所以双方都要改革，解决好各自的问题。

主持人：您觉得未来中美之间经贸合作是一个什么样的走向？

徐洪才：第一，中美贸易不平衡逐步收窄。第二，基于规则的平等合作进一步加强，特别是双向投资有潜力。现在贸易规模很大，但相互投资还是浅层次的。这方面，美方要做出更大努力，扩大开放。第三，在全球治理层面上，要形成更多共识，推动多边经贸体系改革和完善，发挥积极作用。目前，共识还有待凝聚。中美要深化合作，推动WTO改革，解决全球经济发展不平衡、不充分的问题，推动世界经济可持续发展。

（根据徐洪才连线《中国国际广播电视台》节目录音整理，2020年1月18日）

二、点评美联储2019年三次降息

（一）美联储今年以来第三次降息

美联储30日宣布下调联邦基金利率25个基点，这是美联储今年以来第三次降息。美联储利率决议声明：除了下调联邦基金利率目标区间至1.50%～1.75%之外，下调超额准备金利率（IOER）至1.55%（之前为1.80%），并下调贴现利率25个基点至2.25%。降息原因是什么？主要是经济下行压力加大。今年前三季度，美国经济增速逐季回落，从3.1%到2.1%再到1.9%。受贸易摩擦影响，企业投资依然疲软。美国三季度企业投资增速环比折年率下跌3%，为三年半来最大跌幅，也远远大于二季度的跌幅1%，企业在设备和非住宅类建筑（如采矿和油井）上的支出大幅减少。

同时，三季度美国消费者支出环比折年率取得 2.9% 的增长，远不及二季度的 4.6% 增速，尽管失业率维持在近 50 年来的最低水平。30 日下午两点，随着美联储发布降息消息，全球金融市场迅速做出了反应。美国三大股指出现普涨，美元指数下跌，石油价格下跌。降息意味着市场流动性增加和融资成本下降，自然利好股市。降息后美元贬值也是自然反应，因为这会引起资金外流。贬值有利于促进美国贸易出口。油价按理来说应该上涨，实际上是下跌，这只能理解为美联储降息释放了全球经济增长前景不好的信息，导致需求减弱。昨夜香港离岸人民币对美元汇率小幅升值。由于美联储降息符合预期，所以对中国金融市场的影响不会太大。建议中国宏观经济政策保持相对稳定，根据自身经济运行情况做出相应调整。

（徐洪才，2019 年 10 月 31 日）

（二）美联储降息如期而至，未来悲观预期已形成

美联储今年第二次降息如期而至。当地时间 9 月 18 日下午两点，美联储宣布将联邦基金利率下调 25 个基点，至 1.75%~2.0% 的水平，以应对贸易冲突可能升级的风险，对冲美国经济下行压力。中国政策科学研究会经济政策委员会副主任、财经头条首席经济学家徐洪才对此进行了相关解读。

美联储认为，联邦公开市场委员会 7 月召开会议以来美国劳动力市场表现强劲，经济活动以适度的速度增长，平均就业增长稳健，失业率仍然很低。也就是说，主要宏观经济指标表现良好，看来降息理由并不是基于此。但是美联储进一步认为，虽然家庭支出快速增长，但商业性固定资产投资和出口已经减弱，显然降息是为了鼓励投资和促进出口。

另外，除食品和能源以外其他项目的通货膨胀率低于 2%，且长期通胀预期并没有变化，近期受地缘政治风险影响，全球大宗商品价格反弹，看来降息是为应对通胀数据疲软的理由也是勉强的。总之，美联储虽然做出了降息决定，但显得有些犹豫。对此，特朗普总统直言不讳地表示不满。

从昨天纽约证券市场的表现来看，市场涨跌互现，总体反应比较温和。但是，市场对未来的预期凸显悲观，今年年底，美联储可能会进一步降息，世界经济继续放缓的预期依然存在。实际上，市场期待第四季度进一步降息 25 个基点，大家对未来的悲观预期已经形成。因此，在未来全球低利率的市场环境下，全球的资本流动及汇率波动的风险明显加剧。

（徐洪才，2019 年 9 月 19 日）

（三）美联储 10 年来首次降息意欲何为

8月1日凌晨，美联储宣布降息25个基点，将联邦基金利率目标区间下调到2%~2.25%，这符合市场预期。这是2008年金融危机以来首次降息，降息的原因何在？又会产生哪些影响呢？

第一，根据传统思维，美联储降息应该是应对通货紧缩，或者说通胀处于低迷状态。但从目前美国CPI（6月1.6%）及核心CPI（6月2.1%）的表现来看，目前下行的压力并不大，处于一个比较理想的状态。

第二，目前的失业率对于低位。最近几个月美国非农新增就业人数虽然波动比较大，但总体来看，劳动力市场仍然处于结构性紧缺的状态。

第三，二季度美国实际GDP环比折年率增长2.1%。虽说跟去年比，势头有所放缓，但仍然好于市场预期，反映出经济增长有一定的韧性。

从上述主要经济指标看，当前降息的必要性似乎并不强烈。但为什么要降息呢，这主要基于未来预期，是一种预防式降息。

首先，目前美国投资比较疲弱，这是美国当前的一个突出问题。特别是制造业增长疲弱，6月制造业PMI为51.7，虽然高于荣枯平衡线，但这是2016年以来的最低值，且呈现继续下滑的趋势。

其次，外部不确定性。近几年，全球保护主义盛行，大家对未来预期不乐观。最近两年，全球贸易和跨国投资增长都明显放缓，甚至是负增长。

既然是预防式降息，其目的显然还是保障就业、促进增长。去年美国经济增长强劲，全年GDP实际增长3.1%，原因主要是税改政策大幅度降低了消费和投资成本。但是，近期政策的边际效应明显衰减。当前全球经济增长乏力，近期国际货币基金组织下调了2019年世界经济增长预期，只有3.2%。而去年和前年都是3.7%，增速明显回落。所以市场预期各国将采取新的刺激经济增长的政策。对于美国来说，财政政策已经捉襟见肘，减税和扩大投资回旋余地很小，那么只能选择降息，以促进经济增长。

实际上，美联储的鲍威尔很纠结。他说，一方面这次降息并不意味着已经进入新一轮降息周期；另一方面，也不意味着未来可能只降息一次。值得注意的是，这次公开市场委员会的投票过程中，还有几票是反对的，显示出并没有形成一致性的降息意见。

结合市场表现看，美联储十年来的首次降息虽然符合预期，但股市却不涨反跌。美股三大股指下跌严重，这说明市场对未来经济增长的预期不是很乐观。同时，美元指数是下跌的，这个符合逻辑，降息使得市场利率下行，美国国债市场上涨。此外,美元贬值令石油、黄金上涨,两者具有避险功能。不过,各市场因预期不同,出现分化走势,比如部分有色金属价格、纽约原油价格出现下跌。这主要是预期在起作用,目前预期不乐观。事实上,在本次美联储降息之前,已有不少中央银行降息。

国内股市受到流动性合理充裕的支持,会继续保持平稳走势,随着经济结构调整、转型升级,会有结构性投资机会。大宗商品市场要看国际油价变化,以及全球流动性和需求恢复情况,需要走一步、看一步。

未来美联储会否降息,这还有待观察。总体而言,目前全球的不确定性增加了,世界经济下行压力加大,未来利率走低、市场波动性加剧是确定无疑的。

(徐洪才,2019年8月2日)

三、说中国操纵汇率,美实在蛮不讲理

美国财政部将中国列为"汇率操纵国",这种行为简直就是蛮不讲理。即便按照美国财政部最新设定的三个标准,姑且不论其单方面设置标准是否合理,中国也只符合其中一条。

第一,对美贸易顺差超过200亿美元,即达到美国GDP的0.1%。中国符合这个标准。众所周知,中美贸易不平衡是长期形成的,不可能立竿见影就能改变,需要双方共同努力、协商解决。目前,达到这个标准的国家包括:墨西哥、日本、德国、韩国等。

第二,经常项目下顺差达到该国GDP的2%,这是美国财政部不久前修订的新标准,以前是3%,国际公认标准也是3%。但是,去年中国经常项目的顺差不到GDP的1%,即便按照2%这个新的标准,中国还存在较大差距。

第三,单方向操纵外汇市场,连续超过6个月买入外汇规模达到该国GDP的2%,显然中国也不符合这一标准。以前的标准是12个月,现在的新标准是6个月。去年特朗普曾经当面批评德国总理默克尔,指责德国操纵汇率,以谋求贸易优势,这让默克尔感到一头雾水,她不明白自己如何操纵欧洲央行。

即便按照美国财政部设定的这三个标准,中国也只符合其中一条。因此,美国强行给中国贴上"汇率操纵国"的标签,是荒谬的。

最近几天,全球金融市场异常震荡,从源头来看,是美国引起的。上周美联储降息,坦率地讲,鲍威尔主席是受到特朗普总统的压力,从主要经济数据表现来看,降息理由并不充分,但美联储还是降了。这给市场释放一个信号,

即美国经济前景不妙。因此改变了市场预期，当日美国股市应声而跌，悲观情绪很快蔓延至香港市场，继而对中国大陆市场产生了负面影响。香港市场的离岸人民币对美元汇率出现大幅贬值，实际是市场驱动的，不是中国央行操纵的。因为这种贬值与中国政策的目标相反，是中国不希望看到的。实际上，中国人民银行很难直接干预香港外汇市场。

不难看出，风险传导路径是：上海在岸市场的人民币汇率受到香港离岸市场的人民币汇率影响，香港市场受到美国纽约市场的影响，而美国纽约市场剧烈震荡是美联储降息和特朗普拟对中国3000亿美元的进口商品加征10%关税引起的。所以，从源头上看，还是美国自己造成的，美国搬起石头砸了自己的脚，现在倒打一耙，指责中国操纵汇率，这不符合事实，也毫无道理。

作为负责任的大国，中国一直坚持在合理均衡的基础上，维护人民币对一篮子货币汇率保持基本稳定，这是一种负责任的做法。历史地看，1997年亚洲金融危机和2008年国际金融危机期间，中国都自觉维护人民币汇率稳定，因此付出了沉重代价。中国一再申明，中国绝不搞竞争性贬值，以谋求贸易上的优势。事实上，中国一直是这么做的。

据悉，近日美联储四位前任主席在《华尔街日报》发表文章，呼吁要保证央行货币政策的独立性，实际上大家都心知肚明，鲍威尔受到了特朗普的压力。美国财政部长姆努钦先生具有很高的专业素质，此次他有违自己的原则，指责中国为"汇率操纵国"。

大国决策一定要慎重，切不可意气用事，单边主义做法害人害己。未来全球金融市场的稳定，需要大国之间宏观政策的协调，重大决策需要保持理性，这样才能增进市场信心，进而促进世界经济平稳发展。

（根据徐洪才做客CCTV-13《新闻直播间》节目文字整理，2019年8月6日）

四、不能简单理解美国国债收益率倒挂现象

近日，市场上热议着一个话题：美国长期国债收益率和短期国债收益率倒挂。很多人根据历史经验，认为美国经济出现衰退征兆，全球金融体系风险急剧上升。我认为，仅据此就贸然得出美国经济陷入衰退的结论还为时尚早，如果进一步认为全球风险上升，并形成一致预期，则可能导致金融危机的自我实现。

从上半年的实际情况来看，美国经济表现虽然明显不及去年，但美国企业创新和及时调整经营策略的能力还是比较强的，标普500成分股上市公司业绩表现良好，美国就业情况也不错，近期国际货币基金组织还上调今年美国经济预期增长为2.6%，比年初的预测上调了0.3个百分点。当然，美国经济增长放缓或者说减税政策刺激效果减弱都是事实，但短期内并未出现急转直下的症状。因此，不能对收益率倒挂现象做简单理解。

实际是美国单方面宣布将对中国3000亿美元进口商品加征关税，令市场预期发生改变，引爆了市场避险需求，大量资金流入国债市场避险，导致长期国债收益率大幅下降，而美国经济并未恶化。美国作为全球最大发达经济体，依托美元在国际货币体系中的特殊地位，其宏观经济政策有很多自由选项，不久前美联储政策由加息转变成降息，这种180度急转弯引发市场对美国经济前景的悲观预期，致使全球金融市场陷入剧烈震荡。当然，美国资本市场经历十年大牛市，也有内在调整的技术要求。从历史上看，每一次美国经济出现问题，或出现风险积聚，美国总有办法转嫁风险，把内部矛盾向外部转移，让外部世界承担风险和成本，而受伤害最大的总是某些金融体系脆弱的新兴经济体。在金融危机之时，美联储曾经实施数轮量化宽松货币政策，以及扭转操作，总能做到趋利避害、化险为夷。当然，鱼和熊掌兼得之事也只有美国能够做到，其他国家都不享有这个特权。

近期，美国国债收益率倒挂现象引起多方争议。在我看来，不能只停留在表面认知，一定要有深层次分析。第一，利率倒挂现象有利于美国摆脱当下经济困境。长期国债收益率下降，会减少美国国债利息支出。美国公共债务规模超过GDP，达到100%以上，每年付息成本很高，降息有利于减轻美国财政负担。第二，10年及以上长期国债收益率下降，直接降低了融资成本，实际有利于刺激企业投资和居民消费，促进美国经济增长。第三，短期国债收益率水平相对上升，有利于抑制资金外流。美联储降息通常会导致美元指数变弱，但实际上，美国又希望维持强势美元，吸引境外资本流入美国。一般来说，汇率贬值有利于刺激出口，但升值有利于扩大进口，汇率是一把双刃剑。实际上，短期利率上升吸引资金流入美国，促进国内投资，但推动美元汇率走强，又不利于出口。货币政策往往顾此失彼，因为存在内在冲突。这次美联储降息，长期利率下降，可促进国内投资和消费，同时吸引国际资本流入，阻止国内资金外流。

目前，全球需求不足，大宗商品价格低迷，这时候保持强势美元地位，不仅能吸引国际资本，而且还有利于提升美元购买力。美国可以趁机大量廉价地进口商品。实际上，这恰恰是美国经济具有自我调整功能的体现。当然，如果美国经济因此向好，对世界经济也是一个好消息。美国经济和政策变化牵一发而动全身，我期望美国负起责任，尽量减少宏观经济政策的负面溢出效应，同时，加强大国之间宏观经济政策的协调，从而维护全球金融稳定，促进世界经济发展。

（徐洪才，2019 年 8 月 26 日，https：//mbd.baidu.com/newspage/data/dtlandingwise? sourceFrom = share_ ugc&nid = dt_ 3942849917736593791）

五、从历史的视角看中美贸易战及其影响

（一）胡佛成了美国历史的"背锅侠"，但特朗普不一样

今年以来，美国单方面挑起了中美经贸摩擦，阴云笼罩着全球经济。中国始终重视中美经贸分歧，以极大的诚意和耐心推动双方对话协商解决问题。经历四轮谈判，美方漫天要价，触动了中方的核心利益，最终把谈判成果打回到原点。2018 年 7 月 6 日，注定要在国际贸易史上留下不光彩的一笔。美国对 340 亿美元中国商品强行加征 25% 进口关税，发动了迄今为止经济史上最大规模的贸易战，世界舆论一片哗然。

历史一再证明，贸易战损人害己。20 世纪 30 年代，美国政府实施《斯姆特－霍利关税法》，发起了贸易战。直到今天，该法案仍被认为是共和党人赫伯特·胡佛担任总统期间犯下的"最大错误"。它不仅摧毁了本应该在冬日里互相取暖的国际阵营，催化了美国以及世界历史上著名的经济大萧条，在某种意义上还"为第二次世界大战搭建了舞台"。同时也留下了病根——只要美国经济出现问题，就有人自觉或不自觉地祭起贸易保护主义大旗，而他们最该牢记的是贸易保护主义救不了经济危机这一深刻的教训，以及胡佛为此付出的政治代价。

1929 年到 1933 年，美国发生了经济危机，后来波及许多国家，历史上称之为大萧条。胡佛在 1929 年 3 月当选为总统。胡佛刚上任时，作为第一次世界大战的获利者，美国经济呈现一片繁荣的景象。事实上，这不过是泡沫经济破灭前的幻象，胡佛此时被选为总统，有一种被时代选中的背锅侠的感觉。后来事实证明，确实如此。胡佛关于政治和政府的观点，体现在《美国个人主义》（*American Individualism*，1922）一书中。对于政府能够做什么以及不能做什么，

胡佛总结出一个自由主义核心思想,即阻止某个单一利益或权力取得支配地位:"机会平等和美国个人主义的实质",他总结道,"是任何一个群体或群体联合都不应在这个共和国取得支配地位。"

大体来说,胡佛相信开明的美国资本家的观点,高工资和运行良好的工会对企业有利。胡佛试图提升农业价格,为了阻止工资下降,胡佛鼓励企业与工会妥协;为了阻止物价下跌,他鼓励企业组成"社团"俱乐部。胡佛试图以大水漫灌方式为资金吃紧的银行提供货币。胡佛还鼓励地方政府承担公共工程和救难赈灾任务。1929 年,美国地方政府开支总额是联邦政府的两倍。随着国家收入下降,胡佛不得不实行财政赤字,这并非共和党的一贯做法。胡佛以其一贯的坦率,对参访白宫的企业家们说:"在我担任商务部长的时候,全力支持你们,如今我成为国家领导者,必须站在全体人民的角度思考问题。"

大萧条时期,另一位美国总统是民主党人富兰克林·罗斯福。他与胡佛相距如此之近,以至于难以清楚地区分二人所奉行的政策路线。然而不久以后,他们在人们头脑中的形象固化了,形象鲜明而清晰:胡佛代表行政约束和"自愿主义"(voluntarism),罗斯福代表扩张政府和干涉型国家。罗斯福上任之后,为了更好地赢得人们的信任,更好地实行自己的经济政策,他第一时间与胡佛划清界限,出台了一系列经济政策。与胡佛类似,都是杀鸡取卵,只是行为上更为激烈,却成了人们眼中的救命稻草,人们将罗斯福奉为上帝。于是,胡佛成了大萧条的背锅侠。

而胡佛之所以成为美国历史上最糟糕的总统之一,成为罗斯福伟大事业的垫脚石,除去经济危机时期的糟糕表现之外,另外一大蠢行就是在危急关头高举贸易保护主义大棒,结果搬起石头砸在自己脚上。胡佛已故近半个世纪了,但只要出现金融危机或者贸易保护主义苗头,他的名字就会被提及。现在,特朗普的做法与胡佛非常相似,不同的是胡佛时期遭遇了美国历史上最严重的经济危机,而特朗普从奥巴马手里接过的是已经恢复的美国经济。明显是前人栽树后人乘凉,特朗普却成天说自己是经济奇迹的创造者……

事实上,贸易壁垒最终堵住的是自己的出路。前事不忘,后事之师。因贸易保护主义做法而进一步使经济恶化,给了后人极大的历史教训,也给了逆流而动、再次祭起贸易保护主义大旗的特朗普政府长鸣的警钟……

(根据徐洪才视频采访节目整理,2018 年 8 月 25 日,
https://mp.weixin.qq.com/s/9Ipe3HWlpoImxUXEHvnTbg)

(二) 中美、日美贸易战的区别

1853年，美国海军准将佩里率领四艘军舰闯进江户湾，一直以来囿于东北亚一隅的日本开始睁眼看世界。此前，德川幕府统治下的日本是小农经济自给自足的封建社会，加之土地面积小又贫瘠，四面环海，望洋兴叹是常有之事。资本主义萌芽带来新的生产方式，日本一些比较发达的地区开始出现手工作坊或家庭手工业，封建自然经济受到威胁，从根本上冲击了幕府统治。"佩里叩关"后，日本内忧外患，急需一场变革化解危机。

1867年，明治天皇经历江户幕府戊辰战争，推翻了日本最后一代幕府统治，从社会、经济、军事等方面颁布了一系列维新举措，带领日本从封建社会向现代化社会蜕变。改革之后，日本利用岛国优势与世界各国开展贸易，欧美成为主要贸易对象，占日本对外贸易额的70%~80%。此时，美国是其最大出口国，日本通过出口收入强化军事建设，并快速脱离欧美既定轨道。随后第二次世界大战爆发，日本本土石油储备仅够维持三个月，这时日本袭击珍珠港，并发兵东南亚谋求战争资源。于是，美国对其进行贸易封锁，这是日美贸易史上的第一次交手。

1950年，朝鲜战争爆发，改变了日本崩溃的国运。日本立刻从农业产地变成了美国军用物资供应基地，得到了美国的大力扶植。1951年9月4日，美日签署《日本安保条约》，日本在美国的保护下快速从第二次世界大战中恢复。但日本付出代价是，从此美国对日本财阀和政界的控制力更加稳固，任何不符合美国意志的政客都会下台。2009年日本第60代首相鸠山由纪夫因支持"东亚共同体"，上任不到一年便下台了。日本因美国帮助和国内社会改革成功有过持续19年经济飞速增长时期，重工业崛起，直至第一次石油危机。1973年10月6日，第四次中东战争爆发，石油输出国组织（OPEC）为了打击以色列及其支持国，暂停石油出口，造成全世界油价上涨，依靠进口石油的工业国纷纷躺枪，99%依靠进口的日本更加不能幸免。

第二次世界大战结束前夕，全球确立以美元为中心的国际货币体系，即布雷顿森林体系。主要包括三条：一是美元与黄金挂钩，规定一盎司黄金官价为35美元；二是其他国家货币与美元挂钩；三是实行可调整的固定汇率，各国货币对美元汇率只能在法定汇率百分之一的幅度内浮动，该制度又被称为"可调整的盯住汇率制度"。随着西欧日渐恢复和日本的崛起，以美元为中心的布雷顿森林体系难以承载美日欧三方经济矛盾，1971年该体系瓦解，美元大幅贬值，日元因实行"浮动汇率制度"而大幅升值。

出口是日本经济增长的动力，日元升值给出口造成障碍，政府想通过增发货币来缓解，导致经济过热、通货膨胀，又值第一次石油危机，日本能源供应紧张。1978年年底，两伊战争爆发，石油停产，石油价格一年上涨315.4%。日本政府在石油危机来临之前实施紧缩货币政策，一年五次提高官定利率，减少货币发行量，一定程度上降低了石油危机给物价和经济造成的冲击。1973—1985年，日本除了两次被误伤，还与美国有过几次贸易摩擦。从20世纪70年代开始，国际市场出现越来越多的"日本制造"，美国中西部和东北部等重工业中心受到打击，失业率是全国水平的双倍。

美国除了降低税率，减少政府财政支出，还响应各制造行业工会要求对日本先后发起钢铁战（1968—1978年）、彩电战（1970—1980年）、汽车战（1979—1987年），日本为了市场稳定委曲求全，最终均"自愿限制出口"减少对美输出并打开本国市场。日本凭借超强的适应能力快速发展，对欧美的贸易顺差越来越大，加速了和其他国家的贸易矛盾。1985年，日本、美国、西德、英国、法国在纽约广场饭店签署"广场协议"——规定日本以调整汇率方式来处理他国对日本贸易逆差问题，日元被迫升值。

为弥补升值带来的出口损失，日本采取扩张性财政政策来扩大内需，开始公共事业大投资。为应对日元升值，又采取扩张性货币政策，降低贷款利率，减轻出口企业负担。但当时欧美市场对日本企业的态度并不明朗，日本国内工资高，很多企业不愿意在国内投资，而是瞄准以中国为首的劳动力基数大又廉价的东亚国家和美国，以降低日元升值影响，导致本土就业率下降，产业空心化为日后泡沫破灭埋下伏笔。更糟糕的是，日本为减少升值影响，实行降准，利率下降过快（1986年从5%陡降至2.5%），产生大量闲置资金，但流动性并未进入生产行业，随着中曾根政府推动公共事业建设，资金涌入房地产，再加上股市给力，只要新股一发行马上就被炒上去，所有人都炒股，实体经济不振，民众以为"大国梦"近在眼前。

1990年，日本银行通过加息限制贷款打击房地产，泡沫被主动戳破，往日繁华烟消云散，日本经济步入"失去的二十年"。

（根据徐洪才视频采访节目整理，2018年9月2日，https：//mp.weixin.qq.com/s/qnHHURf-TVHi7tBusPn57w）

六、中国反制美国挑起贸易摩擦的五大对策

美国总统特朗普挑起中美贸易摩擦，醉翁之意不在酒，旨在阻止中国顺利

实施《中国制造2025战略》，企图打压和遏制中国，必须予以回击。不仅要做出对等反制，而且要采取可行的措施，维护国家尊严和核心利益。

第一，针锋相对，对来自美国的进口商品实施对等反制，特别是选择对美国经济影响较大的进口商品征收特别关税，比如大豆、汽车、飞机等。同时将更多的商品进口转向其他出口国，比如扩大从巴西进口大豆，扩大从德国进口汽车，扩大从法国进口飞机等。同时也包括直接减少从美国进口石油、天然气等。

第二，出口方面，多管齐下，精准打击。一是选择一些对美国影响大的战略性资源，限制甚至禁止这些资源向美国出口，比如稀土。二是选择一些美国企业对中国进口依赖性强的中间产品征收特别关税，增加美国买家的生产经营成本。三是选择对美国居民日常生活影响较大的消费品，拓展非美出口市场，进而影响美国老百姓的生活。

第三，人民币对美元汇率适度贬值。未来一段时间，美联储将继续实施加息和缩表政策，美国税制改革也将加快推进，美国这些经济政策的实施会引发全球资本回流美国，进而导致美元升值。中国不妨"顺势而为"，促使人民币对美元汇率适度贬值，将有助于扩大中国出口和抑制美国出口，使得美国出口企业面临美元升值的压力。

第四，扩大对非美地区服务业开放，特别是扩大对非美地区金融服务业开放；同时放缓对美国服务业开放，特别是放缓对美国金融服务业开放。"十三五"期间，扩大服务业特别是金融服务业对外开放是中国既定方针，不会改变，但针对特朗普挑起中美贸易摩擦，中国不妨做点政策调整，采取区别对待策略。比如，扩大对欧洲和其他地区服务业开放，不让美国分享中国扩大开放的红利。去年10月特朗普访问中国时，与中国签订2500多亿美元的商业订单要缓期执行。

第五，向全世界特别是向美国人民讲清楚特朗普发起中美贸易摩擦的危害性。号召世界各国共同反对美国实行单边主义和保护主义。特朗普无端挑起中美贸易摩擦，带头破坏全球多边贸易体系，为国际社会树立了坏的榜样，是极端不负责任的行为，也损害了美国作为负责任大国的国际形象。中美贸易摩擦升级，不仅会造成中美两败俱伤，也将对世界经济和金融体系造成冲击。但是相比于美国，中国受到的伤害将会比较小。

（徐洪才，2018年4月9日，https://mp.weixin.qq.com/s/1P04kjADLlgRVQ5EWjLmeQ）

七、中美贸易不平衡的原因及解决之道

从 3 月 23 日开始,美国总统特朗普高调挑起中美贸易摩擦,中国迅速做出反制回应,宣布对自美国进口的产品加征关税。中国外交部和商务部表示,将根据《对外贸易法》相关规定,对美产品采取同等力度、同等规模的对等措施。

目前中美贸易摩擦仍在发酵中,为此需要冷静分析两国贸易不平衡的原因,从而采取必要措施,有效阻止冲突升级,探寻解决问题的治本之策。

(一) 贸易失衡没有那么严重

从数据上看,中美贸易存在不平衡。据美国商务部统计,2017 年美国与中国双边货物进出口额为 6359.7 亿美元,其中美国对中国出口 1303.7 亿美元,占美国出口总额的 8.4%;美国自中国进口 5056.0 亿美元,占美国进口总额的 21.6%,美国对中国的贸易逆差为 3752.3 亿美元,同比增长 8.1%,贸易失衡情况显然比较严重。

按照美方的统计,美国对中国出口的主要商品为运输设备、机电产品、植物产品和化工产品。运输设备中,航空航天器出口 162.7 亿美元,增长 11.6%;车辆及其零附件出口 131.8 亿美元,增长 19.4%。美国自中国的进口商品以机电产品为主,2017 年进口 2566.3 亿美元,占美国自中国进口总额的 50.8%。家具玩具、纺织品及原料、贱金属及制品分别居美国自中国进口商品的第二、第三和第四位。

实际上,由于中美两国的贸易数据统计口径不同,双方公布的贸易数据有很大差异。据中国海关总署公布的数据:2017 年中国对美国出口 4298 亿美元,从美国进口 1539 亿美元,中美贸易顺差为 2758 亿美元,这比美国发布的美中贸易逆差数字少了 944.3 亿美元,造成这种状况的原因包括统计差异、转口贸易、服务贸易等。

2015 年,经合组织(OECD)曾公布过 2011 年美国货物和服务贸易的不同测算结果,其中,美国公布的中美贸易逆差是 2750 亿美元,而基于价值增值方法评估的两国逆差为 1790 亿美元。这一测算结果与中国商务部的数据较为相近。

再考虑到中国加工贸易在全球对外贸易中占有较高比率,中国向美国出口

的商品中有相当数量是跨国公司（包括美国公司）在华投资企业生产的。据中国统计，2017年中国货物贸易顺差的61%来自加工贸易，以增加值口径统计的中美贸易顺差，比以总值口径统计的贸易逆差降低44.4%，中美贸易失衡的真实情况并没有数据显示的那么严重。

（二）中美贸易不平衡的根源

中国在货物贸易方面对美国有较大顺差，这反映了中美两国企业和消费者的自愿选择，而非政府干预的结果。这种贸易不平衡的根源有以下几个方面。

全球化条件下国际分工不同。过去近40年里，中国承接了来自发达国家的产业转移，成为世界制造中心，大量产品在中国加工组装后再向美国出口。而美国的经济已发展到后工业化时代，服务业在经济中的比例明显提高，制造业萎缩，进口需求自然大幅增长。虽然服务贸易、技术贸易在国际贸易中的比重大大增加，但货物贸易依是国际贸易的主要内容，约占世界总贸易额的80%。因此，美国对中国贸易逆差是全球生产格局演变的必然结果，逆差反映的不是美国整体经济的衰弱，而是美国产业结构变化中制造业的相对萎缩。

美国常常以国家安全为由限制高技术产品出口，近年来美国对中国的高技术产品出口限制越来越多。据报道，美国列入禁止对华出口的商品目录清单达7000页之多，在中国进口的高技术产品中美国的占比越来越低，人为加剧了双方贸易不平衡。

美国长期的低储蓄率。美国人的习惯是提前消费、借钱消费，储蓄率极低。2017年前三季度，美国净储蓄率分别为1.9%、1.7%、2.2%，几乎是全球最低的。在低储蓄率的情况下，必然出现贸易逆差，美国不仅和中国有贸易逆差，和全球102个国家都存在贸易逆差。美国贸易逆差是其国内总需求大于总供应的结果，与其国内宏观经济状况有关，这是自身经济结构失衡而不是双边贸易失衡。

维持美元国际货币地位的需要。美元作为国际支付货币，也决定了美国必须要保持比较大的贸易逆差，才能维持美元国际支付货币的地位。全球超过65%的外汇储备是美元储备，全球超过80种货币的汇率与美元挂钩或固定，全球外汇市场近80%的交易以美元计价和结算。各国都将美元作为国际储备货币、金融避险货币和交易结算货币，必然导致美元在海外大量沉淀，美国就不可避免地要面对长期贸易逆差。

总之，中美贸易的本质，是两国利用各自比较优势进行生产和交换的市场行为，是全球化进程加速了两国间的贸易往来，两大经济体的紧密依存关系已经形成,不是关上大门就能切断的。而且全球化的大门一旦打开,也就难以再关上了。

(三) 贸易摩擦升级没有赢家

特朗普政府此次动用"301"调查,让人联想到他是想复制20世纪80年代对日本的贸易战,意在限制中国出口,迫使中国加大开放市场的力度,遏制中国高科技产业的发展等。但中国市场体量巨大,抗压能力必将超越美国过去的所有对手,未来中美贸易摩擦将是一场持久战,对于可能产生的影响应有充分的估计和准备。

特朗普政府单方面挑起贸易摩擦,首先伤及的是美国消费者的利益。美国从中国进口的产品中相当比例是老百姓的日用品,物美价廉,是较难找到替代品的。有数据显示,中国商品出口到美国使得美国物价水平降低了1~1.5个百分点。这次贸易摩擦直接导致消费者生活成本上升,增加通胀压力。

这还将引发农民的不满,影响美国中期选票。中国从美国进口大量农产品,此次中国反制的重点领域之一就是农业。尽管农产品对美国GDP的贡献份额不大,但农民的选票在美国政治中却是非常重要的,引发农民不满会对特朗普政府形成较大压力。

这同样会影响美国在华企业的利益。中国对美出口的制造品和高科技产品中,有相当大的部分是美国在华投资企业的出口,加征关税必将影响了美国跨国企业的利益。

贸易摩擦已经对美国股市产生了较大冲击。3月23日,特朗普宣布要对中国加征关税,道指就下跌近3%,相当于蒸发了1.2万亿美元的市值。4月1日,中国宣布对美产品加征关税之后,道指又跌2%,市值损失数千亿美元。

历史经验表明,贸易战不会有赢家,中美贸易摩擦对中国经济的负面影响也显而易见。有专家分析,美国对中国加征关税对中国GDP的实际影响在0.1%~0.4%之间。中国经济基本面是好的,回旋余地比较大,但美国毕竟是中国最重要的出口市场,中国对美国的出口占中国对全球出口比重约为19%,占GDP的4%,是相当大的比重。这个市场的波动会使得中国整个制造业产业链的各个环节都面临很大挑战,对中国经济的影响不容小觑。

从短期看,中国大量外贸企业会面临很大的困难,造成一部分人员失业,一些依赖技术引进的高科技产业会受到冲击,失去重要技术来源。中国目前宣布对美进口加税的产品主要是针对食品和农产品,必然导致进口价格上涨,会直接带来一定的通胀压力,对经济产生负面影响。特别是中国当前处于消费不足、投资过剩的阶段,对于扩大开放、增加出口的需求很大,如果出口受限,而消费很难在短期内有大的提升,仍然要再加大投资,将引发一系列负面效应,使中国经济处于被动境地。

当然,中国向美国出口的制造品还有很多可选择的替代市场。过去几年,中国企业已经开始在马来西亚、越南等国家建厂,可以有效规避此次贸易战风险。同时,在"一带一路"沿线国家也有开拓市场的潜力,可以拓展出口市场,对冲贸易摩擦的负面影响。

美国单方面挑起贸易摩擦树立了一个坏榜样,如果美国的同盟国也纷纷效仿,对全球经济平衡复苏态势是致命打击,特别是将严重破坏基于垂直分工形成的全球产业链。

从中美两国公布的加征关税产品来看,美国对中国加征关税的领域主要是医疗器械、生物医药、新材料、新能源等,中国对美国加征关税的领域主要是鲜水果、干果及坚果制品、葡萄酒、改性乙醇、花旗参、无缝钢管等,都是对对方的非优势产品征税。

这一方面说明美国挑起此次摩擦醉翁之意并不在"贸易",如果真的是要降低贸易逆差,应该对中国出口到美国的优势产业征税,另一方面也反映出两国之间你中有我、我中有你的相互依存关系已经牢不可破,渗透到两国人民生活的方方面面。

另外,贸易摩擦如果升级,不仅中美进出口都受到影响,也会连累产业链上的其他国家和地区,有可能引发全球性贸易摩擦。

(四)中美贸易摩擦的解决之道

中美两国经济发展差异性很大,在全球价值链和产业链分工体系中的位置也不同,不能简单粗暴地通过加征关税手段来解决这个复杂问题。

1930年胡佛总统为应对美国经济危机,签署了臭名昭著的贸易保护主义法案——斯姆特霍利关税法案(Smoot - Hawley Tariff Act),对超过20000种进口商品征收高额关税,最高关税比率接近60%。美国宣布提高关税之后,贸易伙伴纷纷采取报复性关税措施,引发惨烈的全球贸易战。从1929年到1933年,受各国纷纷提高关税影响,美国进口降低了66%,出口也降低了61%,全球贸易规模缩减2/3。历史悲剧不应重演,中美双方都应冷静下来,重归对话谈判轨道,通过加强改革、扩大开放,逐步化解贸易不平衡问题。

美国贸易逆差,是美元所具有的国际货币地位支撑其国内长期的低储蓄率、高赤字率的必然结果。挑起贸易摩擦,遏制中国发展,有违一个负责任大国维护国际治理秩序的根本准则。美国应积极调整自身经济结构，以解其困境。

一是提高储蓄率。特朗普政府要正确认识储蓄与贸易之间的关系，贸易问题不能通过关税解决，应该通过制定鼓励储蓄的政策，提高储蓄率，同时削减政府赤字，才有可能实现减少贸易逆差和对海外资本流入的依赖。

二是加大对教育和基础设施等领域的投资。特朗普一直宣称中国人抢了美国人的工作，损害了美国利益，导致美国人均收入下降等问题，其实美国收入分配状况的恶化是其内部系统出现了问题。教育是改进国民收入最重要的长期性因素，但美国政府近年来对基础教育的支持力度是下降的。另外，多年来美国在基础设施方面的投资欠账太多，设施老化、生活不便等问题迟迟得不到解决，亟需加大在交通基础设施、移动支付等互联网设施方面的投资力度，提升美国社会的运行效率。

三是加强宏观政策的协调性。特朗普政府的很多政策目标都是相互矛盾的。比如，未来一段时间，美联储将继续实施加息、缩表和减税政策，这些政策的实施将引发全球资本回流美国，进而导致美元升值，造成更大的贸易逆差，这与特朗普试图降低贸易赤字的目标相背离。

中国进行有力的还击是必要的，但也要维护稳定大局。面对特朗普的无理挑衅，中国的强硬态度是自然反应，中国提出的对等反制措施也是有礼有节，并未关闭对话谈判的大门，但也不能让这次贸易摩擦影响中国改革开放的战略部署。

从中国角度看，也必须着眼于长远，逐步降低对美国出口市场的依赖，减少对美国的贸易顺差。一是扩大从美国进口；二是扩大对美国服务业开放，特别是扩大金融服务业开放；三是拓展非美出口市场，将对美出口转向对其他地区出口；四是将一些对美出口的生产加工企业转移到海外，如东南亚和拉美地区，间接出口到美国；五是挖掘内需市场潜力，推动"出口转内销"，让境内消费者享受到价廉物美的出口商品；六是发展"进口替代"产业，减少对高科技产品进口的依赖，通过培育新的经济增长点，增强内需对经济增长的驱动作用。多管齐下，稳步推进。

习近平主席4月10日在2018年博鳌亚洲论坛宣布大幅度放宽市场准入、加强同国际经贸规则对接、加强知识产权保护、主动扩大进口等举措，极大提振了世界对中国持续扩大开放的信心，展示了一个负责任大国的良好国际形象。

中美贸易摩擦仍然充满变数。美国提出的500亿美元的清单要得到落实需要通过法律程序，最终结果有待观察，中美两国有充足的时间回到谈判桌前，化干戈为玉帛。习近平主席向国际社会宣示了中国进一步扩大开放的决心，特朗普总统也立即发推文积极评价，中美两国互利共赢的基础仍在，需要双方拿出足够的智慧、体现和解的诚意，妥善化解分歧。

（徐洪才、陈妍，《财经》杂志，2018年8月24日）

八、中国的开放措施并非对中美贸易摩擦的回应

今天，国家主席习近平在博鳌亚洲论坛发表演讲，中国将推出众多对外开放措施，进一步扩大开放。面对美国贸易保护主义的抬头，中国选择了开放与合作。这些举措会对世界与中国经济产生哪些影响呢？网易研究局采访了中国国际经济交流中心副总经济师徐洪才。

网易研究局：今天，中国推出了包括汽车关税在内的众多开放措施，这是对中美贸易战的回应吗？

徐洪才：不能说是针对中美贸易摩擦的回应。这显示中国进一步对外开放的政策，同时也是释放一个积极信号。因为这个会议不是专门针对中美贸易摩擦召开的，它每年一次，是中国发出声音的国际平台。习近平主席总结过去四十年中国改革开放成功的经验，同时分析当前国际社会面临的共同挑战，在这个基础上给大家指明了未来前进的正确方向，这个正确方向就是我们要平等合作、互利共赢，和平发展合作仍然是时代的主题。

中国倡议打造人类命运共同体，中国自身也有这个需要。未来中国经济的可持续发展需要进一步扩大开放，深化改革，从过去四十年的经验中可以看出。未来中国的发展空间还很大，特别是市场空间很大，机会很多，中国希望与国际社会共同分享，而不是只顾自己发展。中国希望和大家共同发展、共同繁荣，这次是给国际社会释放一个积极信号，同时也提供一个机会，亮明中国的立场，我们一直是推动经济全球化的积极力量，也是维护社会和平稳定发展的基石。所以，让国际社会有信心，对中国未来有信心，对亚洲发展有信心，对世界未来发展有信心。众多开放措施就是释放这样一个信号。

所以，我觉得这不能片面简单地理解为是针对与美国的贸易摩擦。

网易研究局：会对中美贸易摩擦有什么样的影响？

徐洪才：中美贸易不平衡问题由来已久，两国经济发展差异性很大，在全球价值链、产业链分工体系中的位置不同，现已形成"你中有我，我中有你"的分工格局，不能简单地通过贸易摩擦、征收关税来解决这个复杂的问题。

我觉得，第一，通过进一步扩大开放、开放市场、促进改革，可以逐步缓

解、消解中美贸易不平衡的问题。比如,中国放宽市场准入,对美国来说肯定是机会,因为在服务贸易方面,美国对中国是顺差,美国在服务业,特别是金融业方面有优势,这对美国来说是机会;包括汽车行业、制造业对外开放对美国也是机会。因此可以扩大美国对中国的出口,这样就可以缩小中美之间的贸易逆差。

第二,提到投资环境。中国鼓励外商投资参与中国经济建设,特别是到今年上半年,中国要完成修订外商投资负面清单工作,全面落实"准入型国民待遇+负面清单"管理制度,这对于外商投资来说是一个好消息。过去这么多年,实际上中美之间相互直接投资规模是很小的,这方面我觉得从美国自身的角度来看要反思。现在它一方面阻止中国企业在美国投资,另一方面又对中国市场视而不见,失去机会,而别的国家抓住了机会。比如高科技产品,过去美国对中国出口一直设置限制,结果日本、德国、法国、英国的高科技产品大量出口到中国,其分享了中国发展红利,尝到了甜头,而美国失去了机会。这是美国应该反思的地方,它应该扩大对中国高科技产品的出口。

第三,讲到知识产权保护。这也是创新驱动,发挥创新对经济的推动作用,其实中国自身经济发展有这方面的需求,国际社会也有需求。这些年,中国在这方面扎扎实实做了很多工作。随着知识产权保护工作的进一步推进,创新驱动对经济的贡献作用就会越来越强,对外商的吸引力也会越来越大。

第四,提到主动扩大进口。每年主办一次中国国际进口博览会,而且要大幅度降低进口产品的关税,还要加入世贸组织政府采购协定等。显然,这对改善中美之间经贸不平衡问题显然是有益的,这是治本之策。

以上四个方面扩大开放和深化改革的措施,是从一般意义上说的,是针对全世界的,但具体到中美经贸合作,我觉得也是积极信号,是一个重要的、难得的机会。

(网易研究局,2018年4月10日,https://c.m.163.com/news/a/DF1MAAVN00258J1R.html?spss=wap_refluxdl_2018&spssid=b894b22d2d5c74b498525ae6d3b82c6d&spsw=1&isFromH5Share=article)

九、中美之间会发生贸易战吗

中美之间贸易规模很大,去年差不多有5300亿到5400亿美元,但是严重失衡。目前美国是中国第二大贸易伙伴,美中有差不多2500亿美元的逆差。

第八章
美国经济与中美贸易摩擦

（一）中美经贸中的贸易失衡

过去五年，全球贸易增长低于经济增长，中国出口负增长，美国出口也是负增长，但美国出口下降幅度比中国多，主要原因是美元升值了。这是特朗普不希望看到的，并由此产生一个中美之间会不会发生贸易战的问题。例如，美联储要加息。美国经济在恢复，通胀率上升，就业在增加，这时如果不加息，通胀压力就更大。一旦加息，全球资本流向美国，推动美元升值，这对美国不利，会削弱美国出口的竞争力。这是特朗普不希望看到的。我的看法是，中美不应该发生全面贸易战。

（二）中美贸易失衡根源在美国

中美贸易失衡，其中有相当部分不是中国直接造成的，如中国想要高科技产品，美国不卖；而中国想到美国投资，美国加以限制，这样双方资本流动就严重失衡了。现在美国出口总体竞争力不强，其整体贸易逆差在5000亿美元左右，其中对日本逆差占了9%，对中国逆差占了47%。中国服务业总体竞争力较弱，这是中国"十三五"期间对外开放的重点。目前，局部性贸易摩擦已经开始。2016年美国对中国产品共发起20起贸易救济调查，涉案金额超过37亿美元。2017年1月，美国国际贸易委员会做出终裁，将对从中国进口的大型洗衣机征收反倾销税。2017年2月，美国商务部对中国不锈钢板材反倾销、反补贴调查做出仲裁。

（三）要打贸易战，中国有底气

不久前，美国国际贸易委员会认定不对中国轮胎征收双反关税的结果，提振了中国的信心。尽管中美之间全面贸易战不太可能，但小打小闹的局部性贸易战可能难以避免。如果中美发生全面贸易战，中国将采取适当反制，比如对从美国进口农副产品征收高关税。特朗普上任得到美国西部农民的支持，对这些产品征收高关税，等于是釜底抽薪。

应该看到，中国在中美贸易摩擦中并非一败涂地。从2009年起，中国轮胎业就成为中美贸易摩擦重灾区。2016年美国对从中国进口卡客车轮胎进行双反调查，涉及中国轮胎出口企业100多家。经过一年多的抗辩，中国轮胎业迎来了胜利。在国际规则面前，美国国际贸易委员会认定，从中国进口的轮胎没有对美国国内产业造成实质性损害，因此不对中国轮胎征收双反关税，这个结果提振了我们的信心。

在贸易战中，典型例子是光伏产业。早在 2011 年，美国对中国的太阳能电池板就增加了关税。一年以后，中国对美国的多晶硅进口进行报复性回击。多晶硅组装太阳能电池是太阳能电池板的重要元器件，生产多晶硅的挪威公司 SILICONASA 因此遭受重创，它虽在美国华盛顿建厂，但对中国市场依赖性太大。中国对它实施报复性措施后导致订单下滑，就业人数减少。这对双方都造成压力，两败俱伤。

（四）特朗普政策走向值得关注

2016 年 11 月特朗普的大选胜出，对新政的一系列表态引起全球哗然，其中不乏对中国的强硬言论。2017 年 3 月 1 日，特朗普就国情咨文在国会首次发表的演讲最能体现他目前和未来的政策取向，概括起来有十个方面：一是重振美国制造业；二是加大基础设施投资；三是反对自由贸易，退出 TPP，重启北美自贸区谈判；四是大幅减税（企业所得税和个人税）；五是推行新移民政策；六是废除奥巴马的医保改革；七是推进教育公平；八是增加国防支出，坚决反对恐怖主义；九是不强行推广美国价值观，特朗普认为美国会尊重所有国家选择自己道路的权利；十是坚持美国优先原则，让美国再次强大起来。

总之，中美两国应该通过多层次沟通，凝聚更多共识，寻找更多利益交汇点，趋利避害，加强合作，实现互利共赢。如果美国一意孤行要搞贸易战，一定是两败俱伤，这也不符合特朗普的政策初衷。

（徐洪才，《中国招标》杂志，2017 年第 14 期）

十、中美关系巨轮仍将保持正确航向

刚刚过去的 3 月，乍暖还寒；当 4 月悄然而至，暖意升腾。春和景明，即将举行的"习特会"全球瞩目。有学者表示，在经济领域，中美贸易不平衡问题、人民币汇率问题是两国领导人会谈的题中应有之义。

中美贸易战会不会全面爆发？中美经贸关系未来将迎来哪些变化？美联储加息步伐加快是否会导致人民币大幅贬值？带着这些疑问，记者专访了中国国际经济交流中心副总经济师徐洪才。

（一）全面贸易战不会打响，局部摩擦或存在

"中美之间是相互依存关系，双方贸易金额已经大到不能互相伤害的程度，

第八章
美国经济与中美贸易摩擦

也早已形成了'你中有我，我中有你'的利益交融格局。"徐洪才，这位专注于研究国际经济和国际关系的经济学家，银发冉冉，笑容可掬。

"2016年，中国对美出口总额为3890亿美元，而中国从美国的进口总额为1350亿美元，这导致中国对美贸易顺差高达2540亿美元，这是个什么概念呢？"说起这些外贸数据，徐洪才如数家珍。"2016年中国经济总量超过70万亿元，我国的经济增速是6.7%，也就是说，去年新增GDP是4万多亿元。2540亿美元，相当于1.7万亿元人民币。"

徐洪才告诉记者，中国对美贸易存在顺差，并不意味着中国受益、美国受损，要进一步摒弃这种"零和思维"。对美国消费者而言，中美贸易可帮助美国每个家庭一年节省850美元以上。在企业层面上，有研究发现，中国对美贸易顺差中，大约40%是由在华经营的美国公司创造的。同时，中美双方的贸易结构也在发生转变。如今，中美服务贸易额已超过1000亿美元，其中美方保持顺差。"一旦发生全面贸易战，对美国而言，是有百害而无一利的。"

不可否认的是，中美之间的局部贸易摩擦多年来从未间断。据商务部贸易救济调查局信息，2016年全年，美国对中国输美产品发起20起贸易救济调查，涉案金额总计37亿美元。

"过去，中国人在国际舞台上打官司没有经验，我们交了很多学费，走了不少弯路。大家应该看到，我们也没有一败涂地。"说起中国胜诉今年首场"双反"案，徐洪才跟记者娓娓道来。从2009年起，中国的轮胎业成为中美贸易摩擦的"重灾区"。2016年对中国进口卡客车轮胎进行"双反"调查，这个案子涉及中国对美出口轮胎企业100余家、就业10万人、出口额约11亿美元。经过一年多的抗辩，中国轮胎业终于迎来了一场久违的胜利。

"从历史经验看，双边的贸易战往往是两败俱伤。因此，全面的贸易战是不可能的，但是小打小闹局部性贸易摩擦是会有的。"徐洪才说。

（二）应对美联储加息，需保持战略定力

人民币和美元的汇率是影响双边贸易的一个比较重要的价格因素。随着美联储加息靴子落地，是否会加大人民币贬值的压力？在徐洪才看来，此次加息的负面影响不应夸大。从短期来看，人民币汇率保持相对稳定是没有问题的。

徐洪才进一步分析，从中长期看，人民币没有贬值的基础。其一，从两国的经济增速来看，今年中国经济有望增长6.5%，美国经济有望增长2.0%；其二，从资本的逐利属性来看，中国国债利率比美国国债利率高0.8~1个百分点，投资回报率高；其三，从近3年两国的出口情况来看，两国都是下降的，但美国出口

下降幅度更大；其四，人民币在 SDR 货币篮子里占比 10.92%，而在国际储备货币中只占比 2% 多一点，如果补齐中间近 9 个百分点的缺口，会在海外形成近 7 万亿元的人民币需求；其五，"一带一路"建设步伐加快，当前国际贸易中人民币结算比例达到 30% 以上，未来人民币国际化的水平还会进一步提升。

从美国的情况来看，特朗普上台后既要减税，也要扩大基建投资，势必会扩大财政赤字。同时美国出口的下降、进口的扩大，会进一步加剧国际收支失衡，因此美元有贬值的内在要求。徐洪才向记者指出，未来新政能否落地，还存在很多不确定性。"特朗普的一些想法，比如减税、加大基建投资，能不能得到参议院和众议院的批准，还是未知的。"

徐洪才预测，美国未来加息的节奏不会太快，美国经济复苏不可能"一路高歌"，现在既没有必要加快加息的节奏来抑制经济过热，也没有必要减息来促进经济的过快增长。此外，美国国内的财政政策和货币政策之间的冲突，也给美联储加息政策的可持续性带来了不确定性。

"虽然美联储预期 2017 年加息 3 次，但我预计今年下半年再加息一次的可能性比较大，即今年全年提高 0.5 个百分点的基准利率。"徐洪才表示，对于未来美联储加息预期，要保持平常心和战略定力。美国进入加息周期是全球经济向好的标志，它会促进美国经济的平稳健康发展，对中国也是有利的。

（三）寻求最大公约数，投资合作前景广

中美作为世界最大的两个经济体，经济总量占世界经济总量的 1/3，贸易额占世界贸易总额的 1/5。长久以来，经贸合作既是中美关系的"压舱石"，也是全球经济增长的重要引擎。

"中美关系早已不是一艘小船，而是一艘巨轮，不仅不会说翻就翻，长期来看，中美关系巨轮仍将保持正确航向。"徐洪才作了这样一个比喻。

他直言，中美自建交以来，两国关系虽历经波折但一直保持总体稳定且不断前进的态势，共同利益远远大于分歧，合作的成果也远远多于面临的挑战。"从历史经验来看，合作是中美实现共赢的唯一正确选择，双方必须照顾彼此利益和核心关切，寻求两国之间的最大公约数。"

那么，特朗普的政治经济政策存在一定的不确定性，这是否会影响未来中美两国之间的合作？

"过去把特朗普作为一个很大的不确定性因素，我觉得是当时他竞选时的特殊情况导致的。特朗普执政一个多月以后，我们发现他的政策取向越来越理性，也越来越清晰了。"徐洪才以一种学者独有的冷静视角，向记者剖析未来中美经贸形势，

他认为最能体现特朗普政策取向的是3月1日其在国会发表的《国情咨文》。

"特朗普想要让美国再次强大起来,比如说他要扩大基建投资。我觉得,到2020年,美国基建需要3.6万亿美元的资金,尤其是公共交通基础设施领域有很大的潜在需求,但特朗普提出增加1万亿美元的基建投资,这显然不能满足现实基建投资的需要。而我国在基建领域已经位于世界前沿水平,双方有很大的投资合作潜力。"徐洪才表示,在很多产业领域,美国有技术优势,我国有低成本优势,双方可以错位发展。

他还指出,我国在加大对美国的基础设施投资的同时,从美国进口一些高科技产品,将有利于改善中美之间的国际收支和贸易失衡问题。此外,中美还可以在水利基础建设、电网信息化基础设施、农业粮种培育、机械化、现代物流体系等方面展开合作。

"总而言之,对未来、对中美双方的投资前景,我们要充满信心。中国是当今世界最大的发展中国家,美国是实力最强的发达国家,双方的资源禀赋、产业层次、发展阶段不同,两国具有互补性,未来合作空间非常广阔。"徐洪才说。

(付朝欢,《中国改革报》,2017年4月4日)

十一、重视美国税改变化,加快自身体制改革

(一)减税是让企业轻装上阵,提升美国经济竞争力

美国减税不是小动作,称得上是全球最大经济体所做的一次颠覆性改革。理论上看,税改是在朝着让美国企业轻装上阵、提升美国经济竞争力的方向走,这是毫无疑问的。但是,其具体影响力还需更多时间来评估,毕竟生产要素流动有很多制约因素,不会立竿见影。

特朗普减税政策并不是孤立事件,是他对上台前想法的逐一落实,也是他"让美国再次强大"的行动表现。最终减税的力度对各个阶层影响不一,但总体来看整个税负水平确实是下降的。接下来,特朗普还可能会废除奥巴马时期通过的"多德·弗兰克法案",此举对金融市场可能会有更大的冲击,我们要保持高度关注。

特朗普减税方案与中国供给侧结构性改革在过去几年所做的"三去一降一补"中的"降成本"有内在一致性,目的都是让企业轻装上阵,提升经济竞争力。不久前,习近平主席在越南APEC会议上提到,世界经济已经出现强劲复苏势头,但主要是周期性因素起作用,世界经济内生增长动力仍然不足;而提

振内生增长动力的办法,第一是创新,第二就是降成本。

(二)中国需做好政策评估,做出积极应对

中国除了高度重视美国减税改革动态,也要做好对未来政策影响的评估,从中适当借鉴,并做出积极应对。目前,中国经济下行压力仍然很大,今年一至三季度经济增长 6.9%,其实掩盖了很多问题,包括外需拉动作用以及固定资产投资增长创历史新低等。同时,房地产投资已回归理性,制造业投资增长也只有 4%。而且在资源、能源等上游产业以及制造业等很多领域,民间资本很难进去,基础设施投资的 PPP 项目存在"明股实债"现象,中国也正在加强这方面的监管。外资方面,最近两年中国吸收 FDI 总体是滑坡的。此外,传统的住房、汽车消费今年也在下滑,而文化、信息、养老、健康等"新兴消费"需求还显不足,与民生息息相关的公共产品和服务供给严重不足。金融服务实体经济还需加强。

中美竞争出现了新情况,减税只是其中一个变量,未来还有很多其他方面的变化。由于中国扩大开放金融服务业,中国服务贸易逆差可能会进一步加大。同时,美方也希望纠正中美之间的货物贸易不平衡,比如今年以来人民对美元大幅度升值,美国总统特朗普对此是很高兴的,但对中国经济有负面影响。

未来,中美经济"你中有我,我中有你"的总体分工格局会进一步强化。但是,中国制造业过去是在垂直分工结构之下,美国在中上游,我们在中下游。如果未来形成正面的产业竞争,中国将有很大压力,如果国内财税体制不改革、税负水平不下降,特别是体制机制不转变,制度成本居高不下,我们将很难保持某些领域的竞争优势。

十九大提出,要"以人民为本"。我的理解,降低老百姓税负是"题中应有之意"。十八大也提出,要促进国家治理机制和治理能力现代化,其中税负成本可视为一个反向指标,即税负成本越低,治理能力则越强。当然,中国经济体量大,有很大韧劲,有回旋余地,美国税改不会立马对我们造成冲击。但是,不能放松警惕,而是根据形势变化,顺势而为,加快供给侧结构性改革,特别是加快财税体制改革,因为财税体制改革关系到国家治理机制的现代化,非常重要。未来中国要持续地以消费作为拉动经济增长的重要引擎,那么降低居民税负将势在必行。

(依据徐洪才在全球化智库 CCG 举办的"美国减税的全球影响以及中国应对"研讨会上的发言整理,2017 年 12 月 12 日,中国网:http://www.china.com.cn/opinion/think/2017-12/12/content_ 41982506. htm? f = pad&a = true)

第九章
人物专访及其他

一、进一步推动期货市场服务实体经济发展

2008年我主编的《期货投资学》问世，2010年第二版出版，2013年第三版出版，2017年第四版出版，现在奉献给大家的是《期货投资学》第五版。十多年来，中国期货市场在曲折中前行，现已成为中国金融市场体系的重要组成部分，为企业提供公开、透明、连续的价格信号和高效的风险管理工具，为国民经济发展做出了积极贡献，其国际影响也越来越大。

即将过去的2019年，中美贸易摩擦不断升级，出现了长期化、复杂化趋势；与此同时，世界经济增速放缓，创下2008年国际金融危机以来的历史新低。随着美联储从加息转向频繁降息，各主要经济体的货币当局纷纷采取更加宽松的货币政策，全球资本流动和汇率波动明显加剧。目前全球有17万亿美元的国债是负利率，全球金融体系失去了稳定之"锚"。一些金融体系脆弱的经济体如阿根廷，遭受了严重的金融动荡。在这一背景下，中国经济经受住了考验，表现出了极大的韧性。各项政策目标如期实现，经济运行表现总体稳定，金融市场对中美贸易摩擦的预期也趋于理性，市场自我修复能力增强。

但也应该看到，各种制约中国经济平稳运行的内外部矛盾仍然存在，而且变得更加复杂。未来几年，世界经济将面临更大的不确定性，全球产业分工体系和规则体系面临重大重构，特别是大国间的经济政策协调难度增加，都给中国经济带来新的挑战。作为金融工作者，我们必须对全球宏观经济政策和金融市场行情保持敏感性，提升专业研究能力，才能根据不同风险偏好和不同收益预期的个性化需求，以及不同金融工具的交易特点，帮助投资者选择运用不同的对冲工具，优化投资策略，趋利避害，提供专业指导。

2018年3月26日，中国第一个对外开放的期货品种——原油期货在上海期货交易所子公司上海国际能源交易中心挂牌交易，成为中国期货市场全面对外开放的起点。随后，铁矿石、PTA期货等已上市品种也顺利实现国际化，期货市场对外开放步伐明显加快。2018年中国期货市场累计成交量30.11亿手，同

比下降 1.97%，累计成交额 210.81 万亿元，同比增长 12.19%。其中，商品期货交易数量为 29.83 亿手，交易金额为 184.68 万亿元；金融期货交易数量为 0.27 亿手，交易金额为 26.12 万亿元。中国期货市场交易规模位居世界前列。

2019 年，喜逢中华人民共和国成立 70 周年，也是期货市场启航 31 年。随着经济运行中的风险增加，各类机构的对冲需求与日俱增，中国期货市场也迎来了蓬勃发展的一年。2019 年，中国证监会先后批准天然橡胶期权、红枣期货、20 号胶期货、尿素期货、粳米期货、不锈钢期货和苯乙烯期货上市交易，国内上市期货市场期货和期权品种数量增至 70 个，品种覆盖农产品、金属、能源化工、金融等国民经济主要领域，建立了较为完整的品种体系。特别是股指期货，自 9 年前诞生以来，已为中国股票市场带来深刻变化，并已成为中国资本市场不可或缺的重要组成部分。随着股指期货恢复常态化交易和各类金融衍生品的不断发展，指数化投资也已成为广大投资者资产配置中的重要选项。无论是股指期货在基金管理中的应用，还是银行资金对量化对冲等类固收投资策略的需求，股指期货、期权等衍生工具都发挥了积极作用。

当前中国经济下行压力加大，形势复杂严峻，但期货市场运行质量稳中有升。随着原油、铁矿石、PTA 期货陆续实现国际化和股指期货逐步恢复常态化交易，市场对各类金融衍生品工具的需求不断增强，境内衍生品的品种不断丰富，市场规模稳步增长，股指期货、期权日益成为机构投资者实施风险管理的重要工具。相关中介机构应抓住业务拓展机遇，顺应客户需求，不断创新业务，量身定做方案，提供综合性金融服务，增强服务实体经济的能力。

未来中国经济面临新的机遇和挑战。期货市场应着眼于推动更高水平对外开放，提升大宗商品定价的国际影响力，同时把防控金融风险放在更加突出的位置，深入推进全面风险管理体系建设，更好地发挥期货市场的功能，在服务实体经济、促进多层次资本市场体系建设和优化资源配置方面发挥更大作用。

非常高兴地看到，《期货投资学》第五版即将问世。我要感谢首都经济贸易大学出版社兰士斌同志多年来的辛勤工作和支持。书中不当之处，欢迎大家指正。

（徐洪才，2019 年 11 月 18 日，本文为《期货投资学（第五版）》序言）

二、中国学者何时能获诺贝尔经济学奖

北京时间 2019 年 10 月 14 日下午，瑞典皇家科学院宣布将 2019 年诺贝尔

经济学奖授予阿比吉特·班纳吉（Abhijit Banerjee）、迈克尔·克雷默（Michael Kremer）和埃斯特·迪弗洛（Esther Duflo），诺贝尔官方授奖词写道："今年的获奖者进行的研究大大提高了我们抗击全球贫困的能力。在短短的二十年中，他们基于实验的新方法改变了发展经济学，如今这已成为一个蓬勃发展的研究领域。"

三位获奖者都是发展经济学家，其共同特点是理论联系实际，都致力于全球扶贫事业的实践行动。

巴纳吉是美国麻省理工学院教授，曾就读于印度加尔各答大学、尼赫鲁大学和美国哈佛大学，曾任发展经济学分析研究局局长、美国艺术科学研究院及计量经济学会研究员、古根海姆基金会及艾尔弗雷德·斯隆基金会研究员；获2009年度印孚瑟斯（Infosys）奖等多个奖项，曾任世界银行和印度政府等多家机构顾问。

迪弗洛是美国MIT扶贫与发展经济学教授；曾就读于法国巴黎高等师范学院和美国MIT；获2010年度约翰·贝茨·克拉克奖，2009年度麦克阿瑟"天才"奖学金，《经济学人》杂志"八大杰出经济学家"之一，《外交政策》杂志"百位最具影响力思想家"之一。

有意思的是，迪弗洛是巴纳吉在MIT指导的博士，师徒二人共著《贫穷的本质：如何逃离贫穷陷阱》一书，该书为《金融时报》－高盛2011年度最佳商业图书，其中文版由中信出版社2013出版。2003年，师徒联合创建阿卜杜勒·拉蒂夫·贾米尔贫困行动实验室（J－PAL），其研究成果获西班牙毕尔巴鄂比斯开银行年度"知识前沿"奖。

克雷默生于1964年，毕业于哈佛大学，是美国艺术与科学院院士，麦克阿瑟奖学金（1997）和总统学院奖学金的获得者，他也致力于创新扶贫行动，提供针对社会和国际发展问题的解决方案，并为发展中国家青年学生提供短期培训。

贫穷问题是当今世界最尖锐的社会问题之一。早在2000年9月，联合国首脑会议发布《联合国千年宣言》，191个成员国一致通过旨在将全球贫困水平在2015年之前降低一半（以1990年水平为标准）的行动计划。2015年9月，联合国可持续发展峰会通过《2030年可持续发展议程》，包括17项可持续发展目标和169项具体目标，仍然把消除贫困作为首要目标。

改革开放40多年来，中国为全球减贫事业做出了巨大贡献。中共十八大以来，中国提出明确的目标任务，制定精准扶贫、精准脱贫方略，全面打响脱贫攻坚战。2015年，中国成为全球最早实现联合国千年发展目标中减贫目标的发展中国家。到2020年年底,中国将全面建成小康社会,彻底消除贫困人口。

三位扶贫领域的专家荣获诺贝尔经济学奖,不仅是对他们长期致力于扶贫和发展问题研究的充分肯定,也是对从事全球扶贫事业的人们的一个鼓励。中国为全球扶贫事业做出了巨大贡献,遗憾的是,中国还未在该领域诞生有重大影响的经济学家。毫无疑问,中国的成功实践需要上升到理论,并对世界扶贫事业产生更大的积极影响,希望寄托在年轻一代中国经济学家身上。

(徐洪才,2019年10月14日)

三、身处一个变化的时代,我们都是受益者

作为一名经济学家,年底年初各大经济论坛、网络财经头条、电视荧屏上似乎都能见到徐洪才的身影,"走出农村又放弃铁饭碗、一根拖把棍儿挑着包袱来北京读书"的传奇人生经历,之后"银行证券学校"跨越很多领域的工作背景,为他添上一笔浓厚的艰辛奋斗的底色。在交谈中,令人印象深刻的是,对于复杂经济数据和经济现象,他都能如数家珍,做出深入浅出的解析。他的语速适中、声音洪亮、状态饱满,非常年轻态,这也是他经常受邀到清华、北大、中央党校等著名学府传道解惑的原因吧。

"说来我和《北京青年报》有缘,20世纪80年代初,我就自费订了它。"徐洪才说道

1. 您的童年生活中印象深刻的是什么,怎样接触到经济学的

我出生在安徽农村,父母是地道的农民,小时候家里生活很苦。外公读过几年私塾,他在传统文化方面对我有一些简单启蒙。外公鼓励我"要好好读书,将来大鱼大肉有得吃"。这一招,对于一个一年到头只能吃上三次肉的儿童来说,的确十分管用。

1978年,中国开始改革开放,和我离乡背井到外地求学是同一年。我初中毕业,参加全省统一考试,取得了比省重点高中录取分数线还高出100多分的成绩。我选择到安徽省化工学校就读,去了才知道,班上同学的成绩几乎包揽了全省各县前几名,基本都来自农村,大家都出类拔萃。选择读中专,一是因为每个月能有十元钱的补助;二是中专读完就可以留在城里工作,吃上商品粮,这是我年少时的梦想。我学的是有机化学专业,当时刚刚恢复高考,并没有针对中专的特定教材,因此所学课程和教材都与大学一样。1981年7月毕业,我被分配到安庆石油化工总厂工作,那一年我17岁。

整个80年代我都是在工厂度过的。工作之余，我开始关注社会，兴趣爱好也逐渐偏离了所学专业，开始思考一些人生问题，感到内心深处总有某种冲动在呼唤着自己。说来我和《北京青年报》有缘，20世纪80年代初，我自费订了三份报纸，其中就有《北京青年报》。当时想法很简单，就是向首都青年学习、看齐。那时我特别关注路遥的小说《人生》和潘晓在《中国青年报》上提出的"人生的路为什么越走越窄？"等问题，对蜂拥而至的各种西方思潮，比如萨特的存在主义、弗洛伊德的精神分析等感兴趣，开始萌发了对哲学的兴趣。在工厂工作的九年时间里，我一刻也未闲着，读了很多文史哲方面的书籍，自费参加中国语言文化函授大学和安徽大学哲学系函授班的学习，还参加英语大专自学考试。

那时我读了一些高深的经典著作，如《资本论》（1-3卷），对很多理论似懂非懂，继续深造的想法在心里升腾。当时参加任何考试都需要得到工作单位领导的签字同意，我就和领导软磨硬泡，终于如愿以偿。1990年，我以同等学力报考中国人民大学哲学硕士研究生，三个志愿都填写了中国人民大学，铁了心要上人大。20世纪80年代，随着市场经济的发展，读书无用论也开始流行开来，况且我读的是形而上的哲学，而我在安庆石化的工资比较高，一个月好几百元，要读书就必须跟单位脱离关系，这需要很大的勇气。好在我夫人理解我，坚决支持我。1990年8月底，我离开夫人和襁褓中的儿子，只身一人来到北京，重新开始求学生涯。

2. 从安庆到北京，让您感触最深的有哪些事情

到了中国人民大学，感触最深的还是要学习的东西实在太多。那时人大学术氛围浓厚，一个学期有六百多门选修课，可供学生自由选择。各学科老师都是国内一流的，我对学习的那种兴奋和努力似乎也比别人突出得多。三年硕士研究生学习，我从未参加过一场舞会，从未看过一场电影，从未让自己休息过一天，活动轨迹就是"三点一线"——教室、图书馆和宿舍。如果有什么不同的话，那就是每天给夫人写一封信，三天寄一次，从未间断。

到了二年级，我就去旁听一些经济学课程。当时经济系的孟氧教授对我影响很大，他的《经济学社会场论》向我展示了一个全新的研究视角。他运用广义相对论来研究《资本论》和当代世界政治经济，他认为马克思刻画的宏观世界"二重属性"与微观世界"波粒二象性"是一致的，他用这套方法分析世界粮食、石油、美元、产业分工和价值转移等问题。由于我有理工科背景，能够较好地理解孟老师的思想，除了在课堂上听他讲课，还经常到他的家里单独听

他授课。转向经济学的另一个原因,是受到邓小平南方谈话的鼓舞,我当即决定报考经济学博士,夫人一如既往地支持我,于是在二年级就着手准备考博。

社科院经济学大师云集,学术风格务实,这令我心驰神往。孟教授支持我的选择,并给我写了一封推荐信,推荐信第一句话是这样写的:"我从来都不给别人写推荐信,但是徐洪才同学是例外。"每念至此,心中便感到特别温暖,也暗自下决心好好学习,不能辜负老师对我的垂爱。当时报考社科院的都是名校财经类硕士,考博竞争从资格报名就异常激烈,审核人员考虑到我有企业工作经验,又看到我在人大学了很多财经类课程,还公开发表了几篇文章,这样才通过资格审查。

我以第一名的成绩考取了中国社科院研究生院工业经济系博士生,师从著名经济学家汪海波教授。汪老师是国内研究工业经济效益和中国工业经济史领域的权威专家,他的严谨治学态度对我一生都有积极影响。读博第一年压力最大,在完成必修专业课以外,我还参加了研究生院和加州大学洛杉矶分校联合主办的英语课程学习,努力补上英语这块短板。跟着学了一年英文课程,每天做完作业都到了子夜一点,早上六点起床,中午不睡觉,现在回想起来还真的不容易。让我终身受益的事情还是樊纲邀请刚从欧美拿到博士学位回国的余永定、张维迎、海闻等中青年学者,用英文原版教材为我们系统讲授"宏观经济学""微观经济学"和"计量经济学"课程。现在回想起来,都令我对樊纲当年的远见心存感激。

读博期间,有件事令我感念。1993 年 3 月上证综指从 1500 点冲高回落,连续 16 个月低迷,至 1994 年 7 月底跌到 325 点。中国证券投资者经历了第一场血雨腥风的洗礼,中国资本市场何去何从?当时声名显赫的上海万国证券公司和中国证券报联合组织了一个有奖征文活动,号召全国有识之士讨论中国资本市场的发展:设立一等奖一名,奖金两万元;二等奖两名,各一万元;鼓励奖十名,各五千元。我花了一个通宵写了一篇文章《国有资产经营模式比较研究》,一大早骑着单车到邮局用挂号信寄出。一个星期后,接到电话通知,我荣获全国唯一一等奖。当时中国证监会主席刘鸿儒为主任评委,评委包括厉以宁、董辅礽、萧灼基、陈彪如等著名经济学家。真是雪中送炭,两万元奖金解决了我的生活困难,1994 年 7 月一家三口终于团聚在社科院研究生院,从此开始了我们在北京的生活。

3. 您是怎样开始走上经济研究这条路的

我从事经济金融问题研究的道路有点曲折。1996 年我考进中国人民银行总行，在条法司全国金融债权管理办公室工作，主要负责企业兼并破产和银行坏账核销。在实际工作中，我接触到大量棘手的经济案例，特别是解决国有企业改制问题，涉及下岗员工安置、银行坏账核销，情况很复杂，这与书本上所学的知识相距甚远。在工作中，我逐渐对中央银行和金融体系运作有了具体认识，也深感机关工作有局限性。此时恰逢陈云贤博士致力于打造中国资本市场博士军团，受到他的感召，我毅然"辞官下海"，去了上海，开始了我的资本市场职业生涯。

1998年6月到2001年6月，亲历亚洲金融危机和国内A股市场"5·19行情"，再到上证综指2245点泡沫破灭，资本报国的理想也随之泯灭；加上和夫人两地分居的原因，2001年5月我从上海回到北京，出任北京科技风险投资公司副总裁。

2000年3月纳斯达克泡沫破灭，后来发生"9·11事件"，接着是香港创业板推出，生不逢时，一溃千里。实际上，那时搞风险投资，孵化创业企业，步履十分艰难，条件并不具备。2003年7月回到首都经贸大学当老师，那年我39岁。"人生四十而不惑，百战归来再读书。"我除了给本科生和研究生讲课，还创立首都经贸大学证券期货研究中心，从事经济金融问题研究。

读博期间我组织撰写全球第一本《投资基金运作全书》，并组织专家首次翻译《1940年美国投资公司法》。机构投资者主导美国资本市场的时代是以这部法律颁布为标志的。由我任总策划、执行副主编，经过60多位年轻学者两年努力，共计260余万字，中国证监会首任主席刘鸿儒作序，1996年由中国金融出版社公开出版。令我欣慰的是，中国几代基金经理都从中受益。

我越来越发现，成为经济学家、从事经济问题研究是我多年来最想做的事情。自己有多个领域工作经历，这对做研究是一个深厚的知识和经验积累。2009年年底，我以综合第一名的成绩考进了中国国际经济交流中心，从事经济政策研究工作。

4. 在智库工作有怎样的体验

智库的使命是资政启民，要求研究人员必须站在全球大格局下思考那些关乎国家经济发展的战略性问题。不仅要善于发现问题、分析问题，重要的是要及时提出解决问题的可行办法，供决策者参考。2010年元旦前夕我到中国国际经济交流中心，光阴荏苒，在这一干就是十个年头。虽然工作很辛苦，工资也不多，但通过自己的研究提出建议，影响了高层决策，真正感受到此项工作的重要性，由此带来的愉悦和成就感，只有亲身经历才能有真切的感受。可能有人会认为，现在是以金钱为导向的社会，这种成就感是不是有点幼稚？我自己倒觉得，能够做到十年如一日，尽心尽力地做研究，应该也是不忘初心的一种坚守、一种人生态度吧！

近十年来，经过我修改的内参报告大约有2000多份。其中也有我写的报告被高层领导认可采纳。2010年前后，中国企业走出去是非常难的。在国际分工中，我国依赖廉价劳动力优势，赚取外贸顺差。当时美元贬值，人民币升值，企业将外汇卖给银行，银行将外汇卖给央行，央行购买美国国债，形成外汇储备。中国人披星戴月地工作，将价廉物美的商品卖到美国，美国支付我们美元，我们又返回购买美债，支持了美国财政平衡。我认为，这样的循环不尽合理。问题是，国内企业手里缺少美元，怎么能够走出去呢？当时我写了两份报告，建议把部分外汇储备委托贷给商业银行，再由商业银行贷给工商企业，支持国内企业走出去。

另外，2008年国家开发银行被定位为商业银行，我认为就一般而言，市场在资源配置中发挥决定性作用。但是市场会失灵，这时政府就要弥补市场功能缺失。如果政府和市场都失灵怎么办？这时还有一个抓手，就是开发性金融。国家开发银行应该体现国家战略导向，弥补市场和政府的缺陷。2013年我乘机递上两份报告，建议把国家开发银行重新归位为开发性金融机构，报告得到了支持。近年来国家开发银行在棚户区改造和基建投资中发挥了不可替代的作用。在"一带一路"国家的港口码头机场公路铁路等基建投资中，国家开发银行功不可没。

还有一件事，2015年6月16日，欧洲复兴开发银行（EBRD）首席经济学家来访国经中心，我向他建议吸收中国投资入股EBRD，并让他转告欧盟主席容克，推动EBRD与亚洲基础设施投资银行合作、容克投资计划与"一带一路"对接。我建议EBRD定向增发新股，中国拿外汇储备购买，成为EBRD股东，同时我们同意EBRD在上海设立分行，发行熊猫债券，跟亚投行合作，共同推动"一带一路"建设。他说这是一个好主意。我建议他赶紧回伦敦传话。17日上午我完成报告，18日高层领导做出批示，并请相关部门领导抓紧研究。9月，中国人民银行与EBRD签署合作备忘录，2015年年底EBRD董事会同意中国投资入股，开启了中欧金融合作新的历史。

这些事情，虽然都是智库工作者的分内之责，但也令我感到人生有价值、有成就感。

5. 在为公共决策提供智力支持的过程中，对您帮助最大的有哪些，做学术研究您最看重的是什么

可以说所有工作经历对我做研究都有帮助。现在我还是光大银行唯一一个只干活不拿钱的独立董事。我认为人生不能过于计较，要有大的格局。我在企业、金融机构和大学都工作过，这为我从事宏观经济研究提供了微观基础。近十年来，在世界很多国家，我一个人拎着包去演讲，为中国发声，这是我作为一名研究人员十分看重的。

2018年11月，我在英国《经济学人》杂志发表署名文章，题目是《处在十字路口——全球领导人需要共同努力应对挑战》，在《经济学人》发表文章是很不容易的。几天之后，美国前财政部长保尔森在新加坡发表演讲，也认为中美关系和世界政治经济处在十字路口。我认为，做学术研究，不能纸上谈兵，不要陷在技术性细节里，要高瞻远瞩，坚持问题导向，拥有战略思维，把握历史趋势。

6. 经常受邀参加各种论坛，亮相各大媒体，是如何面对这些挑战的？作为经济界的"网红"您有怎样的体验

大家看到的这些角色，可能还是表面化的，跟踪研究现实问题才是我每天的工作任务和内容。我跟金融机构的首席经济学家们一起搞预测、搞宏观经济分析，连续搞了10年。市场情况和数据都在脑子里，随时能拿出来。我有个习惯，只要是用母语，几乎都是无稿演讲。在电视做直播时，面对新的政策马上能做出解读，这也是平时积累的结果。正所谓"台上一分钟，台下十年功"，没有平时的认真学习和研究，哪会有自己的观点和看法。说起网红，这好像一点都不假，我很早就开了博客，搜狐、新浪、网易等平台上有十来个博客，现在不玩这个了。去年应今日头条的邀请，开通"洪才大略"，受到广大网友抬爱，算是一位"资深网红"了。

7. 刚刚过去的2018年令您印象深刻的事情有哪些

印象深刻的事情还是比较多的。比如，2018年7月美国驻华使馆经济处外交官点名找我交流，我们谈了两个小时，发现双方有很多共同语言。我认为，处理好中美关系一定要有大局观，体现原则性和灵活性，要维护国家根本利益、长远利益，短期也要灵活、有策略。现在民粹主义有市场，看起来很爱国，实际上对国家重大决策有干扰。世界应有包容性，关键是怎么打交道，既要促进平等合作，实现互利共赢，趋利避害，求同存异；也要相互借鉴，不断学习进

步。任何事情，都要遵守规则，以理服人，做到知己知彼，才能百战不殆。

8. 您平时是乐观主义还是悲观主义

我是乐观主义者，这是一个不断修炼的过程。经历这么多的风风雨雨，很多事情都看淡了。名誉、职位、金钱真的是身外之物，山珍海味我不吃，我喜欢粗茶淡饭，不需要什么高档消费品，简单生活，随心所欲。当然，都像我这样，经济发展速度可能就慢了（笑）。但人总是要有点精神追求的，做自己愿意做的事情。现在赶上大变革时代，我们参与其中，作为观察者，思考研究问题，能为社会和普通老百姓提供参考和帮助，那就是有价值的人生。

9. 您日常生活的状态是怎样的，平时有哪些兴趣爱好

在一般人看来，我倒是过得有点像苦行僧的生活。每天早上六点起床，浏览各大网站国内外新闻，并将有价值的信息分享出去。上班都是乘地铁，脑子里总想着事情，因此不能自驾上下班。有人可能认为，我这个人很单调，除了研究思考问题，没有什么娱乐活动。可是我自认为内心很丰富，每天都有那么多的东西要学习、研究、消化。

最大的兴趣爱好就是每天晚上能跟夫人散步一个小时。年轻的时候，我能拉二胡和小提琴，还喜欢传统文化，不过现在没有时间了，只能期盼退休后，有时间再好好捡起来吧。

10. 您对儿子的教育参与得多吗，对后辈有什么期望

我儿子在美国读经济学博士，孙子两岁十个月，跟着他爸妈在美国。从小我对儿子管得很少，夫人对他的影响比我大。我对他的影响是无形的，从我们这个家庭出来的孩子，努力学习是理所当然的。我希望他有大格局和大情怀，去美国学习，是学习美国的先进知识和理念，最终还要回报于社会。

11. 生于60年代，您认为时代赋予个人的最大改变是什么

我很庆幸自己生于60年代，经历的人生过程是一个爆发式发展的过程。我们亲眼所见并经历其中，人生的活动空间打开了，致使我们的人生也丰富多彩。时代赋予我的就是不必再受物质生活的羁绊，追求内在精神的东西成为生活的主要动力。我们处在一个变化的时代，搭上便车，顺势而为，我们都是受益者。人生的一点点成就感，也是激发我不断前进的力量所在。

（李喆，《北京青年报》，2019年1月29日）

四、蓝光进化论——企业家精神的珍贵样本

世间万物,皆有源头,企业亦是如此。一个企业进化,由小变大,从弱到强,历经风雨见彩虹,收获财富和荣耀,也必有一个源头,这个源头就是企业家精神。企业家精神,是企业进化的第一推动力,也是经济充满生机活力的动力源泉。

习近平主席强调,要"让企业家卸下思想包袱,轻装前进",这在企业家和创业者中引起了强烈共鸣。市场活力来自于人,特别是来自企业家和企业家精神。

托尔斯泰说过:"幸福的家庭都是相似的,不幸的家庭各有各的不幸。"这句话同样适用于企业,成功的企业都有其共性,体现在企业家精神上就是坚持、责任和创新。但具体到每一个企业,企业家精神也一定有其个性,体现不同的风采。甚至同一个企业,在其不同发展阶段,企业家精神亦有不同表现。

改革开放40多年来,我国涌现了千千万万企业家的创新创业故事,繁星点点,催人奋进。企业家群体不断成长壮大,推动中国经济破浪前行。无数企业家的奋斗传奇,创造了中国经济发展的奇迹。

蓝光发展(600466,SH)就是这样一颗耀眼的星星。令人欣喜的是,蓝光发展最近推出一本新书《蓝光进化论》,对蓝光企业家精神进行了系统阐释。

历经29年发展,蓝光集团从一家汽车零配厂,发展成为聚焦房地产主业、构建高度协同的同心多元化产业生态链、布局全国的产业集团,特别是近年来高质量发展的进化历程,为企业研究提供了一个珍贵样本。

书如其名,《蓝光进化论》总结自身的成长历史,特别是贯穿其中的企业家精神,相信会为那些正在创新创业的人们以启迪。我一口气读完《蓝光进化论》,掩卷深思,不禁写出以下文字,与大家分享。

(一)十条企业家精神

在《蓝光进化论》一书中,蓝光控股集团董事局主席杨铿谈到十条企业家精神。

这是杨铿在过去这些年,经历中国房地产业起步、摸索、动荡、调整并逐步走向高速和成熟,所总结的企业家精神宝典,也是多年来支撑蓝光进化发展的基本法则。

千锤百炼，字字珠玑。

第一，法治化精神。做任何事要有法治思维，没有法治精神，企业是长不大的，无论做小事还是做大事，这是基础。

第二，底线思维精神。要有道德底线、法律底线，还要有成本底线等。

第三，创业精神。要有吃苦耐劳的创业精神。

第四，学习与创新精神。学习能力与创新精神是企业家的必备素养——不断学习，不断改进，不断反省，蓝光一定是一个学习型的组织。

第五，冒险精神。如果没有冒险精神，没有敢为人先的魄力，那么是做不成事的。当然，这里所说的冒险，是在规则范围内的创新，是敢为人先、敢于尝试的精神。

第六，荣誉与责任。谨记公益精神，如果一个企业家没有公益精神，没有利他的精神，则将注定无法迈向更加广阔的天地。

第七，人才培养与宽容。优秀的企业家一定善于培养人才，孤家寡人，难成大事。在培养人才的过程中，没有宽容也不行，宽容无关道德底线，也是一种能力，是不断学习、相互容忍和帮助。

第八，坚韧与信念。做任何事情，没有坚韧精神，没有信念，一定会降低成功的可能性。

第九，市场化理念。市场化能力，是真正的本领和能力。无论负责某一具体项目，还是产品创新、成本控制和效率提升，唯有形成市场化理念，拥有市场化能力，才能获得竞争优势，做到与众不同。

第十，专业精神，匠人匠心。无论是管理高手、技术高手，抑或市场营销高手，若不具备专业精神，则终将功亏一篑。在欧美发达国家，很多领域都以专业著称，离开专业精神，就不会有竞争力。

（二）自成体系，生生不息

企业是一个组织，企业家精神不成体系，企业就难以做强做大。仔细研究杨铿提出的十条企业家精神，会发现其内在逻辑联系，并非简单拼凑。

十条企业家精神，分开看都能做成一家企业，尤其是人们耳熟能详的创业精神、冒险精神等。但只有合在一起，才能做成一家全面综合发展的大型企业，这样的企业家精神得以贯彻落实、永不褪色，企业发展就会生生不息，基业长青。

在我看来，这十条精神就是一条企业发展道路的健康成长线。

第一、二条法制化精神、底线思维精神，是初创阶段的蓝光为自己定下的准绳。

第三、四、五条创业精神、学习与创新精神、冒险精神，构成企业从创建到成长再到爆发的逻辑链，这是企业发展的必由之路。

第六、七条荣誉与责任、人才培养与宽容，关乎企业内外群体。如果说之前的企业家精神聚焦企业家个人，那么这两条企业家精神则侧重于企业群体。

第八条坚韧与信念造就成功，如果说第六、七条拓展了企业家的精神空间，那么第八条就是给企业家精神加上了时间维度。唯有坚韧与信念，才能将一个个偶然凝聚成必然。

第九、十条市场化理念与专业精神，成就企业发展的高度。就如人类社会的飞跃，是由技术决定而非其他，企业发展的高度最终还得靠真本事、硬本事。

（三）理论与实践结合

知之非难，行之不易。

回首蓝光29载，将这十条企业家精神落实到企业日常运转中的每一天，需要强大的坚守和决心。

杨铿亲力亲为，将这十条精神注入蓝光每一个项目的建设、每一个团队的成长中。蓝光以此精神为核心，矢志不渝，砥砺前行，开拓出了一条与时偕行的进化之路。

任何理论的检验，从来都是以结果说话，在蓝光发展历程尤其是近年来的进化过程中，不乏这十条企业家精神的印记。

（四）创业创新

蓝光发展史，是一部没有停步的创业史。即便在成功上市之后，创业也是其鲜明的标签。创新则是创业过程中不变的内核。

在产品创新方面，蓝光以"新样本""族谱化"和"可持续性"三个关键词，应对人们"对美好生活的向往"，以需求倒推产品，最终凝聚成市场高度认可的产品品牌。随着市场需求的变化，蓝光对"芙蓉系""雍锦系""黑钻系""长岛系""林肯系"等五大产品系持续推陈出新，不断提升市场竞争力。

在投资布局方面，蓝光凭借在推进全国化布局过程中的收获与感悟，解答了如何做到规模与利润并重，靠"时间差"准确收获城市化进程的红利。如今，蓝光已经布局全国17大区域，60余座城市，服务100余万业主。

特别值得一提的是，蓝光在产业结构方面的出色表现。2015年，蓝光通过买壳迪康药业成功上市，后者并没有重蹈大多数壳公司的命运——迎来"洗心革面"式的业务整合。蓝光不仅保留了原迪康制药业务,还投资成立蓝光英诺公司,大胆进军前沿医疗行业,发布全球首台3D生物血管打印机。

以上业务提升了"生命蓝光"的战略高度,与蓝光传统房地产行业"人居蓝光"一起,成为驱动企业发展壮大的双引擎。

不难看到,蓝光的创业创新精神,是以做足功课为基础的,是有勇有谋之举。

(五)学习型组织与人才培养

2017年12月22日,杨铿出席蓝光培训学院转型升级后的揭牌成立仪式,标志着蓝光大力加强内生性人才培养和供给能力提升进入新时代。

这些年来,蓝光高度重视关键人才的引进和培养。从校招上,蓝光致力打造鲲鹏生、光芒生、朝阳生等三大校招品牌。在关键人才上,蓝光开设培养区域总的"铸剑班"、培养项目总的"启航班"、培养各基层管理岗的"新锐班"等课程。培训学院成立,标志着蓝光具备了系统化训练储备输送人才的能力。

从公司内部直接拔地而起一所培训学院,应该说是凤毛麟角,这也体现了蓝光对人才重视的决心,给予新人勇于试错的机会,为蓝光发展注入更多的新鲜血液。

(六)荣誉与责任

在公益的路上,30年来,蓝光累计为各项慈善事业捐款逾3亿元,捐赠药品物资超过4000万元,在贫困地区和少数民族地区援建中、小学校30余所,为超过一万名贫困学生提供学习机会。

在《蓝光进化论》一书中,可以看到蓝光对待公益事业并不是仅仅局限于捐款捐物建校,其每年都有公益援助计划,确保公益项目遴选报告、推进节奏、费用出处、过程监管、效果评估等细则全部落到实处。

书中类似例子还有很多,真正的企业家精神必须经得起现实的多重考验,能够落到实处。实践出真知,感谢蓝光为我们构建出了一个逻辑严密的企业家精神体系。

(徐洪才,《中国经营报》,2019年4月12日)

五、中国管理理论创新的大胆探索

五千年中华文化,源远流长,博大精深,其中不乏深刻的管理思想,但却未能形成系统的管理理论。相比之下，工业革命以来西方世界不仅创造了举世瞩目的经济成就和经济理论，而且在此基础上构建了系统的现代企业管理理论。中国文化之所以能够保持完整性和连续性，表面原因是中国有着两千多年的超稳定社会结构作支撑，深层原因则是积淀深厚的中华文化产生了超强的社会管理能力。

中国文化是以儒家文化为主干，以道家文化为补充，以法家文化为保障，以杂家文化为枝蔓，具有极大的包容性和兼收并蓄的特点。在价值取向上，儒家文化以孝为本，家重于个人，社会重于国家。因此，中国社会精英崇尚"修身、齐家、治国、平天下"，最高境界就是"平天下"，即管理好社会，开万世太平，让社会安定祥和，让百姓安居乐业。按照当下的流行说法，就是要妥善处理"全球治理"这个问题。

为了完成这一使命，中国历代精英都把心力花在"齐家、治国、平天下"所必需的管理能力方面。《礼记·大学》中讲道："古之欲明明德于天下者，先治其国；欲治其国者，先齐其家；欲齐其家者，先修其身；欲修其身者，先正其心；欲正其心者，先诚其意；欲诚其意者，先致其知，致知在格物。物格而后知至，知至而后意诚，意诚而后心正，心正而后身修，身修而后家齐，家齐而后国治，国治而后天下平。"中国知识分子这种特有的向内用力习惯，造就了中国特色社会管理精英，并形成了中国社会长期稳定的根基。

但是，企业管理需要向外用力，鼓励竞争与合作，这就对结合内向力和外向力，达到内外兼修，提出了新的要求；而改革开放四十多年，中国企业家锐意进取的实践探索，也为创立以中国传统文化为根基的现代企业管理理论提供了现实基础。近日，当我读到董立志、董立杰同志的新著《五略管理法》时，顿觉眼前一亮，耳目一新，豁然开朗。董氏兄弟无愧于来自孔孟之乡、齐鲁大地，长期从事企业经营管理工作，谙熟跨国企业管理之道，并勤于将中国传统文化和企业管理联系起来思考，对中国管理理论创新进行了大胆探索。

他们认为，企业作为一个组织系统，应该具备精神层次与功能层次的内容。但令人困惑的是，为何很多企业形如一盘散沙，一潭死水，大而不强，熬不过三年？又有多少人梦想基业长青，而其终生追求的事业往往毁于一旦。这些问题在《五略管理法》一书中都能找到答案。该书对一个团队和一个组织发展的三个阶段做了独到分析，即志趣相投、惺惺相惜、志同道合；而对打造这一组织更是提出了"一法、二元、三理、四纵、五横"的方法。这些提法在经典西方管理理论中是找不到的。

在此基础上，作者进一步认为，无论是成功团队，还是优秀企业，几乎无一例外地都存在着五种相互配合、相辅相成的形式，即"五略"。任何成功的团队都由五略型人才组成，任何成功的组织也都由五略型团队组成，即经略、战略、方略、胆略、操略。五略依次递进，形成一个有机整体。由此不禁令我联想到了马斯洛的"五层次需求理论"和我的"五级资本价值增值理论"，再联想到中国古老的"阴阳五行学说"，怎么都与"五"字相关呢？我明白了：世界本来就是五彩斑斓的嘛！毫无疑问，五略管理法是管理理论创新的一次有益尝试和重要成果。

作者认为，组织的根本目的在于使平凡之人做出不平凡之事，使优秀之人更加优秀。组织的最重要特性就是用人所长。考察一个组织是否优秀，要看其能否使平常人取得更好的绩效，发挥人的内在潜力，并利用其长处来帮助他人。五略管理法基于这一核心展开论述，探索组织的最佳组合，以实现人力资源的投入产出最大化。结合当下中国，人口红利渐行渐失，未来经济高质量发展之路，唯有挖掘人力资本潜力，恐怕别无他途。

五略管理法尝试根本解决组织内部协调和组织间外部协调问题。不少人认为，项羽有英雄气概，而刘邦缺乏勇士品格，而实际上，刘邦战胜项羽是因他作为领袖人物，高度重视团队作用，善于团结各路英才，组建起完善的五略组织，达到一己之力所不及的人才集聚放大效应，这是根本。五略管理法让每个人都集中精力做好自己的事，为优化企业管理模式和打造核心竞争力奠定了基础。

本书从《大学》和《龙文化传承》开篇，将中华传统文化和管理融合在一起，优选大量生动的历史案例，深入剖析了中华传统管理思维，正所谓"以史为镜，可以知兴替"。与现实中"见物不见人"、长期漠视人的价值不同，本书主张树立人的核心地位。有了合适的人和健全的组织，战略、战术、战法自然都会走在正确的道路上，工作也必然会水到渠成，取得满意的结果。

我认为，书中提出的"管理之变3+1"和"三面翻原则"，是对西方管理"权变理论"的深化和提升，将管理工作中的"繁、杂、乱、难"简化为一种中国特色管理理论，具有很强的创新性和实用性。另外，本书还提出了保障五略组织战斗力的"五略识人术、用人法、快乐工作法"，都让人产生耳目一新之感。

《五略管理法》提出一种全新的管理模式，融合中华文化、哲学和价值观，更融入现代企业管理核心管理方法和工具，古为今用，洋为中用，中西融合，自成体系，独树一帜，值得读者仔细研读品味。

我有幸先睹为快，如春风化雨滴入心田，又如惊涛骇浪敲击脑海。感谢立志、立杰两位作者的辛勤付出和对企业管理理论做出的卓越贡献!

以此为序。

(徐洪才,2019 年 5 月 28 日,本文为《五略管理法》序言)

六、积极应对经济下行和潜在金融风险

每年中信出版社都要出版一批非常棒的书籍。2019 年新年伊始,中信出版社又要为广大读者奉献一部新著《去杠杆化时代:缓慢增长与通货紧缩时代的投资策略》。这是华尔街著名经济预测专家 A. 加里·希林(A. Gary Shilling)博士同名著作的中文版。责任编辑王西琨女士送来了本书的审读本,邀请我为之作序。一口气读完,我被作者对经济趋势的历次"神机妙算"所折服,也真切地感受到一股扑面而来的穿透力和冲击力。他文笔活泼,深入浅出,纵横捭阖,击中要害。毫无疑问,这是一部十分难得的现实主义经济学力作。

希林博士毕业于斯坦福大学。他因精准预测而闻名,两次被《机构投资者》(Institutional Investor)杂志评为华尔街最佳经济学家。1969 年春季,他是少有的几个预见到经济衰退将在该年末来临的人之一。其后,他还预测到了 20 世纪 70 年代初的存货泡沫、1973—1975 年的经济衰退、20 世纪 80 年代中期的工资 – 价格螺旋通胀、1980 年末的日本泡沫、20 世纪 90 年代末的网络股泡沫和 21 世纪初的房地产泡沫。2010 年,中国经济在"四万亿"刺激计划作用下高歌猛进,此时他大胆放言:中国经济将不可避免地转向长期中低速增长。

希林博士跟踪观察华尔街 50 多年,始终保持着旺盛的工作精力和巨大的市场影响力。他经常在主流财经媒体发表文章,出版了多部学术专著,有着"反通胀博士"(Doctor Disinflation)的雅号。当然,他的预测为市场参与者服务,其深刻洞见已经让很多金融机构和投资人受益匪浅。2008 年,美国引发了"百年一遇"的国际金融危机,而他对 2008 年的经济展望也极为准确,刊登在 2008 年 1 月期《洞察》上的 13 条投资策略,都得到了正确应验。他曾深刻地指出,金融世界和实体经济之间的严重脱节,不断飙升的财务杠杆水平,特别是全球金融业和美国消费品行业的过度杠杆化,使得一场崩溃在所难免。

近年来,随着美联储加息、缩表,美国消费市场萎缩,金融去杠杆,各国政府加大了对经济活动的干预,公共部门债务不降反增,大宗商品价格低迷,以及贸易保护主义盛行,都将致使全球经济在未来十年放缓增长的步伐。难能可贵的是,他还认为 CPI 通胀通常不受欢迎,而通缩则不同,通缩有两种类型:

由过剩供给引起的良性通缩和需求匮乏而出现的恶性通缩。良性通缩的发生是因为新技术应用和生产率提高，令供给增加超出了需求所能消化的程度。其言下之意，就是各国必须加大结构性改革和促进技术创新力度，以促进经济的可持续发展。

岁月无情。回望 2018 年，虽然未发生全球性金融危机，似乎也打破了"十年来一次危机"的魔咒，但是世界各地的局部性险情却是此起彼伏，令人胆战心寒。在美联储加息、美元升值和全球贸易保护主义抬头的背景下，新兴经济体货币大幅度贬值，股票市场剧烈震荡，投资者蒙受了巨大损失。2018 年前三季度，美国股市延续了牛市行情，但是进入第四季度，三大股指急剧跳水，道琼斯工业平均指数、标普 500 指数和纳斯达克综合指数分别下跌 11.8%、14.0% 和 17.5%。在年底苹果公司股价突然下跌的过程中，"股神"巴菲特因重仓持有苹果股票而受到重创。相比之下，2018 年中国股市更是惨不忍睹，全年上证综指、创业板指数、中小板指数分别下跌 24.6%、28.6% 和 37.7%；上市公司市值缩水 13 万亿元，当年全国新增 GDP 为 8 万亿元，不足以弥补投资者的亏损。

世事难料。2018 年年初，国际货币基金组织曾乐观地预计世界经济复苏势头良好，增长可达 3.9%；但是到了秋天，其又下调预期，世界经济增长可能只有 3.8%。上半年，美国经济一枝独秀，令特朗普总统兴高采烈，二季度美国经济增长折年率高达 4.1%，失业率创下历史新低；但是到了年底，特朗普政府关门，尤其是长达九年的大牛市结束了。这令心直口快的特朗普恼羞成怒，对美联储主席鲍威尔破口大骂。其实，此时鲍威尔加息也很纠结。2018 年年初，国际油价曾上冲 70 多美元/桶，年底又跌回到接近 50 美元/桶。这让靠预测吃饭的经济学家们经常被打脸，而希林博士的预测似乎再次得到验证。

2019 新年伊始，全球弥漫着一种悲观的气氛。未来世界经济会不会进入希林博士所预言的长期缓慢增长和通缩时代？2018 年 11 月 8 日，英国《经济学人》发表了我的署名文章：《处在十字路口：全球领导人需要共同努力应对挑战》。几天后，美国前财长鲍尔森在新加坡演讲，接着中国国家主席习近平在 G20 阿根廷峰会演讲，都说世界处在十字路口。毫无疑问，未来几年，全球经济治理正在酝酿着一场深刻的变革，主要经济体的宏观政策充满不确定性，世界经济也将总体缓慢下行，美国、欧洲、日本等发达国家如此，新兴经济体和发展中国家大体也是如此。当然有例外，2019 年印度可能保持 7% 以上的经济增长，但可能不会持续。中国经济增长将缓慢回落，但对世界新增 GDP 的贡献仍会保持在 30% 左右。

2018年中央经济工作会议对当前经济形势做了科学分析,认为总体平稳,但稳中有变,变中有忧。根据我的理解,所谓总体平稳,一是经济增长相对稳定。主要宏观经济指标在合理区间,到2020年全面建成小康社会仍有信心。二是物价稳定。2018年CPI增长2.1%,但12月PPI回落到同比增长0.9%,出现了轻微的通缩苗头。三是就业形势不错。四是国际收支平衡改善,经常账户出现微小逆差,资本和金融账户保持净流入。所谓稳中有变,变中有忧,一是外部环境变化,贸易保护主义抬头,美国在技术上对中国实施封锁,未来几年世界经济、贸易和投资增长都将放缓。二是内部条件变化,用工成本上升,环保标准提高,投资消费增长乏力,技术进步缓慢,老龄化社会渐行渐近。

面对全球经济下行压力加大、宏观政策不确定性增加和潜在金融风险上升等挑战,国家、企业和个人都要保持战略定力,积极做出谋划。对国家而言,2019年是中国改革开放再出发的元年,中央经济工作会议对全年工作做了部署,即坚持稳中求进工作总基调,坚持新发展理念,按照"巩固、增强、提升、畅通"八字方针,深化供给侧结构性改革、推动经济高质量发展,扎实做好稳增长、促改革、调结构、惠民生、防风险各项工作,做好"稳就业、稳金融、稳外贸、稳外资、稳投资、稳预期"工作。与此同时,要加强财政政策、货币政策、结构性政策和社会政策的协调,形成政策合力。

对企业来讲,要看到公平竞争的营商环境正在形成,要把握新一轮深化改革、扩大开放和鼓励民营企业和小微企业发展的机遇,顺应国家政策导向,谋定后动,苦练内功,加快转型和形成核心竞争力。个人投资者也要及时总结经验和教训。2018年中国守住了不发生系统性金融风险底线,但是企业债券违约、P2P平台崩盘和股市剧烈震荡等局部性金融风险频频暴露,让人不堪回首、心有余悸。常言道:宁可明明白白赔钱,也不要稀里糊涂挣钱。因此,迫切需要大家进一步丰富经济金融知识,多读几本好书。

摆在大家面前的《去杠杆时代:缓慢增长与通货紧缩时代的投资策略》,就是这样一本值得您认真阅读的好书。先睹为快,我要感谢中信出版社的最新奉献,也希望大家从中受到启迪。

是为序。

(徐洪才,2019年1月18日,本文为《去杠杆化时代》序言)

七、见证中国金融业不平凡的这五年

上海电视台第一财经频道系列专题片《发展与变革:中国金融这五年》要

出书了，可喜可贺！节目组邀我为新书作序，我欣然同意！

  2017年对于中国金融业来说确实是一个重要的年份。2017年年中召开的第五次全国金融工作会议，全面回顾过去五年中国金融发展成就，并为未来五年金融工作定下基调，指明方向。2017年年底召开的中共十九大明确指出，我国社会主要矛盾已经转化为人民日益增长的美好生活需要和不平衡不充分的发展之间的矛盾，而提升金融服务实体经济的能力成为解决当下及未来一个时期"不平衡不充分"问题的关键。

  五年来，中国金融业总量规模快速做大，金融改革不断深化，金融开放有序推进，金融业各领域和分支也都涌现出了很多新事物、新情况，确实到了一个总结过去、展望未来的时刻。这时不仅需要金融业内进行总结和反思，也需要媒体利用自身传播优势，将中国金融发展的概貌以通俗易懂的方式传递给广大普通大众，让更多的人能够深入了解中国金融业，关心金融业未来发展，并能切身感受金融给自己的生活带来哪些变化。

  在这一背景下，十九大召开前后，上海电视台第一财经频道经过精心策划，隆重推出了《发展与变革：中国金融这五年》系列专题片，聚焦中国金融业走向新时代的变革与发展历程。节目紧扣十九大报告对金融发展要求的表述，围绕服务实体经济、防控金融风险、深化金融改革"三位一体"的金融工作主线展开，全面梳理了过去五年金融领域重要改革思路和举措、发展和成就，展望了未来中国金融发展的宏伟蓝图。

  节目从十个维度剖析解读金融改革和经济生活变化，不仅有宏观视角的大政方针解读，比如"金融与实体经济的关系""金融监管与改革""深化利率和汇率市场化改革，扩大金融对外开放"等，也有从不同金融业务领域切入的中观视角的观察，比如"国有大银行的战略转型""中小银行的差异化发展""保险业的发展"，以及"如何完善证券市场功能保护中小投资者利益推动资本市场健康发展"等，同时还从更微观的角度，具体探讨了金融如何助力实体经济、如何深化投融资体制改革，比如"如何培育长期机构投资者""私募股权与创投基金如何助力经济转型升级"和"金融如何支持精准扶贫"等。可以说，专题片比较全面和准确地反映了中国金融业的发展面貌。

  节目还有一个亮点，就是嘉宾权威，案例鲜活。节目组不辞辛劳采访了超过50位"一行三会"权威人士、知名学者、投资机构首席经济学家、中国一线经济学家及金融业内一线从业人员。节目组还深入企业和金融机构做了大量翔实的调研、拍摄，这让节目更加丰富立体，可看性非常强。毫无疑问，这部专业性很强的专题片，凝结了第一财经频道小伙伴们的辛勤付出，当然离不开社会方方面面的大力支持，其中也有我的一点小小贡献。

我与第一财经频道很早就有合作，近年来多次参与《首席评论》节目录制，还与节目组有过多次交流讨论。多年的合作经历使我感受到，第一财经这个平台一直保持用客观、理性和建设性的视角来观察纷繁复杂的财经世界，努力为观众朋友们提供接地气、非常有用的财经建议，真的很不容易。基于过往合作，应节目组盛情邀请，我成为此次系列专题节目的学术顾问，参与前期讨论，提出一些自己的建议与意见。同时我也在专题节目中发表自己对金融业各方面的看法。节目播出之后，无论是从传播力，还是行业内外的影响力方面，都取得了非常好的效果。

我认为，一部好的作品应该有更广阔的传播渠道，要让更多的人了解和受益。将节目精华内容出版成书，则是二次传播的理想渠道和方法之一。过去十几年，机械工业出版社与我一直保持良好的合作关系，不仅为我出版了三部个人专著，我也为多部他人著作推荐作序。因此，我非常乐意穿针引线，推动双方合作，将《发展与变革：中国金融这五年》通过文字形式展现给读者朋友。

金融世界瞬息万变。进入2018年，中国金融业又有了更多新的变化。一部电视专题片、一本书不可能穷尽中国金融的方方面面，但在这个快速变化的时代，需要历史的纪录者和见证者。展望未来，如何服务实体经济、如何做强自身、如何扩大开放、如何防控风险……中国金融业将面临更多考验。中国金融业的发展任重道远，须将改革进行到底。

我真诚希望，第一财经频道和机械工业出版社继续努力，将中国金融业的发展动态和成果，以及对金融业的思考，更快、更好地分享给大家，让更多读者从中受益。

是为序。

(徐洪才，2018年5月8日，本文为《发展与变革：中国金融这五年》一书序言，上海第一财经传媒有限公司编著，机械工业出版社，2018年6月出版)

八、在求索的路上，其实并不孤独

"路漫漫其修远兮，吾将上下而求索。"十几年来，苗实一直在践行这一千古不朽的诗句。

我与苗实相识于互联网空间。毫无疑问，互联网正在改变着当今世界的信息传播和人际交往方式。就是在网络这个平台上，苗实经年累月，持之以恒，不辞辛劳地向千千万万的社会大众传播自己对社会经济生活的独特观察和研究之道。

他所讲的道，既包括经济学与中国经济之道，也包括学术与社会人生之道。在多年研习的基础上，他经历从2009年到现在的八年多时间的著书立说，终于在网络世界赢得良好口碑，产生了一定的社会影响。与此同时，他还顺利撰写了改革转型两部曲的个人专著：《中国经济如是说：思考·改革·转型·探索》（已出版）和《改革转型如是说：与林毅夫教授商榷》（待出版）。作为一名完全依靠自学成才的经济学者，取得如此成就，实属不易，可喜可贺。

前一阵子，他传来他的社会人生三部曲著作手稿：《奇人苗实如是说：一位独立经济学家的经历》（上中下三册），我大致浏览了一下近百万字的手稿，对苗实的印象更加深刻了。苗实有以下六个特点。

其一，人生经历不寻常。他与传统学者，本科毕业后继续读研究生，然后在大学当教授完全不同。2001年，他从宝鸡文理学院物理系本科毕业之后，毅然决然放弃高中物理教师的铁饭碗，专心致志闭门读书八年，然后投身网络创作又是八年，这等毅力和韧劲，相当罕见。

其二，他有多学科知识背景。这套书不仅写了他的学术与社会人生，而且涉及物理学、经济学、哲学、历史学、社会学、宗教等多学科知识，没有长期积淀，是不可能做到的。

其三，兼收并蓄，师承多派。他不止一次提到林毅夫教授，从事中国经济研究，尤其专注中国经济转型中的宏观制度和三农问题。从他的改革转型两部曲来看，绝非虚言。

其四，与网友打成一片，关注草根阶层的利益诉求。在许多网站都能看到他的踪影，尤其在经管之家（原人大经济论坛）和天涯经济论坛，他是名副其实的网红。他精力充沛，不厌其烦地与网友频繁讨论，甚至争论，大大小小有数百场之多。

其五，开放包容。无论是现代经济学，还是马克思主义经济学，他都不排斥，对林毅夫教授的新结构经济学也有较深认识。

其六，与人为善。他遭到不少网友的质疑和批评，甚至诽谤造谣，他始终坚守底线，从不恶言伤人，而是心平气和，淡然处之。

有人说，苗实单打独斗，有点孤独。我不同意这种看法。我认为，在求索真理的路上，永远不会感到孤独，因为你会有很多朋友。在思想交流的过程中，可能有分歧，也可能有共识，但无论如何，对人对己都会有益处。我相信，苗实的辛勤付出不会白费，读者朋友们会从这套凝聚他多年心血的著作中受到启迪。

希望苗实再接再厉，为社会奉献更多更好的学术成果。

是为序。

（徐洪才，2018 年 4 月 18 日）

九、企业文化是企业生命力之魂

先睹为快，阅读了青年才俊胡海升的著作《从企业文化走向企业文明》一书，确实令我十分惊讶，二十几岁的年轻人就能著书立说，且见解独到深刻，实在是后生可畏。他邀我作序，我欣然应允。一口气读完，我觉得本书有以下几个特点。

首先，理论体系完整。作者从企业文化的兴起、企业文化的构成、企业文化的力量、企业文化的变革，到企业文化的创新，再提升到企业文明的高度，特别是对优秀企业文化怎样炼成、如何进行卓有成效的企业文化设计、如何通过实行品牌战略塑造企业形象以及如何将企业家精神融入企业文化等方面，进行了深入系统论述，既有宏观的审视，又有微观的剖析，有理有据，逻辑清晰，令人信服。

其次，操作性较强。作者通过介绍国内外成功企业范例，在论证自己观点的同时，实际也在就如何建立企业文化提出建议：怎样设计企业的形象、怎样树立企业的品牌、怎样进行企业管理、怎样提高企业竞争力等，非常贴近实操。

再次，注重精神升华。本书不仅细致入微地阐述企业如何在物质层面和制度层面进行规划和设计，更是不厌其烦地反复强调企业在精神层面的提升，包括企业伦理、企业道德、企业的价值观和企业的社会责任等，指明了一个有社会责任感和使命感的企业家应具有什么样的人文关怀和人本理念。

最后，注重理论创新。无论是理论阐述，还是实践总结，作者都不停留在对以往观点和经验的重复上，而是着眼于未来发展和理论创新探索。作者专门拿出一章篇幅来探讨企业文化创新问题，显然极富前瞻眼光。

谈到企业文化创新，我认为，认识到创新固然重要，但如何进行有效的创新则更为关键。要弄清这个问题，不妨谈一下我身边的具体事例。当下，老龄化社会渐行渐近，关注老年健康服务产业发展，为老人提供保健服务本无可厚非，但经常有新闻报道，一些老人用省吃俭用攒下的养老钱去买一些根本没有什么疗效且质次价高的保健设备，甚至买回后不久设备就根本无法使用了，但当老人要求销售员修理或退货时，这些销售员一反常态，或置之不理，或推三阻四，甚至人间蒸发，害得上当受骗的老人叫苦不迭。

从营销理念来说，运用人性化手段，主动关心空巢老人的身体健康，满足老人的精神需求，向老人推荐适宜的保健产品，本身无可厚非，但一旦把产品卖出去，就撕下温情脉脉的面纱，恢复冷酷无情的真面目，这种唯利是图的短视行为，注定是企业发展的最大障碍。这样所谓的"人性化营销"，只能亵渎企业文化。

（徐洪才，《现代企业文化·综合版》，2018年第1期）

十、适应金融混业经营大趋势

近年来，我国金融分业经营与监管模式受到日益严峻的挑战，金融格局正在发生深刻的变化。为适应这一变化，各地金融控股公司如雨后春笋般涌现，我国金融监管体制也在做出新的调整。及时总结金融控股公司经营管理实践经验，对于提升我国金融的整体竞争力和稳定健康发展，具有重要现实意义。

在这一背景下，《金融控股集团的经营管理之道》公开出版，可谓恰逢其时，满足了金融界和广大读者的迫切需要，也有助于促进业界进行深入思考。本书作者田晓林博士，在宏观经济、金融市场、金融企业管理和产业投资等方面，积累了深厚的理论素养和丰富的实践经验。他在本书中延续其理论与实际相结合的学术风格，对多年来的工作经验进行理论总结和提炼，系统论述金融控股集团经营管理的全貌，并深入探讨金融集团经营管理中的一些重大问题，可为金融集团创新发展提供宝贵的理论指导与经验借鉴。

理论创新是该书的一大亮点，给人印象深刻者有三。一是作者创造性地提出用于分析金融企业的"两人模型"。一般来讲，由两人组成的组织效率是比较高的。作者从金融机构资产负债报表的两边分析入手，构建一个分析所有金融机构的"两人模型"，即金融机构主要业务可以概括为投资运用和产品营销两条线。作者认为，围绕两条线配置金融集团内部资源，可能是金融集团删繁就简、抓住核心、构建组织架构的重要设计取向。此外，作者还将"两人模型"扩展至"多人模型"，为金融机构不断调整内部资源配置和组织结构转换提供理论基础，从而为多数金融机构，也包括金融集团提高运营效率、减少冗余负担提供有益的参考。这对金融机构构建核心竞争力、降低成本等方面也具有重要启示。二是该书还深入研究了国际知名企业——巴菲特领导的哈撒韦公司，经过分析其业务模式和经营特点，指出哈撒韦公司实质上就是一家典型的"金融控股公司"，这一结论加深了我们对金融集团运营模式和管理特点的认识，也具有启发意义。三是作者在分析金融集团运营环境时，提出了现代金融经济学的十大基本理念。这些理念与金融企业经营实战和理论推演的有机结合，拓展了人们对日益全球化的金融市场运行特点的认识。

作者选取中国平安（多元化金融机构发起设立的金融控股集团）、蚂蚁金服（互联网性质的金融控股集团）以及中国香港长江集团和哈撒韦公司（大型产业企业和金融集团）等典型案例，将理论与实践结合起来，无疑有助于读者加深对金融控股集团服务实体经济的理解。难能可贵的是，作者还挑选了十家中国金融集团及类金融集团企业，对其最新（2016年度数据）经营成果进行述评，以巴菲特的哈撒韦公司为对标，提炼出金融控股集团的最佳实践原则：①稳定合理的股权结构和完善的董事会治理体系。②专业化、勤勉和团结的高层管理团队。③审慎、严谨的风险管理体系。④投资和产品营销两大核心业务。⑤合理有效的全员激励机制。⑥创新、成本和效率。这些理论概括，对读者和业界人士深入认识当前有代表性的中国金融集团的经营情况并提供经验都有助益。

另外，作者还针对性地对金融主管和监管部门、国有资本管理部门、地方相关监管部门分别提出政策建议。作者认为，金融集团化发展是大趋势。作为一种新型金融组织，它既能满足客户多样化的金融服务需求，又能使得金融市场风险相对隔离、规避风险传染与扩散。金融监管部门可继续实施分业监管，并推动金融混业发展。而且，传统的以现场监管和非现场监管相结合的方法依然有效，这对金融风险监测、应对和防范引导金融集团充分利用自身优势，开发特色产品、开展多元化经营，服务于实体经济，都是非常有益的。

对于大型企业来说，产融结合无疑是提高企业集团资源使用效率，增强企业抗风险能力的良方。大型企业普遍具有产业链长、掉头转型难度大等特点，面对经济周期性变化往往相对迟缓。进行产融结合，可提高企业适应市场变化的能力，避免单纯的专业化经营。

关于地方政府发起设立的金融控股集团，作者认为大部分带有地方政府财政信用色彩，在地方市场、资源和项目方面能够得到地方政府的支持。同时，这种较为单一的融资支持也容易受地方政府政策干预，从而降低金融集团的风险承受力。因此，地方金融集团在经营发展策略上，应特别注意发挥市场机制作用，不断提高企业竞争力，逐渐向全国甚至更大范围拓展市场。

2008年的全球金融危机使得众多国际知名金融集团遭受了巨额损失。金融综合经营导致的各类金融业务关联度升高、各类风险交叉转移，大大提高了金融控股公司风险暴露的广度和深度，为金融集团的管理提出了新的挑战。我国金融控股集团发展的历史较短，尽管在此次全球金融危机中受到的直接冲击较小，但是经营环境变化和外部不确定性因素的增加，使金融控股集团始终面临资本管理、风险控制、业务能力提升等诸多挑战，也对我国金融集团的经营与管理提出了更高要求。总的来说，无论在理论研究、实证分析方面，还是在政策建议方面，《金融控股集团的经营管理之道》均以其通俗的语言、翔实的数据、经典的案例给读者以深刻的启发。在当前国际经济背景下，这部著作问世，不仅对于金融控股集团管理者是有益的借鉴和参考；对于金融投资者和对财富管理感兴趣的读者，也是必读之作。

(徐洪才，《金融时报》，2017年9月25日)

十一、加快智库体制机制的创新

近年来，我国各种类型的智库如雨后春笋，发展十分迅猛。智库是国家治理的重要组成部分，党的十八大提出实现国家治理现代化的重要任务。现在国际形势复杂多变，单靠个人经验不够了，因此智库应运而生。目前，全国已初步形成了有利于智库发展的氛围。

在过去8年多时间里，中国国际经济交流中心围绕党中央、国务院的重大战略部署和政策展开研究，提出对策建议，对一些重大决策产生了积极影响。比如，设立亚洲基础设施投资银行就是中国国际经济交流中心提出的建议。但总体来讲，目前我国智库发展与经济社会发展需要，与中央领导的期望，与人民群众的期待，都有很大差距，特别在探索中国特色新型智库建设方面仍然任重道远。我们脱胎于传统体制，不可避免地存在一些体制机制障碍，影响到智库功能的发挥，对此大家都有较深的感触。

今年5月中旬，在"一带一路"国际合作高峰论坛上，共有6个平行分论坛，即"5+1"，"五通"分别对应5个分论坛，再加上1个智库合作论坛。智库合作论坛由中宣部主办、国经中心承办。大家感到智库受到空前的重视，但是，中国要进一步融入经济全球化，企业要走出去，智库更要走出去。过去几年，国经中心先后建立"中美前高官及工商领袖对话""中日前高官及工商领袖对话"，以及"中欧前高官及企业家对话"等机制，起到了"二轨对话"和

"民间外交"的有益补充作用。同时我们也感到，要提升智库的国际影响力和竞争力，我们有很多工作要做。智库的竞争力主要看人才水平，科研人员的素质至关重要。我们总体上采取"干中学"的模式，还没有系统地考虑智库人才培养问题。每年围绕党中央、国务院重大政策，我们都要搞30个左右的课题研究，另外中财办、发改委、外交部等部门也给我们布置任务，一年共有30来项，但专职科研人员总共50多人，研究任务是比较繁重的。

由于从传统体制脱胎而来，体制机制上参照体制内管理制度，也会感到多有不便之处。比如，我们进行国际交往，基本上外宾来我们欢迎，但我们走出去就比较难，为什么？因为"必须在头一年安排出国计划"，临时性国际活动基本参加不了。一些国际机构表示愿意接受中国学者做访问交流，但我方一时半会儿还难以做到"接收境外访问学者"。当对方邀请我方学者访问时，通常也会因"工作繁忙"不会得到领导的批准，这就制约了国际交流活动的开展。

另外，智库主要是提供思想产品，科研工作是核心。但现在科研管理行政化倾向十分严重。很多同志抱怨，要把60%~70%精力用在"贴发票、财务报销"上，而不是用在科研上。当前，多数智库研究人员要靠做课题养家糊口，难免出现矛盾。怎么样才能让这些人过上有尊严、有成就感的生活，静下心来思考天下大事？这中间确有一些不协调的地方。当然，我们可以要求大家提高个人境界，强化使命感、责任感，但也要从实际出发，咱们是唯物主义者，外部诱惑很多，人才培养是一方面，优秀人才也得留住啊！否则，就会出现"逆向淘汰"。还有，目前智库纳税被视为"企业"，税负很重。

总体来说，智库本身治理非常重要，所谓"全球治理"和"国家治理"问题，其实与智库自身治理道理是相通的，古人云：一屋不扫，何以扫天下？一个小小智库单位的治理水平都提高不了，怎么能够推动国家治理现代化和完善全球治理机制呢？因此，我呼吁加快智库体制机制创新，同时呼吁在全社会形成良好氛围，呵护和支持中国智库事业的发展。

（徐洪才，在中国西部研究与发展促进会举办的
"2017智库筑基中国梦研讨会"上发言，2017年7月12日）

十二、当前全球经济形势与中美经贸关系

各位书友，大家好！

今天确实有一点激动！我要由衷地感谢陈海娟副社长刚才满怀激情的演讲，

这是她第三次为我的书做推介工作了。2008 年金融危机之后，我在机械工业出版社出版第一本书的时候，记得当时她在沈阳为我的书做推介，那本书也是我的心血之作，叫《大国金融方略：中国金融强国的战略和方向》。三年前，机械工业出版社又为我出版第二本书：《变革的时代：中国与全球经济治理》。现在大家看到的是我的第三本书：《大转型：探寻中国经济发展新路径》，是过去三年我在中国国际经济交流中心研究成果的汇集。

大家知道，读书人都喜欢读好书。作为读书人，我也想把自己所思所想和大家分享，这样就能为社会贡献正能量，同时也让社会更多地了解我等智库学者的工作和不为人知的方面。过去三年，我在中国国际经济交流中心的课题研究成果，有些已经公开发表，但多数不为公众所知，有的还影响了国家重大决策。中国国际经济交流中心是一家研究机构，大家可能不太了解，但都知道亚洲基础设施投资银行吧？四年前，中国国际经济交流中心的领导提出成立亚投行的建议，被习近平主席采纳，现在正在影响全球经济政治的格局。

从《大转型：探寻中国经济发展新路径》一书的背面可以看到，我在这里工作了八年，做了一些具体工作，自以为有几件事值得向大家亮一亮。一般来说，体制内是不鼓励宣传个人作用的，因为工作是应该的。回味过去，大家看到智库工作者的价值，在为公众决策提供力所能及的智力支持。今天趁着两会还未结束，请来几位朋友，都是相关领域专家，来捧捧场。

首先，要感谢机械工业出版社陈海娟副社长对我的一贯支持，同时感谢几位专家和我一起，就克强总理的《政府工作报告》做解读。另外，要特别感谢在座的各位朋友，利用周末宝贵时光，相聚一堂，分享观点。特别让我感动的是，有朋友从远道而来，出差路过此地，参加完活动还要赶去机场；还有从河北、天津赶来的朋友。这本小书受到大家如此厚爱，我的心情实在难以平静。

我还要感谢一位重要人物，就是我的夫人，过去近 30 年时间，她对我一贯支持，应该说是不遗余力，否则我不可能有精力写书，因为写书这种"高大上"的事情，在当今这个浮躁的时代里算是另类了，而我却一如既往，执着追求，每天沉醉其中，几乎每天都要挤地铁、乘公交车上下班，思考天下大事，这也很有意思。

我在书的扉页里面讲了这样的话：当众人起早贪黑，为了自身利益奔波的时候，我们这些人却在仰望星空，思考着天下大事。这是一个另类人群，尽管我们工资不多，但工作有意义，有价值。我专门从事研究工作，其中本人的几份研究报告得到高层采纳，实实在在对国家重大战略决策产生了影响。

借此机会，我想和大家分享一下我对当前国际经济形势，特别是中美经贸关系的看法。作为一个铺垫和背景,我讲完之后,后面几位专家将分别从自身专业角度和大家讨论《政府工作报告》和未来中国经济走向。

当前国际经济形势到底如何呢?从去年的情况来看,去年底大家觉得未来充满不确定性,前景似乎一片灰暗。特别在去年下半年,大家感到黑天鹅事件频繁发生,英国脱欧和美国特朗普上台让社会精英大跌眼镜。全球经济经历2008年金融危机之后的八年低位运行,未来前景仍然扑朔迷离,当前全球经济增长总体乏力;中国也不例外,新旧动能转换,新动能没起来,旧动能在减弱。保护主义、民粹主义、孤立主义甚嚣尘上。在这样的背景下,经济全球化遭遇暂时的挫折。未来世界到底会怎样?今天大家一起来讨论。

首先,应看到目前全球经济仍然没有摆脱2008年金融危机的阴影,产能过剩,投资贸易增长减缓,全要素生产率增长下滑,主要经济体经济走势和政策取向出现严重分化。去年全球经济增长3.1%,贸易增长1.7%,今年情况会怎样?我觉得总体会好一些,国际货币基金组织预测,今年经济增长3.4%,比去年增加了0.3百分点。根据过去的经验,往往先预期高一点,到了3月和秋季预测时往下调。

预期今年贸易增长会在去年1.7%的基础上,不低于2.0%,很可能在2.0%以上。全球经济增长经历五年低迷,贸易增长低于经济增长。在21世纪初,全球贸易增长曾经大大领先于经济增长,贸易增速差不多是经济增速的两倍,但现在几乎只有经济增速二分之一了。投资也一样,继续下滑。所以,在去年G20杭州峰会上,大家忧心忡忡,感到必须加大基础设施投资,互联互通,促进经济全球化,但是过去十几年美国主导的经济全球化,现在遭遇严重挫折,特朗普上台后,首先是退出TPP谈判,英国脱欧,以及今年和明年欧洲主要经济体领导人换届,比如5月法国大选,右翼分子勒庞女士是否上台,德国默克尔总理能否连任,都充满着不确定性。

现在大家看到,我们身边的东北亚最不稳定,近期韩国政局动荡,萨德加快部署,对亚太地区的安全和战略格局造成威胁。从全球经济发展看,从20世纪六七十年代以来的40多年,科技革命、产业分工和全球资本流动推动经济全球化,到了2008年是一个拐点,上升势头结束。有人说,从2008年开始,到21世纪中叶,可能是康德拉耶夫经济周期下半场。在这一调整过程中,全球产业分工体系和规则体系重组,以及科学技术突破等,都充满着不确定性,可以说是黎明前的黑暗。这就是我对当前全球经济的大体判断。

从主要经济体的经济增长看,去年美国经济增速只有1.6%,但总体来看,发达经济体出现温和回升趋势,今年特朗普上台以后可望加大基建投资,还有减税，这些积极的财政政策可能会拉动经济，但总体属于一种比较弱的复苏。新兴经济体在金融危机前是集体崛起，2009年、2010年对全球经济增长拉动贡献非常大，但最近几年在走下坡路，去年情况稍微好一点，去年由于全球石油价格大幅上涨，需求回升，一些主要能源、资源依赖型国家经济有所恢复。全球贸易增长低迷，低于经济增长，去年是1.9%，连续五年低于经济增速。这种贸易下降，主要是宏观政策不确定性导致的；去年欧洲难民危机、英国脱欧，以及美国选举，都对全球资本流动和贸易都产生了负面影响。

主要原因是，贸易自由化的红利逐渐消失，产业结构的变化，服务业快速发展对货物贸易需求有所下降，全球价值链扩张放缓，中间产品贸易减少，导致从2012年以来全球贸易低速增长。但从去年开始全球贸易有所恢复，美国贸易出口增长。随着美国经济复苏，美国宏观经济政策也有重大调整。2015年年底首次加息，去年年底实行第二次加息，今年预计可能加息三次。新兴经济体最近几年贸易出口总体下滑，投资继续下滑。去年全球投资下降到1.5万亿美元左右，比2015年减少13%，预计今年可能会有温和反弹。大宗商品价格前年到了低谷，2015年石油达到26美元/桶，去年翻一番，今年年初差不多54美元/桶，未来走势可能在50到60美元之间窄幅振荡。

大家更关心今年中国物价走势。1月和2月CPI和PPI走势严重背离，特别是生产者价格指数快速上涨，现在增长超过7%，有人担心生产领域的通胀又回来了。我认为，今年PPI是前高后低走势，主要理由是：去年1月PPI开始一路上升，2015年年底负增长5.9%；2016年一路回升，到了9月出现拐点，出现0.1%的正增长，结束了54个月的通缩局面，最近几个月上升势头太猛。但由于基数效应，加上今年全球大宗商品和石油价格会保持在温和水平，因此，PPI同比数据将逐渐收窄，大家不必担心通胀。1月CPI是2.5%，上个月只有0.8%，出现剧烈波动，是季节性因素在起作用。今年政府工作报告提出物价目标控制在3%左右。我相信今年CPI在2.5%左右，应该说是比较理想的水平。

美国和欧洲的物价现在逐渐接近政策目标2%。因此，美国加息呼声越来越响。欧洲可能会减少购买债券规模，逐渐退出量化宽松政策。新兴经济体物价走势总体上波澜不惊，前几年的高通胀有所减缓，特别是俄罗斯，前几年曾经有15%的增长，现在回到合理的水平。国际油价上涨受益最多的是俄罗斯和巴西等资源依赖型新兴经济体，总体而言，目前发达经济体总体上走出了低谷，新兴经济体也逐渐出现复苏迹象。

政策面出现比较大的分化，经济周期不一致性导致这种分化。美国率先复苏，两年前开始加息，其他国家总体来看还处于低利率，继续实施比较宽松的政策，虽然总体上经济没有摆脱金融危机的阴影，但已出现温和复苏迹象。从经济周期角度看，全球经济经历了七到八年的低位徘徊，现在也应该恢复了。这一点在中国得到了印证。去年四季度经济增长6.8%，前三季度都是6.7%，我预计今年一季度经济增长6.8%，出现温和复苏迹象。就是说，当大家仍在担心"L形"走势什么时候到底，其实中国经济已经悄然复苏，出现温和反弹。所以，今年我对经济平稳运行是有信心的。

我想重点讲一讲目前全球治理面临的挑战。一是全球可持续发展的紧迫性日益增强，去年G20峰会把促进全球经济可持续发展作为重要议题，中国作为世界性大国身先垂范，十三五规划把落实五大发展理念、促进中国经济可持续发展作为重要任务。二是收入和财富差距加大，出现严重的两极分化，这是全球性问题。保护主义、民粹主义抬头，逆全球化思潮兴起，都对全球经济造成干扰。三是全球治理理念分歧日益加大。过去推行的全球化是英美模式，现在英美模式出现问题了，亚洲模式90年代末也暴露出问题，比如韩国最近暴露出政商之间不正常关系，裙带资本主义，公司治理也有问题。目前，全球都在进行结构性改革，是一个改革的年代，治理模式分歧长期化，以美国为代表的西方价值观和中国特色的道路之间分歧将长期存在。四是战略安全风险增加，地缘政治冲突不断。

下面重点讨论，特朗普新政以后中美未来经贸合作和形势变化。特朗普是企业家，有关特朗普新政最能够体现其政策取向的是3月1日他在国会发表的国情咨文，我概括为10个方面。

第一是重振美国制造业。过去美国搞虚拟经济，导致制造业空心化，就业问题解决不了，竞争力大大下降，所以要重振制造业。这和奥巴马的再工业化是一脉相承的，并非特朗普的创造。

第二，加大基础设施投资。

第三，特朗普并不反对自由贸易，而是反对在他看来对美国不公平的贸易。主要几个贸易伙伴，像中国、日本、德国、加拿大、墨西哥这几个国家都是他诟病的对象。他讲了一些事实，但并不存在因果联系。比如说，中国加入世贸组织以来，美国关闭了6万家工厂，但这6万家工厂关闭，原因不在中国，而在美国自身，美国搞虚拟经济过度，金融创新过度。有一个迹象要引起高度关注，就是特朗普要扩大基建投资，要减税，财政收支矛盾将会增加，参众两院不会轻易批准这一过度扩张的财政预算，因此他请高盛投资银行前任CEO出任财政部长，同时准备废除华尔街金融改革法案，重新搞金融自由化。如果这项政策得以实施，将对未来全球金融体系造成潜在风险。

第四,大幅度减税。全世界都在减税,特朗普要减轻中产阶级的负担,让跨国公司回到美国本土创造就业机会。

第五,实施新的移民政策。难民危机困扰着全世界,尤其是欧洲、美国正在改变相关政策。特朗普的话很有意思:解决人道主义灾难的唯一途径就是让背井离乡的人们回到自己的家乡,就是不要来美国。因此他要修一条隔离墙,新版禁穆令已经出台。

第六,废除奥巴马的医保改革。过去的医保改革没有让中低收入群体得到好处,特朗普新政体现了民生导向。特朗普胜出主要靠两点,一个是群众路线,一个是实事求是。他为普通老百姓着想。过去一个多月,特朗普似乎越来越靠谱了,越来越像美国总统了。而且大家看到,他在处理中美关系方面有所克制,是比较谨慎的。中美双方正在讨论特朗普跟习近平主席见面的问题。

第七,教育的公平。通过教育来解决两极分化和社会纵向分层、分裂的问题。今年《政府工作报告》提出双创,不仅可以促进技术进步、转型升级,也有助于解决社会纵向流动的问题,让草根阶层能够实现自己的梦想,有可能实现社会地位翻天覆地的变化。

第八,增加国防预算,坚决反恐。并非特朗普不想管全球事务,有人说他正在撤退,我觉得他骨子里是要让美国再次强大起来,奥巴马认为他的底线就是美国必须领导世界100年,不能动摇;特朗普认为美国现在其实没有能力,要重振雄风,让美国再次强大起来。二者的认识分歧还是蛮大的。

第九,不强推美国价值观,不强行推广美国民主自由价值观。原来担心希拉里上台后中美两国可能会滑到"修希底得陷阱"里,现在这种可能性在减小。应该看到特朗普是商人,很多利益和问题都是可以谈的。他表示尊重所有国家选择自身道路的权力,不那么讲政治优先和高大上了,而是讲实际利益。中美是"你中有我,我中有你",如果搞贸易战、汇率战,将两败俱伤,对双方都不利,显然有违竞选时他对选民的承诺,要让美国再次强大起来,就不能搬起石头砸自己的脚。

第十,坚持美国优先,让美国再次强大。21世纪以来,全球化进程中美国地位下降,中国地位上升,特朗普看到了这一点。他讲道,当我们建国250周年的时候,就是2026年,能够看到一个更加和平、更公正和更自由的世界。这意味着,他想连任总统,干上八年,目标是在2026年美国建国250周年之时,让世界更美好起来。

因此,我们要继续把握住战略机遇期,否则,改革开放进程将会中断。他也提到大格局,他说,当他们实现这一前景的时候,回望那天晚上,也就是他演讲的那天晚上,这一开启美利坚新篇章的历史时刻,格局不大的时代结束了。他在暗指前任总统心胸狭窄。

中美贸易相互依存,双方贸易额已经大到不能互相伤害的程度。双边贸易去年有所下降,近5400亿美元,前年近6000亿美元,其中中国贸易顺差3500亿美元,将近2.4万亿元人民币,这是什么概念?我们一年创造70多万亿元GDP,去年增长6.7%,就是新增加4万多亿元GDP,而中美贸易顺差就是2.4万亿元,占多大比重?大家可以算一算。如果美国对中国采取制裁措施,而我们也有反制手段。一旦发生全面贸易战,变化将是颠覆性的。中国物美价廉的商品到美国以后,让消费者受益,过去十年美国老百姓享受了中国物美价廉的商品和服务,压低了通胀和生活成本;我们购买美国国债,平衡了美国财政收支。

最近,我们和美国打官司,终于赢了一场。过去中国人在国际舞台上打官司没有经验,现在欧美主要国家一概不承认中国的市场经济地位,咱们跟他们打官司,可以练练手。过去十几年,我们在海外投资并购,交了很多学费,走了不少弯路,现在今非昔比,经验在不断积累,终于在美国赢了首场"双反"案件的胜诉。从历史经年看,光伏产业的贸易战造成两败俱伤,让美国生产厂商吃了亏,因为其对中国市场依赖性强。另一个例子,大家看到我们身边的韩国,70%的出口在中国,现在产业结构有一定的问题,比如汽车业,打不过竞争对手日本和德国。前不久,作为全球第七大航运企业的韩进破产,充分暴露了这种外向型、过度依赖国际市场的经济结构问题,加上公司治理层面暴露了东方传统文化的某些弊端,在20年前90年代末亚洲金融危机过程中,这些弊端已有显现。这次朴瑾惠被弹劾事件,亚洲公司治理、政商关系不清和经济运行模式的弊端进一步显现。

大家关心中美汇率战,我认为不会发生。为什么?今年元旦以后,大家看到外汇市场波澜不惊。这里有一个巧合。新年第一天上班,即1月3日,我在全国人大会议中心发表本年度首场演讲,我说美元升值有内在要求。华尔街包括中国经济界主流观点都认为,人民币汇率会大幅度贬值,当时说没有贬到位,而我认为人民币对美元贬过头了,出现了汇率超调。我给出以下理由:第一,中国经济增长6.7%,美国经济增长1.6%,今年中国经济将增长6.6%,美国经济增长,因此人民币应该升值,美元应该贬值。第二,中国10年期国债收益率比美国高出1个百分点,我们回报率高,资本是逐利的,因此人民币应该升值。第三,中美贸易我们顺差,美国逆差,顺差应该升值啊!过去三年,美国出口下降比我们出口下降幅度要大,我们份额在上升,因此人民币应该升值。第四,去年10月人民币加入国际货币基金组织SDR,人民币占了10.92%的比重，现在人民币在国际储备货币中发挥的作用只有2%多一点，中间存在近9个百分点的缺口，这是未来五到十年的努力方向，意味着全球外汇储备不到11万亿美元，要增加9个百分点，将其换成人民币，会拉动海外7万亿元左右的人民币需求，拉动人民币升值。第五，通过"一带一路"建设，中国进一步对外开放，扩大了人民币的使用范围，人民币国际化进程加快。现在大家看到，在贸易当中人民币结算比例达到30%以上。后天我将参加英国皇家国际问题研究所与中国社科院世界经济与政治研究所的研讨会，讨论伦敦和上海金融合作问题，要推动人民币国际化，尤其是服务于"一带一路"建设，双方充满合作机遇。所以，人民币要升值。况且"一带一路"主要经济体货币近年来贬值，他们都愿意持有人民币。

以上是中国情况，再看一下美国。特朗普上台后，一要减税，企业所得税、个人消费税都要下降，还要扩大基建投资，财政支出扩大，进口也会增加，而美元升值导致美国出口下降，国际收支严重恶化。国际收支失衡恶化，加上财政收支失衡恶化，一定会导致美元贬值。再一个，就是美国加息，今年加息一到两次我觉得比较靠谱，因此，增加0.5个百分点基准利率，但通胀率上升，实际利率上升就没有那么快，实际利率等于名义利率减通货膨胀率。在全球经济复苏过程中，新兴经济体经济也在复苏，这会阻止自身资本流向美国。因此，不要夸大美联储加息对全球资本流动和汇率波动的干扰。再看欧洲方面，可能会加快退出量化宽松政策进程。因此，欧元对美元升值，在美元指数中欧元占比56%，因此，美元指数不会一路上涨，可能会下调。

所以，我在演讲中强调，短期内美元对人民币有贬值压力，但中长期看，我们有升值要求。这个观点很快传播出去了，3日我发表演讲，4日、5日香港外汇市场立刻做出强烈反应，这是时间上巧合，不一定是我的讲话有这样大的能量。实际上，大家看到这两天人民币兑美元汇率从6.98接近7，很快回到6.9，再到6.8，市场很快稳定下来，最近一阵子波澜不惊，过去曾经谣言四起，现在都已烟消云散了。

中央经济工作会议指出，稳中求进是指导经济工作的方法论，稳是大局。首先要稳定预期，稳定信心。大家信心有了，市场就稳了，这很重要。为什么会是这样？现在老百姓储蓄存款66万亿元，如果像去年，人民币对美元贬值6.8%，加上美元理财产品年回报2%，加起来就是8.8%，年收益率为8.8%。如果大家都这样想，如果在66万亿元人民币中拿出三分之一，或者三分之一的人有了将人民币换成美元的想法，将会是什么情况？3万亿美元外汇储备就灰飞烟灭、就归零了，这种情况很危险。现在大家要坚定信心，我说今年人民币兑美元贬值幅度不会超过 3%，如果大家都这样想，这个目标就会自动实现。网上有人讽刺我们，叫"人无贬基"，其实，这背后是有深刻科学依据的。我刚才讲的都是常识，不需要复杂的数学方程，现在已经看到，我的观点被大家接受。所以，市场稳定了，信心上升了，汇率战不会发生。

最后一个观点，未来中美投资合作潜力很大。未来几年，特朗普要加大 1 万亿美元的基础设施投资，1 万亿美元，就是不到 7 万亿元人民币，还是什么大事吗？中国一年固定资产投资多少亿元？GDP 去年突破了 70 万亿元，去年固定资产投资是 59.6 万亿元。最近一段时间，网上炒作地方政府 45 万亿元投资，似乎不得了啦！比当年 4 万亿刺激政策大多了。我说大家不要惊慌，去年固定资产投资 59.6 万亿元，今年增长 8.5% 以上，就是 65 万亿元。在 65 万亿元当中，45 万亿元跟政府有关系，还有 20 万亿元是完全市场化的，由民间投资完成，这很正常啊！

今年经济预期增长不低于 6.5%，很多人担心，我说不用担心。去年投资增长 8.1%，主要是民间投资下滑太多，8 月触底为 2.2% 的增长，到去年底，民间投资有所恢复，达到增长 3.2%。今年情况可望进一步恢复，七大领域实施混合所有制改革，将进一步释放民间资本参与的空间，"三去一降一补"也会为民间投资腾出空间，基建投资项目上马，地方政府准备比较充分，因此今年投资会有所上升。消费增长今年不会低于 10%，去年是 10.4%，也就是说，今年汽车消费和住房消费会拉低消费水平，但新兴消费在上升，因此总的消费增长仍然不会低于 10%。今年外贸出口肯定比去年好，因为全球经济在复苏。因此，总理提出经济预期增长不低于 6.5%，是有把握的。权威人士去年在《人民日报》发表文章时提到，中国经济体量大，回旋余地、空间大，就是闭上眼睛不做任何调整，也跌不到哪里去，说明中国经济有韧劲。

中美投资合作主要在基础设施、能源、环境保护等高科技领域，未来前景很好，因为美国现在招商引资，中国愿意对其投资。中国加大对美国基础设施的投资，同时扩大从美国进口高科技产品，双管齐下，有利于改善中美之间国际收支和贸易不平衡问题，实际是在帮特朗普的忙。前一阵子，他说中国操纵货币，实际是中国最近几年加大了外汇市场监管，使得人民币对美元汇率相对稳定，否则，任由市场波动，人民币对美元汇率贬值幅度会更大，这不是特朗普愿意看到的。

总之，大家要对未来充满信心。谢谢各位。

（徐洪才，在解读 2017 年政府工作报告暨《大转型：探寻中国经济发展新路径》新书发布会上的演讲，2017 年 3 月 12 日）

附录
英文演讲和文章

1. Chinese Economy 2020: a Stable Ship

Major turbulence roiled the world in 2019, stemming from the protracted trade war between China and the United States, as well as increasingly convoluted geopolitical tensions, record low global economic growth since the 2008 financial crisis, growing trade protectionism and a multilateral trading regime under renewed strain.

Despite external stresses, the Chinese economy has demonstrated strong resilience and has held up well. It continues to perform within a proper range, supported by stable inflation, solid job creation and a basic balance of international payments. Hence, China continues to lead major global economies in growth with its all-year growth rate set to reach 6.1 percent.

China's 13th Five-Year Plan will be completed in 2020, at which point China's GDP in both aggregate and per capita terms would double, and the task of building a moderately prosperous society in all respects would be fulfilled. How will the Chinese economy fare in this momentous year?

The Central Economic Work Conference convened at year's set out an overarching plan charting the course of China's economic growth. It revolves around the theme "stability".

Specifically, an array of policies are rolled out to ensure growth, promote reform, adjust economic structure, forestall risks to maintain stability and advance people's livelihoods. It's a bid to ensure steady growth of the Chinese economy in the long run and meet the set goals under the 13th Five-Year Plan.

In the year ahead, the world economy is expected to bottom out and return to an upward course, reaching a growth rate of 3.4 percent, primarily boosted by growth in emerging economies. Developed economies are expected to continue growing at a modest rate.

Five features will define the global economy:
- First, low growth, trade and investment;
- Second, low interest rates, high leverage and heightened financial instability

(perhaps a new normal);

• Third, trade protectionism posing renewed threats to the global governance system;

• Fourth, more complicated bilateral relations over the long term between China and the U.S., although tensions may ease in the short term;

• Fifth, acceleration of the Asian century, with Asia increasingly seen as the growth hub of the world.

China is expected to grow at around 6 percent in 2020, achieving its goal of doubling GDP and the objectives outlined in the 13th Five-Year Plan. It may face challenges on the following five fronts:

• First, integrating growth between urban and rural areas by facilitating the flow of factors of production.

• Second, deepening reform of state-owned enterprises and empowerment of the private sector.

• Third, further unleashing the potential of human capital.

• Fourth, use of innovation to drive continued industrial upgrades.

• Fifth, harnessing the benefits of a new round of reform and opening up.

Chief among the tasks in the 14th Five-Year Plan period is to overcome the "middle income trap". China will continue to pursue a proactive fiscal policy, but with greater intensity, invest more in weak-link areas and channel private capital to more productive use.

In 2020, the fiscal deficit ratio may increase to 3 percent, with the priority on improving the fiscal expenditure structure to the benefit of higher investment efficiency for the government. Meanwhile, investments in projects related to public welfare and infrastructure will increase.

Thanks to the promulgation of the Ordinance on Optimization of Business Environment, incentives will grow for investing private capital from China and overseas. The income distribution system will expand the middle-income group in China. Efforts will be made to stabilize the service sector and spur the growth of small and micro companies and other parts of the private sector.

China will continue to pursue a monetary policy that is appropriate and flexible, with the aim to ensuring that sufficient liquidity, monetary credit and social financing are commensurate with the level of economic development, thus bringing down financing costs. The U.S. Federal Reserve Bank has halted an interest rate drop partly in view of rising inflation. Looking ahead into 2020, the Fed is likely to keep interest rates low, and the U.S. dollar will depreciate, while the RMB will also gain against the dollar.

China continues to further open up its financial sector and attract more foreign capital, thus fostering a more enabling environment for moderately lower interest rates and an expedited M2 supply increase. Lower RRR or interest rates represent viable policy options, and the M2 supply may expand within the range of 8.5 to 9.0 percent. Smooth policy transmission mechanisms will help ensure financial market stability and facilitate financial reform and financial sector opening up.

Investment plays a pivotal role in shoring up growth, and efforts should be made to promote, in tandem, both an industrial output upgrade and an upgrade in demand. Demand potentials are robust in culture, tourism, information, eldercare, healthcare and sports, among other sectors. With increased investment in these sectors and subsequent industrial upgrades, cultivation of new industries will facilitate more demand. Ultimately, a supply and demand balance at a higher level will be reached.

Robust investment in key industrial sectors and underserved investment sectors can generate a multiplier effect that could serve to elevate basic industrial capacity and promote the industrial chain and modernization.

The rural and suburban areas of China hold the biggest economic potential. It is imperative that continued efforts be made to transform the 600 million farmers in China into a new breed of urbanites, promote the transformation of agricultural development, improve agricultural productivity and expedite the transformation of the peasant economy to a modern agricultural economy.

It is important that factors of production flow unfettered between rural and urban areas and that efforts be made to promote the centralized management of land, industrial transformations and upgrades, together with the development of a more sophisticated market system.

A two-way flow of factors of production, including knowledge, know-how, talent and capital, between the rural and urban areas should be the order of the day, as opposed to the "siphonic effect" of a one-way flow. Only in this way can economic resources in urban areas be mobilized, and consumption and investment potentials unleashed and elevated to a higher level.

(Xu Hongcai, Jan 17, 2020, https://www.chinausfocus.com/finance-economy/chinese-economy-2020-a-stable-ship)

2. Relaunching Rational Dialogue to Tackle China-US Trade Conflict

Ladies and gentlemen, good morning!

I am a think-tank scholar from Beijing for economic policy research. In the past ten years, I have devoted myself to promote China-US economic cooperation. Today, it's my privilege of making a presentation in New York, this international metropolis. My topic is relaunching rational dialogue to tackle China-US trade conflict. As we all know, it is not easy to talk about this issue under the current complicated context of China-US relation. At present, China-US trade conflicts have spread to the fields of science and technology, culture, and many other areas. Some even dangerously elevate them to the level of clash of civilizations and the new cold war, creating a horrible atmosphere.

Last November, I published an article entitled *At a Crossroads: Global leaders need to work together to meet Challenges* in the British magazine *Economist*. After that, to my delight, some heavyweight political figures such as the former treasury secretary of the US Henry Paulson repeated my view. In February, I addressed a speech named *China-US relations and China's role in the sustainable development of the world economy* in the London School of Economics and Political Science. I awaken again the public that China and the United States need to strengthen their strategic cooperation but not confrontation.

In the last two years, there has been mounting populism, protectionism, and unilateralism, while economic globalization has been hampered and the multilateral trade system threatened. In fact, the imposition of tariffs by the US on China's exports has led to a more massive trade imbalance. Anyone who has taken introductory economics in college knows that a trade tariff is simply a transfer to government from the consumers and producers. As a result, some farmers and residents in the US actually have to pay for the price of the trade conflict. According to the Commerce Department of the US, the China-US trade deficit widened to about $420 billion in 2018 from about $370 billion in 2017. It was clear that the therapy imposed by tariffs would not work. The US tariff measures lead to a decrease in the volume of China's exports to the US, and the US exports to China have dropped. China's investment in the US continues to fall, and the growth rate of US investment in China has also slowed down. At the same time, the trade conflict has a negative impact on investors' confidence. Global investors have suffered huge losses.

Therefore, the downward pressure on the world economy has increased significantly. One week ago, on June 4, the World Bank released the report on 2019 *Global Economic Prospects: Heightened Tensions, Subdued Investment*. The report said that the global economic momentum is fragile and subject to substantial risks. International trade and investment have been weaker than expected at the start of this year. Recently, International Monetary Fund chief Christine Lagarde said "the tensions between the United States and China are a threat for the world economy." Billionaire investor Warren Buffett also expressed his disappointment at the trade war. Undoubtedly, the most tremendous risk to the world economy is the escalating trade conflict between China and the US. The actions of the US disrupted global value chains and supply chains, which would lead to Asian areas and the EU adversely affected by contracting trade. Even US suppliers could not be immune to the ripple effect.

We must know that China is the world's biggest developing country, and the US is the biggest developed country. Trade and economic relations between both sides are of importance for them and for the stability of the global economy. Since China's entry into WTO, China and the US have built up a mutually beneficial relationship of structural synergy and interests convergence based on their comparative advantage and market choice. The close cooperation and economic complementation between them have increased the employment, and optimized the economic structure between the two countries, and at the same time enhanced the efficiency of global industrial divide.

Furthermore, China and the US are at different stages of development. Two countries have different cultural tradition and economic systems. Some level of trade friction is natural. In the spirit of equality and rationality, the two countries have set up several communication and coordination mechanisms such as the Joint Commission on Commerce and Trade, the Strategic and Economic Dialogue, and the Comprehensive Economic Dialogue. Each has made tremendous efforts to tackle all kinds of challenge and move economic and trade relations forward. China-US economic and trade cooperation is the anchor and propeller of our bilateral relations.

However, unfortunately, some people don't understand why they can't let the trade war escalate. The lessons of history should not be forgotten. In 1930, President Hoover signed the trade protectionism bill, the Smoot-Hawley Tariff Act, in response to the economic crisis in the US, imposing high tariffs on more than 20,000 imports, with the highest tariff rate approaching 60%. After that, trade partners have taken retaliatory tariff measures to trigger a brutal global trade war. In the period from 1929 to 1933, the import of the US was reduced by 66%, the export was also declined by 61%, and the global trade scale was reduced by 67%. The historic tragedies should not be repeated. In my view, currently, both China and the US urgently need to calm down, returning to the track of negotiations, and gradually resolving the trade imbalance through strengthening structural reform and expanding opening up.

The experience has shown that cooperation serves the interests of the two countries. The conflict can only hurt both. Based on the present situation, I honestly make the following three proposals:

First, the US should not regard China as a strategic competitor, but as an equal partner. It seems very difficult to do so. I suggest that you read carefully the speech delivered recently by Singapore Prime Minister Lee Hsien Loong. He feared that increasing tensions between China and the US could negatively impact on world peace and prosperity. At the same time, he earnestly pointed out that it will be impossible for the US to contain China's rise, and that China will eventually become a responsible and merciful power. Therefore, the US should make adaptive adjustments, enhance strategic mutual trust, resolve ideological differences, and strengthen cooperation in all fields.

Second, strengthen trade, investment, and financial cooperation between the two countries. The pragmatic solution to China-US trade imbalance is to expand the US exports of high technology and services to China, not to reduce China's exports to the US. China is opening up its markets, promoting the negative list systems for market access and implementing a competitive neutral policy. The US should actively participate in this opportunity to share China's development dividends. At the same time, to expand bilateral investment cooperation, Chinese enterprises have international first-class building capacity in bridge, expressway, and railway construction, which can help the US improve infrastructure. China and the US can strengthen the investment in traditional cleaning Energy, new energy, energy conservation and power grid construction and operation and pollution control, as well as jointly in dealing with climate change and strengthening investment in agriculture, including rural transportation, water conservancy, agricultural varieties, mechanization, modern logistics system and so on. Financial services are the strength of the United States. Not long ago, China announced 12 policies to expand financial opening, and the US should not miss this opportunity.

Third, strengthen people-to-people exchanges between both countries. In passed years, the vigorous development of China-US cultural exchanges has effectively promoted their economic and political cooperation and enhanced the basis of public opinion for the friendship. It is essential to promote China-US relations, in the long run, to maintain and deepen exchanges among educational and cultural institutions. However, recently, the US federal government has imposed visa restrictions on Chinese students studying in the US, extended the visa examination cycle, and shortened the validity period. The US also canceled a group of Chinese scholars to the US for ten years. This kind of behavior shocked me. I think it is necessary to sow the seeds of friendship among young people to enhance mutual understanding between both sides.

Ladies and gentlemen!

Looking into the future, China will continue to focus on the supply side structural reform and expand opening up. It is expected that China's economic growth rate in 2019 will remain at about 6.3%. The domestic demand will make more contributions to economic growth. The economic structure tends to be optimized. Moreover, China will continue to promote international cooperation along the belt and road based on the principle of "consultation, contribution, and shared benefits", promote the facilitation and liberalization of trade and investment, promote the fairness of rules, promote the reform of global economic governance with the WTO at the core, and build a community of shared future for humankind.

I believe that the economic globalization is the trend of the times and China's peaceful rise is also inevitable. Peace and development represent the shared aspiration of all peoples. China-US economic and trade ties concern not only the well-being of the peoples of the two countries but also world peace, prosperity, and stability. Cooperation is the only correct option for China and the US, and only a win-win approach will lead to a better future.

Therefore, I call again for relaunching rational dialogue between the two countries as soon as possible to avoid getting into bigger trouble.

Thank you so much.

（注：2019年6月12日，徐洪才出席欧美同学会在纽约主办的"首届中美经贸论坛"并发表演讲，6月14日参加在华盛顿举办的"中美人文对话会"。时值中美关系陷入僵局，两次活动产生了积极影响。6月18日，习近平主席应特朗普总统邀请通了热线电话，中美经贸谈判出现重大转机）

3. China-US Relations and China's Role in the Sustainable Development of World Economy

Ladies and gentlemen, good morning!

It is a great honor for me to be in London, in front of you, so many young friends, to attend the LSE SU China Development Forum 2019. I remember Chairman Mao said, you are like the morning sun at eight or nine, the world is yours and ours, but it is yours after all. Today, I am much delighted to share my points with you on China-US relations and China's role in the sustainable development of world economy.

Since last year, a drastic change has occurred. The growth momentum of global economy was strong in the first half of 2018, but it slowed down in the second half of the year. In my view, the slowdown will continue over the next two years. The IMF cut its forecast for world economic growth in 2019 to 3.5%, compared with 3.7% last year. The USA's economy is expected to grow 2.5 percent this year, compared with 2.9 percent last year. At the same time, the IMF also lowered the expected growth in Europe, Japan, emerging economies and developing countries. Looking back to 2018, "black swan" events took place frequently worldwide. The economic policies of the major economies changed a lot. The international oil price, the stock market, and foreign exchange market quaked dramatically. Global foreign direct investment was shrinking. Global trade growth was slowing. Some famous multinational companies experienced a sharp decline in performance, causing investors suffered huge losses.

In particular, last March, President Trump unilaterally triggered trade conflict between China and the United States. Generally speaking, China responded rationally and positively. China has focused on expanding its opening up and deepening its reforms, also responding to the US appeal. Nevertheless, the negotiations did not go well. At the end of 2018, the situation changed dramatically: the three major stock indexes fluctuated sharply, and the US economy was expected to slow down in 2019. The Federal Reserve had hesitated to raise interest rates. The US government is now heavily indebted, and the conflict between its government and Congress has intensified. The imposition of tariffs by the United States on China's exports has actually led to a larger trade imbalance, indicating that Trump's therapy does not work. The negative impact on the U.S. economy has emerged, with rising costs of American firms for production and residents' living.

Sino-US trade conflict has a negative impact on investors' confidence, causing volatility in China's stock market. However, China's foreign trade volume, FDI and ODI have maintained steady growth. This indicates that China has achieved positive results in deepening reform, which also has been recognized by foreign investors. Besides, the World Bank has given a higher rating to the business environment in China. In fact, two sides eagerly hope to end the trade frictions. China has been trying to push forward with "addition" approach and is committed to making "big cakes" by further opening its service sector and increasing imports from the United States, such as oil, gas and soybeans. The US side has previously implemented unilateralism, reducing China's exports to the United States by raising tariffs. This is actually doing "subtraction". There is a significant difference between Chinese and American philosophy.

In the past year, China and the US held seven rounds of high-level economic and trade consultations. Now the two sides are increasingly aware of the high degree of their economic interdependence. The total trade volume between two countries over the past year reached $630 billion, and bilateral investment was more than 240 billion U.S. dollars in total. Such a substantial trade volume could not have been achieved without business rules and market principles. In this context, the integration and dependence of the industrial chain should not be fiercely broken. However, the US side has taken an inappropriate punishment to some of China's high-tech companies, which hurts not only Chinese enterprises, but also the United States electronic component suppliers. This has definitely damaged the both sides. U.S. Apple stock fell sharply at the end of last year, leading to Warren Buffett's massive loss. I have the confidence that the trade frictions between China and the United States will end soon. But for the long term, the two should solve the problem through equal consultation, further opening up and enhanced cooperation, then to achieve mutual benefit and a win-win result.

Faced with complicated international context in 2018, China's economy as a whole has remained stable and progressive. There are several landmark economic indicators: the GDP exceeded 90 trillion Yuan for the first time; the per capita income reached 10,000 US dollars for the first time; the volume of foreign trade exceeded 30 trillion Yuan for the first time; and the foreign exchange reserves remained above 3 trillion US dollars. These achievements are indeed hard-won. Last year, China's GDP grew by 6.6%, but it also showed a declining trend quarter by quarter. Even so, China has still contributed about 30 percent of the world's new GDP growth and remained a veritable engine of world economic growth. China's economy has made steady progress and shown signs of improvement in five aspects as follows.

First, the economic growth rate was within a reasonable range. It is expected that China's GDP will grow by 6.3% this year and by more than 6.0% in 2020. So, it will be a high probability event for China to complete the building of a well-off society in all respects by 2020. Second, inflation was stable. The consumer price index (CPI) grew by an average of 2.1% in 2018; and the residents' income growth was roughly in line with economic growth. Third, the employment situation was good, with 13 million urban jobs created for six consecutive years. Fourth, the international balance of payments has reached the basic equilibrium. The trade surplus has narrowed, and there has been no large-scale capital outflow. Both FDI and outward direct investment have maintained steady growth, and the RMB exchange rate has remained relatively stable at a reasonable and balanced level. Fifth, we made positive progress in supply-side structural reform, improved the economic structure and raised the quality and efficiency of development. Investment structure was optimized with investment in environmental protection and agriculture increasing by 43.0% and 15.4% respectively in 2018. The added value of the tertiary industry accounted for 52.2% of GDP and contributed 59.7% to GDP growth. Consumption as the main driving force of economic growth was consolidated, and the final consumption expenditure contributed 76.2% to GDP, 18.6 percentage points higher than that of the previous year. China made solid progress in pursuing green development, and energy consumption per 10,000 Yuan of GDP decreased by 3.1 percent over the previous year.

However, China's economy also faces new challenges. World economic growth will slow down in the coming years, and the economic policies of the United States, Europe, and other major economies are full of uncertainties. With the prevalence of protectionism, populism, and unilateralism, the multilateral trading system with WTO as the core and the global governance are facing unprecedented challenges. In recent years, China's foreign trade surplus has narrowed year by year. In 2018, China's foreign trade surplus hit a record low with only $350 billion and will keep declining in the future. More importantly, the principal contradiction in Chinese society has been transformed into one between the people's ever-growing need for a better life and unbalanced and inadequate development. With the increase in labor costs and the improvement of environmental protection standards, some low-end manufacturing industries have begun to migrate to neighboring countries. Investment growth is also weak, and it is difficult to keep relying on expanding investment to drive economic growth. At the same time, the growth of household consumption is not strong. High housing prices in first-tier cities have squeezed consumer spending. The growth of traditional consumption, such as in housing and automobile, was weak, while the growth of emerging consumption, such as tourism, culture, information, pension, health, and sports consumption, accelerated, but their share on the whole, was low. In recent years, enterprises have significantly increased their investment in research and development. However, it still takes time to cultivate new drivers of economic development. The manufacturing industry is large but not strong, and the overall developing level of science and technology is still low. In the past few years, although we have kept the bottom line of no systemic financial risks and generally maintained financial stability, some local financial risks have inevitably emerged, such as the collapse of P2P platforms, default of corporate bonds and volatility of stock market, which have had a negative impact on the real economy.

At the beginning of the New Year, we feel the uncertainty from the outside world while starting a new round of reform and innovation. Basically, there are some favorable conditions as follows. China has kept political stability, and policy continuity and flexibility. Domestic demand is relatively stable, and the market is enormous. With the growth of per capita income, residents'demand for diversified consumption increases. The role of innovation in driving economic growth is rising, and technological progress and industrial restructuring are gaining momentum. Consumption has become the main driving force for economic growth. Moreover, the dividends of a new round of deepening reform and opening up will be seen. Not long ago, in response to changes in the international and domestic situation, China's top policymakers have made new adjustments to its economic policies, which are expected to form a synergy.

The first is a proactive fiscal policy. China will cut taxes and fees, including corporate income tax and value-added tax, especially reducing the operating costs of small and micro businesses so that they can carry out their business more efficiently. At the same time, China will create a sound business environment and reduce institutional costs. By the end of 2018, China's import tariffs had been cut from 9.8

percent to 7.5 percent and will be lowered in the future. China will increase investment in infrastructure to promote connectivity and the free flow of production factors. So, there is a need to expand the issuance of special local government bonds from 1.6 trillion Yuan to 2 trillion Yuan. The fiscal deficit is likely to rise to 3% from 2.6% last year. Second, China will adopt a prudent monetary policy that is in an appropriate level of money supply, preventing violent fluctuations in the financial market, maintaining reasonable and sufficient liquidity, dredging channels for conducting monetary policy, developing multi-tiered capital markets, and preventing and defusing major financial risks. Third, structural reform policies will focus on building and nurturing new system mechanisms. In June 2018, China revised the negative list of market access for foreign-invested enterprises. In December, it released the negative list of market access for domestic enterprises (2018 version). It plans to implement the "one list nationwide" management model in March 2019 and fully implement the management model of pre-establishment national treatment and negative list. Everything that the market can do should be left to the market, and the decisive role of the market in resource allocation should be brought into full play. Meanwhile, the role of the government should be played well to make up for market failure.

In 2019, China will accelerate reform in key areas, especially in the reform of state-owned assets management and state-owned enterprises. China will focus on maintaining and increasing the value of state-owned assets. It will expand the scope for mixed-ownership reform, break the monopoly and encourage competition. In the competitive field, private capital will gradually play a leading role. Incentive mechanisms should be established in state-owned enterprises to mobilize the enthusiasm of entrepreneur and workers. China will not only straighten out the relationship between the central and local governments to establish a modern fiscal and tax system, but also straighten out the relationship between the government and the market to reduce the cost of government operations. Large financial institutions should realize strategic transformation, strengthen internal risk control and improve risk pricing ability, so as to adapt to the trend of comprehensive operation of financial institutions and expand financial openness. China will encourage the development of private banks and other medium- and small-sized financial institutions. Under the premise of controllable risks, China will vigorously develop fin-tech, steadily promote asset securitization, reduce the cost of financial services, and improve the efficiency of financial services for the real economy.

In my opinion, the most promising place for China's economic development in the next decade is the rural-urban area. China is gradually establishing a mechanism for the two-way and orderly flow of production factors between urban and rural areas, promoting integrated development between urban and rural areas, rural revitalization, and the construction of urban infrastructure. In particular, China should deepen the reform of the land system, increase the application of new technology and improve the rural market system, promote the transformation of agricultural development from a small-scale peasant economy based on families to a modernized agriculture, and promote the development of urbanization by fostering new industries and creating new employment opportunities. With a large number of farmers turned into citizens, the consumption growth of Chinese residents has great potential.

Looking into 2019, the difficulties in the first quarter may be enormous, but China's economy is projected to be stabilized in the second half of the year. It is expected that the annual economic growth rate will remain between 6.0% and 6.5%, and the CPI rise will be around 2.2%. 13 million new urban jobs will be created. Investment in fixed assets is expected to grow by about 6.5 percent and total retailing of social consuming goods by about 8.5 percent. The growth of imports and exports will slow down, and the trade surplus will narrow to about \$300 billion US dollars. However, the trade structure tends to be optimized, and the competitiveness of foreign trade enterprises will be enhanced. China will adopt a more proactive fiscal policy, cutting taxes and fees by about 2 trillion Yuan and expanding infrastructure investment by the same amount. Monetary policy will be slightly loose at the margin. M2, the broad money, will grow by about 9.0%. RMB loans will grow by about 10%, and the nominal interest rate will remain unchanged. By the end of 2019, the dollar-RMB exchange rate will remain within 7.0. In general, China's economy will continue to grow steadily in the future.

In 2013, Chinese President Xi Jinping raised the Belt and Road Initiative, providing an open cooperation platform for the international community. Over more than five years, China has made outstanding contributions to promoting international cooperation along the belt and road based on the principle of "consultation, contribution and shared benefits", from which more and more participating countries have benefited. At the 2016 G20 summit in Hangzhou, China made an important mission for G20 members to implement the UN 2030 agenda for sustainable development. It also helped shift the G20 from a short-term mechanism for responding to the financial crisis in the past to a long-term mechanism for promoting sustainable development of the world economy.

Ladies and gentlemen!

Today, the world is also facing severe challenges of unbalanced and inadequate development. The global governance is facing major changes, and the WTO dispute settlement mechanism is paralyzed. It is imperative to speed up the reform of the WTO. It is incumbent on all countries to uphold the authority of the multilateral trading system and play its major role in global economic governance. China will continue to adhere to the basic principles of the WTO, promote the facilitation and liberalization of trade and investment, promote the fairness of rules, promote the reform and improvement of the multi-tiered global governance with the United Nations at the core, build a community of shared future for mankind, and make the international order more just and equitable. For a better tomorrow, let us work together.

Thank you very much.

（徐洪才在"2019伦敦政经中国论坛"上的演讲，
伦敦政治经济学院，2019年2月23日）

4. At a Crossroads: Global Leaders Need to Work Together to Meet Challenges

The world economy has enjoyed a cyclical recovery in recent years, and consequently, insufficient growth drivers and imbalanced development followed. At the same time, there is mounting populism, protectionism and unilateralism. Regional hotspots continue to be in turmoil, terrorism is rampant, while globalization has been hampered and the multilateral trade system threatened, especially in peace, development and global governance. The world is at a crossroads, witnessing profound changes.

Common challenges

The U.S. economy is performing well, but it is unsustainable. Its momentum of growth is bound to slow down by next year. Facing different economic situations, European countries and Japan have adopted differentiated policies. As the U.S. Federal Reserve is poised to hike interest rates, the volatility of global capital flow has been intensified, while the currencies of some emerging economies have depreciated sharply. The New York Stock Exchange has fallen into a correction and other stock markets have plunged as a result. The fear haunting people is whether there is a new round of international financial crisis around the corner.

With the development of globalization, common challenges, together with the pursuit of common prosperity, have encouraged people from all countries to jointly build a community with a shared future. As Chinese President Xi Jinping said, humankind has reached an age of great progress, great transformation and profound changes from a historical perspective. Still in terms of reality, we find ourselves in a world fraught with challenges.

During the 2018 Asia-Pacific Economic Cooperation (APEC) Economic Leaders' Meeting, to be held in Papua New Guinea in November, leaders need to confront the reality that global growth requires new drivers, development needs to be more inclusive and balanced, and the gap between the rich and the poor needs to be narrowed. Deficits in peace, development and governance pose a daunting challenge.

In addition, world economic growth slowed in the first three quarters of the year, and some emerging economies were trouble-ridden. The international financial market experienced fluctuations and a negative impact from the U.S. dollar appreciation and China-U.S. trade frictions, bringing more uncertainties to global governance.

Faced with these challenges, the international community is waiting for the leaders of all countries to abandon prejudice and egoism. These major countries must undertake their responsibilities and make contributions to coping with challenges. This is also the reason why the 2018 APEC Economic Leaders' Meeting is themed "Harnessing Inclusive Opportunities, Embracing the Digital Future."

The Asia-Pacific, the most vigorous region in the world economy, possesses an important strategic status. During the meeting, can leaders turn challenges into opportunities in response to the changing world situation? That will greatly influence, and even determine, the future political and economic structure of the world.

Chinese insight

In recent years, as a major developing country, China has participated on the international stage and proposed solutions to the common problems facing the world.

In the field of peace, China calls for building a community with a shared future for mankind and jointly pursuing the Belt and Road Initiative. It is proposing that countries should foster partnerships based on dialogue, non-confrontation and non-alliance. Major countries should respect each other's core interests and main concerns, keep their differences under control, and build a new model of relations featuring non-conflict, non-confrontation, mutual respect and win-win cooperation.

Big countries should treat smaller ones as equals instead of imposing their will on the latter. No country should open a Pandora's Box by willfully waging wars or undermining the international rule of law. Nuclear weapons should be prohibited and destroyed over time to make the world free of them. Guided by the principles of peace, sovereignty, inclusiveness and shared governance, the world should turn the deep seas, the polar regions, outer space and the Internet into new frontiers for cooperation rather than a wrestling ground.

In the field of development, China is implementing the UN 2030 Agenda for Sustainable Development, integrating the Sustainable Development Goals into its 13th Five-Year Plan for National Economic and Social Development during 2016 – 2020. It is also pursuing innovative, coordinated, green, open and inclusive development. China will accelerate the construction of a modern economic system to achieve high quality, high efficiency, and inclusive and sustainable development.

China is taking an initiative to participate in the reform of global governance and fulfill its international commitments. At the 2016 G20 Summit in Hangzhou, China, for the first time, systematically expounded its basic concepts of global governance, which is equality-based, open, cooperation-driven and sharing. It promoted the G20's transformation from a crisis response mechanism to a long-term cooperation mechanism for economic governance. During the Ninth BRICS Summit in Xiamen in 2017, China expanded its BRICS Plus model for dialogue and cooperation, which has injected new vitality into BRICS cooperation.

China also proposed the Belt and Road Initiative, led the establishment of the Asian Infrastructure Investment Bank, and aimed to provide new public goods to the international community. Based on the principle of consultation, contribution and shared benefits, China has upgraded cooperation models with both developed and developing countries and promoted building a community with a shared future to guide the global governance system, with the UN as its core, to develop in a more just and rational direction.

Regarding the heated debate on World Trade Organization (WTO) reform, China hopes that the reform will address the concerns and reflect the needs of most members. The primary purpose of the WTO should not be changed and its fundamental principle not challenged through gradual reform. At the same time, the reform should strengthen the authoritativeness and leadership of the WTO and consolidate the basic functions and role of the free trade principle and the multilateral trading system to better promote global free trade and economic globalization. The reform should not deviate from the overall direction of trade liberalization and is not meant to reinvent the wheel.

Greater openness

As the world's second largest economy, China's contribution to global economic growth has averaged over 30 percent annually. Its opening up will continue to have positive impact on the global multilateral trading system and global governance.

In the first half of the year, the Chinese Government completed the revision of the negative list on foreign investment. It is also committed to creating a modern market system featuring sound rules, openness, orderly competition, high efficiency, and a stable, fair, transparent and predictable business environment.

In the first three quarters of the year, it can be concluded from the indicators of growth, employment, inflation and balance of payments, that China's national economy maintained a generally steady and sound performance with a good momentum. In an optimized economic structure, new growth drivers emerged along with transformed conventional growth drivers, improved quality and returns. Solid progress was made in high-quality development. The smooth operation of China's economy has made an important contribution to the world as a whole.

Although there are fluctuations in the financial market, the overall situation is controllable and financial stability has been maintained. There are many favorable factors for domestic economic growth. For example, China's economy has become increasingly resilient, the domestic market has great potential, and there are many selectable policies. Next, China will deepen reforms and further opening up, which will continue to benefit its people and the world at large.

As a member of APEC, China's stable growth has injected new impetus into regional cooperation in the Asia-Pacific region. China is willing to strengthen bilateral and multilateral cooperation in many fields. It has assumed responsibility for promoting economic development in East Asia, leading regional integration and maintaining regional peace and stability.

China is willing to work with East Asian countries to jointly oppose trade protectionism and accelerate the negotiation process on the China-Japan-South Korea Free Trade Agreement and the Regional Comprehensive Economic Partnership, creating favorable conditions for the Free Trade Area of the Asia Pacific. As for the Comprehensive and Progressive Agreement for Trans-Pacific Partnership, China will adopt a positive attitude as long as it conforms to the WTO's principle of openness, inclusivity and transparency, and is conducive to promoting economic globalization and regional economic integration.

Looking to the future, China will continue to act as a responsible major country and to work with all countries in the world to maintain world peace, stability and common prosperity by keeping its own economy stable. China will also make more efforts to promote world economic integration and contribute to an open world economy.

（徐洪才在英国《The Economist》杂志发表
署名文章，2018年11月10日）

5. Seizing the Opportunity to Promote Economic and Trade Cooperation between China and South Korea

Since last year, China and South Korea have begun to move out of the shadow of continuing trade shrinkage, showing signs of obvious growth. Will this good momentum continue? What are the negative factors in the economic and trade cooperation between the two countries? How can the two countries speed up economic and trade cooperation under the current complex and changeable international political and economic situation?

I. History and Current Status of Economic and Trade Cooperation Between China and South Korea

China and South Korea formally established diplomatic relations in 1992. However, little economic and trade cooperation were present in the early period. The bilateral trade value was only 5 billion dollars in 1992, while it increased by more than 50 times and reached 280.3 billion dollars in 2017. China was South Korea's sixth largest trade partner at the time of establishment of diplomatic relations but became its largest trade partner by 2004, with the most import and export trade coming from and going to China. In 2008, China and South Korea established "strategic partnership", fully reflecting the strategic importance of economic and trade cooperation between the two countries.

According to South Korea's customs statistics, the import and export of bilateral commodities between South Korea and China in 2017 were 239.97 billion dollars, an increase by 13.5%. Wherein, Korea's export to China was 142.12 billion dollars, an increase by 14.2%, and the import from China was 97.86 billion dollars, an increase by 12.5%. South Korea's trade surplus to China was 44.26 billion dollars. Electromechanical products, chemical products and optical medical equipment were the main products exported by South Korea to China. In 2017, the export values of the above-mentioned products were 73.84 billion dollars, 19.34 million dollars and 14.54 million dollars respectively. The export values of electromechanical products and chemical products were increased by 24.7% and 21.5% respectively, and the export value of optical medical equipment were decreased by 12.6%. The three categories of products jointly accounted for 75.8% of the total export of South Korea to China. South Korea's top three commodities imported from China were electromechanical products, base metals and products, and chemical products. In 2017, the import values of the above-mentioned products were 45.7 million dollars, 12.96 billion dollars and 8.86 billion dollars respectively, accounting for 46.7%, 13.2% and 9.1% of the total import of South Korea from China. Of which increased by 14.7%, 9.3% and 30.3% respectively. China continues to maintain its advantages in labor-intensive product markets in South Korea such as textiles and textile raw materials, and furniture. China's main rivals are Vietnam, Indonesia, Japan and other countries in terms of these products. This year, Sino-South Korean relations continued to improve. According to Chinese statistics, bilateral trade value between China and South Korea reached 126.26 billion dollars for January to May 2018, an increase of 17.4% from the previous year. South Korea is the third largest trade partner of China, and China continue to be the largest trade partner of South Korea.

However, in recent years, the growth of direct investment of both countries has slowed down, which should be drawn to attention. South Korea is the fourth largest source of foreign investment for China, and China is the second largest investment destination for South Korea. In 2017, South Korea invested in 1,627 projects in China, a decrease of 19.4% on a year-on-year basis, and China's actual spending of South Korea investment was 3.67 billion dollars, a decrease of 22.7% on a year-on-year basis. By the end of 2017, South Korea has a cumulative total of 63,385 investment projects in China, with an actual investment amount of 72.37 billion dollars. In 2017, China's non-financial direct investment in South Korea was 420 million yuan, a decrease of 46.3% on a year-on-year basis. As of 2017, China has a cumulative total of 4.66 billion dollars in non-financial direct investment in South Korea. As of the end of May 2018, South Korea has an accumulated investment of 74.1 billion dollars in China and has been China's fourth largest source of foreign direct investment. The two parties have carried out four rounds of tax cuts in accordance with the Sino-South Korean Free Trade Agreement, which played an active role in stabilizing bilateral economic and trade exchanges and promoting economic growth of the two countries. Thus, industries and consumers of the two countries have benefited significantly.

Nonetheless, it should be noted that complementarity and competition of economic and trade cooperation between China and South Korea coexist. With the adjustment of China's trade structure, Sino-South Korean trade structure adjustment tends to a balance. In the early stage of reform and opening up, China was in the "Geese Tail" position in the traditional Flying Geese Model of ladder-type industrial division system, that is, "technology-intensive and high value-added industry—capital and technology-intensive industry—labor-intensive industry" due to China's low economic level and industrial structure level, while South Korea was in the "Geese Top" position. The industrial division between China and South Korea was based on the vertical division of labor. China and South Korea were strongly complementary in labor-intensive products such as finished products classified by raw materials, machinery and transport equipment, as well as technology and capital-intensive products such as miscellaneous products. Sino-South Korean trade has strong complementarity in resource-intensive products such as non-edible raw materials excluding fuel, chemicals and related products not otherwise specified, technology and capital-intensive products such as machinery and transport equipment. With the upgrading of China's economic level and the transformation of industrial structure, the industrial structures of China and South Korea are showing obvious conversion in several areas. The vertical division of labor shifts to a horizontal division of labor. Thus, complementarity and competition coexist in Sino-South Korean economic and trade cooperation.

In recent years, China's trade structure adjustments have driven the export growth of some high value-added electromechanical products and labor-intensive products, thus trade structure adjustment between China and South Korea tends to a balance. According to the data of Global Trade Atlas, the global export value of electromechanical products was about 7.87 trillion dollars in 2017, an increase of about 8.0% on a year-on-year basis. The export value of China's electromechanical products was 1.33 trillion dollars, an increase by 8.2%, and accounted for about 17.0% of the international market share, which kept balance and showed the trend of recovery compared to 2017. South Korea's export growth was 14.9%, accounting for 4.9% of the international market share, an increase of 0.3%. In recent years, South Korea's international market share has fluctuated from 4.6% to 5.0%. According to the data of the General Administration of Customs of China, the export value of China's electromechanical products was 6.01 trillion yuan from January to August 2018, an increase of 7% on a year-on-year basis and accounted for 58.2% of the total export value. Wherein, the export value of electric appliances and electronic products was 2.64 trillion yuan, an increase by 7.8% on a year-on-year basis; the export value of mechanical equipment was 1.82 trillion yuan, an increase by 8.5% on a year-on-year basis. During the same period, the export value of garment was 662.78 billion yuan, a decrease of 6.2% on a year-on-year basis; the export value of textiles was 507.18 billion yuan, an increase of 2.8% on a year-on-year basis; the export value of furniture was 222.38 billion yuan, an increase of 0.1%; the export value of footwear was 203.15 billion yuan, a decrease of 9.6%; the export value of plastic products was 179.51 billion yuan, an increase of 5.1%; the export value of bags and suitcases was 114.78 billion yuan, an increase of 4.7%; the export value of toys was 97.24 billion yuan, a decrease of 3.5%. The total export value of the above seven categories of labor-intensive products was 1.99 trillion yuan, a decrease of 2.5%, accounting for 19.2% of the total export value. In addition, the export volume of steel was 47.18 million tons, a decrease of 13.1%, and the export volume of automobile was 760 thousand units, an increase of 22.3%. China has taken the initiative to expand its import by optimizing the import structure, and thus the import of advance technology, key parts and important equipment increased rapidly.

Over the past decade, Sino-South Korean trade has continuously accounted for about 7% of China's foreign trade. China is Korea's largest trade partner, and the largest export and import market, while South Korea is China's third largest trade partner. Recently, Sino-South Korean economic relations have improved significantly by virtue of the willingness to improve expressed by the leadership of

China and South Korea.

II. Negative factors influencing economic and trade cooperation between China and South Korea

At present, the economic and trade relation between China and South Korea has shown improvement, however it is still unstable, facing the nuclear crisis on the Korean Peninsula and the negative impact of US Asia-Pacific Policy.

Firstly, the vulnerability of political security between China and South Korea still exists. The THAAD issue worsened the political relations between the two countries, resulting in a significant decline in the economic and trade relations between the two countries and greater influence on the public opinion of the two sides.

Secondly, the unstable situation on the Korean Peninsula threatens the stability of the region. On the North Korean nuclear issue, China and the United States insist on the denuclearization of the peninsula, while South Korea regards the unification of the North and the South as a priority and even sees the North Korean nuclear as the common asset of Korean people. At present, the North Korean nuclear issue has eased, and the United States and North Korea are willing to communicate, however North Korea intends to negotiate as a nuclear state. Thus, there may still be local conflicts and wars.

Thirdly, the United States is an important factor affecting the cooperation between China and South Korea. The United States and South Korea are allies, thus may hold aligned positions on many issues. South Korea's China Policies are usually influenced by the United States, and thus the Sino-USA relations will also affect Korea. In dealing with USA's trade protection policy, China and South Korea have common interests but also have different political demands.

So far, Trump's protectionism has affected the global economy as well as the economic and trade cooperation between China and South Korea, but at the same time bring the possibility for China and South Korea to promote a regional free-trade arrangement. China and South Korea can play active roles in promoting regional comprehensive economic partnership (RCEP) negotiations.

III. Seizing the opportunity to promote economic and trade cooperation between China and South Korea

Firstly, transforming cooperation from the traditional fields to the emerging fields. China's economic transformation creates new opportunities for Sino-South

Korean cooperation. With the transformation and upgrading of China's economy, China has gradually formed a new pattern of economic structure characterized by simultaneous development of strategic emerging industry and traditional manufacturing industry, mutual promotion of modern service industry and traditional service industry, deep integration of informatization and industrialization. The integrated development of manufacturing and service industries has become the engine of China's economic development. *Made in China* 2025 emphasizes the development of the top ten key industries: the new information technology industry including integrated circuit and special equipment, information communication equipment, operating system and industrial software; high-end numerical control machines and robots; aerospace equipment; ocean engineering equipment and high-tech ships; advanced rail transit equipment; energy-saving and new energy automobiles; power equipment; agricultural machinery; new materials; biological medicine and high-performance medical apparatus and instruments. South Korea plans to focus on the development of auto-driving, renewable energy, IOT household appliances, semiconductor display screens, bio-health and other emerging industries in the next five years, and thus China and South Korea can expand cooperation in these relevant fields. Sino-South Korean economic cooperation should be shifted from traditional manufacturing to high-end manufacturing, manufacturing service industry and modern service industry. At present, the digital economy is becoming the main way for a new round of industrial cooperation in the world. China and South Korea can enhance industrial cooperation on digital economy and continue to promote cooperation in energy conservation, emission reduction, environmental protection, low-carbon technology and circular economy.

Secondly, exploring the Chinese service market. China's economic transformation and upgrading contain huge demands for service trade. It is estimated that China's total service trade value will reach more than 1 trillion dollars by 2020, accounting for about 10% of global service trade. By 2030, China will become the world's largest importer of services. With the rapid increase of China's demands for personalized and high-quality services, the two parties can enhance cooperation in modern service industry, promote mutual references in the design of policies and systems, and carry out practical and pragmatic cooperation in specific projects. China should learn from South Korea's well-developed operating model of health care, pension, retail and circulation industries.

Thirdly, promoting regional economic integration and maintaining financial stability in Asia. China and South Korea should coordinate the arrangement of multilateral economic and trade agreements in the Asia-Pacific region, consider the actual situation of development stages of different countries, explore pragmatic transitional plans, and gradually move towards high-level economic and trade rules. The China-Japan-South Korea FTA negotiations should be initiated as soon as possible to promote the progress of China-Japan-South Korea FTA, RCEP, CPTPP and FTAAP. At present, influenced by the Fed's increased interest rate and the US dollar appreciation, the global financial market is volatile. Under this context, it is essential to strengthen the financial cooperation among China, Japan and South Korea and improve the Asian financial safety net under the "Chiang Mai Initiative" so as to prevent the financial crisis from staging a comeback.

Fourthly, jointly developing third-party market. China has proposed the "The Belt and Road" initiative and further expanded its openness. China welcomes the participation of South Korea in the construction of the "The Belt and Road" so that China and South Korea can jointly promote the docking of China's "The Belt and Road' initiative and South Korea's "New South" and "New North" policy. Actively explore cooperation models for mutual benefit, win-win and common development. In recent years, Chinese enterprises have competed with South Korean enterprises in the international market. Exploring the international market requires not only competition but also cooperation. Market competition brings efficiency improvement, while cooperation can enlarge the market size. At present, complementarity still exists in the industries of China and South Korea. Thus, we should exert comparative advantages to develop third-party market. This will produce the effect of "1 plus 1 plus 1 is more than 3".

Fifthly, strengthening cooperation between the local governments of China and South Korea. In accordance with the characteristics and needs of each region of the two countries, cooperate in agriculture, industry, science and technology innovation, urban management and other fields. At present, there are hundreds of pairs of friendly cities between China and South Korea, China and Japan and Japan and South Korea, but the overall cooperation level is low, and it remains to be expanded from bilateral cooperation to trilateral cooperation. Mayor's Meeting Mechanism of South Korea's Busan and Japan's Fukuoka has been carried out for 13 years, and it is recommended to include appropriate cities of China such as Shanghai to hold regular tripartite mayors' meetings. Industrial cooperation between China and South Korea should rise to city or provincial level compared with the cooperation of industrial parks. Three provinces of Northeast China have a strong willingness to cooperate with South Korea, and South Korea also attaches great importance to this. Thus, it is recommended to strengthen economic and trade cooperation between the three provinces of Northeast China and South Korea.

Sixthly, strengthening Sino-South Korean financial cooperation. Strategic cooperation between the two financial centers, Seoul and Shanghai, should be strengthened. We should strengthen the cooperation of the financial regulators of the two countries, accelerate the formulation of relevant policies and expand the use of local currencies in bilateral trade and investment. For many years, South Korea has maintained a relatively large surplus in its trade with China, which is a very favorable condition to make Seoul an offshore market of Renminbi. It is suggested to give priority to the development of the Renminbi bond business, establish mechanism for Renminbi to return inflow to China, and jointly guard against the risks of violent fluctuation of the US dollar.

Seventhly, expanding folk exchange and giving full play to the role of Chinese and South Korean think tanks. The exchange between the two parties can be expanded through overseas study, tourism, training and so on. Improve the "track two dialogue" mechanism for Chinese and South Korean think tanks. The think tanks of the two countries may jointly hold thematic seminars, economic forums, etc., undertake joint research and strengthen policy communication to reach more consensus and create a good cooperative atmosphere.

(徐洪才在"2018中国论坛"上的演讲,首尔,2018年12月5日)

6. RMB, a Key Stabilizer of Global Economy Amid Dollar Hegemony

This year marks the 10th anniversary of the international financial crisis. For years, the international community has been reflecting the causes of the financial crisis to prevent a recurrence. The crisis exposed the inherent defects of the international currency system—the US dollar accounts for an excessive proportion of international reserve currencies, resulting to over-centralized risks of the international financial system. Therefore, there is an urgent need to establish a diversified international currency system. However, it has been 10 years since the crisis and the dollar-dominated international currency system has not fundamentally changed.

At present, China is the second largest economy in the world, but the renminbi (RMB) plays a minor role in the international currency system, which is not commensurate with the international status of China's economy. On Oct 1, 2016, the International Monetary Fund included the RMB into the Special Drawing Rights (SDRs) currency basket with a 10.92 percent weighting in the basket. It signals the international community's expectation on the RMB playing a greater role in the international monetary system. In other words, the international community hopes the RMB will assume more international responsibilities.

However, the process of RMB internationalization has been slow in the past two years. According to the statistics from the Bank for International Settlements, as of the end of 2017, the US dollar ranked first in international settlement with a market share of 39.9 percent, and the euro ranked second with 35.7 percent, followed by the pound sterling at 7.1 percent, the Japanese yen 2.9 percent and the RMB 1.6 percent. In sharp contrast to the role of RMB, China's GDP accounts for about 15 percent of the world's total, and China's foreign trade volume accounts for 13 percent of the world's total.

In terms of financial transactions, the balance of global debt financing in 2016 exceeded \$21 trillion, of which 39.5 percent was issued in US dollar as financing instruments and 32.1 percent in euro, the pound coming third. The international bond balance of RMB was \$100.83 billion, accounting for merely 0.5 percent of the world's total, lower than the Swiss franc, Canadian dollar and Australian dollar.

What is inspiring is that more and more central banks or national treasury departments have begun to hold the RMB in recent years. For example, on June 13, 2017, the European Central Bank announced that it was investing in RMB-dominated assets worth of 500 million euros as reserve. However, the proportion of RMB in global reserve assets is only about 1 percent, and there is still a large gap to the proportion of RMB in SDRs currency basket.

In recent years, China has expanded its financial liberalization and facilitated RMB internationalization. On May 2, 2018, the RMB Cross-border Interbank Payment System (CIPS) (Phase II) was fully put into use. The CIPS provides clearing and settlement services for cross-border RMB businesses, which built a "highway" for the RMB internationalization—a key financial infrastructure as per international standards.

As of the end of March this year, the CIPS had 31 direct participants and 695 indirect participants, both from domestic and abroad. The actual business scope has extended to 148 countries and regions. The advancement of the Belt and Road Initiative also rendered a much clearer path of RMB internationalization. Governments conducted cooperation with international financial development institutions in infrastructure investment, which expanded the use of the RMB in this sector. The overseas branches of Chinese-funded commercial banks have increased year-by-year, the internationalization of the RMB bond market and the stock market has accelerated, and the RMB has been used more in the international bulk commodity trade.

In the next 10 years, it is hopeful that the RMB will play a role in the reserve currency on par with its 10.92 percent share in the SDRs, which is also an expectation from the international community.

The RMB internationalization epitomizes China's commitment to international responsibility. It will not threaten the dominance of the US dollar. Instead, it will help reduce the pressure on the US dollar and diversify risks in the international financial system, thereby maintaining global financial stability.

In this sense, the US needs not worry that the RMB internationalization will challenge the status of the dollar. On the contrary, it should help the RMB accelerate its internationalization. By the middle of the century, the proportion of the RMB in the international reserve currency will be close to 20 percent, still ranking behind the US dollar and the euro.

(Xu Hongcai, *China Watch*, 2018-06-13, http://www.chinawatch.cn/a/201806/13/WS5b20b559a3106beef440ff21.html?bsh_bid=2072484725&from=singlemessage&isappinstalled=0)

7. China May Fine-tune Policies on Liquidity Risk

BEIJING (MNI) —China policy makers could fine-tune current monetary and fiscal policies to head off liquidity risks in both the financial and real economies, Xu Hongcai, deputy chief economist at the China Center for International Economic Exchanges, an advising-body run by the China Development and Reform Commission, told MNI in an interview.

"Liquidity risk will be the biggest risk the economy faces during the process of deleveraging over the next three years," said Xu, stressing that the tone of a "prudent and neutral" monetary policy and "proactive and expansionary" fiscal policy will not change.

"Debt-ridden companies and even local governments can hardly react at a prompt pace to the sudden tight credit situation, particularly when the economic downturn pressure is building, so they are having a hard time," he added.

So far in 2018, there have been 20 corporate bond defaults involving 12 companies, totalling CNY15.66 billion. That compares with CNY12.69 billion in the same period last year, according to Wind, a Chinese financial data provider.

Xu expects that policy makers would adjust previously tight policies at a moderate pace, by relaxing control on local government fund-raising and further relaxation of the reserve requirement ratio of banks in a bid to deal with the credit risk and, more importantly, to boost the economy.

LIQUIDITY RISK

While the asset management industry is shrinking under tighter financial regulation, the capability of companies to raise funds and repay debt is sharply reduced as their channels of funding decrease and costs rise.

"Monetary policy will be flexible. The central bank would adjust its credit quotas, a criteria set by PBOC's macro-prudential assessment, accordingly if it notices the real economy is suffering a liquidity crunch. But in general, a tight liquidity will be a new normal," Xu said, adding that M2 growth this year would be slightly lower than the nominal GDP growth after growing only 8.2% in 2017.

Meanwhile, regulators will focus on structural deleveraging targeting local governments. That means "illegal channels" of raising debt, including those via local government funding vehicles, will be strictly curbed, while simultaneously opening up "legal channels", such as continuing to allow local governments to roll over maturing debt and issue long-term debt, the advisor said.

RRR/OMO SWAP

One practical approach to solving liquidity risk is a further cutting of the RRR, Xu suggested. The PBOC announced unexpectedly on April 17 that it would cut the amount of cash that most banks are required to hold in reserve by one percentage point—the first across-the-board reduction since March 2016—to release cash into the banking system.

"I think the PBOC will continue to reduce RRR by swapping its outstanding open market operation tools, such as repos, medium-term lending facility and standing lending facility, to inject long-term capital, lower bank's funding cost while reducing volatility in the money market," he noted.

A reduction in the RRR is also a way to deal with the imbalanced growth of loan and deposits of commercial banks while the loan expansion is much more rapid than that of deposit. "This imbalance is unsustainable, which needs the PBOC to release liquidity via an RRR cut," Xu warned.

ECONOMIC DOWNTURN

Xu believes China is still facing big economic downturn pressures, as domestic consumption remains weak, exports suffer uncertainty and investment slows under tight credit control.

"Although it is not hard to reach the 6.5% GDP target for the year, we will not see growth of 6.9% like last year. I predict GDP will increase by 6.7%, but under the condition that the Sino-US trade conflict would not get worse," Xu said. The major economic indicators have also shown a slowing in April, particularly in consumption and investment.

Xu is concerned about year-end inflation, with a prediction that CPI would rise to 2.2% on rising costs in the real economy which is attributed by increasing labor wages, the yuan appreciation and reducing production out of environmental protection campaign. In the meantime, uncertainty over the crude oil price surge would drag up PPI this year.

He thinks M2 would grow at a pace slower than 8.9% and the yuan largely would remain stable against the U.S dollar, fluctuating in a range of 6.2 to 6.4.

"All in all, the policies need to maintain flexible and stable in current situation," Xu said.

(Xu Hongcai, May 16, 2018, https://www.marketnews.com/content/repeat-mni-china-may-fine-tune-policies-liquidity-risk?from=timeline&isappinstalled=0)

8. China Reaffirmed its Commitment to Opening Up

In his speech at the Bo'ao Forum, President Xi Jinping reviewed the success story of China's reform and opening up in the past four decades, and explored common challenges faced by the world today. Peace and development remain the themes of the time, and the only way forward should be equal-footed cooperation for win-win outcomes.

President Xi Jinping reaffirmed in his speech that China will roll out more opening up measures such as lowering auto tariffs. Such measures should not be interpreted as a response to China-US trade friction, but part of China's efforts to make its voice heard globally in the form of an annual gathering. President Xi Jinping laid out further opening up measures, which serves to send a clear message to the world about where China is headed.

China stands for equal footed cooperation for win-win outcomes, so the world community can work together to build a community of shared future. This serves the interests of China, as the country will continue to open further and deepen reforms, guided by the experiences in the past four decades. Looking ahead, China holds great prospects in terms of its economic growth and market opportunities, and looks forward to sharing these benefits with the world, thus contributing to world development and prosperity. China stands for benefits for all. China has always been a positive force for globalization, and a major contributor to world peace and stability, and remains committed to shoring up global confidence in development.

President Xi Jinping laid out further measures for reform and opening up, which sends a positive message to the world, and offers a much-welcomed opportunity to address the trade imbalance between China and the US.

The trade imbalance is rooted in the two economies' different stages of development and their distinct positions in the global industrial chain. For the same reason, the two economies have become inextricably interdependent, and their trade imbalance defies any simplistic solutions such as tariff hike or tit-for-tattrade retaliation.

When China further opens up, there will be abundant new opportunities for US businesses, especially in the trade of services, including financial services, where the US is already running a surplus. Other industries such as automobiles also offer new opportunities. When the US seizes these opportunities to export more to China, trade can become more balanced.

There are a few other points in President Xi Jinping's speech that offer great insight into the future landscape of China. He said China will continue to improve its business environment, and encourages foreign businesses to take part in its economic development. In the first half of this year, China will amend its negative list, and fully roll out the pre-establishment national treatment plus negative list system, which is encouraging for foreign businesses. While blaming China for the trade deficit, the US may well reflect on its own policies, where excessive restrictions on hi-tech exports to China cost US companies' valuable business opportunities, which only ends up being taken by countries like Germany, France, and the UK.

China will import more from the world. The 2018 Import Expo will be held in China and it will be an annual event from this year on. Meanwhile, tariffs will be further lowered, and China is seeking to join the WTO Agreement on Government Procurement. As China strives to import more, the US stands to benefit from an improved trade relationship with it.

China places great importance on intellectual property rights (IPR) protection, which is a central task in an innovation-driven economy. It is not only a global aspiration, but something China wants to do on its own accord. China has been making unremitting efforts over the years to improve IPR protection, with the latest effort being the restructuring of the State Intellectual Property Office. Law enforcement will be further strengthened with punitive measures in place for violations. Only when intellectual property is well protected can an innovation driven economy be truly established and prosper, which will draw more foreign businesses to China.

(Xu Hongcai, Apr 24, 2018, https://www.chinausfocus.com/finance-economy/xis-opening up-speech? from = timeline&isappinstalled = 0)

9. How Will the U.S. Interest Rate Hike Play Out?

The U.S. Federal Reserve raised the target overnight interest rate by 25 basis points to a range of 0.75 to 1 percent on March 15. The widely expected move marks the third rate rise in almost a decade and the first one since Donald Trump took office.

The rate increase implies an optimistic outlook for the U.S. economy. Although how many more rate hikes will come this year remains unknown, one thing is for sure—the Fed will accelerate the pace of rate hikes, compared with the once-a-year frequency in 2015 and 2016.

The decision was made on the basis of major U.S. economic indicators. The consumer price index (CPI), a main gauge of inflation, registered above 2 percent in the past two months, and the core CPI exceeded 2 percent, approaching its long-term target of 2 percent. In the labor market, non-farm payrolls increased by 230,000 in the last two months, while the unemployment rate dipped. More importantly, consumer confidence and corporate investment are on the rise. The rate hike is anticipatory in nature, as the market is expecting Trump's new policies to lift the U. S. economy.

In general, the rate hike will have a mild impact on the U. S. economy, from the capital market to the financial system. On the one hand, market confidence will be boosted as the U. S. economy appears to have a promising outlook, and stock indices may rise. On the other hand, the rate hike's influence on the U. S. dollar had played out in the foreign exchange market before the increase actually occurred. The U. S. dollar dropped when the Fed announced the decision, which shows the limited effect of the rate increase.

There's no need to worry too much about the depreciation pressure on the Chinese currency, the yuan. The rate rise will not necessarily cause worldwide capital to flow to the U. S., nor will it result in greater devaluation pressure on the yuan. In the short run, as long as the yuan exchange rate maintains basically stable at an adaptive and balanced level against a basket of major foreign currencies, stability of the yuan will be guaranteed.

A rise in inflation has naturally brought about a rate hike, reflecting the return of U. S. monetary policy to a more normal footing. In the past, the Fed adopted an overly loose monetary policy to deal with the financial crisis. But a low or even negative interest rate can bring about huge risk.

The current federal funds rate now stands at 0.75 to 1 percent, close to a neutral level, which indicates steady economic growth and proper capital supply. With inflation at 2 percent, if the economy grows at 2 percent, a federal funds rate of around 1 percent will be at a neutral level.

Undoubtedly, it is currently unnecessary to raise rates too frequently to cool down an overheating economy. Interest rate cuts to stoke rapid economic growth are not necessary either. Therefore, a much faster pace of rate rises is not to be expected in the United States. It remains to be seen when the Fed will raise the rate again this year. If it does, it is very likely to happen in the third quarter.

There is no smooth road ahead in terms of the U. S. economic recovery. Uncertainties abound about the implementation of future policies. It is still unknown whether Trump's new policies, such as tax cuts, investment expansion, increased government spending and revenue reduction, as well as his budget plan, will be approved by the House and the Senate. Besides, whether the financing can be used for a series of issues such as infrastructure construction remains to be seen. In the face of this, one needs to stay calm about the future. After all, the U.S. entering into the rate hike cycle is already a good signal for the global economy. This will promote sound and steady U.S. economic growth and better export prospects for China.

The negative impact of the U.S. rate rise should not be exaggerated. The yuan will not encounter drastic depreciation, nor will emerging economies suffer shock. It's unlikely that financial risks will spread further. The global economy is going through a modest recovery, but one which is lacking in momentum. In the long run, it is on an upward trend.

(By Xu Hongcai, *Beijing Review*, March 30, 2017)

10. Shouldering Responsibility

China emerges as a major contributor to global economy and governance

Despite a slight slowdown of its economic growth in recent years, China, the world's second largest economy, continues to be a driving force for global economic recovery. Meanwhile, along with its growing economic status, China has played an increasingly active role in global economic governance over the past five years.

From the macro perspective of economic size and growth speed, China is still the major engine for world economic growth. Its GDP grew 6.7 percent to reach $11 trillion last year, contributing more than 34 percent to the world's gross value added in 2016.

China's ongoing poverty reduction campaign, in particular, contributes greatly to the world. During the 13th Five-Year Plan (2016 – 2020) period, China has pledged to lift 70 million people out of poverty. Through the government's various targeted policies, these individuals will be employed, with increased income and improved welfare. China's goal is to double its 2010 GDP and per-capita income of residents and achieve a moderately prosperous society in all aspects by 2020. This means that poverty needs to be eliminated; no one can be left behind.

As China is an important part of the global community, addressing China's challenges, most notably poverty, means solving a large part of the world's problems and contributing to humanity.

Whereas in the past China has participated in global governance, it has now become a leader in certain aspects, providing solutions, putting forward proposals and increasingly interacting with the international community.

Against the global backdrop of rising trade and investment protectionism and declining growth momentum, President Xi Jinping introduced the Silk Road Economic Belt and 21st-Century Maritime Silk Road (Belt and Road) initiative in 2013. Based on the principles of extensive consultation, joint contributions and shared benefits, the initiative is China's solution to economic globalization—a major contribution that China has made to global governance during the past five years.

Economic progress

Economic transformation and new types of urbanization since the 18th National Congress of the Communist Party of China (CPC) in 2012 have increased and will continue to increase the income of citizens, whose diversified consumption demands have led to an expansion in imported goods. During the past five years, China has seen average annual imports of nearly $2 trillion.

As incomes rise, China's consumption pattern is transitioning from a traditional focus on housing and cars to tourism, cultural activities, information, health services, etc. More than 100 million overseas trips have been made by Chinese tourists annually during the past five years, and their spending, ranked first in the world, contributes to world economic growth.

China's urbanization aims to transform several hundred million farmers into urban residents. Such a huge social transformation will lead to income growth, as well as a boom in infrastructure construction and consumption. By 2020, China will have a middle class of 600 million people, which will create a huge consumption market and a surge in imports.

China has also become a major investing country, with its non-financial outbound direct investment exceeding $170 billion in 2016, which has helped the host countries create jobs, improve infrastructure and increase tax revenue.

Facing a slowdown in economic growth in recent years, China's leadership has made a rational judgment on the trend, calling it an economic "new normal" that features a slowing growth rate, an improving economic structure and a shift of growth engines from production and investment to services and innovation.

The Third Plenary Session of the 18th CPC Central Committee, held in November 2013, issued a blueprint for economic reform, making it clear that the market will play a decisive role in resource allocation and that the government should transform its functions. All the ensuing reforms are sticking to this principle.

Therefore, although economic growth has decelerated in recent years, the income of average Chinese is increasing and their welfare is improving. As Xi has said, reform should strengthen people's sense of gain; this is the philosophy of Xi's governance.

Meanwhile, the efficiency and quality of economic growth have been improving, a result of ongoing supply-side structural reform (which has focused on improving the quality and efficiency of the supply side). The nation's economic structure has also been improved; the service industry's contribution to China's GDP has reached 55 percent; and consumption has contributed more than 60 percent to GDP growth. Meanwhile, energy consumption per unit of GDP has been dropping, and China is moving up the global value chain.

"Making progress while maintaining stability" is not only a principle of China's economic policy, but also a methodology to govern the country's economy.

Enhanced quality of economic growth also means the efforts in coping with climate change, reducing resources consumption and carbon dioxide emissions, and protecting the environment have paid off, which are also contributions China has made to the international community.

Role in global governance

When participating in global governance, China always works within the framework of the UN and seeks a synergy between its own development policies and those of other countries. This provides an open, inclusive solution that makes the pie of the global economy bigger.

China's contribution to global governance has two aspects:

It has proposed the concept of a human community with shared destiny, reflecting the Silk Road spirit of peace and cooperation, openness and inclusiveness, mutual learning and mutual benefits; and the Belt and Road Initiative.

In practice, China has been actively participating in international efforts to improve global governance. China has ratified and pledged to strictly implement the Paris agreement on climate change, and the development targets of China's 13th Five-Year Plan comply with the goals of the UN's 2030 Agenda for Sustainable Development. As the host country of the G20 Summit in 2016, China defended globalization, insisted on fighting protectionism and urged G20 members to start implementing the UN's sustainable development goals.

This year's Belt and Road Forum for International Cooperation in May and the BRICS Summit in September focused on the major concerns of developing countries, such as poverty reduction in African countries, industrialization and urbanization in less developed countries and South-South cooperation. All these are among the UN's goals. China is sparing no effort to strengthen South-South cooperation, and is fighting protectionist activities in order to promote the creation of a more fair and inclusive global governance system.

Through the G20 platform, China is strengthening policy coordination with other member states; promoting trade and investment facilitation; and developing a new economy in order to promote the sustainable growth of the global economy.

As Xi said, during his speech at the opening of the Belt and Road Forum on May 14, "Deficit in peace, development and governance poses a daunting challenge to mankind." China is responsible in making up for these deficits.

China has moved to the center of the world stage, attracting the world's attention, and it will not shun its responsibilities. China is further opening its market to the world, has set up additional free-trade zones and continues to shorten its "negative list" —the list of sectors in which foreign investment is not permitted—to expand access to the Chinese market for foreign investors.

(By Xu Hongcai, *Beijing Review*, No. 39, September 28, 2017)

11. A Guide for Supply-Side Reform

Several obstacles must be addressed when further pushing forward the restructuring

Since the global financial crisis broke out in 2008, one of the major challenges for the world economy is dealing with inadequate effective demand. The Chinese economy is facing this issue as well, but the essence of the problem is that the quality of the supply does not satisfy the demand. The supply side's poor quality has impeded China's plans for economic transformation, upgrading, and growth.

The Central Economic Work Conference held in December 2016 concluded that structural imbalance is the root cause of problems facing the Chinese economy, calling for further reforms on the supply side.

Last year, China made remarkable achievements in supply-side structural reform—cutting excess capacity, destocking, deleveraging, lowering corporate costs and improving weak links. However, there are still severe challenges remaining: The work of cutting excessive production capacity in steel and coal industries was uneven in 2016, and some shutdown production centers covertly resumed work after product prices soared.

Deleveraging in the real estate market achieved remarkable results, with more than 80 percent of unsold houses in Beijing, Shanghai and Guangzhou being sold. Nonetheless, housing prices in some first and second-tier cities rose rapidly while third and fourth-tier cities still had a large amount of housing inventory. Furthermore, the cost of corporate financing, logistics, energy, land use and transactions is still not low enough to support the transformation and upgrading of the manufacturing industry. Finally, working capital is not adequate in many sectors of the economy's so-called "weak links," meaning coordinated and high-quality economic growth is stymied.

To address these problems, attention must be paid to the following issues when continuing supply-side structural reforms this year.

Correct understanding

Supply-side structural reform is a term that must be well understood. Some people mistake "cutting excess capacity" as "cutting output." Government orders to cut excess capacity could be meaningless under certain circumstances—when prices rise because of drops in output, industries will naturally put their shut-down production capacity into operation again.

For instance, cutting excess capacity in the steel and coal sectors in 2016 had mixed results mainly because steel and coal prices kept rising since the third quarter of the year. In major steel-producing provinces such as Hebei, Jiangsu and Shandong, output of crude steel increased rapidly amid price surges while in Shaanxi, Xinjiang, Inner Mongolia and Shanxi, China's major coal-producers, coal output also grew.

The government should instead formulate standards concerning energy and resource consumption, pollution, and workplace safety. It should also ensure that everyone adheres to the same standards, order the termination of firms which fail to obey the standards and let the market play its role.

It is hard to demonstrate fairness through compulsory overcapacity reduction. Many people have complained that when ordering firms to cut overcapacity, the government offers aid and subsidies only to state-owned enterprises (SOEs), which have more difficulty in dealing with the ensuing layoff issue, while private firms have to solve these problems by themselves. This ultimately leads to an unfair market environment and competition.

To ensure fairness, the government must formulate rules concerning safety, quality and emission reduction standards, and then ensure that these standards are obeyed by all.

During the reform process, administrative measures are emphasized because they can produce rapid results and are easy to use. But without market-oriented schemes, these measures will soon lose effectiveness.

We must stop using administrative intervention on microeconomic affairs as a way to advance supply-side structural reform. It is reasonable for the government to guide and nurture market schemes in order to solve problems caused by poor quality of the supply side. However, the ultimate goal should be to make the market play a decisive role in resource allocation.

Breakthroughs in key sectors

China's economic growth will follow an L-shape trend, which is in line with the current national condition and economic structure. However, we can unleash more potential by advancing supply-side structural reform. Several examples can be cited. A large number of domestic farm products become dead stock due to poor quality while China imports a large amount of foreign farm produce each year. Also, some Chinese refuse domestic milk for safety concerns and choose to buy milk imported from countries like Australia and New Zealand.

If Chinese firms can achieve breakthroughs in product safety and quality, less will be imported. For example, importing $10 billion less a year will push up GDP growth by 0.1 percentage point. Moreover, in the heavy and fine chemical sectors, we have to pay $500–600 billion per year for imports because of the poor quality of domestic products. China must upgrade its industries and make breakthroughs in some key sectors.

According to the Central Economic Work Conference held in December 2016, supply-side structural reform also includes invigorating the real economy, advancing supply-side reform in agriculture and establishing long-term mechanisms to ensure sound and stable real estate development. It requires that progress be made in some key areas of reform. For example, in the seven sectors of SOE monopolies such as the power, oil, natural gas, railway, aviation and defense industries, mixed-ownership reform should be facilitated.

Shifting leverage

Debt-for-equity swaps will be promoted in 2017 because the corporate debt ratio is too high, which may intensify potential financial risks. Corporate leverage ratios must be lowered. However, as China strives to stabilize growth, the leverage ratio of the entire economy will inevitably rise. Therefore, the transfer of leverage is needed.

On one hand, the public sector, the government and residents need to increase leverage; on the other hand, businesses will be better off through debt-for-equity swaps, as the scheme will help introduce new strategic investors, improve the ownership and corporate governance structure, and establish medium and long-term incentive mechanisms—all of which are key areas for reform in 2017.

In brief, the supply-side structural reform should focus on improving quality, reducing ineffective supply, and making the supply structure more adaptable to demand.

Reducing ineffective supply helps eliminate poor-performing companies, squeeze the market for low-quality products, strengthen oversight of product quality and crack down on counterfeit commodities. Focusing on higher-quality production helps companies establish core competitiveness, realize innovation-driven growth, and nurture more time-honored brands.

(By Xu Hongcai, *Beijing Review*, No. 11 March 16, 2017)

后记

距离上一部拙作《大转型：探寻中国经济发展新路径》的出版已经三年了。2020年的新春，流年不利，一场新型冠状病毒肺炎疫情蔓延开来，全球为之震颤。春节期间，我和绝大多数人一样，只能宅在家里，一面做着"自我隔离"，一面整理最近三年的文章。

窗外白雪茫茫，灰蒙蒙一片。街道两旁停满车辆，车身布满积雪，鲜见几个行人，全都无精打采。小区门口，有快递小哥坚守岗位，站在雪地不停地跺脚。目光所及，一片沉寂！窗前不远处，通惠河静静流淌着，听不清她在诉说什么。在河对岸斜坡雪地上，"送别李文亮！""2020武汉加油，中国必胜！"几个魏碑体大字赫然入目，字约一米见方，棱角分明，遒劲有力，令人泪目！

流水无声，岁月有痕。回想三年前，我在中国国际经济交流中心工作，专注研究中国经济与世界经济。一年前，我离开体制内，追求新的生活，但仍然没有脱离老本行——经济研究。

现在无须每天起早贪黑挤地铁上下班了，时间可以自由支配。我除了担任中国政策科学研究会经济政策委员会副主任、欧美同学会留美分会副会长、欧美同学会研究院高级研究员、财经头条首席经济学家，还兼任中国光大银行独立董事等职务。相比以前，研究领域更宽，活动空间也更大了。作为智库学者，怎能忘记"资政启民"的历史使命？

在上一部拙作的后记中我说过：将自己的思想成果整理出版，与读者朋友一起分享，也是回馈社会的一种具体方式。这部拙作收集了我最近三年的文章、演讲和媒体采访，时间分成前后两段，但内在逻辑一致。按照惯例，将内容分成几个模块，采取"时间倒序"形式。原则上我只对文章做少量文字修改，尽量保留原貌，这是为了真实记录历史。

过去十几年，机械工业出版社帮我出版了多部著作，今天又帮我出版新著《大抉择：开启新一轮改革开放》，我心存感激。在拙作问世之际，我要感谢机械工业出版社副社长陈海娟女士长期以来对我的支持，感谢责任编辑朱鹤楼同志的辛勤工作。我要特别感谢我夫人李宜华女士，30多年来她对家无私奉献，对我鼎力支持，使得我总是对生活充满乐观和热情，对经济研究保持旺盛精力和执着追求。

忆往昔峥嵘岁月，望未来砥砺前行！

徐洪才

二〇二〇年元宵节